佛教教理研究

—水野弘元著作選集（二）

水野弘元 著 ▪ 釋惠敏 譯

中華佛學研究所論叢 23

特別感謝

承蒙原作者水野弘元先生應允授權翻譯並賜序

承蒙原發行者日本春秋社社長神田明先生應允授權中譯本發行

承蒙法鼓山中華佛學研究所贊助出版費用

通　序

中華佛學研究所的前身是中國文化學院附設中華學術院的佛學研究所，自一九六八年起，發行《華岡佛學學報》，至一九七三年，先後出版了三期學報。一九七八年十月，本人應聘爲該所所長；一九八〇年十月，發行第四期《華岡佛學學報》。至一九八五年十月，發行到第八期之後，即因學院已昇格爲中國文化大學，政策改變，著令該所停止招生。於是，我假台北市郊新北投的中華佛教文化館，自創中華佛學研究所；一九八七年三月，以年刊方式，發行《中華佛學學報》，迄一九九四年秋，已出版至第七期。這兩種學報，在現代中國的佛學研究史上，對於學術的貢獻和它所代表的地位，包括中國大陸在內，應該是最有份量的期刊了。

本所自一九八一年秋季開始，招收研究生，同時聘請專職的研究人員。一九八六年三月，便委託原東初出版社出版了研究生的第一冊研究論集——惠敏法師的《中觀與瑜伽》；一九八七年三月，出版了研究生的第一冊畢業論文——果祥法師的《紫柏大師研究》；一九八九年五月，出版了研究生的第一冊佳作選《中華佛學研究所論叢》，接著於一九九〇年，出版了研究員的研究論著，曹仕邦博士的《中國佛教譯經史論集》及冉雲華教授的《中國佛教文化研究論集》。到目前爲止，本所已版的佛教學術論著，除了東初老人及我寫的不算之外，已達二十多種。

本所是教育機構，更是學術的研究機構；本所的教師群也都是研究人員，他們除了擔任授課工作，每年均有研究的撰著成果。本所的研究生中，每年也有幾篇具有相當水準的畢業論文，自從一九八九年以來，本所獎助國內各大學碩士及博士研究生的佛學論文，每年總有數篇很有內容的作品。同時，本所也接受了若干部大陸學者們的著作，給與補助。這四種的佛學著作，在內容的性質上，包括了佛教史、佛教文獻、佛教藝術、佛教語文、佛學思想等各方面的論著。

由於教育、研究以及獎助的結果，便獲得了數量可觀的著作成品，那就必須提供出版的服務。經過多方多次的討論，決定將這些論著，陸續精選出版，總名爲「中華佛學研究所論叢（Series of the Chung-Hwa Institute of Buddhist Studies，簡稱 SCIBS）。凡本所研究人員的專題研究、研究生的碩士畢業論文、本所舉辦的博碩士徵文、大陸學者的徵文、特約邀稿，及國際學術會議論文集等，透過中華佛學研究所編審委員會嚴格的審查通過，交由法鼓文化事業（原東初出版社）以此論叢名義出版發行。本所希望經由嚴格的審核程序，從各種來源中得到好書、出版好書，俾爲佛教學術界提供好書。

出版「中華佛學研究所論叢」的目的，除了出版好的學術作品，更是鼓勵佛教研究風氣，希望由作者、讀者中能培養更多有志於佛教學術研究的人才。此外，更期望藉由本所與法鼓文化合作出版的學術論著，與國際各佛學研究機構的出版品相互交流，進而提高國內佛教研究的國際學術地位。

聖嚴

一九九四年七月三十日　序於台北北投中華佛學研究所

原作者序

日本佛教於六世紀至七世紀左右，始從中國、韓國傳來，八世紀至十三世紀左右，成立天台宗、真言宗、念佛宗、禪宗、法華宗（日蓮宗）等宗派。這些宗派流傳至近代，各宗派稱自宗教理爲「宗乘」，對於共通於佛教全體的基礎佛教學則稱爲「餘乘」。餘乘主要是學習俱舍論或唯識論。所謂「唯識三年，俱舍八年」，即意指俱舍論須費時八年，唯識論須費時三年才能學會。

我是屬於曹洞禪，進入地方宗門所成立的舊制中學就讀，就餘乘方面，花了三年的時間學習俱舍論，四年的時間學習唯識論，但是對於梵語、巴利語等南傳佛教則未曾接觸。舊制高校畢業後，進入東京國立大學（東大）的印度哲學科，才開始知道西方人所研究的印度諸語，並接觸到東大研究室所藏，巴利語之南傳佛教教理綱要書的英文譯註本，感到十分驚訝。因爲發現其中有許多與俱舍、唯識等教理有關的內容。因此，在印度語方面，最初兩年即學習巴利語，之後便持續研究巴利語及巴利佛教。

如本選集（一）開頭「研究之回顧」（日文原書一～五九頁）所述，從就讀東京大學至今，我的研究皆是以巴利佛教及與之相關的漢譯佛典爲主，此外也包含一些大乘或梵語佛典。

此《著作選集》所未收錄的論文或單行本，在「研究之回顧」中也略有所提。與巴利語相關者有：《巴利語辭典》、《巴利語文法》、巴利佛典日譯《南傳大藏經》六五卷七〇冊中，拙譯七冊餘、《南傳大藏經》全體之《總索引》（一千七百餘頁）、我的博士學位論文《以巴利佛教爲中心的佛教心識論》、《法句經之研究》，以及討論釋尊一生或佛教教理學說的單行本等及其英譯本等。

其次，在三冊的《選集》中，與台灣佛教學界特別有關的，是收錄在第一冊的「雜阿含經之研究與出版」（三五七～四一四頁）。此篇論文主要研究，求那跋陀羅所譯五十卷的《雜阿含經》，由於傳承時摻雜了《阿育王經》，且內部經典的順序有所混亂，遂欲想還原其翻譯的原貌。中日學者對此也有研究：在日本，從一九〇八年至一九六四年間，有數位學者加以研究；在中國，一九二三年，年輕學者呂澂先生於支那內學院之雜誌發表「雜阿含刊定記」論文，但是日本學者並未發現此意義的重要性。

二次大戰後，從中國本土移居台灣的印順法師，因感呂澂先生的論文不夠完整，曾於一九八三年發表《雜阿含經部類之整編》（之後收錄於《雜阿含經論會編》），將之復原完整。

最後，本人很高興日本春秋社能讓我的《著作選集》由台灣的中華佛學研究所及法鼓文化出版公司中譯刊行，此《著作選集》三冊的中譯者如下：

第一冊：許洋主女士（資深翻譯家）

第二冊：釋惠敏比丘（日本東京大學文學博士）

第三冊：釋達和比丘尼（日本駒澤大學文學碩士）

前二位與我素未謀面，亦未曾通過信；第三位達和比丘尼曾於駒澤大學佛教學部及研究所，學習巴利語及巴利佛教，返台之後，是少數講授巴利語的老師之一，也是此次《著作選集》中譯計畫的發起者。

於此《著作選集》出版之前，略述本人學習、研究經過及中譯本刊行因緣，作爲序言。

水野弘元

二〇〇〇年一月三日　水野弘元

譯　序

日本佛教學者水野弘元教授出生於 1901 年，其生涯可說是與 20 世紀的佛學研究同步發展。1881-1930 年間，爲了能有組織地校訂出版巴利聖典，英國學者戴維斯於倫敦成立「巴利聖典協會」(Pali Text Society)，開始出版與英譯適合學術研究的巴利語聖典，帶動本世紀佛教界對原始佛教或南傳佛教的研究風潮。正值此時期，水野教授就讀於東京大學文學部印度哲學科（1928 年畢業），並且接觸到英譯巴利語聖典，激發起對於南北傳佛教教理的比較研究的興趣。1940 年開始，歷任駒澤大學教授、東京大學教授、慶應義塾大學講師、曹洞宗天祐寺住持。1982 年出任駒澤大學校長。主要著作有《原始佛教》、《巴利語文法》、《巴利語佛教讀本》、《巴利語辭典》、《南傳大藏經總索引》三冊、《法句經研究》、《以巴利佛教爲中心之佛教心識論》、《釋尊之生涯與思想》等；譯書有《經集》、《清淨道論》等。並且，於 1967 年獲得日本政府所頒發的「紫授褒章」，1979 年獲得印度大使館所頒發的「東方學術特別表揚」等榮譽。

綜觀水野教授的《著作選集》之「佛教教理研究」，從佛教史的角度，主要是以原始佛教及巴利語聖典爲基點，再發展到與部派佛教及大乘佛教（特別是瑜伽行派）的教義比較。例如：

論及「原始佛教」之生命觀、心、證悟等問題；「原始佛教及部派佛教（以《無礙解道》、《清淨道論》爲主）的般若」；並且與大乘佛教及禪宗的證悟階段作比較；心識論與唯識說的發展；譬喻師與《成實論》的關係。此外，水野教授對於「佛教用語」的考察，特別重視一般民眾日常用語與佛教獨特概念的用語（受、行、蘊）的區別。

從教理研究的內容來看，主要有下列各類：

與心、色等諸法分類有關的主題：原始佛教的心；心、心所思想的產生過程；有部、經部等對於心、心所的論爭；心識論與唯識說的發展；佛教的色（物質）之概念、心不相應法、無爲法。

與智慧、證悟、真理等有關的主題：原始佛教及部派佛教的般若、原始佛教的證悟、無我與空、心性本淨之意義。

其他重要或難解的術語之相關問題：例如：與業有關之原語、業力之存續及其可變不可變、業的習慣餘勢力、煩惱與業、無漏業等有關「業」的考察。佛教的「根」（現象變化的原動力，例如：生命力、精神力、智力等）說的立場與印度其他學派之轉變說、積聚說的差異；「根」與心不相應法的關係。以及作爲表示「名稱」或「概念」之意的「施設」（paññatti, Skt. prajñapti）巴利佛教術語。

敝人拜讀本書之最大的收穫是：再次確認了佛教證悟（得到法眼）的內容，也就是「一切集法，皆即此滅法」（yaṁ kiñci

samudaya-dhammaṁ sabbaṁ taṁ nirodha-dhammaṁ），此是說明「凡是依於原因或條件而生起的一切法，若除去其原因或條件，即會因此而消滅」的緣起道理。所謂「法眼」，是指「明白緣起道理的智慧之眼」，因爲四諦亦不外是緣起，所以依於正確理解四諦的道理，即能得到法眼。

出生於 1901 年的水野教授可說是名副其實的「跨世紀」的學術巨人。敝人此次有幸參加由水野教授的高足——達和法師發起翻譯《著作選集》的工作，並且得到西蓮淨苑慧慕法師在初譯、編校等方面的鼎力協助，感恩不盡。此外，對於慧秋法師、黃俊榮、葛賢敏居士在校對方面的幫助，於此也一併致謝。他們都很盡力了，若有瑕疵之處，則是敝人的責任。最後，藉此譯著，敬頌水野教授身力遒勁，壽比三松。

釋惠敏

二〇〇〇年三月十九日　釋惠敏序於西蓮淨苑

凡　例

一、原書之編排爲直式，中譯本改爲橫式。

二、原書爲文末註，中譯本改爲同頁註。

三、書末之索引是原書之對照頁碼，而非中譯本之頁碼。

四、爲使讀者容易對照原文，並能使用原書之索引，故於文中附上原書之頁碼，以外加方括號表示之。如："[367]"表示自此開始是原書之 367 頁。重要註解則於文末註明原書之頁數。如："（**參原書 p. 330**）"，表示該註解是在原書之 330 頁。

五、索引的查法：例：若某一名詞之索引標示爲 367 頁，則是指原書中之 367 頁，由於原書是採章節附註，故 367 頁可能包括本文及註解。欲查中譯本所在之相當位置，首先，請找文中方括號之頁碼。例：於文中找方括號"[367]"之數字，自此數字以下，"[368]"以上之範圍即可找到該名詞之解釋。若仍找不到，請表示該名詞是在註解當中，則請查註解文末有"（**參原書 p. 367**）"等字的註解，即可查到。

五、圓括號內之前加「*」字，表示是譯者對此關鍵字所附之巴利語、梵語或歐語。如：迦陵迦（*Kaliṅga）、迦尸國（*Kasi）。

六、方括號內若附有「*」字，表示括號內之文字是譯者爲潤文所加。如:〔*從該地〕遠道而來與父親會面。

七、歐文之專有名詞字首使用大寫。

八、爲忠於原著，在翻譯過程中，遇批判的字眼，仍保留原作者之語詞，並不代表譯者之立場。

九、註解中「案：」表示是譯者所加之說明。「《佛光》」表示是「《佛光大辭典》(高雄：佛光出版社，1988)」之略稱。

《佛教教理研究》

目次

水野弘元論文選集

第一冊　佛教文獻研究

第三冊 巴利論書研究

原始佛教的生命觀

[3]在原始佛教中，對於人類乃至一般動物的生命，是做如何的考察或抱持何種態度呢？我認爲可從三方面來看：（A）對其他生命或人格，（B）對自己的生命或生活，（C）對生命的客觀性見解。因此，我想先從不殺生來說明。

一、對其他生命的觀點

（一）不殺生的思想

在原始佛教中，雖然對於自己的生命及其他的生命皆作敘述，但是似乎仍以後者居多。不只是對人類的生命，對於人類以外的動物之生命亦深加考慮。

例如，在釋迦國的年度節慶中，其中之一是春季的農耕祭。釋尊十四、五歲時，和父親淨飯王及大臣們一同出席農耕祭，他們從搭建在樹下的看臺，觀看五百頭牛在廣大的田地上耕田的情景。田裡的土一被犁掘起，麻雀等小鳥便飛了過來，啄食[4]爬出土中的蚯蚓、小蟲等。然而飛到田地四周的許多小鳥，又遭到從高空俯衝而下的鳶、鷹等猛禽類的突襲。如此弱肉強食的景像，一般人似乎看得覺得很有趣，但是釋尊雖然年少，卻感到十分難過：就像世間有國與國之間的戰爭、殺戮一樣，在自然界也是互相殘殺；他思索著：是否有和平無爭的生存方法？於是他陷入沈思中，而進入了初禪的精神統一狀態。根據佛傳的描述，從年少的悉達多太子身上所發出的光明，使座位上的樹蔭也消失了，此一不可思議的現象讓父王及大臣們不自覺地向太子頂禮。

總之，釋尊從年少開始似乎就對生老病死等很敏感，尤其是對於作爲生老病死根源的自他生命有著深刻的關心。後來他爲了要徹底解決生死問題，甚至捐棄皇太子之位，捨棄父母、妻子而出家，經過六年多的修行之後，解決了人生問題，成爲佛陀而說法，開創了新宗教——佛教。

佛教制定了佛弟子及信眾日常生活所應遵守的戒律，強調不論是出家或在家的佛教徒，皆不應殺傷其他生命，而應善加愛護。在家五戒中，第一是不殺生戒，不殺害其他生命被認爲是促進眾生、社會和平幸福的第一要件。佛教亦說十善業及十惡業，列舉十種重要的善惡行爲，而十善業的第一即是不殺生，十惡業亦以殺生爲首。可知愛護或奪取人類及其他眾生的生命，被認爲是佛教中最大的善惡。

但是，並非只有佛教才說不殺生，釋尊當時的印度其他宗教也說不殺生。正統派方面，在佛教以前即已存在的初期的《歌者·奧義書》中，提到婆羅門的五大義務：苦行、布施（不盜）、正行（不邪婬）、不殺、實語（不妄語），其中即有不殺生。又比佛教早先成立的非正統沙門耆那教中，也立不殺、不妄語、不盜、不婬、無所得等五大誓，這些與佛教在家五戒的不殺生、不偷盜、不邪婬、不妄語、不飲酒相似。尤其是耆那教[5]和佛教一樣，將不殺生放在第一位。耆那教不殺生的思想比佛教更爲嚴格，極端到幾乎成爲一種形式主義的程度。除了絕對不准殺害蚊蠅等昆蟲之外，狩獵、漁業當然不必說，連農業畜牧等有意無意的殺生也不被允許，因此，即使是在家，也禁止從事這類職業，而與殺生完全無關的商人便成爲耆那教主要的信徒，這種情況一直持續到今天。佛教雖然不像耆那教那麼嚴格，但是對於不殺、愛護眾生，卻有著十分合理的立場。

相較之下，正統派所說的不殺生並未如此嚴格。因爲正統的婆羅門教從西元前十二、三世紀的吠陀時代，至西元前八、九世紀的梵書時代爲止，人們一向都是從事畜牧，所以就和猶太教、基督教、回教等一樣，不殺牲畜便無以維生。爲了向神靈祈求，令其歡喜，犧牲肥碩的畜獸，將之奉獻給神被認爲是有必要的。因此在正統派中，將山羊、羊、馬等作爲祭品獻神，甚至在重大的祈願中，連活人也被作爲祭祀的犧牲，所以在婆羅門的祭典中，有馬祀（aśva-medha）、人祀（puruṣa-medha）等。這是由於國王及諸婆羅門以自我爲中心，奪取他人或動物的生命，圖謀自己的幸福與榮華，對於其他生命完全不予以尊重及考慮之故。不只是婆羅門教，以畜牧爲主的猶太系、阿拉伯系等宗教，也不像以農業爲主地區的宗教那樣，強調不殺生；由於自然環境的影響，所以這也是無可奈何的事吧！

本來以畜牧爲主的婆羅門教，到了西元前六、七世紀的奧義書〔*時代〕，爲何會把不殺生規定成一種義務呢？婆羅門教雖然後來平民化而成爲印度教，但是即使成爲了印度教，在復古的笈多時代（西元後四、五世紀）或《摩奴法典》等中，也有馬祀、人祀的恢復或規定。不過，印度教吸收了許多佛教思想的長處，也規定不殺生、不飲酒等；促使印度獨立的聖雄甘地亦最爲重視不殺生（ahinsā）。

在印度，不殺生思想產生的理由有那些？對於這方面的探討雖然並不多，但是依我個人的見解[6]，恐怕是由於業報思想的影響吧！另一個原因可能是由於從奧義書時代開始，文化重心便自畜牧轉向農耕地區之故。農耕與業報說有著密切的關係，特別是根據業報說，認爲不只是人類，其他動物的生命或靈魂，也會依於自己所做的善惡業之果報，善業者投生天國或人間之善趣，惡業者投生地獄、餓鬼、畜生等惡趣（惡道）。亦即由於每個人依據其行爲的善惡，出生到善趣、惡趣等各種世界，所以不只是人類也好，其他動物也好，在生生世世的輪迴之中，彼此有著父子兄弟的親緣關係。因此，即使是畜牲或蟲魚之類，過去也有可能是自己的親人，若殺害這些眾生，便是殺害過去的親人。如是，一切眾生在輪迴的過程中，彼此有密切地的關連，於是產生了不僅是人，連畜牲、蟲魚之類也不可任意殺害的不殺生思想。

在佛教中，比丘受戒時，也說不殺生，作爲「不應作」（不可以做的事情）之一，其文如下：

> 受具足戒後的比丘，不得故意奪取有情——下至螻蟻的生命。若比丘故意奪取人命，或墮胎（殺胎兒），彼非沙門，亦非釋子（釋尊的弟子）。

是說不得殺害螻蟻，若殺人或胎兒，即失比丘沙門的資格。根據戒律的規定，故意的殺人罪結驅出僧團的波羅夷罪；殺其他動物則結波逸提罪（單墮）之輕罪，經由誠心的反省懺悔即可得到寬恕。在與殺生有關的比丘波逸提罪中，除了斷畜生命之外，尚有掘地、伐木、使用或飲用有蟲的水等等，這些都是爲防範殺生而制定的。比丘七種攜帶品之一的「漉水囊」，也是爲了不殺水中的小魚或昆蟲之故；比丘們在雨季三個月期間之所以不遊行，也是爲了避免踩死生長茂密的小動植物之故。

此外，正統婆羅門教在業報說尚未出現之前，依種族、膚色，將人類區別成四階級，最高的[7]婆羅門階級被視爲人間的神而得以自由行動，最下層的奴隸階級則連做人的資格也不被承認，他們被視爲財產而買賣。根據吠陀的創造說，認爲純雅利安族的婆羅門，是從創造神原人的頭部所造出來的，武士王族從原人的肩所出，庶民族從腿，非雅利安之達羅毗荼（*Dravida）族的奴隸族則從原人的腳部所生。人類以外的動物則被認爲不具靈魂，是屬於奴隸以下的物質性存在，此與猶太教或基督教的創造說多少有些類似。該說認為，神用塵土創造近似神的人類，吹進生命的氣息（靈），所以唯有人類才具有靈魂，其他動物是不具有靈魂的物質性存在，是為了侍奉人類而被神所創造的。此與古印度的吠陀思想一樣，皆是以人類為中心，而在人類之中，又以被神所選上的民族或信仰神者為中心，不信者或其它民族則被視為劣等。由於沒有人類平等或萬物同根的思想，對一切眾生不能一視同仁，而把人類以外的生物說成是不具靈魂者，因此對一切眾生並未產生不殺生的思想。

（二）阿育王的不殺生與法

西元前三世紀，阿育王自己頒佈法勅文，將它刻於印度內外各地的岩石上，有許多殘存至今。依據法勅文的描述，阿育王即位後八年，征討東海岸地帶的迦陵迦（*Kaliṅga），在此戰役中，俘虜敵兵十五萬，士兵戰死十萬，民眾死傷之數復倍於此，他們的妻兒、家屬流落街頭，生活陷於困頓。阿育王感到戰爭實在是一件悲慘的事情，對人民遭受到的不幸與苦難，深感痛苦，他將責任歸咎於自己的企圖討伐而大感後悔，對於自己的罪業，感到無比的悲痛。雖然拜訪了許多能治療此苦惱的宗教師，但是內心仍無法獲得滿足，最後遇到佛教的高僧，聽聞其教法後，心靈才算得到安慰而皈依了佛教。據說他後來為了學習佛教的理論及實踐，曾有一段時間進入佛教僧團中修行。

[8]在皈依佛門兩年期間，他對於佛教所傳授的理論及實踐

便能大略的掌握，得到「此即是佛法」的確信後，考慮到若不依此教法，便無法得到世界人類真正的和平，於是約從即位的第十二年開始，決定將自己所修得的「法」弘傳到自己的領土，以及當時所能觸及的世界其它地區。與其說此「法」是佛教，毋寧說它是佛教所說的社會人生的理想。無論任何地方、任何時代、任何人，與作為宗教的佛教無關，它都是每個人所需要的。而藉由法的弘傳，使得本來局限於印度一部分地區的佛教，得以遍及全印度，乃至擴大到鄰近區域。根據阿育王的法勅文，可知傳送法勅文或法使節的地區，從印度半島全部，向南或東至錫蘭、緬甸沿海地帶；西北則從巴基斯坦、阿富汗、伊朗，遍及當時希臘世界的小亞細亞、馬其頓、敘利亞、埃及、塞蒲路斯（*kypros）等地。

根據刻於岩石或石柱的法勅文來看，阿育王所說的「法」（dhamma），內容雖然是慈悲、布施、真實及〔身語意〕三業的清淨等，但是具體上最強調的是禁止殺生。即位十三年之後，在最初所頒佈十四章法勅文的首章中，提到「不得屠殺任何生物作為犧牲祭祀之用，亦不得舉行〔肉食之〕宴會。從前在自己宮中，每日殺鳥獸百千以供食用，今後只需孔雀兩隻、鹿一頭，進而希望連這些也能廢止」；第二章提到「在國內各地建造人或動物的醫院。栽植藥草，運輸藥用之樹根或果實至內外各地，於國內路旁種植樹木以供遮蔭，多掘水井令人畜使用」；在別章亦提到孝順父母、布施親友及宗教師、不屠殺生物、保護犯人、多子女者及老弱者等等，並於各處宣導不殺人畜、保護生命。可知他在自覺法之後約二十年的在位期間，不斷地向全世界人民倡導不殺生等，以促進和平福祉。我認爲其法即如前所述，是根據佛陀的教法而來的。

根據原始經典，釋尊的教法皆是法。提到何謂「法」（dhamma，dharma），[9]阿育王是很具體地以不殺生爲主，但是在原始經典中，所謂「見緣起者即見法，見法者即見緣起」，「法」是指作爲佛陀教法之根本的緣起道理。也就是，佛教乃緣起之教，此稱爲「法」。綜合原始經典中「法」一語的用例，可整理出法有四義：1.教（pariyatti，desanā），2.因（hetu），3.德（guṇa），4.無我性（nissattanijjīvatā 非有情、非靈魂性、空性）。

第一、所謂「教」，即佛的教法，此意味著佛教的宗教性，其理想是聖（覺悟）、靈性，這是將法作爲「宗教的佛教」之意而使用。

第二、「因」者，是說佛陀的教法皆是具有合乎因果道理之合理性者，其理想是真理、真實。以「真理」之意來使用「法」一語者，即是此義。

第三、「德」者，意指社會生活中人倫之德的倫理性，其理想是善或正義。法是合乎倫理道德或宗教性的善，法意味著「善」者，即是此義。

第四、「無我性」者，意指其他宗教或哲學所沒有的，是佛教所獨特的無我或空。這是一切法無我或空的狀態，表示佛教的理想是於一切時採取無我或空的態度。亦即，i. 認識到一切法皆沒有所謂自性之實體本體，即「無自性」(空、無我)，ii. 同時也含有如下的實踐意義：對於一切，應具有去除我執、我欲的「無所得」(無我、不執著) 之態度。又，若能徹底實踐無我、不執著，則能 iii. 合乎法則、自由自在地行動，亦即「無罣礙」(無礙自在)。佛教實踐到究竟處，能自然而然合乎法則的「法爾如是」者，即是此義。此境界雖爲大乘佛教所強調，但是應可看出原始佛教的無我亦包含此義。

總之，作爲法之內容的 1.宗教性（聖），2.合理性（真），3.倫理性（善），雖然其他宗教或哲學亦有所論及，但是唯有佛教特別強調 4.無我性（空無自性、空無所得、空無罣碍），爲了使前面的聖、真、善三者完美，必須加上第四的無我性（空性），此即佛教的「法」之特質。

[10]以上總說佛教所說的法有 1.教、2.因、3.德、4.無我性四項意義，如前所述，這是把 1.宗教性（聖）、2.合理性（真）、3.倫理性（善）、4.無我性（空）道理之規範（norm）作爲法，而不論如來有無出世或教示，此法皆爲永遠存在之理法。這正好與近世西方哲學之祖康德把 1.純粹理性（真）、2.實踐理性（善）、3.審美理性（美）作爲規範，說成是永遠的道理相呼應。

但是，因爲在佛教的原始經典中，並未談到美或藝術，所以康德的 3.審美理性在佛教中是沒有的；雖然如此，佛教的 4.

無我性（空）是說心調和的無諍或和平者，因此也可說其與調和外在的風景、事物等美或藝術相對應。佛教於後世所出現的佛像、佛舍利塔等雕刻、繪畫、建築，在日本也有禪宗的石庭或寂靜、空靈歌謠音樂等的產生，這些也可被包括在 4.無我性（空）中吧!

以上是前述四者作爲法（理法），但是，佛教除了以此（a）作爲規範的法之外，尙有（b）一切法或諸法的「法」（事物），它被使用〔*的程度〕不下於（a）的規範之法，因此，必須明瞭此一差別。在印度語中，（a）和（b）同樣都是"dhamma，dharma"一語。

（b）作爲「事物」的法，是在六根、六境中所說的法，也就是，作爲六根（眼、耳、鼻、舌、身、意）對象的六境（色、聲、香、味、觸、法）中的第六項之法。此法是作爲意根（意識）之對象的「事物」，內心所想的「事物」皆是法。此中，一切凡聖、迷悟、善惡、真僞、美醜、苦樂、權實、有無等「事物」皆是法。由於（a）作爲規範的法與（b）作爲「事物」之法完全不同，所以應將二者做明確的區分。

又由於法中包含許多阿育王之法所強調的，不殺生或慈悲等與生命相關之內容，因此，以下就從近代性的角度來考察法的意義。**[11]**

（三）佛教「法」的近代性解釋

前節已介紹過，作爲佛教基本立場的「法」，具有聖、真、善、空（包括調和之美）四項特質，若從近代性立場來解釋，可說佛教之法是 1.批判主義者，2.人文主義者，3.和平主義者。

【第一、法是批判主義者】

第一、法是批判主義者，釋尊常從批判性的角度，合理性、倫理性、宗教性演說其教法，認爲於其中不可有我見（自我爲中心）、邪見（否定善惡因果）、迷信邪教（錯誤的信仰實踐）的立場。佛常站在此一批判性的立場，批判外教的理論學說或信仰實踐。其例散見於原始經典，今省略不提。

【第二、法是人文主義者】

第二、人文主義者，由於佛陀的教法是從 **a.** 生命的尊重與人格的尊嚴，**b.** 社會人類的平等無差別，**c.** 民主的立場來說的，所以想對此等簡單地做一考察。

a. 佛教把重點放在生命的尊嚴與人格的尊嚴上，對於生命或人格的價值給予正確的評價。亦即，**i.** 不論是對人類或其他動物，皆不可任意殺傷。此可從如前所述的，在佛教的在家戒 [1]、十善或十惡業中，皆以不殺生爲第一位、以殺生爲最大的

---

[1] 案：此處日文原本是作「出家戒」，但是，出家戒是以婬戒爲第一位，在家戒才是以殺戒爲第一位。又，從前述（本書 p. 2，日文原本 p. 4）

罪惡得知；亦可從阿育王法敕文所強調的，作爲法之第一要件：不殺生、愛護生命得知。

又，ii. 關於人格的尊嚴，在原始經典中多處提及，謂不可依出身、家世或職業，衡量一個人的人格價值，而印度的階級差別也是不合法〔*理〕的；這可從釋尊認爲一切人的人格應依其品德或行爲來判斷，又應承認一切人的人格尊嚴或價值得知。舉例來說，有經典提到，譬如婆羅門等貴族用芳香的栴檀等高價格的木頭所生起的火，和奴隸族等用惡臭骯髒的木頭所生的火，在火的作用上並沒有差別；同樣地，在作爲人的價值上，[12]也並沒有階級上的差別。

所謂真正的婆羅門，並非根據其種族、家世、階級或職業而定，不論是任何種族或階級的人，只要其知識、行爲與婆羅門相稱，即是婆羅門。在《經集》3.9《婆私吒經》、《法句經》＜婆羅門品＞等中，有偈頌提到如何才是真正的婆羅門。在此，釋尊不把「婆羅門」這個詞語說成是階級職業性、傳統性的婆羅門，而是用有真正價值、理想性的婆羅門的意義來說明。釋尊希望將當時墮落的、形式化的婆羅門，復原爲真實的婆羅門，或許佛才因此自稱爲真正的婆羅門吧！總之，在原始經典中，認爲正確說「法」，並付諸實踐者，才是真正的婆羅門。

所云：「在家五戒中，第一是不殺生戒」，可推知此處應爲「在家戒」之誤寫。

b. 人文主義的第二點：意味著法是社會人類的平等。不應因種族、民族、國家，或階級、職業、宗教信仰、教養、老幼、男女而有差別，在原則上一切皆平等，不過因特質能力、善惡行爲而價值評判有所不同。在此分成 **i.** 階級無差別、**ii.** 男女無差別、**iii.** 怨親平等三項來看。

i. 階級無差別：如前項所述，不論何種出身或階級，若能實踐法，即是實質上的貴族；若行非法，則是賤民。今引《經集》之例說明之。

462 不問出身，只問行為。
火從〔芳香或惡臭等一切〕薪所生。
即使是卑賤者〔，依法〕也能成為牟尼、
有智、高貴、有慚而謹慎者。

620 我不稱依家世者為婆羅門，
他是「卑喚〔別人〕：『喂，你啊！』的人」，[2]
[13]他其實是有所得者。
唯有一物也不執取者，
我才稱他是〔真正的〕婆羅門。

116 〔出身雖好，但是〕有忿、有恨及偽善者、

---

[2] 案：婆羅門以「喂！你啊！」互相稱呼對方，類似於外國人稱對方 "Hey! my frinend"。

具惡邪見及誑惑者，
彼即是賤民。
124 自己若無法以財富，
養育已過盛壯而年邁衰老的父母者，
彼即是賤民。

此類偈頌多處可見，故省略之。

其次，ii. 關於男女無差別，在原始經典中的例子很少。或許是環境使然，雖說女人有不能成爲佛陀、轉輪王、帝釋天、魔王、梵天之五障，並有五穢惡等，但是佛的養母摩訶波闍波提仍然透過阿難，向釋尊懇求成立女性自己的比丘尼僧團，結果爲佛陀所拒絕，無論如何也不肯答應。阿難就請示佛陀，女人修行之後，能否成爲須陀洹（初步的聖者）或阿羅漢（最高的聖者）？佛回答，女人和男子一樣皆可開悟而成爲聖者。阿難於是以摩訶波闍波提扶養釋尊的恩德爲理由，懇求佛陀讓她出家爲比丘尼，佛因而不得不同意。但是佛提出條件，要求比丘尼對比丘必須遵守八種尊敬事項（八敬法），才能允許出家。這八種的要義是：比丘尼須絕對敬重比丘，生活、儀式等一切皆在比丘的管理之下，須接受比丘的指導。儘管如此，釋尊仍說，由於比丘尼僧團的成立，使得本來可以持續千年的正法，減少爲五百年。這是因爲不得不承認一般女人〔*與男人〕的差別之故吧！或許就當時的印度而言，這是妥當的常識。

iii. 怨親平等者，是以佛教的慈悲觀爲基礎。所謂的「慈悲觀」，是說入慈心三昧之禪定，對四方[14]上下一切方向的人或動物，不僅包括自己所喜愛的人，即使是與自己無關的、或是有仇之怨敵，以及或強或弱的一切動物、一切眾生，皆以無怨恨、無瞋惱、無痛惱、和平安樂的慈愛之念對待之，常令此念遍滿四方。若能徹底此一慈無量之慈心三昧，自他皆能得大功德，得到社會人生的和平福祉。又慈心三昧有十一種功德，今省略之。

c. 人文主義的第三點：民主性。釋尊無論在國家政治，或佛教僧團的運作方面，皆主張必須民主。釋尊入滅前，在從摩羯陀國北上的最後旅行中，摩羯陀的大臣奉阿闍世王之命，請問釋尊能否攻破比鄰於恆河之北的跋耆國，佛回答，由於該國的諸執政者堅持「七不衰法」的民主態度，所以不可能被攻破。阿闍世王因此放棄攻伐的打算。

跋耆國的「七不衰法」如下所列。在跋耆國（貴族共和制）負責政治的貴族們，嚴守下列七條規定：

一、經常集會商談。

二、同心協力做事。

三、依照正確規定之法，正確地行動。

四、尊敬長老，聽從彼言。

五、對於宗族的婦幼，不施以無理的暴力。

六、尊敬並勤於供養國內的寺廟。

七、保護並支持既有或新興的宗教。

因此釋尊認為，僧團若也能遵守民主的七不衰法，不獨斷專行，就不會衰滅。比丘的七不衰法是，

比丘的僧伽應：[15]

一、經常集會。

二、同心協力做僧團之事。

三、依照正確規定之法而行動。

四、尊崇前輩長老，聽聞其言。

五、不受招感再生煩惱的控制。

六、希望遠離人群，在森林中修行。

七、常懷此念：若有善良同梵行者來，願與彼共修。

實際上，從彙集僧團規則的《律藏》之規定來看，也可得知僧團運作無論在任何場合，皆以全體僧眾的合議而施行民主，在此省略不詳談。以上第二項人文主義說明完畢。

【第三、法是和平主義者】

三、和平主義者，今分成 **a.** 寬容性，**b.** 無諍三昧，**c.** 和平相互依存三項說明。

a. 首先，所謂「寬容」，即是堪忍憤怒、怨恨，將之放下而包容對方。今舉釋尊本生長壽王與長生王子的故事為例來說明。簡述大意如下：從前在憍薩羅國有位長壽王，該國十分繁榮富庶。比鄰其南的迦尸國（*Kasi）的梵授王，征伐其國，奪

其財寶，逃匿的長壽王後來被捉到，在迦尸的城市波羅捺斯遊街後遭到處刑。年幼的王子長生被送到不為人知的波羅捺斯民家中，在父親長壽王被押著遊街時，〔*從該地〕遠道而來與父親會面，父親偷偷地向王子交待遺言說：「長生啊！勿見人長短！用怨恨是無法化解怨恨的，唯有以無怨才能消除怨仇。」堅決地告誡他，不可對迦尸王採取報復行動。

長生王子之後成為迦尸王宮大象的御夫而住進王宮，但因琴藝精湛，被王拔擢而成為貼身侍衛，[16]深得梵授王的信任。有一次，國王率領群臣出外狩獵，因追逐獵物而與群臣失散，只有他和少年長生在一起。後來國王累得趴在少年的膝上睡著了，長生心想：「替父親雪仇的好機會終於到來了！」便拔出自己的劍，想將國王刺死，但是卻又想起父親最後的遺言，怎麼也下不了手。如此三次時，國王正好夢見自己被殺而驚醒過來。長生向其告知自己的身世，以及剛才他想做的事，並請求王的寬恕。王驚愕不已，同時也覺悟到自己的不對，而向長生請求原諒。兩人一同回到王宮，向大臣們報告剛才所發生的事，王將掠奪自長壽王的憍薩羅國之國土歸還給長生，讓長生當該國的國王，又將自己的女兒許配給長生為王妃，消除了兩國之間的敵意，而成為友好的盟邦。長壽王的遺言，在《法句經》的第五偈作如是說：

以怨絕無可能化解怨恨，

唯有以無怨，才能使怨仇停止。

這是永恆的真理。

b. 其次「無諍三昧」者，是指絕不與他人諍論。如原始經典中，釋尊所說「即使世間與我諍，我也不與世間諍，說法者不與世間任何人諍論。」意即釋尊絕不與異教徒或一般人做無謂的論爭，這是因爲處於正法立場，不做無謂的諍論之故。所謂「無諍三昧」，雖然在大乘般若經中被認爲是「空」的同義語，但是無諍和前項的寬容，皆是和平主義的必要條件。與無諍相關的偈頌，在《經集》中亦多處可見，今省略之。

c. 和平的相互依存　釋尊在波羅捺斯鹿野苑中，爲五比丘最初說法，**[17]**五比丘依其言教修行，不久即證得阿羅漢果。其後，以耶舍爲首的波羅捺斯城市的長者富商們，共有五十五位青年相繼出家，他們不久也成爲阿羅漢的聖人。因此，釋尊爲了教化民眾，便派遣最初六十位佛弟子到各地去弘法。

當時，佛曾說「我和你們諸位皆已能脫離人天（人界、天界）一切的束縛，比丘們啊！當憐愍世人，爲了許多人的利益及安樂、爲了人天的利益及安樂，去遊行吧！應當一個人獨行，而不要兩個人〔結伴同〕行。比丘們啊！教示初中後皆善、義理（內容）與辭句（形式）兼備的法，顯示完全圓滿而純淨〔實踐性的〕梵行（佛道修行）……」，爲了人天一切有情的利益及安樂，佛自己遊行，也囑付比丘們獨自到各地弘法。

因爲說法以謀求人們的和平與幸福，是佛教最初及最後之目的。世間全體人類若無幸福與和平，個人也得不到幸福與和平。由釋尊在菩提樹下所發現的緣起思想——一切有情無情，在時間、空間上，皆互相密切連結之重重無盡的緣起道理——而落實爲釋尊或弟子們的教化活動。釋尊作爲佛陀四十餘年的〔*弘法〕活動，可說即是在建設如此互相依存的和平佛國。

以上，對於其他生命的看法，就殺生及與之相關的佛教之「法」所做的考察，大致告一段落。對於殺生的概念，若進一步來想，所謂「殺生」，不只是殺害生物，也可以擴大解釋到殺害無生物。因爲即使是無生物，也具有存在的使命，若不讓其完成使命而造成浪費，便是殺害此物的使命，因而也可視爲一種殺生。舉淺近的例子來說，自來水具有飲用、洗淨等使命，若不能實踐其使命而任意浪費，便是殺害水的使命。對具有供給電、瓦斯、熱、光、動力等使命的東西，若把它給浪費了，[18]便是殺害電、瓦斯等使命，所以也可算是一種殺生。再舉經典所記載，阿難節約使用舊三衣的故事爲例。大意如下：

根據巴利《法句經》之註釋所說，釋尊停留在跋蹉國（*Vaṁsa，又作憍賞彌國、拘睒彌國）首都憍賞彌（*Kosamī）的精舍時，優填王向佛陀請求比丘爲宮女們說法。佛便囑付阿難爲之說法。於是阿難連同五百比丘，一同到王宮爲皇后沙摩婆帝及其五百位侍女說易懂的佛法。皇后和宮女們聽了十分感動而歡喜，便供養比丘們食物及作衣的新布，阿難接受了。優填王後來聽聞此事，就向阿難詢問這五百匹布如何處理。

阿難回答，接受布施的新布，被用來取代比丘們的舊三衣。舊衣如何處理？給穿更舊三衣的比丘。換下來的舊衣如何處理？被用來當作精舍的上層坐墊，原來的上層坐墊則作下層坐墊，舊的下層坐墊拿來給比丘們擦腳，原來擦腳用的布則撕成碎片，與土相混，作爲壁土之用。國王對於把布充分利用到最後，完成其使命的行爲十分感動，就又布施五百匹新布給阿難。

二、對自己生命的觀點

（一）佛教出家者的生活

以上是考察原始佛教對於其他人類或動物的生命，所抱持的看法或態度，[19]現在就試論對自己生命的看法或態度。這可從自己修行佛道的角度，以及救濟眾生的角度來看。

例如，釋尊二十九歲出家時，爲了解決自己的人生問題，放棄了受束縛的釋迦國王位，毅然拋開哭泣勸阻的父親淨飯王、母親摩訶波闍波提，以及親愛的妻子而離開王宮。不但放捨自己及其地位，連自己的親人也義無反顧。當釋尊從王宮出發，前往南方的摩羯陀國，在王舍城內托鉢時，國王瓶婆娑羅王從宮殿望見其高貴的舉止，就帶著群臣跟隨其行跡，來到郊外的槃荼婆（Paṇḍava，意譯爲「白善」）山下——這是釋尊托鉢用齋後休息的地方，拜見釋尊，問明其出身來歷，並懇請他還俗，成爲自己的股肱，助自己一臂之力，他願意分一半的國家給他。釋尊因爲自己還有人生問題有待解決，絲毫沒有世俗的欲望，所以拒絕了國王的要求。

又釋尊在成道前六年期間所修的苦行，是前所未有的嚴酷，他折磨自己身體的程度，甚至嚴重到傳出喬答摩已因苦行而死的流言。當他明白了即使是如此的苦修，也對解決人生問題毫無助益之後，便停止了苦行；雖然如此，仍然遠離世俗物質的享受，依循遠離苦樂二邊的正確修行，解決了所有的人生問題，而成爲佛陀。即使成了佛，他在物質及精神上仍皆遠離世俗的欲望，同時也囑咐弟子們須透過修行證果的過程，遠離世間法——苦、樂、損、得、毀、譽、褒、貶。

出家比丘對於衣食住等（飲食、衣服、臥具、醫藥）生活必需品，只要求在修行或弘法上能維持生命的程度。例如衣類（三衣）只是爲了防寒暑或蚊虻，避免日曬或蛇害，而不是裝飾品或奢侈品；飲食也只是使生命得以延續，能無病的修行或弘法，而不是爲了肥壯、美貌或享受。

在原始經典中，提到飲食時的心態應當作「如食子肉想」而取用，[20]不可有貪求美味之心，這在巴利和漢譯經典中皆曾論及。這是佛陀所說對於飲食所應具有的心態，譬如一對夫婦帶著獨子穿越沙漠，糧食逐漸減少，在穿越沙漠的途中，食物就已全部用完。夫婦倆便商議：在還未過完沙漠之前，一家三口必定會餓死。如果把兒子殺了，吃他的肉，夫婦倆勉強還能越過沙漠。於是不得不心懷愧疚地將兒子殺死，把他的肉做成肉乾或醃肉，每次只能吃少許，以保全性命。據說這是沙漠旅行者的習慣。在這種情況之下，雙親絕對不會把孩子的肉，當成美味的肉乾或醃肉來品嚐，而是對他心懷歉意而食其肉。同樣地，比丘們在用齋時，不可以五欲之念而食用，應作「子肉」之想而食。

總之，因為釋尊和佛弟子們的出家僧伽，是居於指導民眾精神生活的立場，所以自己不參與生產活動，衣食住等經濟生活完全依賴在家信徒或一般民眾；在物質、精神上，在家與出家有著互相依存的關係。佛教的出家比丘原則上穿著糞掃衣（用丟棄在垃圾場的布所縫合而成的弊衣、衲衣），食是托鉢而食，住是樹下住，藥則用牛尿藥（腐敗尿、腐爛藥），雖然多少有一些被允許的例外，但是可說完全依賴在家人的布施。

在飲食方面，因為在家人會將自己所煮的一部分食物布施給托鉢僧，所以出家人對於在家眾所食用的魚肉等也就完全接受。但是，對於見到、聽到或懷疑為了供養自己，而特地殺害魚或鳥獸所烹調成的飲食，則不可接受，在此之外的魚肉是可以吃的。這也因此招致其它宗教的素食主義者，責難佛教的比丘是花和尚（沾腥的和尚）。

《經集》中的《臭穢經》即談到釋尊所說的臭穢（腥味）為何意。根據該經所說，殺害、毆打、切割、綑綁動物，偷竊他人財物、說謊欺騙他人、做壞事、行邪婬者[21]才是臭穢，而非食肉者是臭穢。專行個人私欲、貪著食物美味、有不淨之念、斷滅論或邪僞而難以教導者才是臭穢，並非食肉者是臭穢，經中並以偈頌詳細說明之。

由於佛教出家眾之經濟生活仰賴在家眾，所以，應該過著足以維持生命最低限度的生活；但是，也沒有必要過著妨害健康的苦行生活。身心強健者也可以修頭陀行，在衣食住方面過著極爲嚴肅簡單的生活。例如頭陀第一的摩訶迦葉即是其例。釋尊晚年時，提婆達多向佛提出要求，希望規定所有比丘〔*遵守〕五條嚴肅的生活〔*戒律〕，釋尊認爲對於堪能者可以如此，但是要教所有比丘都嚴格持守則是不可能，而且也是不合理的，因而拒絕了他的要求。這也是造成提婆達多反叛的因素之一。釋尊認爲強人所難的生活或行動，不具有持久性及客觀性，所以不予採用。

又在原始佛教，出家眾的飲食是在正午以前托鉢乞食，一天只用一次，禁止午後用餐。由於一次〔*托鉢〕取一天份的飲食，所以食畢後，允許一至二小時的自由休息，稱爲「晝住（午休）」。這時可以在涼爽的樹蔭下休憩、小睡或打坐。這或許是釋尊出於自己的經驗，認爲爲了維持健康，午休仍是有必要的吧！

佛教的出家生活禁止世俗的生產活動、家庭生活、遊藝娛樂等，乃至斷絕傳宗接代、香火的延續，所以對世間的在家生活者而言，是不合乎其心願的。佛教初成立時，在摩竭陀國的王舍城，以瓶婆娑羅王爲首的成千上萬民眾，在聽聞釋尊教法之後而成爲佛教徒，更因爲有許多青年渴望出家，所以在此地引起了「釋尊從雙親身旁奪走孩子、從妻子身邊搶走了丈夫」的強烈責難。因此，釋尊制定了「未得父母同意者不得出家」的規定。

釋尊成道後，走訪了祖國釋迦國，不但佛教的信徒增加，出家眾也相繼產生，乃至後來在五百個釋迦族的家中皆協定，家中若有二位以上的男性，其中一人一定要出家爲比丘。[22] 又根據佛典記載，在其他地區也有青年在聽聞佛說法後，未得父母同意而希望出家的情形。

例如，最初犯婬戒的比丘——毘舍離郊外的須提那（Sudinna），以及靠近西北印的拘樓（Kuru）國的賴吒和羅（Raṭṭhapāla），皆是該地方富豪長者之子，他們對於遊歷到該地的佛陀之說法十分感動，向雙親要求在佛教出家而未獲同意，但是無論如何也不肯放棄出家的念頭，就以絕食的方式希望取得父母同意，表明寧願餓死也要出家的決心，最後父母只好無可奈何地同意讓他們出家。父母之所以不同意，是因爲唯恐萬貫的家財，在獨子出家後就無後繼之人，龐大的財產將全部被國家沒收。不過，最後他們兩人還是達成願望，成爲比丘而精進修行。

（二）爲法忘軀

總之，佛道的修行者應該具有爲法寧捨生命的覺悟，不可執著充滿憂苦的無常、無我之肉身等。在《法句經》153-4 二偈中，提到釋尊成道時的敘述：

153
尋求造屋者（渴愛煩惱），
而未曾發現到它的我，
在多生的輪迴中輪轉，
生〔死輪迴〕永遠是痛苦的。[3]
154
造屋者啊！你被發現了。
所以，你不要再造屋了吧！
你所有的樑被壞、家的棟樑被粉碎了，[23]
我的心已達到滅盡渴愛煩惱的寂滅。[4]

---

[3] 案：了參法師譯及註如下：「經多生輪迴，尋求造屋者，但未得見之，痛苦再再生。註：『尋求造屋者』，指生死輪迴的原因。」（《南傳法句經》，圓明出版社，p. 93，1991 年）

[4] 案：了參法師譯及註如下：
已見造屋者（喻情欲）！不再造於屋（喻身體）。
椽桷（喻其他的一切煩惱欲）皆毀壞，棟梁（喻無明）亦摧折。
我既證無為（即涅槃），一切愛盡滅。」（出處同上）

是說由滅盡煩惱，能除滅有漏的肉身，而得無漏的涅槃。觀察肉身的不淨，體會世間無有可樂之事，遠離一切執著而到達不死的涅槃，亦即做六想的觀察：1.不淨想，2.死想，3.食不淨想，4.一切世間不可樂想，5.無常、苦想，6.苦、無我想。也就是，1.觀察肉身的不淨，2.觀察死亡不久將至，3.不可追求飲食、美味，應做不淨想，4.思惟所有世間皆無有令人歡樂之事，5.觀察無常故苦，6.觀察思惟一切皆苦、無我，遠離對身心、環境的執著，依此修習而到達不死的涅槃。

與厭離肉身的思想相關的經典，有巴利《中部》145《教誡富樓那經》。此經在巴利《相應部》（雜阿含）、漢譯《雜阿含》310《富樓那》等中也有。這是釋尊教誡富樓那的經典，這裡的富樓那與佛的十大弟子中，說法第一的富樓那並非同一人，他出生於印度西海岸的孟買北方的海港首波羅（Suppāraka）（現在的索帕拉）的貿易商之家。

富樓那在青年時代即率領商隊，行經憍薩羅的首都舍衛城，在此聽聞釋尊說法而大受感動，便叫隨員者回國，自己向佛請求出家，認真地修行。數年後，希望回去故鄉，於是就向釋尊乞求教誡。佛為他說應當遠離對於感覺、知覺對象的執著，然後就詢問他以試探其決心：

「阿波蘭多（Aparanta）（西印度）地方的人們性情粗暴，如果他們辱罵你，你會怎麼應付？」

「即使他們辱罵我，應該不至於用手打我吧！」

「如果用手打，該怎麼辦呢？」

「只要不用棍棒打我，應該還能忍受。」

「如果用棍棒打呢？」

「只要不用刀劍砍我，我仍會忍受。」

「如果用刀劍砍你呢？」

「只要不至於用刀劍殺我，我就會忍耐。」

「但是，如果他們真的要用刀劍殺你，該怎麼辦？」

[24]「這時我會想：佛弟子中，也有人對自己的肉身厭惡到想找劊子手把自己給殺死的程度。我很幸運，不必找就正好發現了劊子手，所以即使被殺死了，我也能承受。」

釋尊聽了這番話，非常讚許他的決心，說道：「若能以寧捨身命的覺悟去傳道教化，就真是太好了！」

富樓那對釋尊的說法歡喜信受，便告假返鄉，在那一年的雨期安居中，共度化五百信徒爲優婆塞（信男）、優婆夷（信女），使之歸向佛道，而他自己也在安居中精進修行，證得阿羅漢果及神通。他可說是首先使佛教在該地紮根的功臣。

除了自己修行爲法忘軀之外，同樣地，也有爲了救濟他人而捨棄自己生命的情形。例如，在釋尊過去世的本生故事中，多處談到菩薩（佛的前生）不只是作人，也有生爲鹿、猴、象等動物，爲了救助他人，連自己或親人的生命也都捨棄的故事。在建於西元前一、二世紀的巴赫特（*Bharhut）或山琦（Sanchi）

等佛舍利塔四周的欄楯或塔門上，即刻有這些本生故事。

例如，菩薩曾經生為鹿王，當時有一隻懷孕的母鹿被帶到國王的廚房即將被宰殺時，鹿王便挺身而出，願代母鹿受死。（本生經 12《尼拘律（Nigrodha）鹿王本生故事》）。又菩薩作猴王時，原本快樂地住在喜馬拉雅山的猴群們，因為面臨即將被人類國王屠殺的危機，所以猴王令猴群全部移向河對岸的安全地帶，牠們用竹、蔓作成吊橋，但是由於橋的長度不夠，強壯而高大的猴王菩薩只好用自己的身體、手足作為橋的一部分，讓所有的猴子們平安地越過。但是，猴王因為受到重壓，導致心臟破裂而死。（本生經 407《獼猴王本生故事》）。此外，菩薩作六牙白象時，犧牲自己的生命，將閃耀著六種色彩的象牙獻給王妃。（本生經 514 《六色牙象本生故事》）。

本生經中篇幅最長而且有名的是 547《毘輸安呾囉（Vessantara）王子本生故事》。根據此經所說，王子從年輕開始，就打算只要有人乞求，他連自己的心臟、眼睛、血肉都願意布施給對方。當他成為尸毘（Sivi）國的皇太子不久之後，[25] 即結婚生下一男一女。在父王年老後，便繼位為尸毘國王。但是，由於他將自己所擁有的大象、御象夫，甚至家族也都施捨給婆羅門，引起人民的種種責難，父王不得不將年輕的國王流放到國外。

毘輸安呾囉帶著王妃、王子、公主，駕著一輛馬車，向喜馬拉雅山前進。途中遇到婆羅門來乞，就將自己所乘的寶車及馬也施與，親子四人徒步而行，靠著果實在山中渡過七個月。在這段期間，有人向王乞討王子、公主，他也施捨，甚至最後連心愛的妻子也送給了別人。九個月之後，聽到此一不幸事件的父王及母后，率領援救的軍隊來到喜馬拉雅山，向婆羅門們贖回了王妃、王子及公主，全家平安的回到祖國，毘輸安呾囉終於回復了王位，重新舉行盛大的登基灌頂儀式。

以上雖然都是寓言或創作，但是說明了菩薩爲了修行六度，必須有施捨財寶、親人、自己的身肉手足，甚至連生命也在所不惜的覺悟。

但是，在原始佛教巴利《律藏》中（漢譯也是如此），有提到在家信眾爲了治療病比丘的疾病，割捨自己股肉的事情，這是更爲真實的了。簡單介紹如下：

世尊從王舍城前往波羅捺斯，住在鹿野苑。波羅捺斯城住著一對信仰虔誠的須卑耶（Suppiyā）夫婦，〔*常〕對僧團行布施。有一次，須卑耶夫人到鹿野苑的僧房拜訪，問比丘們：「是否有生病的人？需要我帶些什麼東西來嗎？」於是一位比丘回答：「我服了瀉藥，身體十分衰弱，可不可以給我一些肉？」她答道：「我這就回去給您帶來。」回到家後，她便命令佣人：「請你去買些現成的肉回來吧！」佣人回來後告知主人：「因爲今天是不殺生日，所以到處都買不到現成的肉。」

夫人心想：「如果生病的比丘得不到肉，有可能會病重致死。我既然答應了他，[26]就一定要給他不可。」於是就用利刀把自己胯股的肉割一塊下來，把侍女叫進來，命令她：「請把這塊肉拿去煮，然後送去給精舍的病比丘吃。」自己便用上衣將傷口包紮好，進去房間躺在床上休息。

須卑耶先生外出返家後，沒看到妻子，得知她在房裡，便問妻子爲何躺在床上？妻答：「我病了。」先生再進一步詢問，才知道事情的真相，對於妻子施捨自己的身肉，十分感動，便到鹿野苑拜訪釋尊。問候佛陀之後，請求他翌日上午到家中接受飲食供養，釋尊接受了他的請求。

翌日上午，須卑耶先生準備好飲食後，就通知釋尊，釋尊便帶領帶鹿野苑的比丘們來到須卑耶家中。由於沒看到須卑耶夫人，便問道：「須卑耶夫人呢？」

先生答：「她臥病在床。」

「那麼請帶她過來。」

「她實在沒辦法走。」

「那麼請把她抱過來。」

須卑耶先生就把夫人抱過來，她一見到釋尊，股傷居然不藥而癒。須卑耶先生說：「只要看到世尊，妻子的傷就好了，如來具有這種絕妙的神通力，真不可思議！」夫婦兩人供養佛陀及比丘們佳餚後，佛爲其說法，令之心滿意足，便返回精舍。

由於這次因緣，釋尊制戒不可食人肉。像這樣爲了信仰，寧願割捨自己的身肉，布施給需要的人，這在釋尊時代可算是很奇特的事。現今爲了親人，割捨自己一個腎臟捐給他們，或者從腦死等人，取出眼角膜或其他器官，移植給患者的例子也很多；當然，像這樣的例子在原始經典中是沒有的。

三、對生命的客觀性見解

[27]以上是從原始佛教所說的（A）對其他生命的角度，（B）對自己生命的角度所做之考察。對其他的生命，不應殺傷，應具慈念而愛護之；對自己的生命則爲了「自己的修行」或「救助他人」之「法」，甚至有必要捨棄自己的生命。在平常世間的教訓也說「嚴以律己，寬以待人」。由於我們的想法或態度，總是本能地、無意識地採取以自我爲中心，所以嚴以律己，寬以待人是確保客觀而公平的社會性方法。

但是，（C）對於生命之客觀性見解，不論是在原始佛教或一般佛教都說得不多。自原始佛教以來，只有二十二根說。這裡所謂的「根」（indriya），是指利根或鈍根的根，是與有機生命力有關之語，它和「根本」、「根源」，或「草木之根」的「根」（mūla）是不一樣的。所謂「二十二根」，是 1.命根（生命力）、2-3.男、女根（生殖力）、4-8.眼、耳、鼻、舌、身五根（五官的感覺神經力）、9.意根（知覺、記憶、判斷的心的作用）、10-14.苦、樂、憂、喜、捨五受根（苦樂的感受作用）、15-19.信、精進、念、定、慧五根（理想的心作用）、20-22.未知當知、已知、具知三無漏根（令得證悟之無漏智的作用）。此中，2-8 是肉體性的生命，9-22 是精神性的生命力，1.命根是肉體、精神性生命力的根源。肉體性生命藉由食物或呼吸而維持，有種種的生理作用。在這裡所列出的精神性生命力的項目，主要是作爲成佛之道的要素而說的。

如果只有肉體性的生命力，而喪失精神性的生命，則被稱爲「腦死」或「植物人」。但是，在原始佛教所說的，則是讓精神作用在一定的期間內停止的禪定——無想定或滅盡定。它並不是腦死，而是一種幾近於冬眠的狀態。又，如果沒有，或者一時停止精神性及肉體性生命，佛教稱之爲「無色有情」或「無色定」。二十二根說的詳細說明今省略之。

又，慎重處理腦死者的事，是和慎重處理亡者的遺體、遺骨、遺照、遺品同等重要，甚至被認爲必須更加小心。

原始佛教的心

一、序說

[29]由佛陀釋尊所宣說的佛教，是以去除苦惱，引導人們走向常樂的理想，遠離無明煩惱，到達解脫的涅槃爲根本目的。爲了解決苦惱，首先即說明爲什麼會產生不安或苦惱，社會人生真實狀況之動態理論「是如何？」其次說到，如何做才能脫離苦惱，亦即「應如何做？」的實踐修行。在此意義下，佛教對於社會人生，可說是以「是如何」、「應如何做」爲中心問題。

雖然在這裡也包含了身體或社會環境等物質的層面，但是，它們並不是作爲物質而孤立者，而是與精神有密切的關連性，誠如所謂的「物心一如」或「身心相關」，心才是社會人生動態的主導者。如同原始經典所說的：

> 世間以心為主導，由生起的心而左右。[1]

[30]或者，

---

[1] *A*.ii，p. 177.《中阿含》卷 45（大 1, 709a）心得世間去，心爲染著，心起自在。

諸法以意為先導，以意為勝，由意所成。若以惡意言說或行動，因此苦隨及彼身，猶如車輪跟隨挽牛之足。
諸法以意為先導，以意為勝，由意所成。若以淨意言說或行動，因此樂隨及彼身，如影不離形。[2]

以及

心雜染故有情雜染，心清淨故有情清淨。[3]

即是此意。這種身心關係是從原始佛教乃至後世，共通於所有佛教的。

佛教說「離苦得樂」、「轉迷開悟」，可說皆是以心的活動爲

[2] *Dhp.* 1,2. 心爲法本，心尊心使，中心念惡，即言即行，罪苦自追，車轢於轍。心爲法本，心尊心使，中心念善，即言即行，福樂自追，如影隨形。（案：了參法師譯：「諸法意先導，意主意造作；若以染污意，或語或行業，是則苦隨彼，如輪隨獸足。諸法意先導，意主意造作。若以清淨意，或語或行業，是則樂隨彼，如影不離形。」《南傳法句經》，圓明出版社，台北，p. 30，1991 年）

[3] *S*.iii, p. 151.《雜阿含》卷 10（大 2, 69c）心惱故眾生惱，心淨故眾生淨。

中心，而作爲終極理想的涅槃，也被認爲是指一種心的狀態。[4] 在脫離輪迴之苦，尋求不死的理想上，不只是佛教，同時也是印度宗教或哲學共同的傾向。

但是，外道所說的梵、我或者神我等實體、主體，以此爲關連而說輪迴或解脫，這點則與佛教不同。佛教不說作爲常住實體的主體，對於只有生滅變化的物心等現象，說明「是如何」、「應如何」的理論或實踐。因此，認爲身心相互關連有是可能的。外道認爲物與心各有其實體，絕不承認物心之一致融合。

根據佛傳記載，釋尊在修行時代，首先修習正統婆羅門修

---

4 部派阿毘達磨認爲涅槃是不生不滅、沒有變化的無爲法之存在。但是在原始經典中，「涅槃」或「無爲」之詞，並非指不生不滅的存在，而是指滅除了貪瞋癡等一切煩惱之後，一種理想的心的狀態，此即名爲涅槃。因此，例如在巴利《相應部》47「無爲相應」（*S.* iv, pp. 359-373）中，列出涅槃的別名有：無爲（asaṅkhata）、終極（anta）、無漏（anāsava）、真諦（sacca）、彼岸（pāra）、微妙（nipuṇa）、極難見（sududdasa）、不老衰（ajajjara）、堅牢（dhuva）、不壞（apalokana）、不可見（anidassana）、無障礙（nippapañca）、寂靜（santa）、不死（amata）、勝妙（paṇīta）、幸福（siva）、安穩（khema）、愛盡（taṇhakkhaya）、希有（acchariya）、未曾有（abbhuta）、無災（anītika）、無災法（anītika-dhamma）、涅槃（nibbāna）、無瞋（avyāpajjha）、離貪（virāga）、清淨（suddhi）、解脫（mutti）、無執著（anālaya）、洲渚（dīpa）、避難所（leṇa）、救護所（tāṇa）、歸依所（saraṇa）、到彼岸（parāyana）等詞。**（參原書 p. 35）**

行法的禪定，接著也實踐非正統沙門修行法的苦行，但是後來認爲它們皆非解脫之道而予以捨棄。這是由於禪定或苦行皆認爲物、心分別有實體（二元論），不認爲身心一如之故。亦即，外道的禪定是希望藉由精神統一，使心脫離肉體的束縛，而得到只有精神的自由獨存；苦行也是希望藉由使肉體痛苦，削弱其力，而得到精神的自由。禪定和苦行皆認爲在肉體尚存之時，無法獲得精神的絕對自由；絕對自由的心，非得在脫離肉體的死後才能到達。

[31]但是釋尊認爲，人生的理想是：在身心具存的現世，就一定能得到精神的自由。若像外道這樣，將物質（肉體）或精神（心）看成二元性的實體，認爲精神的自由在死後才能獲得的話，現世的理想是不可能達到的。釋尊發現外道說法的缺點後，便捨棄禪定及苦行，最後發現達到現世理想的方法，此即是在菩提樹下證悟的佛教之開端。也就是「是如何」、「應如何」的理論或實踐，釋尊成佛後四十多年的弘法，就是爲了要拔除世人的苦惱，救濟社會。

佛陀說法是爲社會所有階層的人而說的。不像正統的婆羅門教，只對上層階級，不以下層階級的民眾爲對象；佛陀連奴隸階級的人們也一視同仁爲他們說法。對於一切職業階級或智慧根機的人們，視對方的情況而給予最適合的教法。因此，其所說之法各式各樣，用現今的學校教育來說，可說從幼稚園或小學教育的低年級，國中、高中的中年級，乃至大學、研究所的高級者皆包含在內，即所謂因材施教的應機說法。

現今所殘存的漢譯或巴利語的原始經典，雖然是根據釋尊的說法，但是由於是經由部派佛教傳誦而來，所以現在所看到的形式是佛滅數百年後所成立的，因此並不完全是佛說的，可能已有意無意被加以改變了。儘管如此，在現存的漢譯、巴利語的阿含經中，仍含有各種種類或程度的說法，其中包括部派的阿毘達磨所開展的通俗性教法，以及後來發展爲大乘佛教的高深教理，雖然仍在萌芽的階段，但是在阿含經中已多處可見。在包含了這些各種教說的原始經典中，有關於心的說法雖然相當多，但是並未將心的問題特別提出來做說明。

如前所述，原始經典是以所有階層的人們爲說法對象，是用他們能直接理解的日常用語而說的，因此很少有佛教獨特的用語。但是到了部派佛教的阿毘達磨，用語的概念規定被嚴密地確定，[32]在形式上加以統一而相當學術化，成爲一般民眾所無法理解的專門用語。例如，地、水、火、風，或眼、耳、鼻、舌、身、意等詞，本來在原始經典中，它們是當時一般民眾所能理解的通俗性意思；但是，在部派的阿毘達磨中，由於這些用語被嚴密地規定並抽象化，所以用語雖然相同，但是其概念內容已與阿含經中的完全不同。

又在阿毘達磨中，由於組織教理被全部體系化，所以也增添了原始經典中所沒有說到的用語或概念。

因此，關於心的活動，原始經典和阿毘達磨在用語或概念上，產生了如何的變化，以下就簡單做一考察。在原始經典中，把生起感覺或知覺時的心之活動，看成是「觸—受—想—思」的相續生起。此時的「觸」是指根、境、識三者和合，依於感覺或知覺而成立認識的狀態；成立認識的最初剎那即爲觸。「受」是生起於觸之後的苦樂等感受作用，即對於認識對象感受好惡等。「想」是生起於受之後的概念或表象等作用，將認識對象想成是「紅花」、「白雲」等。「思」是生起於想之後的善惡等意志作用，對於認識對象產生愛憎取捨等意志。

如此，從感覺或知覺的認識開始，相續生起一連串心的作用，這時的觸—受—想—思等，是個別個別的心理作用，那就是心，除了作用之外，並沒有心的主體（尤其是外道所認爲的主體）。但是，部派阿毘達磨則認爲觸、受、想、思並非單獨的心，它們只不過是構成心的部分要素，此名爲「心所法」。主體的心同時包含了許多作爲部分要素的心所，主體的心名爲「心法」。一個心與許多心所同時集合存在爲一個心，稱爲「相應」。此處的「心所」（caitasika, cetasika）或「相應」（samprayoga, sampayoga）的用語或概念在原始經典中是沒有的，原始經典中的觸、受、想、思等語，在阿毘達磨中，以作爲心所而有不同的概念內容。

[33]如是，原始經典中，作爲民眾一般用語而說的〔*語詞〕，在部派阿毘達磨中，成爲具有佛教獨特概念內容的用語，

其教理組織被嚴密地體系化，概念規定地相當明確，成立了所謂佛教的教理法相學，可說與西方科學相近了。關於心的問題，原始經典和部派阿毘達磨之間，即已如前所述地完全不同。

雖然原始經典所說的佛教用語，是依於民眾的日常用語，皆爲當時民眾所使用，但是也有不少是印度其他哲學或宗教所罕用，而具有佛教獨特概念內容的用語。這些是有關於原始佛教的教理學說，可能是專爲佛教的出家修行者而說的。具有這種意義的佛教獨特概念的用語者，如：受（vedanā）、行（saṁskarā. saṇkhāra）、蘊（skandha, khandha）等，以下就簡單做一說明。

例如，在五蘊中，色（rūpa）、想（saṁjñā, saññā）、識（vijñāṇā, viññāṇa）等詞，印度一般所用的與佛教所用的是同義，但是，「受」和「想」二者則似乎含有佛教獨特的意義。首先，受（vedanā）一語是從語根 vid（知道，know）而來，一般是中性名詞，用來表示認識、知識等意思，但是在佛教則看不到這種用法。佛教所用的女性名詞 vedanā 是痛苦、感情等意思，這種用例在印度一般是很少見的，只有在後期的文獻才看得到，或許這是受到佛教的影響之故。

附帶說明一點，受中的「捨」（upekṣā, upekkhā），亦即作爲不苦不樂受之意，很可能也是佛教獨特的用法。一般來說，捨是用來表示不關心、放置之意，此義的捨，在佛教中也被用於四無量心（慈悲喜捨）中的捨，以及七覺支中的捨覺支。

其次，五蘊中的「行」也被作爲十二緣起的「行」，或諸行無常的「行」而使用。但是，這些行的概念內容互相不同，有廣義及狹義的差別。「行」一語，在佛教絕大部分的情況都是以複數型來使用。[34]從此語的概念內容含蓋範圍來看，諸行無常的「行」，意思的範圍最廣，五蘊的「行」〔蘊〕其次，十二緣起中的「行」範圍最狹隘。首先，諸行無常的「行」，和「有爲」（saṁskṛta, saṅkhata）一樣，是指生滅變化現象的一切法。因此，五蘊、十二緣起，皆爲行所攝，這是行的最廣義者。

其次，五蘊中行蘊的「行」，是包含除受、想、識三蘊之外的一切精神作用。包括作意、觸、思、欲、念、定等心理作用，而此中也有以「思」（cetanā）作爲行蘊的代表而定義者。若將行當成「思」（善惡的意志作用），此即是行的最狹義者，但是，除思之外，行蘊的「行」尚包含許多心理作用。又在部派阿毘達磨中，說一切有部對於行蘊，除了設立作爲心所法（心理作用）的心相應行之外，也設立心不相應行（不屬於物或心，但是會驅使物或心的力量），將行蘊的概念擴大，這在原始佛教是完全沒有說到的。

最後，十二緣起中的「行」，比五蘊的「行」更狹義，與「業」相同。亦即十二緣起的「行」，被說明爲身、語、意三行，此與身、語、意三業相同。業是以作爲意業的思爲根本，由此產生身語業。身語業等在其行爲之後，大多會留下行爲的習慣力。如此，業包括了意業（思）、身語業及身語業的習慣力，這些都應被看成是「行」；因爲行的概念內容比五蘊中的行範圍更狹隘，所以思（意業）是屬於最狹義的行。在佛教以外，也有將「行」用來表示行爲的習慣力（潛在力）之意。行（作用）之語一般在印度被用來表示各種意思，佛教以各種廣義或狹義的意義使用之，其中有不少是佛教獨特的概念內容。尤其是將「行」當成現象法，與「有爲法」視爲相同而使用，這是別處所未見的。

其次，五蘊的「蘊」（skandha, khandha）是「群、眾、集合體」之意，但是作爲五蘊的色、受、想、行、識，也就是以身心諸要素的集合體之意，而稱之爲「蘊」者，也是佛教獨特之處，乃教外所未有的。在原始佛教中，"khandha" [35]一語也用於表示印度一般的「肩」或「幹」之意；而與此語有關的律之犍度部的「犍度」（khandhaka）也有「章」之意，此與一般的用法相近。

總之，原始佛教各種用語，有很多是以印度一般的意義而使用，但是有時也以佛教獨特的意義使用之。除了前面所介紹的之外，也可見到像這樣的例子，不過，這些都是爲佛教進階行者所說的佛教獨特術語，並未用作對民眾的初機說法。

二、一切法與緣起說、業報說

[36]如前所述，在原始經典中，所謂「世界」或「存在」，只限於時間、空間中之現象性的世界或存在；超越時間、空間

的不生不滅之實體主體，是釋尊所禁止談論的。作為我們世界的現象界，也是一種與心相關連的世界，原始經典稱之為「一切法」，亦即一切的存在。被說為是一切法者，有五蘊、十二處、十八界等。

此中，五蘊原來是將個人的肉體與精神分為色、受、想、行、識五要素，但是有時不只是個人的要素，包括周圍的環境等，也稱為五蘊。此時，一切現象的物質（色）與精神（受、想、行、識）即是五蘊；但是，五蘊說是以精神性要素為主的分類。反之，十二處說則是將物質性要素做詳細的分類。但是，十二處、十八界的分類是依感覺、知覺六種感官，說明對象的認識關係。十二處是由內六處（作為認識能力或認識器官的眼、耳、鼻、舌、身、意六根）與外六處（作為六根對象的色、聲、香、味、觸、法六境）所組成，若再加上六識（作為認識主體或認識作用的眼識乃至意識），則成為十八界。

在六根、六境的十二處當中，屬於心的只有意處，五根、五境的十處皆是物質（色法），作為意之對象的法處包含物與心。但是，十二處皆與心——依於感覺、知覺的認識——的作用有關。十八界中的六識當然也是心——依於感覺、知覺的認識作用。原始經典所說的心，即是心理作用，它也是心的主體。不僅是原始佛教，所有佛教絕不說在作用之心的主體之外，有永恆不變的實體主體的心。五蘊、十二處、十八界都只是時時刻刻生滅變化的現象而已，這些就是我們的世界，就是一切法。

如此，[37]把一切的存在分類爲五蘊、十二處、十八界等來說明，可說是佛教獨特之處。爲何要成立如此的分類？這是爲了要論證一切法皆是無常、苦、無我的現象性存在，沒有外道所說的固定不變的實體主體之故。

例如，就五蘊來說，如《無我相經》[5] 所說，觀察色、受、想、行、識五蘊任何一法皆是無常、苦、無我。同樣地，就十二處、十八界來說，六根（內六處）、六境（外六處）、六識任何一法也是無常、苦、無我。有關「依於此義的感覺知覺的認識關係」的說法，有名的經典是巴利《中部》148《六六經》（*Cha-chakka-sutta*）[6]。該經說明從六根、六境、六識、六觸、六受、六愛之認識關係的過程，愛（渴愛）生起又消滅，因此，此六根乃至六愛的六種六法，皆〔是無常、苦、無我，故〕應厭離。[7]

此《六六經》如前所述，是說愛的生起與滅盡，我認爲此

---

5 *S*.22,59（*S*.iii, p. 66f）=*V*.i, p. 13f. 《雜阿含》卷 2（大 2, 7b 以下）。

6 *M*.148, *Chachakka-sutta*（*M*.iii, p. 280 ff.）《中阿含》86《說處經》（大 2, 562a 以下）。

7 *M*.iii, p. 286f. 說一切法無常、苦、無我的經典者，又如：*S*.18, 1-20（*S*.ii, pp. 244-252）也是如此。該經對於六根、六境、六識、六觸、六受、六想、六思、六愛、六界（地水火風空識）、五蘊等一一法，以及它們的三世、內外、粗細、劣勝、遠近等一切情況，說明皆是無常、苦、無我。**（參原書 p. 44）**

與十二緣起說有關。因為緣起說本來就是說明我們為何會產生憂悲苦惱，如何才能脫離苦惱，到達無苦安穩的理想，可知是以不安苦惱等關於心之問題為中心。因此，以下就考察作為心之問題的緣起說。

原始經典所說的緣起說有許多種，其中也有不用緣起的詞語而說明緣起的事實者。即使是明白說出「緣於什麼而生起什麼」的緣起之語詞，在相關之緣起支的數目上，也有從二支說到三、四、五支者、八、九、十支者，以及十一、十二支者，乃至十二支以上的說法。但是，一般是以十二支所組成的十二緣起為後世緣起說的代表。若將各種緣起說從緣起支的性質做一分類，[38]可大致分成三大系統：

a. 和一般十二支緣起相同，說明無明、行、識、名色、六處、觸、受、愛、取、有、生、老死十二支，或者省略其中某支的緣起說。

b. 從根、境、識、觸、受、愛等《六六經》的系列，而說進展為取、有、生、老死的關係。

c. 不屬於上二系統，而是根據雜多支分而說緣起。

我認為a系統與b系統有關連，a的一般緣起說可能是將b的《六六經》等的感覺知覺成立說，加以改變發展而成的。a與b的相異處是：

a中最初有無明、行，其後有識、名色、六處。

b 沒有無明、行，a 的識、名色、六處，被取代成爲根、境、識，由此三者開始，其後則爲觸、受、愛等，二者皆相同。

總之，a 若去除無明、行，則可能是同樣說明緣起的事實。因此，a 的識、名色、六處與 b 的根（六處）、境（名色）、識內容相同，只是列舉的順序不同而已。b 中的此三者是依於感覺知覺之認識關係的六根、六境、六識。但是，對於 a 中識、名色、六處的關係，大多不將之視爲認識關係。部派時代以後，即以胎生學來說明之，把識看成是入胎剎那的結生識，名色視爲胎內胎兒名色（肉體、精神）的產生階段，六處視爲胎兒六根的產生階段。但是，在原始經典中並未做如此明確的說明。不過，胎生學說的萌芽已可發現。

例如：在巴利《長部》150《大緣經》的緣起說中，說明識與名色的關係。謂此時的識有三種：a. 入胎剎那的結生識，b. 在胎時的胎兒之識，c. 出胎後作爲幼兒的認識主體之識。[8] 此中，胎生學緣起說的識是 a 的結生識，b 也與胎生有關，c 則是日常的認識關係之識。最爲普通存在的識，是作爲認識關係的 c 之識，亦即《六六經》等中所說的識。若是作爲認識關係的識，則識——名色時的名色，**[39]**可看成是作爲識的對象的六境（色、聲、香、味、觸、〔*法〕）。緣起經中對於識與名色的

8　對於入胎識、在胎識、出胎後識，見巴利、漢譯《大因經》・*D.*ii, p. 63,《長阿含》卷 10（大 1, 61a）、《中阿含》卷 24（大 1, 597c）。

關係，以所謂「緣於名色而有識，緣於識而有名色」說明二者相互的關係，又說如同蘆束同時存在。[9] 此外，也有經典以「內有識身，外有名色」[10] 說明識與名色的關係，將名色作爲識的對象。

由此可知，識是認識關係的識，名色是作爲識之對象的六境，「緣於名色而有識，緣於識而有名色」是說明認識關係的識（六識）與名色（六境）相互依存的狀態。但是，根據原始經典中緣起支的說明，對於名色的定義是：名者，謂受、想、思、觸、作意；色者，謂四大種及四大種所造色。[11] 這是名色的一般定義，並未將名色說明爲六境。或許是因爲把識分成如前所述的入胎、在胎、出胎三種，所以對於與識相關連的名色，不得不加上前述這種一般的定義。

但是十二緣起說的識、名色、六處，本來就是從認識關係的根、境、識而來，由於三者是同時存在的，所以其列舉順序不論是識、名色（境）、六處（根），或者是根、境、識，皆是一樣的。因此，也是說明與觸、受、愛等《六六經》同樣的過程。

又，之所以在十二支緣起的識、名色等之前，加上無明、

---

9 *S*.22, 67（*S*,ii, p. 114），《雜阿含》卷 12（大 2, 81b）。

10 *S*.ii, p. 24《雜阿含》卷 12（大 2, 83c）。

11 *S*.ii, p. 3f. 《雜阿含》卷 12（大 2, 85a）。

行二支，是因爲流轉迷界的識，受到無明——行等影響，而含有煩惱、業之習慣性格之故。即如原始經典所說：「愚夫爲無明所覆，爲渴愛所繫，而生此識身。」[12]

總之，在緣起系列中，不論是一般的十二緣起說之系統，或者是從認識關係的《六六經》開展而成的緣起說系統，二者可說皆是從認識關係而來。以下就簡單考察第三種系列的緣起說。

例如，在巴利《相應部》中，提到從欲、瞋、害三不善界（akusala-dhātu）或出離、不瞋、不害三善界（kusala-dhātu）**[40]**，分別產生不善或善的想（saññā）—思惟（saṅkappa）—欲（chanda）—熱惱（pariḷāha）—遍求（pariyesa）；[13] 從劣、中、勝的無明界（avjja-dhātu），分別產生想（saññā）—見（diṭṭhi）—尋（vitakka）—思（cetanā）—望（patthanā）—願（paṇidhi）—人（puggala）—語（vācā）。[14]

亦談到從四食（段食、觸食、思食、識食）分別產生貪（rāga）、喜（nandi）、愛（taṇhā）—識住（patiṭṭhita）、增長（virūḷha）—名色的顯現（avakkanti）—諸行的增大（saṇkhārānaṁ vuddhi）

---

[12] *S*.ii, p. 24，《雜阿含》卷 12（大 2, 83c）：「無明覆，愛緣繫，得此識身；內有此識身，外有名色，此二因緣生觸。」

[13] *S*.ii, p. 151f. 《雜阿含》卷 17（大 2, 117a 以下）。

[14] *S*.ii, p. 153.

—再有的發生（puna bbhavābhinibbatti）—生、老、死的愁（soka）、苦（dara）、惱（upāyāsa）。[15]

又於巴利《增支部》中，則說六界（地、水、火、風、空、識）—入胎（gabbhāvakkanti）—名色—六處—觸—受，[16] 認爲「入胎」是指識的結生。因此，這可能也是胎生學的緣起說。此經典在受之後又接著說受—苦，對於苦則說明「苦」、「苦集」、「苦滅」、「趣向苦滅之道」四諦，並解釋苦是八苦，苦集是指十二支緣起的流轉，苦滅是十二支緣起的還滅，趣向苦滅之道是八正道。[17]

又，在《相應部》中，雖然有「所緣（ārammaṇa）—識住—名色的顯現—六處—觸……生—老死」的緣起說[18]，但是，這應該與敘述「緣於名色而有識，緣於識而有名色，緣於名色而有六處……」說明識與名色的蘆束關係之十支緣起相同。因爲若將該經的「所緣」看成名色，則名色與識即爲蘆束關係。又前述《增支部》的六界—入胎—名色……之關係，應該也可以看成是名色（六界）—識（入胎）—名色……。因爲六界可以是作爲識之所緣的名色。在此意義之下，這些經典的說法，或

15　*S*.ii, p. 101.《雜阿含》卷 15（大 2, 102c 以下）。

16　*A*.i, p. 176.

17　*A*.i, p. 177.

18　*S*.ii, p. 66.

許可以被算是 a 一般緣起說的系列。

同樣地，也有由二十三支組合而成的緣起說，這是敘述從一般系列的十二緣起說的流轉關係，向上轉換成爲生起自覺，發起宗教之心，朝向還滅關係的緣起。[19] 如下所示：

[41]無明—行—識—名色—六處—觸—受—愛—取—有—生—老死—信（saddhā）—悅（pāmojja）—喜（pīti）—輕安（passaddhi）—樂（sukha）—定（samādhi）—如實智見（yathābhūta-ñāṇadassana）—厭離（nibbidā）—離貪（virāga）—解脫（vimutti）—盡智（khayeñāṇa）。

在原始經典所說的緣起說中，除了以上所介紹的之外，還有多數的緣起說，在此無法一一說明。總之，它們皆是以心的活動爲中心而開展其關連。

不只是緣起說，在原始經典所說的用語中，有許多意謂現實之心的狀態。前述之無爲、涅槃等語即是如此，此外再舉其它的例子，如：欲界、色界、無色界三界，或者世間、出世間，以及四禪、四無色，這些並非意指如部派阿毘達磨所說的，地方性、空間性存在的客觀世界，而皆表示作爲心理狀態的主觀性立場。

在部派阿毘達磨中，將世間（loka）分爲空間性存在的國土世間（器世間），以及以心情爲中心的有情世間；但是，在原始

---

19 *S*.ii, p. 31f.

佛教所說的「世間」一詞皆意指有情世間。欲界等三界皆非客觀性、空間性的存在，而是心理狀態的三種區分。所謂「色界四禪」或「四無色」，也是禪定的狀態，而不是指得到禪定果報的四禪天等地域性的世界之意。尤其所謂「無色界」或「出世間」，完全不被視為客觀性的空間存在，這些詞皆是描述主觀性的心情世界。

部派阿毘達磨對於依緣起所產生的善惡因果關係，不只以心理現象說明，更具體地跨越三世而考察之，因而說明依於惑業苦之三世兩重因果的十二緣起。原始經典雖然也有說惑、業、苦等因果業報說，但是，它是以主觀性心理的緣起關係為主，並不像阿毘達磨那般，具體說明客觀性事實的果報。原始經典[42]對於十二緣起中識—名色等關係，不只論及認識，亦論及胎生學的關係；縱然如此，我想，那也只是譬喻性或觀念性之說，而不是在說具體的事實。但是，由於它含有依於惑業苦等因果業報的意義，因此，以下我就簡單探討原始經典中的業報說以及心的問題。關於業，十二緣起的「行」相當於業，而業的要素，前面已說明過了，以下再換個角度來考察。

業的要素大致可分為三種：a.作為善惡意志的意業，b.產生於意業之後的善惡身、語業，c.善惡業成為習慣性的餘勢力而殘存者。若借用阿毘達磨的術語，a.是意業，即行為之目的意志；b.是思已業，即身語之表業，目的意志作用成為實際行動；c.是實際行動成為習慣化了的潛在力之身、語無表業。此習慣力不僅被保存於肉體，也存在於心理而成為一種性格或習慣。所謂「隨眠煩惱」(惑)，也可說是心理上的惡習、習慣化了的不好性格。善業被習慣化者稱為「戒」或「律儀」。

若看十二緣起中業的關係，首先「無明」是惑(煩惱惡習)的根本，「行」則相當於業，包含業的三要素。認識的成立是「識、名色、六處、觸」，「受」是認識後的苦樂好惡等感受作用，「愛」是產生於受之後的愛憎等念。亦即在喜歡的、快樂的受之後，生起貪求、貪愛之念；在不喜歡的、不快樂的受之後，生起討厭、想逃避的憎惡之念，[20] 對於這些愛憎等念，以所謂「愛支」的意志(業的 a 要素)表示。其次，對於其對象興起取捨的實際行動，稱為「取支」(業的 b 要素)。[21] 在取捨等行動之後，殘存成為習慣力、惡習或性格等，此即為「有支」(業的 c 要素)。雖然「有」也被說明為欲有、色有、無色有，但這是指欲有等的廣義人格。這種人格、性格會在下一次經驗發生時，成為認識或行為基礎的傾向或影響力，並在趨向來生時，成為下一生

---

[20] *M.*iii, p. 285.

[21] 在十二緣起的註釋經中(*S.*ii, p. 3)，將「取」說明為欲取、見取、戒禁取、我語取之煩惱，後來的緣起說中亦皆如此解釋；但是，我認為「取」原本的意思，應該是指由貪而起愛念之後，生起邪婬、偷盜、妄語等；由瞋而起憎念之後，生起殺生、惡口等取捨的行動。**(參原書 p. 45)**

有情的基礎人格。我們受生此世時，即帶著各自經驗餘勢力的綜合，即智能、性格、體質等人格特質；[43]出生之後，在每一次的經驗中，加入習慣力或性格，人格也逐漸變成善或惡。

緣起說雖然是在說如此的業報等因果關係，但是，關於業與報的時間性關係，原始經典中提到順現法受、順次生受、順後生受等三時業；後世阿毘達磨中，也有部派將緣起說連結三時業，而說剎那緣起、連縛緣起、分位緣起、遠續緣起四種緣起；不過，剎那、連縛二緣起意指「順現業」，分位緣起指「順次業」，遠續緣起指「順後業」。我想，原始經典的緣起說大多與現實中具體生起的「順現業」有關。

因果業報說於佛教〔*尚未成立〕之前，在印度即已被提倡，這是為了對於造惡者得富貴，認真行善者遭遇不幸，這種現世的不合理或矛盾，依照合理的善因善果、惡因惡果的因果道理做說明，所以說因果的連鎖不只今世，而是從前世到來世，跨越三世，即使經過幾世仍有關連；又說惡人富貴是由於前世積善的果報，善人不幸是由於前世惡業之結果所致。而現世的不幸者若能累積善業，來世必能投生到幸福的世界。如此善惡因果的關係，絕對是真實不虛的道理，社會人生經常依循此道理而合理地運轉。

在釋尊時代的印度思想界中，也有否定此因果道理者，諸如：有因無果說、無因有果說、無因無果說、邪因邪果說等。

原始經典舉出當時對於因果三種[22]或五種[23]錯誤的說法。三種說是：1.宿作因（pubbakata-hetu），2.自在化作因（issaranimmāna-hetu），3.無因無緣（ahetu-apaccaya）；五種是於上述三種，再加上4.結合狀態因（sangatibhāva-hetu），5.階級因（abhijāti-hetu），前面的無因無緣則稱爲「現法偶發因」（diṭṭhadhammupakkama-hetu）。這是說有關人生吉凶禍福命運的原因：1.宿作因者，謂禍福之命運以前世所行的善惡業爲原因，2.自在化作因者，謂[44]支配世界之自在天的創造是禍福的原因，3.無因無緣者，謂禍福是偶然發生的，沒有所謂因或緣之原因條件，4.結合狀態者，謂構成肉體的地水火風四要素的結合狀態良好與否，成爲原因而決定命運。如同現代以血型作爲原因一樣。5.階級因者，謂四姓階級或家世等出身乃禍福之原因。

此中，宿作因、結合狀態與階級因，是說人出生於此世時，各人即已被決定，它支配著一生的命運，即宿命說。自在化作因說，謂一切的命運皆依神的旨意而決定，即神意說。無因無緣說則認爲什麼都不是命運的原因，禍福只不過是突然生起的而已，此即偶然說。這三種或五種說法皆完全不承認個人自由意志能改變自己的命運，因此認爲修養、修行、教育是沒有意

---

[22] 三種因，見 *A.* III, 61（*A.* I, p. 173）、《中阿含》卷 3《度經》（大 1, 435a）。

[23] 五種因，見 *M.* 101, *Devadaha-sutta*（*M.* ii, p. 214）、《中阿含》卷 19《尼乾經》（大 1, 442b）。漢譯語句曖昧，有意義不明之處。

義及作用的；釋尊認爲佛教是站在業報主義或努力主義的立場，不應採用此不合理之邪見，應加以排斥。佛教主張如緣起說所說的合理因果業報說，承認有意志的自由，以修行或努力來開拓命運，迷惑的凡夫也能轉變成爲覺悟的聖人；乃至後來也有依佛菩薩的救護而得救濟的說法。

關於善惡業及其果報，原始經典提到四種業：1.黑黑異熟業，2.白白異熟業，3.黑白黑白異熟業 4.非黑非白能盡諸業。1.是招感惡報的惡業，2.是招感善報的有漏善業，3.是招感善惡果報的有漏善惡業，4.是超越善惡的無漏業，即滅盡有漏的前三業。[24]

---

[24] *A*.IV, 231（*A*.ii, p. 230）=*D*.iii, p. 230. 關於四業的第四無漏業，部派之間有異說。在巴利佛教或單譯《漏分布經》(大 1, 853b)、法藏部的《舍利弗阿毘曇論》卷 7（大 28, 582b）等中，謂此爲「非黑非白，而有非黑非白的異熟業」，但是有部系的《中阿含》卷 27《達梵行經》(大 1, 700a)、說一切有部的《集異門足論》卷 7（大 26, 396a）等中則謂「非黑非白無異熟業」。有部認爲無漏業沒有異熟，但是巴利佛教等則認爲無漏業也有異熟。大乘《涅槃經南本》卷 34（大 12, 833a)、《大寶積經》卷 42（大 11, 246b）亦說無漏業有異熟；唯識則說異熟識一直到無漏的十地菩薩都還有。因爲由四向而得四果即是異熟。又，巴利佛教阿毘達磨將佛的慈悲活動稱爲「唯作」(kiriyā)，認爲這是在四種業之外，與業報無關的純無記。實際上，這是最高的善。**（參原書 p. 45）**

三、修道論與煩惱論

[46]在前面第二節已考察原始經典中所說的，凡夫心的活動如何，所謂的「流轉緣起」；以及與之相關連的善惡因果業報等。本節就試著根據原始經典，探討應如何脫離輪迴，達成理想，所謂的「還滅緣起」或「修道論」；以及聖者的證悟，或妨礙證悟的煩惱。

首先，在修道論中最基本的是戒、定、慧三學，其他的修道法皆可歸結於三學。阿含經中所談到有名的修道法，則有四念處、四正勤、四神足、五根、五力、七覺支、八正道等。這七種修行方法在部派阿毘達磨中，被整理成三十七菩提分法，但是於原始經典中則沒有作如此整理。我認為，七種中的任一種皆是各別獨立而完整的修行方法，是佛陀因應不同性格、根機的人而說的。除了這七類之外，也有其它諸如信、戒、聞、捨、慧五具足[47]（sampadā）或五財（dhana），以及再加上慚、愧而為七財等。在這些修行方法中，最具代表性的是基本的三學或四諦中道諦的八正道。

但是，對於三學或八正道等中的三或八個項目，是應該依照其列舉的順序而修行，抑或不須按如此的順序修行，對於此有兩種不同的看法：第一種是順序說，主張應按照列舉順序而修行。例如，對於戒定慧三學的修行，最初應修戒，其次修定，最後修慧。第二種是同時說，認為戒定慧三者在修道上是有機

（*非機械式）而一體的存在，並無先後之分，只不過是爲了說明，才列舉如此的順序。後者的想法是爲了對應於構成心的知、情、意三種有機同時存在，而將戒、定、慧分別對應爲意、情、知。

至於八正道也與三學一樣，有依列舉順序修習，以及八種爲有機性同時存在二種情況。其它的修行方法也都可以說有這兩種說法。而在修行的具體說明上，大多是說從戒開始依序修行。又對於三十七菩提分法的七類修行方法，也有七類各自獨立之說，以及它們有適合於初階修行之時期者、適合中期者，以及屬於最後證悟之修行時期者之說法。例如：同樣是由信、勤（精進）、念、定、慧組成的五根與五力，五根是初階，進階則爲五力。而此二者皆是入信初期的修行方法，七覺支或八正道則是有關後期證悟的修行方法。但是，八正道不僅適合作爲凡夫世俗性的修行方法，也適合作爲聖者第一義性的修行方法。

如前所述，四念處等修行方法，適合於修行的最初乃至最後各階段，此稱爲「一乘道」（ekāyana-magga）。亦即只以一種修行方法，即能適用從最初到最後的期間者，即爲一乘道；反之，也有說明依修行階段逐漸改變修行方法的情況。如原始經典中，所謂「數息觀—四念處—七覺支—明、解脫」之修行方法。以一般教育法爲譬喻來說，一乘道[48]猶如古代儒家教育，從不識字開始，即教授《論語》，識字後乃至青年、壯年、老年時代，也僅以《論語》之教理爲生活指南，終其一生作爲人生觀的基礎。反之，現今學校教育則依照順序改變教學科目。例如，在教授數學方面，小學時教算數或珠算，中學教代數、幾何，高中或大學則進一步教微積分等高等數學。同樣地，也有類似於此之次第開示的修行方法。後者之例（*四念處……明、解脫），所謂「次第說法」（anupubbi-kathā）在原始經典中多處可見。部派阿毘達摩所組織的修行方法，大多是說依次第改變修行方法，其初階的例子（五根、五力）在原始經典中也可看到。

對於前面所舉的一乘道及次第說法兩種修行方法，以下就從原始經典舉例說明之。

首先，關於一乘道，在巴利阿含中只有說四念處，漢譯雜阿含中除四念處之外，也敘述四如意足（四神足）、六念（佛、法、僧、戒、施、天之念）等爲一乘道，但是是以四念處爲一乘道之代表。關於四念處，例如在漢譯《雜阿含》中，提到藉由修四念處而得須陀洹果乃至阿羅漢果之四果，[25] 或者由修四念處，可得阿羅漢、辟支佛、阿耨多羅三藐三菩提之三乘聖果。[26]

又於漢譯《雜阿含》中，並無所謂的「一乘道」，而是提到，比丘從凡夫時開始觀察修習四諦，同樣依於四諦的觀法修習可

---

[25] 《雜阿含》卷 24（大 2, 173b）。

[26] 《雜阿含》卷 24（大 2, 176b）。

到達須陀洹果乃至阿羅漢果，[27] 在漢譯《雜阿含》中，也有經典提到，比丘從凡夫時代開始觀察五蘊的無常、苦、無我，由此可獲得須陀洹果乃至阿羅漢果，即使證得阿羅漢果，也應時常觀察五蘊。[28]

又，四念處觀是觀察所謂身、受、心、法之內外一切法無常、苦、無我；五蘊觀也是觀察色、受、想、行、識之一切法無常、苦、無我，二種觀法皆修習一切法無常、苦、無我，**[49]** 因此在內容上，四念處觀與五蘊觀相同，其修習可說是一乘道。而四諦的觀察，是從凡夫的修習及至有學、無學的修習，此與《轉法輪經》三轉十二行說的由第一示轉可得見道（須陀洹），由第二勸轉可證須陀洹果乃至阿羅漢向之修道，由第三證轉可證得最高的阿羅漢果之說，有著相同的意義。

其次，在原始經典中所敘述的「依於次第說法」，其教說是釋尊對佛教一無所知的凡夫，從通俗的說法開始，逐漸趨向佛教獨特的說法，使之得到佛教初步證悟之法眼——須陀洹果。此種說法是定型式的，於原始佛教多處敘述，[29] 首先是(a)依施、戒、生天三論，使之明白所謂善因善（樂）果、惡因惡（苦）

---

27 《雜阿含》卷 45（大 2, 106a 以下）。

28 《雜阿含》卷 10（大 2, 65b 以下）。

29 *V*.i, p. 15f., p. 18f., p. 19; *D*.i, p. 110; *M*. i, p. 379; *M*. ii. p. 145; *A*. iv, p. 186, p. 209 f., p. 213.《雜阿含》卷 42（大 2, 308c）。

果的善惡因果業報說；其次(b)說欲的過患、離欲的功德，令離自我中心的我欲、我見；最後(c)說苦、集、滅、道四諦，令之明白作爲佛教獨特的世界觀、人生觀的緣起道理。此即三階段的指導法。(a)第一階段是依因果的道理令離邪見，(b)第二階段是令離自我中心的我見，(c)第三階段是依遠離迷信邪教的佛教正確之教理，令得遠離塵垢的法眼——初步的證悟。法眼的內容即所謂「集法皆是滅法」（由原因所生之法，若除去其原因，皆能使之消滅）緣起的道理。

又，釋尊對於曾經誤解自己捨棄苦行、自甘墮落的五比丘，首先說唯有遠離欲樂與苦行二邊的中道，才能達成理想；其次爲說四諦，令得法眼，引導他們在理論上了解四諦的道理，而得初步的證悟（初果）；進一步又爲五比丘說《無我相經》，令觀察五蘊的無常、苦、無我；五比丘藉由五蘊的觀法思惟，達到最高證悟——阿羅漢果。

對於如此修行階段性的次第進展，如前所述，有經典提到安般念（數息觀）—四念處—七覺支—明、解脫，[30] 在原始經典中，也有整理修習階段，依照順序而說者。例如：七清淨說或十七階段說等。以下就簡單介紹之。

[50]首先所謂「七清淨」，是《中部》24《傳車經》中

---

30 *S*. v, p. 328ff,; *D*. ii, p. 290f,; *M*. i, p. 55f.《雜阿含》卷 29（大 2, 208a）、《中阿含》98《念處經》（大 1, 582b 以下）。

所說的七階段之修道法。[31] 即：1.戒清淨，2.心清淨，3.見清淨，4.度疑清淨，5.道非道清淨，6.行道智見清淨，7.智見清淨。巴利佛教最大之綱要書，五世紀佛音（Buddhaghosa）所作之《清淨道論》（*Visuddhi-magga*）中，有詳細說明七清淨的修行道。七清淨可以爲戒定慧三學所含攝，1 是戒學，2 是定學，3-7 屬慧學。此中，只有最後的智見清淨是證悟的聖者位，前六階段皆含凡夫位。

在漢譯《雜阿含》中，也有經典謂三學皆爲聖者位。[32] 即可依增上戒學而得須陀洹位，或得一種子（一間）、斯陀含、家家、極七返生、隨法行、隨信行等；依增上心學（定學）而得阿那含位或五種不還；依增上慧學而得解脫智見，到達阿羅漢果。但是如前所述，三學是有機一體性的存在，戒若在有漏的凡夫位，則定或慧必定也是有漏；定若在有學位，戒或慧也是在有學的無漏位；慧若在無學的最高位，戒或定也是無學阿羅漢之無漏位。此稱爲「三學相攝」，依三學可從凡夫到達無學的最高位，這種一乘道的說法在漢譯《雜阿含》中也有介紹。[33]

其次看十七階段的修行方法。這是巴利《中部》39《馬邑

31　*M*.24, *Rathavinita-s*.（*M*.i, p. 147ff.）《中阿含》9《七車經》（大 1, 430c 以下）、《增一阿含》卷 13（大 2, 734c）。

32　《雜阿含》卷 29（大 2, 210b 以下）、*A*. i, p. 231f.

33　《雜阿含》卷 21（大 2, 147c 以下）、*A*.i, p. 220f.

大經》所說，[34] 十七階段的要點如下。

1.慚愧具足，2.身行清淨，3.語行清淨，4.意行清淨，5.活命清淨，6.守護根門，7.於食知量，8.警寤精進，9.念正知具足，10.獨住遠離、五蓋捨斷，11.初禪，12.第二禪 13.第三禪 14.第四禪，15.宿住隨念智，16.有情死生智，17.漏盡智。

此中，最初八階段屬戒學，9-14 六階段屬定學，15-17 三階段屬慧學。這修行階段可說經歷很長的時間，至於哪一個階段是從凡夫位達到證悟的聖者位，並沒有明白表示。可能是在四禪的階段，特別是第四禪能得證悟。四禪四無色等禪定[51]有凡夫的有漏定及聖者的無漏定。經中所說的四禪四無色等說明，雖然任何場合皆是相同的定型式，但是卻有屬於外道、凡夫、聖者的禪定區別。

釋尊從在家時代開始，就已得到初禪等禪定，出家之後，跟隨兩位仙人學習，達到無所有處定，或非想非非想處定的無色定。這些禪定是佛教〔*成立之〕前的有漏定，後世稱爲「外道禪」。佛教中，凡夫比丘們的禪定則是有漏的凡夫禪。於菩提樹下成等正覺時的禪定，其形式與外道禪、凡夫禪的情況相同，但是它是無漏定，後世稱之爲「如來禪」。釋尊成道時，從四禪

---

34 *M*.39, *Mahā-assapura-s*.（*M*.i, p. 271ff.）又參照《中阿含》182《馬邑經》（大 1, 724c 以下）。

定到得三明的過程，與下列十七階段的四禪以下的情況相同。

又，在巴利《長部》之《大般涅槃經》敘述釋尊在拘尸那伽羅（Kusinagara）沙羅雙樹間入滅時，先入禪定而後入滅，[35] 其過程是：初禪—第二禪—第三禪—第四禪—空無邊處—識無邊處—無所有處—非想非非想處—滅盡定—非想非非想處……空無邊處—第四禪……初禪—第二禪—第三禪—第四禪—入滅。從初禪到滅盡定九種禪定稱為「九次第定」，滅盡定只有阿那含或阿羅漢的聖者才能進入，由此可知九次第定皆是無漏定。在前述十七階段或釋尊於菩提樹下成道時，雖然是進入第四禪之後而得三明的智慧，但是實際上應該是經過九次第定，從第四禪降至初禪，從初禪升至第四禪，在四禪進入三明智，其經過可能與佛入滅的情況相同。

總之，成道或入滅時的第四禪是最適合於得到無漏智的禪定。因為第四禪可說是止觀均等，不像四無色定偏於寂止——止，也不像下三禪偏於思惟——觀，而是止與觀得以中庸而均等地存在，因此，是獲得聖智慧最為理想的禪定。但是，這裡的第四禪是指依於九次第定，經驗過四無色定或滅盡定等，到達止的極致之後的第四禪最為適合。

十七階段的最後是宿住隨念智（宿命明、宿命通）、有情死生智（天眼明、天眼通）、漏盡智（漏盡明、漏盡通）三明，[52]

35　*D*.ii, p. 156; *S*.i, p. 158;《長阿含》卷 4（大 1, 26b 以下）。

若再加上神變通、天耳通、他心通則成爲六神通。佛陀以及大阿羅漢皆是得到六神通者，這時的六神通皆是無漏的智慧。但是，除漏盡通之外的五神通則不只是阿羅漢，連有學的聖者、凡夫、外道、人類以外的鬼神或狐狸等畜生也能得到。這時的五神通，若是有學的聖者，則屬於有學的無漏慧，除此之外，皆屬於有漏慧；若在佛教是依凡夫禪得到，若在外道則依外道禪而得。

爲何在神通或禪定中，有「有漏」或「無漏」的區別？這是由於是否具有無漏的證悟智慧之故。關於證悟的智慧，於後說明。

附帶一提，慈悲喜捨四無量心（四梵住）與四禪有關，慈、悲、喜屬於前三禪，捨無量屬於第四禪；而凡夫所修的四無量是有漏，聖者的四無量心是無漏。

在禪定的修行中，使心安靜最合適的方法依性格的不同而有所選擇。部派阿毘達磨有詳細的考察，而在原始經典中，對於適用於各種性格的禪定方法也略有敘述。例如斷貪欲應修不淨觀之禪定，斷瞋恚應修慈悲觀，斷我見我慢應修無我觀，斷雜念妄想應修數息觀（安般念）等等。[36]

其次考察證悟。聖者的證悟有須陀洹果乃至阿羅漢果四階

---

[36] 《雜阿含》卷 29（大 2, 209c 以下）、《中阿含》卷 56、57（大 1, 491c、492b）、《增一阿含》卷 7（大 2, 581c）*A*.iv, pp. 353,358; *Ud*, p. 37.

段，在原始經典中也有說明進一步的細分。聲聞的證悟、辟支佛（緣覺、獨覺）的證悟、正等覺者的證悟，這所謂「三種菩提」，亦見於原始經典。而在漢巴的阿含經中，亦說斷三結爲須陀洹，斷五下分結爲阿那含，斷五上分結爲阿羅漢。以下就考察經典所說的有關初步的證悟——須陀洹之證悟。

在初步的證悟中，有隨信行與隨法行二種。這是由於修行者的性格有所不同之故。首先，隨信行是依四不壞淨[53]（四證淨）而得。所謂「四不壞淨」，是指對佛法僧三寶有絕對確實的淨信，並於止惡行善有絕對確實的淨戒；已經能確立佛教的信與戒，絕對不會有退失其信、改信其它〔*宗教〕或犯戒等。所謂「隨法行」，是指已經能在理論上正確了解四諦的道理，並依聖諦現觀而得法眼，確立佛教的世界觀、人生觀，絕對不會退失而轉向其他的教說。隨信行也可以用「諸惡莫作，眾善奉行，自淨其意，是諸佛教」之七佛通誡偈而說明；隨法行也可以用前述之次第說法，獲得遠離塵垢的法眼而說明。

初步的聖者稱爲須陀洹（sotāpanna, srotāpanna 預流），此即「參與聖流」，加入聖者的行列之意。關於須陀洹的條件，爲原始經典各處所說，須陀洹乃 a. 斷三結，b. 成爲不墮法，c.入正定聚。

a. 所謂「三結」，即身見、疑、戒禁取三種煩惱，將之去除才可得到初步的證悟。「身見」是指自我爲中心的我見，「疑」被視爲與邪見相同，是指懷疑善惡因果業報，否定因果道理。「戒禁取」是指迷信、邪教等錯誤的宗教信仰之意。此三結與依次第說法而斷除的煩惱相同，在次第說法中，依施、戒、生天三論，明白善惡因果的道理而斷除邪見；由明白欲的過患及離欲的功德，斷除自我中心的我欲、我見；依四諦斷除迷信邪教（戒禁取）。也就是，斷除邪見、我見與迷信邪教三煩惱，即得須陀洹之證悟。

b. 成爲須陀洹者，稱爲「不墮法」（avinipāta-dhamma 不墮者）。因爲須陀洹的戒已確立，絕對不犯惡事，所以不會得惡果報，墮於地獄、餓鬼、畜生等惡趣。此稱爲「不墮法」。但是，佛菩薩發願爲了救度眾生，也會去惡趣。又，須陀洹也是不退轉的。因爲他不會從聖位退轉，而向著上位的證悟前進。這點也被包含於下一項中。

c. 「正定聚」者，即所謂「正定」（sammatta-niyata, samyaktva-niyata 正性決定），成爲須陀洹後，[54]再也不會退轉爲凡夫，「必定到達最高的證悟」（正定），須陀洹即加入正定的伙伴（正定聚）。此一名詞亦爲大乘佛教所使用。

其次，阿那含（anāgāmin 不還）聖者斷除五下分結——前面的三結，再加上貪欲、瞋恚二煩惱；因爲遠離欲界（下分），而到達色界等上分，所以這五結稱爲下分結。最高的聖者——阿羅漢則斷除五上分結，即完全斷除上分煩惱——色貪、無色貪、掉舉、慢、無明五結。須陀洹所斷除的見惑（理論性的迷惑之煩惱），以及之後於實踐修道所斷除的修惑（習慣性的迷惑之煩惱），皆完全斷盡，解脫一切煩惱。

所謂「煩惱」（惑），是指妨礙佛教理想的一切惡德，它是由理論性的迷惑——見惑，以及習慣性的迷惑——修惑所組成；但是如此的分類是部派阿毘達磨所建立的，原始佛典並未考察煩惱本身。然而阿毘達磨所列舉的許多煩惱，在原始經典中亦可見到。

在原始經典所說的善惡心態中，有身業三、語業四、意業三所組成的十善或十惡，[37] 亦說不信、無慚、無愧、少聞、懈怠、忘念、惡慧、忿、恨等惡德，以及相對於此的信、慚、愧、多聞、精勤、正念、持慧、無忿、無恨等善德。[38] 其它煩惱惡德的項目，或善德修道之項目等有關心理的名詞各處可見，在此省略不談。

不論是善、惡或與善惡無關的無記，這些都有作為現行表現出來的情況，以及作為現行的殘留餘勢力的潛在性、習慣化、性格化的情況，有關心理的部分是極為複雜的。若從惡德煩惱來看這些，則現行的惡德稱為「纏」（pariyuṭṭhana, paryavasthāna），習慣化者稱為「隨眠」（anusaya, anuśaya 使），兩者合稱為「煩惱」（kilesa, kleśa）。不過，在原始經典中並未明白做此區別，巴利佛教亦無區別。

---

37 *S*.ii, p. 168.

38 *S*.ii, p. 159 f., p. 206ff.

[55]又，對於善淨之心理，也有作爲現行的善業，以及其習慣化、性格化者，這些稱爲「戒」。「戒」意謂著習慣化，但是也包括現行的善淨之意業及身語業，不過原始經典並未做這些區別，巴利佛教中亦等同視爲心理。總之，有關心理的部分是極爲複雜而不明確的。

原始佛教及部派佛教的般若

一、與般若有關的詞彙

[57]在阿含經典中，與般若有關的詞彙雖然非常多，但是，由於未曾互相比對這些詞彙的關係或考察其異同，所以，阿含經典中與般若有關的詞彙，無法判定出被採用到何種程度。因此，根據對這些詞彙做全體考察的阿毘達磨，很方便就能看出與般若有關的術語。首先，在巴利佛教的阿毘達磨，初期論書對佛教的重要術語做過定義說明，例如：在《法集論》（*Dhamma-saṅgaṇi*）、《分別論》（*Vibhaṅga*）、《人施設論》（*Puggalapaññatti*）等諸論書，以及比這些初期阿毘達磨更前階段的《義釋》（*Niddesa*）、《無礙解道》（*Paṭisambhidāmagga*）中，皆可見到阿毘達磨式的定義。此二書雖然現在被收錄在小部經的經藏中，但是其性格接近於阿毘達磨，所以有時也被視爲屬於論書的時代。[1] 以下就根據含有般若相關詞彙定義最多的《法

---

[1] 根據《長部經註》（*Sumaṅgala-vilāsinī*），長部誦師 Dīghabhaṇaka 將《義釋》及《無礙解道》等收錄於論藏。又，屬於無畏山寺派的漢譯《解脫道論》，常常引用《無礙解道》及《義釋》的文句，而且在引用時，只說「阿毘曇說」，或「毘曇所說」等等，可見將此二書視爲論書。參

集論》做考察。

首先《法集論》定義慧根（paññindriya）[2] 如下：

[58] yā tasmim samaye paññā pajānanā vicayo pavicayo dhamma-vicayo sallakkhaṇā upalakkhaṇā paccupalakkhaṇā paṇḍiccaṁ kosallaṁ nepuññaṁ vebhavyā cintā upaparikkhā bhūrī medhā pariṇāyikā vipassanā sampajaññaṁ patodo paññā paññindriyaṁ paññābalaṁ paññā-satthaṁ paññā-pāsādo [*paññā-āloko] paññā-obhāso paññā-pajjoto paññā-ratanaṁ amoho dhamma-vicayo sammādiṭṭhi, idaṁ tasmiṁ samaye paññindriyaṁ hoti.

彼時之慧（paññā，般若）、慧智（pajānanā）、思擇（vicaya）、簡擇（pavicaya）、擇法（dhamma-vicaya）、了察（sallakkhaṇā）、近察（upalakkhaṇā）、各別近察（paccupalakkhaṇā）、聰睿（paṇḍicca）、善巧（kosalla）、聰慧（nepuñña）、明察（vebhavyā）、思惟（cintā）、審察（upaparikkhā）、睿智（bhūrī）、伶俐（medhā）、指南（pariṇāyikā）、觀（vipassanā 毘鉢舍那）、正知

見拙稿「巴利聖典成立史上無礙解道及義釋之地位」(《佛教研究》（舊誌）第 4 卷第 3 號 68 頁，收錄於本選集第三冊)。**(參原書 p. 63)**

[2] *Dhamma-saṅgaṇi,* p.11。

(sampajañña)、刺戟(patoda)、慧根(paññindriya)、慧力(paññā-bala)、慧刀(paññā-sattha)、慧殿(paññā-pāsāda)、慧光(paññā-āloka)、慧照(paññā-obhāsa)、慧燈(paññā-pajjota)、慧寶(paññā-ratana)、無癡(amoha)、擇法(dhamma-vicaya)、正見(sammā-diṭṭhi)者,此即彼時之慧根。

與之完全相同的定義,在《法集論》的正見(sammā-diṭṭhi)[3]、慧力(paññā-bala)[4]、無癡(amoha)[5]、正知(sampajañña)[6]、觀(vipassanā)[7]等定義說明中也可看到。這些定義中所列舉的術語皆可被解釋成般若(慧)的同義語。

關於前面慧的定義,《法集論》是用於一切與世間心相應的有漏慧之般若;其次,在與出世間心相應的無漏慧般若的場合,則是在前面定義的最後,加上一句:

dhammavicaya-sambojjhaṅgo(擇法覺支)、maggaṅgo(道

---

[3] 出處同上,p. 12。

[4] 出處同上,p. 13。

[5] 出處同上,p. 13f.

[6] 出處同上,p. 16。

[7] 出處同上。

支）、magga-pariyāpannaṁ（道所屬）[8]

由此可知，五根、五力、八正道等中的慧根、慧力、正見等，包括有漏世間及無漏出世間的慧，唯有七覺支中的擇法覺支是屬於出世間無漏之慧。不過，若不談擇法覺支，而單就「擇法」一語來看，因爲它在世間慧的定義中常常出現，[59]所以，擇法與擇法覺支應該有所區別，擇法覺支唯指無漏慧。

其次，屬於出世間的三無漏根的定義說明，在《法集論》中，和前面世間慧之定義相同，首先舉出各個表示無漏慧的獨特詞彙，亦即在未知當知根（anaññātaññassāmītindriya）的場合[9]，謂：

> yā tesaṁ dhammānaṁ anaññātānaṁ adiṭṭhānaṁ apattānaṁ aviditānaṁ sacchikiriyāya paññā pajānanā
> 為作證彼等未知、未見、未得、未覺知、未作證之諸法的慧、慧知……（下接定型之定義文）

已知根（aññindriya）的場合[10]，謂：

---

[8] 出處同上，p. 62。

[9] 出處同上，p. 63。

[10] 出處同上，p. 75。

yā tesaṁ dhammānaṁ ñātānaṁ diṭṭhānaṁ pattānaṁ viditānaṁ sacchikatānaṁ sacchikiriyāya paññā pajānanā
為作證彼等已知、已見、已覺知、已作證之諸法的慧、慧知……

具知根（aññātāvindriya）的定義場合[11]，謂：

yā tesaṁ aññātāvīnaṁ dhammānaṁ aññā paññā pajānanā
彼等具知諸法的了知、慧、慧知……

由以上可知，般若（慧）包括三界所屬的有漏慧，以及不屬於三界的出世間無漏慧；而於無漏慧中，又有初步無漏聖位的未知當知根、中間的已知根，及最高聖位的具知根的區別，有這種種般若智慧程度的差別。

對般若一語的阿毘達磨式定義，在其他部派的論書中亦可見之，在說一切有部的初期論書──《集異門足論》仍可看到定型式的定義。例如，對於「正知」（samprajanya），同書卷二[12]云：

---

11 出處同上，p. 117。

12 《集異門足論》卷 2（大 26, 372a）。

[60]正知云何？答：若依出離、遠離、善法，於法簡擇、最極簡擇、解了、等了、近了、通了、機黠、通達、審察、聰睿、覺明、慧行、毘鉢舍那，是謂正知。

雖然比巴利定義更為簡單，但是可知大致上是類似的定義法。與之相同的定義：見淨（dṛṣṭi-viśuddhi）[13]、毘鉢舍那（vipaśyanā）[14]、三慧（學慧、無學慧、非學非無學慧）的慧（prajñā）之定義[15]，也是相同的。

又，在《法蘊足論》中，慧根（prajñendriya）的定義為：[16]

云何慧根？謂依出家遠離所生、善法所起，於法簡擇、極簡擇、最極簡擇、解了、等了、近了、機黠、通達、審查、聰睿、覺明、慧行、毘鉢舍那，是謂慧根。

謂慧根是指有漏無漏的一切善慧。在這裡是總括敘述一切善慧，並未像巴利論書，明確區別有漏慧與無漏慧。

---

13 同上（374a）。

14 同上卷 3（375b）。

15 同上卷 5（387c）。

16 《法蘊足論》卷 10（大 26, 499c）。

其次，在法藏部的論書《舍利弗阿毘曇論》中，也對與般若有關之諸詞，加上定型式的定義說明。例如，正見的定義云：[17]

> 若實人、若趣〔人〕、若法中擇、重擇、究竟擇、擇法、思惟、覺、了達自相他相共相、思持、辨觀、進、辨慧、智見、解射、方便、術焰、光明、照耀、慧眼、慧根、慧力、擇法正覺、不癡，是名正見。

對慧根也是做同樣的定義。[18] 雖然在那些場合中，譯語多少有所不同，或許這是由於漢譯者譯語的不統一，或者是筆寫傳承時發生誤寫等所致。不論是那種可能，我想在最初的原本中可能是同一個定義。這些定義也和巴利論書的定義十分類似。而在《舍利弗毘曇論》中，這些正見或慧根，皆含蓋實人（聖者）、趣人（輪迴的凡夫），做全體的說明，這點與巴利各別場合的定義不同，較接近說一切有部論書的定義。

關於三無漏根，《舍利弗毘曇論》的定義與巴利的定義完全不同。例如，**[61]**未知當知根的定義是：[19]

---

[17] 《舍利弗阿毘曇論》卷 4（大 28, 554a）。

[18] 同上卷 5（560c）。

[19] 同上（561a）。

> 云何未知欲知根？堅信（隨信行）、堅法（隨法行）人、若法聖無漏非根，得名根，除未知欲知根中，思、想、思惟、覺、觀、解脫（勝解）、悅喜、心除（心輕安）、欲、不放逸心捨、正語、正業、正命、正身除（正身輕安），是名未知欲知根。

此與說一切有部的定義大致相同，不過，有部的說明比前面《舍利弗毘曇論》的說明更爲清楚。例如，《法蘊足論》對未知當知根的定義爲：[20]

> 云何未知當知根？謂已入正性離生者，所有學慧、慧根，及隨信、隨法行，於四聖諦未現觀，為現觀故，諸根轉，是名未知當知根。

由此可知，未知當知根不只包括隨信行或隨法行等見道者的慧，也就是慧根；也包含諸根（信根、精進根、念根、定根）。我想《舍利弗毘曇論》的說明也是相同的。由這點可知，相對於巴利佛教將三無漏根只局限於爲無漏的慧根所攝，有部或法藏部則將無漏之信等五根，歸屬爲無漏根所攝。具體來看，可

20　《法蘊足論》卷 10（大 26, 499c）。

能是後者（有部、法藏部）較爲正確。

從以上可大致明白，各部派的根本阿毘達磨對般若的看法，但是也可知道在這場合中，慧（般若）的同義語「智」（ñāṇa, jñāna）之詞，各派皆未提出。因爲在巴利論書或《舍利弗毘曇論》中，有另外提出「智」的用語，所以想對此大致考察。

首先，在巴利論書中，《分別論》第 16 章是「智分別」Ñāṇa-vibhaṅga [21]，本章列出種種的智事（ñāṇavatthu，智的基礎）。一種智有 68 種，二種智各 35 種共有 70 智，三種智各 75 種共 225 智，四種智各 28 種共 112 智，五種智各 2 種共 10 智，六種智各 1 種共 6 智，七種智各 11 種共 77 智，八種智乃至十種智各 1 種共 27 智，以上合計共舉出 575 智。值得注意的是，在此場合，「智」與「慧」一語混用，智和慧被相同地使用。例如，四種智事列舉：苦智、苦集智、苦滅智、[62]苦滅道智四智，欲界慧、色界慧、無色界慧、不繫慧四慧，法智、類智、他心智、世俗智四智，退分慧、住分慧、勝分慧、擇分慧四慧。[22]

又，在智的說明中，例如，苦智的說明云：

苦所生之慧、慧智乃至無癡、擇法、正見，此即名為苦

---

[21] *Vibhaṅga* , pp. 306-344.

[22] 出處同前，p. 315f.

智。[23]

在法智、世俗智的說明，云：

> 四向四果之慧即是法智[24]……除法智、類智、他心智之其餘之慧為世俗智。[25]

有時用「智」，有時則用「慧」，依據慣例而使用，在此智與慧的本質似乎沒有區別。又，對於如來十力最後的漏盡如實智，云：[26]

> Tattha katamaṁ tathāgatassa āsavānaṁ khaye yathābhūtaṁ ñāṇaṁ? Idha tathāgato āsavānaṁ khayā anāsavaṁ cetovimuttim, paññā-vimuttiṁ diṭṭheva dhamme sayaṁ abhiññā sacchikatvā upasampajja viharati, yā tatta paññā pajananā....pe...amoho dhammavicayo sammādiṭṭhi; idaṁ tathāgatassa āsavānaṁ khaye yathābhūtaṁ ñāṇan ti.

---

[23] 出處同前，p. 328.

[24] 出處同前，p. 329.

[25] 出處同前，p. 330.

[26] 出處同前，p. 334.

> 此中，何者為如來之漏盡如實智？於此，如來諸漏盡滅故，現法自證知、作證心解脫、慧解脫，具足而住。彼時之慧、慧智乃至無癡、擇法、正見，此即如來之漏盡如實智。

在這裡是以慧來說明智。可知慧與智的區別並不是絕對的。

關於慧與智的關係，也有說此二者是同一個，如《彌蘭陀問經》所說，即：[27]

> Rājā āha: Bhante Nāgasena, yassa ñāṇaṁ uppannaṁ tassa paññā uppannā ti? Āma mahārājā, yassa ñāṇaṁ uppannaṁ tassa paññā uppannā ti. Kiṁ bhante yaññ eva ñāṇaṁ sā yeva paññā ti? Āma mahā-rāja, yaññ eva ñāṇaṁ sā yeva paññā ti.
> 王曰：「尊者那先！生智者生慧否？」「然，大王！生智者生慧。」[63]「云何尊者！智即是慧？」「然，大王！智即是慧。」

關於智，不只是巴利論書，《舍利弗阿毘曇論》中，也於問分第四智品[28]，列舉正見、正智、慧根、慧力、擇法正覺、解

---

[27] *Milinda-pañha*, p. 41f.

[28] 《舍利弗阿毘曇論》卷 9-11（大 28, 589c-606a）。

脫智、聖智、非聖智、有漏智、無漏者，乃至如來十力、十智性、四十四智性、七十七智性等，一種、二種，乃至從五智、六通、七方便、八智、九方便，到七十七智性，共三百餘智。於此亦列舉從世間有漏智到聖智爲止，所有種類或程度的智，而且沒有將智與慧做區別，而是視爲同一者，這點與巴利論書的立場相同。不過，在之後所提到邪智等惡智，巴利佛教並沒有將它加入智或慧中，這點是巴利佛教之說與《舍利弗阿毘曇論》及說一切有部不同之處。

在原始佛教中，智與慧一語被視爲相同，例如《轉法輪經》中，三轉十二行法輪之說亦云：[29]

> Idaṁ dukkham ariyasaccan ti me bhikkhave pubbe ananussutesu dhammesu cakkhuṁ udapādi ñāṇaṁ udapādi paññā udapadi vijjā udapādi āloko udapādi.
>
> 此是苦聖諦，諸比丘！前所未聞法，而我生眼、生智、生慧、生明、生光明。

眼（cakkhu）、智（ñāṇa）、慧（paññā）、明（vijjā）、光明（āloka）皆是同義語，用於表示聖智之意。

---

[29] *Vinaya*, i, p.11; *Saṁyutta*, v, p. 422.

二、般若相關術語之解脫

[65]上一節主要是探討阿毘達磨所說的般若（慧）及智，以及與之有關的術語。當然，阿毘達磨之說未必能被視爲合乎原始佛教的阿含經之說，更絕不能視爲就是釋尊的想法。由於我們無法知道，部派佛教的人們如何思考佛教傳統說的般若及其相關術語，因此，以下就想以前面的探討爲線索，對原始經典所列舉的有關般若的各種術語，從語言學上做考察。

與般若有關的術語：[30]

(1)首先從 jñā「知」的語根所形成之語有(1.1)paññā「般若」「慧」、(1.2)paññāṇa「慧知」、(1.3)ñāṇa「智」、(1.4)aññā「了知」、(1.5)abhiññā「通智」、(1.6)pariññā「遍知」、(1.7)sampajāna, sampajañña「正知」等，這些是變成動詞者；(1.8)而也有不少是其變化形及複合詞。(1.9)又，與慧沒有直接關係的，表示知性作用的 viññāṇa（識）、saññā（想）等語也應該參考。

(2)從 vid「知」的語根所形成之語有(2.1)vijjā「明」、(2.2)paṭisaṁvedanā「覺知」、(2.3)vidita, veditabba, vidū 等。

---

[30] 案：爲方便讀者更容易理解、掌握以下分別解說的內容，譯者依原作者之分類，將各詞語加以編號。"(1)"表示第一大類，"(1.1)"表示第一大類中的第一個語詞。依此類推。又，爲忠於原著之編排，故在之後分別解說時，號碼順序有時會有先後的不同。

[66]

(3)從 dṛś「見」語根而來的有(3.1)dassana「見」、(3.2)diṭṭhi「見」等語。

(4)從 paś「見」語根而來的有(4.1)vipassanā「觀」「毘鉢舍那」、(4.2)sammā-passa「正觀」等語。

(5)從 īkṣ「見」語根而來的有(5.1)paccavekkhana「觀察」、(5.2)upaparikkhā「審察」等語。

(6)從 cakṣ「見」而來的有(6.1)cakkhu「眼」、(6.2)dhamma-cakkhu「法眼」等語。

(7)從 spṛś「觸」的語根而來的有 phassanā, phusanā「觸達」一語。

(8)從 vyadh「貫通」的語根而來的有 paṭivedha「洞察」一語。

(9)從 khyā「測」「察」的語根而來的有 paṭisaṅkhā「省察」「簡擇」、saṅkhāta「思察」等語。

(10)從 man「思」而有(10.1)mati「慧」「思念」、(10.2)vīṁamsā「思索」「觀」等語。

(11)從 cit「思」的語根而有 cintā「思念」、cintita「令思惟」，cinteyya「所應思惟」等語。

(12)從 ci「積」「集」的語根而有(12.1)vicaya「思擇」、(12.2)pavicaya「簡擇」、(12.3)dhamma-vicaya「擇法」等語。

(13)從 dhyā「思慮」而有 nijjhāna, nijjhatti「審諦」等語。

(14)從 lakṣ「承認」「表記」「標記特徵」的語根而有 sallakkhaṇā「了察」、upalakkhaṇā「近察」、paccupalakkhaṇā「各別近察」等語。

(15)從 i「行」的語根而形成 abhisamaya「現觀」。

(16)從 bhid「破」的語根而有 paṭisambhidā「無礙解」之語，(但是，BSkt.（佛教混合梵語） pratisaṁvidā, Skt.（梵語） pratisaṁvid 則是從 vid 語根)。

(17)從 budh「覺」語根，與慧有直接、間接關係之語有 buddha「覺者」「佛陀」、abhisambuddha, bodhi「覺」「菩提」、sambodhi, abhisambodhi 等語。

(18)此外，表示「慧」之語有：(18.1)aomha「無癡」、(18.2)medhā「伶俐」、(18.3)bhūrī「睿智」、(18.4)paṇḍicca「聰睿」、(18.5)kosalla「善巧」、(18.6)nepuñña「聰慧」、(18.7)vebhavyā「明察」、(18.8)khanti「忍」等語；(18.9 以下)譬喻性或表示其德的有[67]āloka「光明」、obhāsa「照明」、pajjota「燈明」、patoda「刺戟」、pāsāda「殿堂」、ratna「寶」、sattha「刀劍」、pariṇāyikā「指南」等語。

以下想試著依序對這些做考察。

(1)從 jñā「知」的語根而來之語。

(1.1)般若的原語 paññā（Skt. prajñā）是從 pajānāti「善知」這個動詞所形成的名詞，此外也有 pajānanā「知」「慧知」之名

詞，及(1.2)paññāṇa「慧智」之語。因爲「般若」一語的定義是：[31]

pajānanaṭṭhena paññā（依知之義而為般若）

故可知 pajānanā 與 paññā 爲同義。動詞 pajānāti 一語亦常爲原始經典所使用，但是它是「以般若智慧而知」之意。也就是，正確知道法印、緣起等佛教的特相即是 pajānāti，依此而得阿羅漢之聖智。

但是，paññā（慧）一語在原始經典中是作爲戒、定、慧三學之一，是佛教修行法中，最後的修行德目。佛教修行的終極目的是將之自由運用活用，慧自由作用的狀態即稱爲「證悟」bodhi 或「涅槃」nibbāna, nirvāṇa。因此，慧必定被包含在佛教的修行項目中。就三十七菩提分來說，四神足中的觀（vīmaṁsa）神足，五根、五力中的慧根或慧力，七覺支中的擇法覺支，八正道中的正見皆相當於慧；十無學法中，除正見之外，也包括正智。大乘六波羅蜜中，般若波羅蜜被放在最後，十波羅蜜又進一步說智波羅蜜。因此，雖然說「般若」時，主要是指與證悟有關的智慧，但是，有漏凡夫的智慧也是般若，乃至也可說包括惡不善之慧。亦即，其立場是不論善惡，一切知性作用皆

---

[31] *Paṭisambhidā-magga,* i, p. 22.

可視爲般若。不過，如此的想法，在諸部派的阿毘達磨中，似乎是最初的，而且各部派對慧的看法也多少有些不同。

[68]例如，說一切有部認爲慧是心所法（心的作用、性質、狀態等屬性）之一，而且它是和一切有情在所有場合的任何心相應俱起的大地法心所。也就是認爲，既然有心，則於心必定有分別判斷的知性作用，此即是慧心所。不論強弱、善惡、有漏無漏，一切知性作用都是慧，所以，此慧心所與般若之智慧既有相似之處，也有不相似之處，般若只是慧心所中，特別殊勝善淨者，而邪見、身見、邊見、戒禁取、見取等種種惡見也是一種慧的作用。

以上是說一切有部的慧心所說，而巴利佛教雖然未將慧立爲心所法，但是，將慧只限於指善淨（有漏、無漏的善及無記）的知性作用，並不包括惡見、煩惱等知性作用。因此，慧只與善淨的第六意識相應，不與不善心或前五識等相應。又，巴利佛教將惡見別立於慧之外，作爲煩惱心所。

其次，承續說一切有部之說的瑜伽行派，雖然成立慧心所，但是認爲它未必與一切心相應，而是別境心所。它絕不與第八阿賴耶識相應，而在第六意識，當它（第六意識）不簡擇所緣時，也不與慧心所相應。其他諸識亦可同理推知。又另外成立無癡（amoha）心所，作爲善之知性作用的慧；作爲煩惱心所，於根本煩惱另立惡見（dṛṣṭi）；於隨煩惱另立不正知（asamprajanya），可知瑜伽行派的慧心所比說一切有部的範圍更狹隘。

在瑜伽行派，諸八識到達聖位時，所謂「轉識成智」，不再是識的有漏作用，而變成無漏慧之智在作用。識本身成爲大圓鏡智（第八識）、平等性智（第七識）、妙觀察智（第六識）、成所作智（前五識）等智。此時的智比慧的作用範圍更廣，也就是，不只包括知性作用，也包括情、意的全體作用，其意義已十分接近菩提。

[69]由以上可知，「慧」一語的種種廣狹義用法，一般是將知性作用都稱爲慧。因此，慧未必只限於佛教的般若智慧。此意義的「慧」，從原始佛教以來，即被用於種種複合語，如：有漏慧、無漏慧、世間慧、出世間慧，以及正慧（sammappaññā）、大慧（mahā-paññā）、廣慧（puthu-paññā）、廣大慧（vipula-p.）、甚深慧（gambhīra-p.）、無等慧（asamatta-p. 或 assāmanta-p.）、廣博慧（bhūri-p.）、急速慧（sīgha-p.）、輕快慧（lahu-p.）、疾慧（hāsa-p.）、速慧（javana-p.）、利慧（tikkha-p.）、決擇慧（nibbedhika-p.）等詞。

(1.3)其次，ñāṇa「智」是「知」「知之作用」之意，其定義如《無礙解道》所云：[32]

ñātaṭṭhena ñānaṁ（依了知義而為智）

---

[32] *Paṭisambhidā-magga,* i, p. 22.

如前多次所敘述的，自原始佛教至阿毘達磨以來，ñāṇa（智）即與 paññā（慧）同義使用。因此，智也有有漏智、無漏智、世間智、出世間智，而有漏之世間智亦不只有善智，也包括不善煩惱之邪智；於無漏智中，也有從初步聖者乃至最高聖者之智，種種階段程度的智。從這點來看，智完全與慧相同。

但是，從阿含經以及後世佛教之用例來看，智用於指無漏聖慧的情形似乎很多。例如，八正道的慧是正見，它通於有漏及無漏；但是，對於更高層次的阿羅漢之慧，即列出之前所沒有提到的正智（sammā-ñāṇa）。實際上，與聖位有關的慧，通常多用「智」一語，如：四諦智、四十四智、七十七智、盡智、無生智、四無礙解智、六神通智、佛十力智、佛十八不共智等。對於這些詞，通常不用「慧」一語。在後世巴利佛教的修道論中，對於聖位前後的慧也用「智」來稱呼。[33]

大乘佛教亦於六波羅蜜說慧波羅蜜，並於其上再增加四波羅蜜而成為十波羅蜜，[70]最後最高者是智波羅蜜。亦即，第

---

[33] 《清淨道論》第 19 品以下，提到法住智、思惟智、生滅隨觀智、壞隨觀智、怖畏現起智、過患隨觀智、厭離隨觀智、脫欲智、省察觀察智、行捨智、隨順智（種姓智）、四道智、四果智。對於無漏出世間，或者接近於此之淨慧，亦皆以智之名來稱呼。關於此《清淨道論》之智的前面階段，見於《無礙解道》。參考第三節。（**參原書 p. 83**）

六地菩薩以慧波羅蜜爲主，與聲聞二乘同樣修習四諦八正道等，但是第十地最高之菩薩則以智波羅蜜爲主，修習大乘獨自的自利利他之行。又唯識說中，如前所述，修行者若到達聖位，轉識成智，而生四智者，因爲是聖慧，故稱之爲「智」，而不說是「慧」。關於「智」，於上一節巴利《分別論》之智分別，或《舍利弗阿毘曇論》之智品已介紹過，附加「智」的複合術語相當多，由此亦可推知各種智也爲原始經典等所使用。

(1.4)其次，aññā（Skt. ājñā）「已知」是從動詞 ājānāti 而來的，其過去分詞爲 aññāta。因佛最初說法而得證悟的憍陳如，被稱爲「阿若憍陳如」（Aññāta-Koṇḍañña 或 Aññā-Koṇḍañña），這是因爲憍陳如得法眼證悟時，釋尊說：

aññāsi vata bho Koṇḍañño（憍陳如實已證悟）

所以對他證悟之事稱名爲「阿若憍陳如」。

此時所謂的 aññāta，我認爲是指理論上理解緣起的道理，也就是見道的證悟。在三無漏根中，「已知根」aññindriya 是 aññā「已知」之根（能力），因爲是指得見道證悟後，成爲修道位的聖者的慧根，所以，從這點也可看出，所謂 aññā，是指在理論上，十分理解佛教的道理之意。第三之無漏根「具知根」（aññātāvindriya），因爲是指 aññā 進一步完成之後（aññātāvin）的根，所以意謂不只是在理論，而且在實踐方面，能斷除一切煩惱障礙。相對於此，第一之無漏根「未知當知根」（anaññātaññassāmītindriya）是 anaññāta「未了知者」aññassāmi「當可了知」的根智，所以，在這裡是指尚未完全得到 aññā 的須陀洹向（見道位）的聖者之智。由上可知 aññā 的意義。

(1.5)其次，abhiññā「通智」是從 abhijānāti「善知」之動詞所形成的名詞，帶有 abhi「殊勝」的[71]接頭詞。此語有二意：一、「證悟之智慧」、「證知」之意，二、神變通、天耳通、他心通、宿命通、天眼通（有情死生通）、漏盡通等六神通；或者除去最後一種神通的五神通之「神通」、「通智」之意。因爲六神通中的最後一項漏盡通是「證悟的智慧」，所以廣義的「通智」亦包括「證智」。而佛教原本的 abhiññā 即意指「證智」。

又，六神通的後三項亦稱爲「三明」(tayo vijjā)，可知 abhiññā 與 vijjā 沒有不同。vijjā「明」之語，如上一節所述，它與 cakkhu, paññā, ñāṇa, āloka 同格，用於四諦三轉十二行法輪的說法，所以也可將 abhiññā 看成與它們同義。但是，因爲在表示神通的特別能力時，只能用 abhiññā（Skt. abhijñā）一語，所以從這點也可說此語既有一般性，也有獨特性。

關於神通，之後的巴利佛教，在前述六神通之外，再增加未來分智（anāgataṁsa-ñāṇa）、隨業趣智（yathākammūpaga-ñāṇa）二項。[34] 又，所謂 abhiññeyya「應證知」的義務分詞亦常被使

34　*Visuddhi-magga*, p. 429; *Tika-paṭṭhāna*, p. 154 ff.

用，此語相對於各別說四諦——苦 pariññeyya「應遍知」，集 pathātabba「應捨斷」，滅 sacchikātabba「應作證」，道 bhāvetabba「應修習」，在說四諦全體時，則用 abhiññeyya。也就是，理論及實踐方面能善知四諦全體的證悟之智慧，即可稱爲 abhiññā。

(1.6)其次，pariññā「遍知」，是從 parijānāti「普遍知道」的動詞所形成的，如前所述，除了用於敘述普遍而正確知道苦諦之外，似乎不太被使用。在《轉法輪經》中，說四諦三轉時，關於苦諦，第一轉是用透過四諦而理解其理論的 aññā 一語，第二轉是用 pariññeyya「應遍知」一語，第三轉是用 pariññāta「已遍知」一語。當然，第一轉是指見道之聖者位，第二轉是修道之聖者位，第三轉是最高的阿羅漢位。集、滅、道三轉[72]亦是如此。

(1.7)其次，sampajāna「有正知」，與 sato、sampajāno「有念、有正念」，在原始經典中，常在各處被一起提及。「正知」是正確的意識，行住坐臥、語默動靜常保正確的意識，而不會迷糊不清。將 sampajāna （Skt. samprajāna）抽象名詞化，即是 sampajañña（Skt. samprajanya）「正知」一語，在巴利阿毘達磨中亦被作爲慧的同義語，這點在第一節已介紹過。

(1.8)其次，也有將 jñā 的語根，直接作爲形容詞 ñu 或 ñū(Skt. jña)「知」。用於 sabbaññū(Skt. sarvajña)「一切知者」「薩婆若」、sabbaññuta-ñāṇa「一切知智」「一切種智」、atthaññū「知義」、dhammaññū「知法」、mattaññū「知量」、kālaññū「知時」、parisaññū

「知眾」、kataññū（Skt. kṛtajña）「能知恩」「知恩」等。

(1.9)又，從 jñā 語根所形成之語有 viññāṇa（Skt. vijñāna）「分別知」「識」、saññā（Skt. saṁjñā）「想」等。viññāṇa 本來是所謂「分別」、「判斷」、「認識」的知性作用之意，但是，後來變成作爲認識主體的「分別判斷者」之意，而且在成爲不只是知性作用，也包括情、意作用的全體精神主體之後，似乎與慧或智變得沒有直接關係了。又即使是 saññā，因爲是「想念」、「概念」、「表象」等「取像作用」，所以雖然是知性作用之一部分，但是後來也變得與智或慧不太有關係。因此，可以將 viññāṇa 或 saññā 從慧論中去除掉。只有 viññū「有識知」「識者」一語仍可看出殘存著知的意思。

以上大致考察完畢從 jñā 語根所形成的各個詞彙。

(2)接下來就考察從 vid 語根所產生的有關慧的語彙。

(2.1)首先有 vijjā（Skt. vidyā）「明」，及其否定 avijjā（Skt. avidyā）「無明」。「明」與「慧」同格，[73]這點前面已說明過了，此明或慧是指正確知道四諦或緣起的道理，反之，無明則是不知四諦、緣起、業報等道理。佛的十號之一 vijjā-caraṇa-sampanna「明行足」，是具足「明」與「行」者，正確了知四諦或緣起等理論（明），完成其實踐（行），是理論與實踐二者完全具備者之意。

(2.2)從 vid 所產生之語，另外還有 paṭisaṁvedana「覺知」。

因爲它是覺知苦樂，所以未必是知性作用，寧可看成是情的層面較強。因此，它與 vedanā「苦樂的感受作用」「受」類似。而且此 vedanā 普通多被佛教用來作爲苦樂的感受作用，不過它可能本來就是指「知」的認識知，這在 paṭisaṁvedana 或 paṭisaṁvidita 也可看出有此跡象。

(2.3)又，vidita「所知」、veditabba「所應知」等語也用於知性作用，vidū 是用於指「智者」、「有解智」之意。佛十號之一 loka-vidū（Skt. loka-vid）「世間解」即其複合語。

(3)其次，**從 dṛś「見」的語根所產生之語：**

(3.1)首先有 dassana（Skt. darśana）「見」。它也是指智慧之意，如：ñāṇa-dassana「智見」、ñāṇañ ca dassanaṁ「智與見」等，「見」被作爲「智」的同義語而使用。此外，sammā-dassana「正見」即是正確的智慧。

(3.2)其次，diṭṭhi（Skt. dṛṣṭi）「見」一語在原始經典中亦常被使用。diṭṭhi 多被用於 micchā-diṭṭhi「邪見」或 diṭṭhigata「成見」「惡見」，亦即邪惡的智慧之意，如：六十二見或五見的見。所謂「五見」，說一切有部是說總括惡見者，被列爲十種根本煩惱（貪、瞋、痴、慢、疑、五見）之一。「五見」是指身見（sakkāya-diṭṭhi, Skt. satkāya- dṛṣṭi，有身見、薩迦耶見）、邊見（antaggāha-diṭṭhi, Skt. antagrāhaka-dṛṣṭi，邊執見）、邪見（micchā-d. Skt. mithyā-d.）、見取（diṭṭhi-parāmāsa, Skt. dṛṣṭi-parāmarśa，見取見）、戒禁取（sīlabbata-parāmāsa, Skt. śīlavrata-parāmarśa，戒禁取見），從佛

教的立場來看，即是總括一切錯誤的想法。這些見惑（見所斷煩惱）因為都是理論上的迷妄，[74]在見道位時，若能理解掌握佛教正確的理論，就能直接被斷除，所以它們又被稱為「五利使」。

因為 diṭṭhi 是「見」「知」，所以本來不只包含邪惡的見，也包含正確的見。sammā-diṭṭhi 「正見」被放在八正道的第一位，是有漏、無漏的正確智慧，即有關四諦、緣起等的智慧。初學八正道時最初的有漏正見，並未能充分理解把握四諦或緣起等的道理，只是在聽聞之後信受的階段，所以初步的正見是正信。sammā-diṭṭhi 與前述的 sammā-dassana 意思大致相同，但是 diṭṭhi 多意指邪惡之見，相對於此，dassana 多指善淨之見。

說一切有部將心所法「惡見」也都視為慧的心所，並未別立出來，但是巴利佛教則如前所述，慧心所只限於善淨的知性作用，對於不善煩惱之邪惡的知性作用 diṭṭhi，另外別立於慧之外。唯識學將「惡見」作為煩惱心所（根本煩惱），別立於慧心所之外，更將不正知立為隨煩惱，這也是與知性作用有關者。

(4)其次，**從 paś「見」的語根所產生之語**有(4.1)vipassanā（Skt. vipaśyanā）「觀」「毘鉢舍那」，它與 samatha（Skt. śamatha）「止」「奢摩他」共同使用作為止觀，以止為禪定，觀為智慧，又禪定中智慧之作用為觀，依此而證悟。觀是慧的同義語，這點在第一節已說明過了。此外，anupassati「隨觀（動詞）」、anupassanā「隨觀（名詞）」、anupassin「隨觀者」等語也常被使用；sampassati「正見」的現在分詞 sampassanto, sampassaṁ, sampassamāno「具有正見者」，或者 sammā-passati「正確的見」的現在分詞(4.2)sammā-passaṁ「具有正確見者」等詞，也時而被使用。如此，passati 或其現在分詞也被使用爲智慧的作用。例如：

> yo paṭiccasamuppādaṁ passati so dhammaṁ passati, yo dhammaṁ passati so paṭiccasamuppādaṁ passati.（見緣起者即見法，見法者即見緣起）[35]

或者，[75]

> dhammaṁ passanto maṁ passati, maṁ passanto dhammaṁ passati.（見法者即見我（佛），見我者即見法）[36]

(5)其次，**從 īkṣ「見」語根而來之語：**

(5.1)首先有 paccavekkhanā「觀察」一語。它依於觀 vipassanā 而有有爲之三相（無常、苦、無我）等觀察，《清淨道論》在見

---

[35] *Majjhima*, i, p. 190 f.

[36] *Saṁyutta*, iii, p. 120.

清淨乃至智見清淨之智慧修習諸階位中所做的觀察，[37] 連同最後的智見清淨諸聖位中所做的觀察，共計有十九種觀察（智）。十九種爲：須陀洹、斯陀含、阿那含，分別做(1)道的觀察，(2)果的觀察，(3)已斷煩惱的觀察，(4)未斷煩惱的觀察，(5)涅槃觀察之五種觀察；阿羅漢則除去未斷煩惱的觀察，而做四種觀察，故共計十九種。[38] 這些都是智慧的作用。

(5.2)此外，尚有 upaparikkhā「審察」、upaparikkhin「審察者」等語。和前述一樣的，前者被作爲慧的同義語而使用。

(6)其次，**從 cakṣ「見」的語根**而來的動詞不太被使用，但是，(6.1)名詞 cakkhu（Skt. cakṣu）「眼」則常常被譬喻性地作爲智慧的同義語而使用。眼有肉眼、天眼、法眼、慧眼、佛眼五眼，其中除了肉眼之外，其餘皆是指智慧之眼。尤其是原始經典中，有天眼與法眼，所謂「天眼」，是指三明或六通之一的天眼明、天眼通。「天眼智」dibbacakkhu-ñāṇa 亦稱爲「有情死生智」sattānaṁ cutupapatti-ñāṇa，是有關諸有情來世死後的生處，或其命運的智慧。阿羅漢必定能得到三明智：有關過去的宿命智、有關未來的天眼智、現在的慧的漏盡智。佛在菩提樹下，初夜得宿命智，中夜得天眼智，後夜得漏盡智 āsavānaṁ khaye ñāṇaṁ，亦即得佛眼 buddha-cakkhu 而成爲佛陀。

---

37 *Visuddhi-magga*, p. 287.

38 出處同上，p. 676.

(6.2)所謂「法眼」，一般稱爲遠塵離垢的法眼（viraja vītamala dhamma-cakkhu），其內容如下：

> [76]yaṁ kiñci samudaya-dhammaṁ, sabbaṁ taṁ nirodha-dhammaṁ （一切集法，皆即此滅法）[39]

也就是，理論上正確了知四諦或緣起道理。因此，所謂「法眼」，是指理論上理解緣起道理的智慧。得法眼後，乃從凡夫開始進入聖者之位，絕不會陷入異教的邪見或疑惑之中，能確信佛教，絕對不退轉於佛教。此稱爲「入正定聚」sammatta-niyama-rāsi，也稱爲「不墮法」avinipāta-dhamma，得法眼稱爲「現觀」。關於現觀，將留待後面再做說明。

(7)其次，**從 spṛś「觸」的語根所形成之語**有 phassanā、phusanā「接觸」、「觸達」等語，它意指不只理論上理解佛教的真理，而是在體驗方面，也以身體接觸、體會得到，亦即觸達，得到最高的證悟。

(8)從 vyadh「貫穿」的語根所形成的 paṭivedha（BSkt. prativedha）「貫通」「通達」「洞察」，也是指徹底洞察到真理的深奧之處。但是在《無礙解道》是說：

---

[39] 原始聖典隨處可見，例如：*Vinaya*, i, p. 11; *Saṁyutta*, v, p. 423.

sabbadhammānaṁ ekasaṅgahatā-nānattekatta-paṭivedhe paññā dassanavisuddhi-ñāṇaṁ（有關一切諸法之攝一切性、種種性、一性通達之慧為見清淨智。）[40]

又進一步說明通達即是通達苦集滅道四諦[41]，所以它也被認爲與法眼之智相同。又，nibbedha「決擇」、nibbedhika「決擇的」等詞，也是意謂洞察之智的直觀。

(9)其次，**從 khyā「計量」「考慮」的語根**而來的有 paṭisaṅkhā、paṭisaṅkhāna「省察」「簡擇」等語，前者是從 paṭisaṅkhāti「省察（動詞）」的動詞不變化分詞 paṭisaṅkhāya 所「省察」，俗語化省略而成爲 paṭisaṅkhā。同樣的情況，不變化分詞 abhiññāya「證知」，俗語化省略成 abhiññā；又 sammappaññāya「正知」則省略成 sammappaññā，這些俗語化（省略形）在原始經典中[77]也是時常出現的形式。而動詞 saṅkhāti「察悟」的過去分詞 saṅkhāta 的 saṅkhāta-dhamma「法的察悟者」，也是被用於知性作用。

(10)其次，**從 man「思」語根而來的**，有(10.2)其示意動詞 vīmaṁsati「深思」變成名詞形的 vīmaṁsa「觀」「深思」，或者 vīmaṁsaka, vīmaṁsin「觀察者」「深思者」等語。其中，「觀」

---

40 *Paṭisambhidā-magga*, i, p. 105.

41 出處同上。

被用作四神足中的觀神足，它與慧同義。(10.1)又，maññati「思」的過去分詞 mata（muta）及其衍生語 mati（muti）被用於表示「慧」「思惟」「意見」等意，mata 相當於認識經驗的見聞覺識，即「所覺」、「所念」。

(11)其次，**從 cit, cint「思」語根**而來的有：cinta「思惟」，被用於與慧同義，以及 cintita「令思惟」、cinteyya「所應思惟」等語。雖然 citta, cetas「心」一語也是「思惟者」，與知性作用有關，但是與 viññāṇa「識者」「識」作爲的全體作用或心的主體相同，citta 以及前項從 man 形成的 manas「思者」「意」，也都是作爲心的主體，所以並非只是知性作用。附帶一提，在原始佛教或各部派的阿毘達磨中，citta、manas、viññāṇa 皆被用作同義語，但是，瑜伽唯識則視三者爲各別不同體。

(12)其次，**從 ci「積」「集」語根**而來的有：(12.1)vicaya「分別積集」「抉擇」、(12.2)pavicaya「簡擇」等語，vicaya 的複合語(12.3)dhamma-vicaya「擇法」，是七覺支之一，與慧相同。如第一節所述，擇法與擇法覺支並不相同，擇法是指有漏慧，相對於此，擇法覺支則一定是無漏慧。因爲七覺支皆是屬於無漏出世間之故。

(17)其次，**budh「覺醒」語根**的動詞 bujjhati「覺醒」「覺」，成爲過去分詞後，即形成 buddha「佛陀」「覺者」；同樣地，前面再加上 sam 或 abhisam、sammāsam 的接頭詞，則成爲 sambuddha「正覺者」、abhisambuddha「現等覺者」、

sammāsambuddha「正等覺者」；它的抽象名詞形 bodhi「菩提」「覺悟」，加上這些接頭詞，則形成[78]sambodhi, abhisambodhi, sammā-sambodhi 等語。因爲這些都是表示佛教的證悟，所以菩提當然就包含了知性作用。但是，「菩提」、「證悟」並非只包含知性作用，也包含了情、意，全人格、全精神性的理想精神作用，而且也包含了歷經修行的習慣作用。當然其中是以知性的慧之作用爲中心，這是不可否認的。又，bodha 一語也與 bodhi 被同樣使用，而有「覺慧」buddhi 一語。

(13)其次，**從 dhyā（Pāli jhā）「思慮」語根**所形成的名詞有 nijjhāna, nijjhatti「審諦」，可看出它是指靜慮（禪定）的知性作用。

(14)從 lakṣ「承認」「表記」「標記特徵」的語根而形成的有：慧的同義語 sallakkhaṇā「了察」、upalakkhaṇā「近察」、paccupalakkhaṇā「各別近察」等語。這些詞彙在原始經典中不太被採用。

(16)其次，**從 bhid「破」的語根**所形成的 paṭisambhidā「無礙解」，似乎也兼有 vid「知」義的 paṭisambhidā（Skt. pratisaṁvid）語義，表示深知對方的無礙自在之理解力。無礙解是有學或無學聖者所得到的特別之知性作用，包括義無礙解（attha-paṭisambhidā）、法無礙解（dhamma-paṭi.）、詞無礙解（nirutti-paṭi.）、辯無礙解（paṭibhāna-paṭi.）等四無礙解。其中，「義無礙解」是對於意義之智，「義」是因之果的意思，指(1)

緣所生者，(2)涅槃，(3)所說義，(4)異熟，(5)唯作（阿羅漢的無功用之作用）等五種，觀察此義並區別彼義的智慧，即是義無礙解。「法無礙解」是對於法之智，「法」是緣的意思，指(1)令生果者，(2)因，(3)聖道，(4)善，(5)不善等五種，觀察此法並區別彼法的智慧，即是法無礙解。對於四諦中苦、滅的果之智即義無礙解，對於集、道的因之智即法無礙解。其次，對法（教法）的語詞之智即「詞無礙解」。對法或義的正確文法、無誤言說，稱爲「語詞」，[79]對於此語詞之智，即是詞無礙解。對於前面義無礙解、法無礙解、詞無礙解三智，依其所緣之境或作用等，詳知之智，稱爲「辯無礙解」。[42] 總之，四無礙解是指正確理解佛法，將之正確地爲他人演說，對於他人的論難也能無誤地答辯的智慧，因此又被譯作「四無礙辯」。

(15)其次，**i「行」的語根**而形成的 abhisameti（abhi-sami）「正確的到達」「十分理解」、abhisamaya「現觀」等語，在原始經典中亦常被使用。其中，abhisameti 與 abhisambujjhati「現等覺」多被一同使用，本來可能是說佛教全體性的最高證悟。但是 abhisamaya 一語，一般的用例只是講理論上理解四諦或緣起道理的初步證悟。也就是，得法眼者爲現觀。因此，現觀多習慣被用來作爲聖諦現觀。在巴利阿含中，有 attha-abhisamaya「義現觀」、dhamma-abhisamaya「法現觀」等慣用語，多被用作爲

---

42 *Visuddhi-magga*, p. 440 ff..

sacca-abhisamaya「諦現觀」、catu-saccānaṁ abhisamayo「四諦之現觀」。又，義現觀被認爲是現觀四諦之意義，法現觀則是現觀四諦、緣起的道理（法，即真理），又如四無礙解的說明，或許可以做如此的區別：苦與滅的現觀是義現觀，集與道的現觀是法現觀。不論義現觀或法現觀，我想在內容上皆與諦現觀無異。

但是，在漢譯阿含經中，將現觀譯爲「無間等」，可能是將abhi→avi（cf. avīci）當作「無間」，將 samaya→same 當作「等」。漢譯《雜阿含》云：

> 聖弟子，所有集法一切滅已，離諸塵垢，得法眼生，與無間等，俱三結斷，所謂身見、戒取、疑，此三結盡，名須陀洹，不墮惡趣法，必定正覺，趣七有天人，往生作苦邊……此則聖弟子，得法眼之大義，是[80]故比丘，於此四聖諦，未無間等者，當勤方便起增上欲，精進修學。[43]

生起「一切集法，皆即此滅法」的遠塵離垢之法眼，與聖諦現觀（無間等）同時斷除身見、戒禁取、疑三結，此稱爲須陀洹；表示是不墮惡趣者，必定至正覺者（正定聚）。可知現觀是在得法眼的須陀洹時所得。也就是，通達四諦的道理即是現

---

43 《雜阿含》卷 15（大 2, 106c）。

觀，即是得清淨法眼。

但是，另一方面也有經典提到，四諦的現觀不只是在須陀洹位，在得斯陀含、阿那含、阿羅漢的證悟時，甚至得辟支佛道證，乃至無上等正覺時，也有聖諦現觀。[44] 又根據《無礙解道》，須陀洹道與須陀洹果時，乃至阿羅漢道與阿羅漢果時，皆有法的現觀。[45] 在說一切有部，現觀主要是指須陀洹見道時的聖諦現觀之意，但是瑜伽行派則於凡夫位、初聖者位，乃至最高位，成立六現觀。[46] 所謂六現觀，是指思現觀（見現觀）、信現觀、戒現觀、現觀智諦現觀、現觀邊智諦現觀、究竟現觀。

其中，第一、「思現觀」，是在凡夫的加行道，依喜受相應的思慧，觀察思惟四諦，還不是真正的現觀。第二、「信現觀」是對佛法僧三寶淨信的確定，也是屬於聞慧。第三、「戒現觀」是指具有聖所愛的無漏戒，絕對沒有破戒的狀態。信現觀與戒現觀，從原始佛教以來即被稱為「四不壞淨」（四證淨 aveccappasāda, Skt. avetya-prasāda），是對三寶及戒具有絕對確實的信仰，由此得聖位而不退轉，即入正定聚。普通是將「依四

---

44 同上（106b）。

45 *Paṭisambhidā-magga*, ii, p. 217.

46 《瑜伽師地論》卷 55（大 30, 605c 以下），同 71（690c 以下）、《顯揚聖教論》卷 17（大 31, 562c）、《成唯識論》卷 9（大 31, 50c）；其中尤以《瑜伽論》卷 71，從各方面對六現觀有做詳細的考察。

諦理論的理解而得法眼」說爲現觀，但是因爲依信而得不壞淨，也是與得法眼一樣達到聖位，所以這也可說是廣義的現觀。又，由信而達聖位者稱爲「隨信行」saddhānusārin，由理論的理解而得聖道者稱爲「隨法行」dhammānusārin（見現觀）。

第四、「現觀智諦現觀」，是四諦理論上理解的狹義現觀。在《瑜伽師地論》中，將此現觀分爲三階段來[81]考察。[47] 第一、在凡夫最高心之後，生起有情是空假之心，是捨斷易除之見惑的階段；第二、在第一階段之後，生起諸法是空假之心，是斷除中品見惑的階段；第三、在第二階段之後，生起一切有情或諸法是空假之心，是斷除一切見惑的階段。此三階段被稱爲見道，此時稱爲「止觀雙運」，止與觀共同運作，成爲觀察四諦的智慧。因此，藉由此智而能成立苦集滅道之智。此皆是無漏出世間之智慧。

第五、「現觀邊智諦現觀」，是指在前面現觀智第三階段之後所得到的後得智，它有（a）忍可欲樂智及（b）現觀決定智二種。前者是令諸法空假之無分別智，後者是隨順諸法的有分別智。又，前者有斷除見惑的作用，後者則令見惑不生起。二者皆是趣向修道，不過，前者是趣向出世間的斷道，後者是趣向世間、出世間的斷道。總之，第五現觀是指修道的聖者（須陀洹果乃至阿羅漢道）的世間、出世間的智慧。

47　《瑜伽師地論》卷 55（大 30, 605c 以下）。

第六、「究竟現觀」，是永斷一切修惑〔及見惑〕，而生起盡智或無生智，因為現世決定一切煩惱永斷，來世決定一切依事（肉體等）永滅，所以稱為究竟現觀。也就是，得到盡智及無生智，即為究竟現觀。

以上是瑜伽行派的六現觀說，是指佛教一切證悟的智慧。意謂〔凡夫〕從初加行位（聖前位）到最高位的聖者的證悟階段。或許這就是現觀原本的意思。(1)abhisameti 與 abhisambujjhati 二者並提且被視為同義語；以及(2)如前所述，漢譯《雜阿含》中，從須陀洹乃至阿羅漢以及辟支佛，及至最高的佛陀位中，皆有無間等（現觀）；以及(3)《無礙解道》中，四雙八輩一切聖者皆有現觀，皆是意指這種廣義的現觀。[48] 而有關現觀的詞有 abhisameta「使現觀」、abhisametāvin「現觀者」等。[82]

(18)其次，(18.9 以下)**用譬喻性來說慧者**，除了有如前所介紹過的 cakkhu「眼」之外，āloka「光明」也是慧的同義語，又，它與 obhāsa「照耀」、pajjota「燈火」等詞一樣，作為慧的複合語，如：paññā-āloka「慧光」、paññā-obhāsa「慧照」、paññā- pajjota「慧燈」等。慧的譬喻還有 paññā--sattha「慧刀」、paññā-pāsāda「慧殿」、paññā-ratana「慧寶」、paññā-bala「慧力」等詞，如於

---

[48] 關於現觀，參見水野弘元「Abhisamaya（現觀）」(《東海佛教》第 7 輯，昭和 36 年 6 月)、水野弘元「證悟」(《駒澤大學佛教學部研究紀要》21 號 73 頁以下，昭和 37 年 10 月。收錄於本選集第二冊)。

前第一節所說。又，將慧說成 patoda「刺戟」「刺棒」，或 pariṇāyika「指南」「指導者」，也視爲一種譬喻說。

其次，表示慧的，還有(18.2)medhā ,bhūrī, vebhavyā, nepuñña, paṇḍicca, kosalla, khanti 等詞。其中，medhā「伶俐」又譯作慧，亦有 sumedhā「善慧」、medhāvin, medhasa「慧者」等詞。(18.3)bhūrī「睿智」可能是從「廣大」而來的詞，最初被使用作爲 bhūri-paññā, bhūrī-medhā「廣慧」等詞，但是 bhūri 似乎也單獨被用作慧。

(18.7)vebhavya「明察」，是從 vibhāveti「明解」「令明瞭」一語而來的 vibhāva 之抽象名詞，相同的衍生語有 vibhāvin「明慧」，它與 medhāvin 同義。(18.6)nepuñña「聰慧」是從形容詞 nipuṇa「聰明」所形成的抽象名詞，衍生語有 abhinipuṇa「聰敏」一語。(18.4)paṇḍicca（Skt. paṇḍitya）「聰睿」是形容詞 paṇḍita「賢明」所形成的抽象名詞，是「賢哲的狀態」、「賢明」之意。

(18.5)其次，kosalla（Skt. kauśalya）「善巧」是從形容詞 kusala（Skt. kuśala）「善巧」所形成的抽象名詞，在大乘佛教多被用於 upāya-kauśalya「方便善巧」。因爲於善巧方便必須要有智慧，所以 kosalla 就被作爲慧的同義語。附帶一提，在大乘般若經等中，upāya 方便與 prajñā 般若是兩大重要支柱，除去般若波羅蜜之外的布施乃至禪定五波羅蜜是方便。因此，方便是得到般若智慧的手段，但是方便須有般若的支持才是真方便，也就是才能表現出慈悲行。相對於般若波羅蜜是無分別慧，方便慈悲則是有分別慧。從這點也可知，方便或方便善巧皆直接間接與慧有關。[83]

(18.8)其次，khanti（Skt. kṣānti）「忍」，一般是用於表示「忍辱」、「忍耐」之意，但是，在此則是將它作爲「認許」之智慧作用。此意義下的忍，多和「見」（diṭṭhi）一起併用。說一切有部將忍與智一同使用，將進入智之前階段之知性作用稱爲忍。如：苦法智的前階段爲苦法智忍，苦類智之前則爲苦類智忍。又，煖、頂、忍、世第一法之四善根中也有忍位，它又有下忍、中忍、上忍等區別。認知四諦十六行相的知性作用皆稱爲「忍」。

又，大乘佛教成立所謂「無生法忍」anutpattika-dharma-kṣānti 之智慧，這在原始佛教可能是無生智 anuppāde-ñāṇa，此智大乘是用「忍」之名來稱呼。但是，原始佛教中的無生智，是在阿羅漢「生已盡，不受後有」的證悟之盡智、無生智中，可視爲阿羅漢的最高智慧；而大乘的無生法忍則是在忍知不生不滅的法性，而決定安住之位所得到的，是指七地、八地、九地菩薩的忍智，或者入初地或初住不退位的菩薩之智。由此可知，無生法忍與原始佛教的無生智未必完全相同。

三、《無礙解道》中的智慧

[84]《無礙解道》（*Paṭisambhidā-magga*）是巴利小部經中的一篇。在其他部派中，相當於本書的文獻完全無法得知。因此，在漢譯等中，也找不到與之類似者。本書可說完全是巴利佛教的獨特之作。其性格與其說是尼柯耶經典，不如說是阿毘

達磨論書，接近於初期阿毘達磨的性格。它可說是在比阿毘達磨論書更早以前的階段，是經與論之間過渡期的著作。[85]但是，本書的體裁或論述方法幾乎是阿毘達磨式的，如前所述，巴利佛教早期也有將它收錄於論藏中。[49]

漢譯《解脫道論》也常引用本論，而說「阿毘曇曰」，故可知《解脫道論》的作者也將本書視爲阿毘達磨。[50]

關於本書的結構，是由以下三品三十論所組成。

（一）大品 Mahā-vagga（十論）：

1.智論 Ñāṇa-kathā，2.見論 Diṭṭhi-k.，3.安般論 Ānāpāna-k.，4.根論 Indriya-k.，5.解脫論 Vimokkha-k.，6.趣論 Gati-k.，7.業論 Kamma-k.，8.顛倒論 Vipallāsa-k.，9.道論 Magga-k.，10.醍醐論 Maṇḍapeyya-k.

（二）俱存品 Yuganandha-vagga（十論）：

1.俱存論（止觀雙運論）Yuganandha-kathā，2.諦論 Sacca-k.，3.覺支論 Bojjhaṅga-k.，4.慈論 Mettā-k.，5.離欲論 Virāga-k.，6.無礙解論 Paṭisambhidā-k.，7.法輪論 Dhammacakka-k.，8.出世間論 Lokuttara-k.，9.力論

---

[49] 參見註 1。

[50] 同上。

Bala-k.，10.空論 Suñña-k.

（三）慧品 Paññā-vagga（十論）

1.大慧論 Mahāpaññā-kathā，2.神足論 Iddhi-k.，3.現觀論 Abhisamaya-k.，4.離論 Viveka-k.，5.行論 Cariyā-k.，6.示導論 Pāṭihāriya-k.，7.齊首論 Samasīsa-k.，8.念住論 Satipaṭṭhāna-k.，9.觀論 Vipassanā-k.，10.論母論 Mātikā-k.

首先，本書的書名爲《無礙解道》，因爲是說明到達無礙解智慧之道，故可知本書全部是以討論智慧爲主。（關於無礙解，第二品之第六也有無礙解論，是討論四無礙解。）在如此的考量之下，一看本書即可知本書討論有關智慧的項目極多。

首先從第一「大品」來看，第一「智論」是討論智，第二「見論」討論種種邪惡之見，這也是慧的一部分。第四「根論」討論信根等，但是，在這裡是與慧根[86]或三無漏根之智慧有關者。第五「解脫論」是與解脫有關者，在解脫方面，智慧扮演重要的角色，所以可知這與智慧也並非無關。第八「顛倒論」是敘述對於常樂我淨的想、心、見等十二顛倒，由於是錯誤的智慧，或缺乏智慧，所以也並非與智慧無關。第九「道論」是提到八正道及三十七菩提分，所以其中當然也有討論到智慧。第十「醍醐論」是討論醍醐——涅槃，其中也有不少與智慧有關。

其次，第二「俱存品」，第一「俱存論」（雙運論）討論止觀及其雙運俱存，其中的觀（毘鉢舍那），即是智慧，所以當然也是討智慧的。第二「諦論」是四諦論，即以洞察知解四諦的智慧為其論題。第三「覺支論」討論七覺支，其中也包括擇法覺支等智慧。第五「離欲論」，離欲是依智慧而得。第六「無礙解論」，已經說明過。第七「法輪論」討論《轉法輪經》的「眼生，智生，慧生，明生，光明生」，所以是討論眼、智、慧、明、光明之智慧。第九「力論」討論 paññā-bala、簡擇力 paṭisaṅkhāna-b.、修習力 bhāvanā-b.、忍力 khanti-b.、審慮力 nijjhanti-b.、觀力 vipassanā-b.、十無學力（其中包括正見、正智）、十無漏智力、如來十力（此皆屬於智）等，可知有許多是與智慧有關的。第十「空論」，也可視為般若之空論。

第三「慧品」，第一「大慧論」，討論七種、八種、九種、十種、十六種等種種慧，因此，此論全體即智慧之論。例如，其中所謂的十六慧是：

1.慧的獲得 paññā-paṭilābhā，2.慧覺 paññā-buddhi，3.慧廣大 paññā-vepulla，4.大慧 mahāpaññā，5.廣慧 Puthu-p.，6.廣大慧 vipula-p.，7.甚深慧 gambhīra-p.，8.無等慧 assāmanta-p.，9.廣博慧 bhūri-p.，10.慧多發[87]paññā-bahulla，11.急速慧 sīgha-p.，12.輕快慧 lahu-p.，13.疾慧 hāsa-p.，14.速慧 javana-p.，15.利慧 tikkha-p.，16.決擇慧 nibbedhika-p.

可視爲顯示慧的種種相者。

第二「神足論」討論十種神足，雖然神足是依禪定而得，但是其中智遍滿神足 ñāṇavipphārā iddhi、明所成神足 vijjāmayā iddhi 等，則與智慧有關。第三「現觀論」，如前所述，所謂「現觀」，是指得到理論上理解四諦道理的法眼智慧，是依出世間剎那現存之心與智而生起現觀。

第四「離論」討論由八正道而得離欲，所以仍然與智慧有關。第五「行論」是說 ñāṇa-cariyā 智行、依慧而行 paññāya carati、見行 dassana-cariyā 等。第六「示導論」討論三示導（三神變），其中有說示示導 ādesanā-pāṭihāriya，教誡示導 anusāsanī-pāṭihāriya，與智慧有密切的關係。第八「念住論」是觀察身受心法之不淨、苦、無常、無我，所以也與智慧有很大的關係。第九「觀論」是討論毘鉢舍那——即智慧，因爲是討論無常、苦、無我，以及觀察四諦十六行相的智慧，所以可說是智慧論。第十「論母論」，也是討論明解脫 vijjā-vimutti、增上慧 adhipaññā、智 ñāṇa、見 dassana 等，可知仍然與智慧有關。

以上考察《無礙解道》諸論，多直接間接與智慧有關，尤其如智論、大慧論、觀論等，即是討論智慧。因此，以下就針對最初的智論，更改其標題項目考察其如何討論智慧。

[88]【《無礙解道》一、一　智論】

首先，卷首列舉此智論所論究的聞所成智乃至無障智等七十三智之名目，以作爲論母 mātikā，亦即要目。如前所述，雖然本書另外還有慧論，但是本書未必將慧與智作區別。慧與智是相同的。在列舉七十三智時，例如，在表示此論母的最初部分，第一乃至第三智時，云：

> 傾聽時的慧是聞所成智。聽完後之律儀（防護）之慧是戒所成智。防護後的等持之慧是定修所成智。
>
> Sotāvadhāne paññā sutamaye ñāṇaṁ ; sutvāna saṁare paññā sīlamaye ñāṇaṁ; saṁvaritvā samādahane paññā samādhibhāvanāmaye ñāṇaṁ.[51]

普通所說的聞、戒、修三慧，在這裡是說三智，因爲在說明中是說「慧」，故可知將慧與智視爲相等。而智特別是意指善淨之智，這點從七十三智來看即可明瞭。

七十三智如下所列，今方便將之分類列出：

1.聞所成智 sutamaye ñāṇaṁ，2.戒所成智 sīlamaye ñ.，3.定修所成智 samādhibhāvanāmaye ñ.，4.法住智 dhammaṭṭhiti-ñ.，5.思惟智 sammasane ñ.，6.生滅隨觀智 udayabbayānupassane ñ.，7.壞隨觀智 bhaṅgānupassane

51 *Paṭisambhidā-magga*, i, p. 1.

ñ.，8.過患智 ādīnave ñ，9.行捨智 saṅkhārūpekkhāsu ñ.，10.種姓智 gotrabhu ñ.，11.道智 magge ñ.，12.果智 phale ñ.，13.解脫智 vimutti-ñ.

以上戒定慧三學中，與戒、定二者有關者，是最初的聞所成智、戒所成智、定修所成智，第四法住智以下可看成是慧學的領域。又，戒與定分別相當於《清淨道論》等所說的七清淨[52]中的（一）戒清淨 sīla-visuddhi、（二）心清淨 citta-visuddhi；至於第四以下的各智相當於（三）見清淨 diṭṭhi-v.、（四）度疑 **[89]** 清淨 kaṅkhāvitaraṇa-v.、（五）道非道智見清淨 maggāmaggañāṇadassana-v.、（六）行道智見清淨 paṭipadā-ñāṇadassana-v.、（七）智見清淨 ñāṇadassana-v.中的何者？4.法住智是從見清淨乃至度疑清淨之智，它是指超越對三世因果等的疑惑，了知緣起道理，住立於法（緣起）之智。5.思惟智是思惟道與非道之智，相當於道非道智見清淨。6.生滅隨觀智乃至10.種姓智是屬於行道智見清淨，11.道智、12.果智、13.解脫智相當於智見清淨。因此，可看出前面十三智是從修行初步到最上位，各階段所列舉之智。

又，前面的十三智，尤其是第四法住智以下，似乎是巴利佛教修行智的基礎，在《清淨道論》中，在法住智

---

52 《清淨道論》提到依七清淨的次第而使修行完成。關於七清淨，《中部》24、《傳車經》中也有說明。*Majjhima*, vol, I, p.147f.

dhammaṭṭhiti-ñāṇaṁ、思惟智 sammasana-ñ. 以下，說到八智，即：

1.生滅隨觀智 udayabbayānupassanā-ñ.，2.壞隨觀智 bhaṅgānupassanā-ñ.，3.怖畏現起智 bhayatupaṭṭhānā-ñ.，4.過患隨觀智 ādīnavānupassanā-ñ.，5.厭離隨觀智 vivekānupassanā-ñ.，6.脫欲智 muñcitukamyatā-ñ.，7.省察隨觀智 paṭisaṅkhānupassanā-ñ.，8.行捨智 saṅkhārupekkhā-ñ.

其中，1.生滅隨觀智、2.壞隨觀智、4.過患隨觀智、8.行捨智，與之前的法住智、思惟智，即《無礙解道》的 4.法住智、5.思惟智、6.生滅隨觀智、7.壞隨觀智、8.過患智、9.行捨智。又，《清淨道論》在八智之後所說的隨順智 anuloma-ñ.，相當於《無礙解道》的 10.種姓智。而所說的入智位之後的四道智、四果智，相當於《無礙解道》的 11.道智、12.果智。《無礙解道》的最後所說的 13.解脫智，可能是指《清淨道論》中的無相心解脫 animitta-cetovimutti 之智。

從以上的考察可知，《無礙解道》的前十三智，爲《清淨道論》所承續，而多少有些改善。

其次，在《無礙解道》中，有下列六智：

14.觀察智 paccavekkhaṇe ñāṇaṁ、15.基（所依）種種智 vatthunanatte ñ.、16.境界種種智 gocaranānatte ñ.、[90]17.行種種智 cariya-nānatte ñ.、18.地種種智 bhūmi-

nānatte ñ.、19. 法種種智 dhamma- nānatte ñ.

此六種作爲觀察智之心理作用，其中，14.觀察智是統括此六智之總稱；15.基種種智，是心識之基，即觀察所依——眼根乃至意根六根（六基）之智；16.境界種種智是觀察六識之境界（對象）——色境乃至法境六境之智；17.行種種智是觀察六識之善、不善、無記所包含的種種心理作用之智；18.地種種智是觀察諸識作用之欲界、色界、無色界、出世間之四界地之智；19.法種種智是觀察四地之識的善、不善、無記三性之智。

其次，另有一類是五智：

20.已知義智 ñātaṭṭhe ñāṇaṁ、21.度脫義智 tīraṇaṭṭhe ñ.、22.遍捨義智 pariccāgaṭṭhe ñ.、23.一味義智 ekarasaṭṭhe ñ.、24.觸證義智 phusanaṭṭhe ñ.

此是有關四諦作用之智。其中 20.已知義是了知四諦全體之智，21.度脫義之智是度脫苦之智，22.遍捨義之智是捨斷集（也就是煩惱）之智，23.一味義之智是有關一味的諸道之智，24.觸證義之智是觸證滅（亦即涅槃），體證之意之智。

其次，有下列四智

25.義無礙解智 atthapaṭisambhide ñāṇaṁ、26.法無礙智 ādhamma-paṭisambhide ñ. 、27. 詞無礙解智 niruttipaṭisambhide ñ. 、28. 辯無礙解智 paṭibhāna-paṭisambhide ñ.

此四智是有關四無礙解之智。沒有特別加以說明的必要。

其次是下列三智：

29.住義智 vihāraṭṭhe ñāṇaṁ、30.等至義智 samāpattaṭṭhe ñ、31.住等至義智 vihāra-samāpattaṭṭhe ñ.

似乎是有關空、無相、無願三三昧之智。

其次是：

[91]32.無間定智 ānantarika-samādhismiṁ ñāṇaṁ 、33. 無諍住智 arana-vihāre ñ. 、34. 滅盡定智 nirodha-samāpattiyā ñ.、35.般涅槃智 parinibbāne ñ.、36. 齊首（阿羅漢）義智 samasīsaṭṭhe ñ.

我認爲這是指從前面三三昧之智，乃至般涅槃或齊首阿羅漢智，殊勝禪定的阿羅漢之智。其次是六種智：

37. 損減義智 sallekaṭṭhe ñāṇaṁ、38. 勤精進智 viriyārambhe ñ.、39.見義智 atthadassane ñ.、40.見清淨智 dassanavisuddhi-ñ.、41.忍智 khanti-ñ.、42.深解智 pariyogāhane ñ.

可能是表示高度修行的過程。又有七種智：

43. 分住智 padesavihāre ñāṇaṁ、44. 想退還智 saññā-vivaṭṭe ñ.、45.心意退還智 ceto-vivaṭṭe ñ.、46.心退還智 citta-vivaṭṭe ñ.、47.智退還智 ñāṇa-vivaṭṭe ñ.、48. 解脫退還智 vimokkha-vivaṭṭe ñ.、49. 諦退還智 sacca-vivaṭṭe ñ.

是指有關退還（還滅）的禪定觀察等類之智。其次是六種智：

50. 神變智 iddhividhe ñāṇaṁ、51. 耳界清淨智 sotadhātuvisuddhi-ñ.、52.他心智 cetopariya-ñ.、53.宿住隨念智 pubbenivāsānussati-ñ.、54. 天眼智 dibbacakkhu-ñ.、55.漏盡智 āsavānaṁ khaye-ñ.

此六種當然是六神通之智，證得阿羅漢之後，才完全得到三明六通等。其次是八種智：

56.苦智 dukkhe ñāṇaṁ、57.集智 samudaye ñ.、58.滅智 nirodhe ñ.、59.道智 magge ñ.、60.苦智 dukkhe ñ.、61.苦集智 dukkhasamudaye ñ.、62.苦滅智 dukkha-nirodhe ñ.、63.苦滅道智 dukkhanirodha-gāminiyā paṭipadāya ñ.

此八種智是將四諦重複列出。在這裡雖然可以說是因為四諦智的名稱有略名與具名兩種，所以將二者分別列出；但是也可說是因為前者是有學、無學聖者之四諦智，後者是無學聲聞與佛陀的[92]四諦智，所以才個別提出。其次，

64.義無礙解 atthapaṭisambhide ñāṇaṁ、65.法無礙解 dhammapaṭisambhide ñ.、66.詞無礙解 niruttipaṭisambhide ñ.、67.辯無礙解 paṭibhānapaṭisambhide ñ.

是有關四無礙解之智，但是，四無礙解之智於前 25～28 亦曾列舉過。二者之說明多少有一致之處，前者是詳細說明義、法、詞、辯之種種相，後者則不只說明其種種相，也從其他方

面做考察。這也與四諦智的情況一樣，前者是聲聞諸聖者所得之四無礙解智，後者是佛陀或無學阿羅漢所有的四無礙解智。順便一提，60.苦智以後乃至 73.無障智等十四種是十四佛智，是佛陀所得，並非有學聲聞之智。其次，

> 68.根上下智 indriyaparopariyatte ñāṇaṁ、69.諸有情意樂隨眠智 sattānaṁ āsayānusaye ñ.、70.雙神變智 yamakapāṭihīre ñ.、71.大悲定智 mahākaruṇa-samāpattiyā ñ.、72.一切知智 sabbaññuta-ñ.、73.無障智 anāvaraṇa-ñ.

此六智被稱爲「不共智」asadharana-ñāṇa，只有存在於佛陀，完全不存在於聲聞等之智，在此以前的八智是共通於無學聲聞或佛陀之共智 sadharana-b.。在論母的最後云：

> 這些是七十三智。這七十三智中的六十七智是與聲聞共通者，六智不共諸聲聞。Imāni tesattati ñāṇāni ; imesaṁ tesattatīnaṁ ñāṇānaṁ sattasaṭṭhi ñāṇāni sāvakasādhāraṇāni cha ñāṇāni asādhāraṇāni sāvakehi.[53]

又，如前所述，60 以下至 73 爲止之十四智，即後世所說的

---

[53] *Paṭisambhidā-magga*, i, p. 3.

「十四佛智」。[54] 在本書成立時代，可能也將此十四智看成佛智。重複列舉四諦智或四無礙解智，很明顯地表示，其中一部分[93]是有學聲聞智，另一部分之十四前智是無學聲聞與佛之共智，最後的六智則是唯佛之不共智。但是，本書本身並沒有明確地做此表示。

以上簡單介紹完《無礙解道》智論中的七十三智，此智論雖然只是《無礙解道》三十論中的一論，但是從其份量來看，占了 PTS 本全部 442 頁中的 134 頁，只此一論即占全部篇幅的 1/3 弱。又，在智論七十三智中，對於第一聞所成智的說明，也占了智論全部的 1/3 弱的篇幅，將此聞所成智分爲十六方面來考察，如下所示：

54　關於十四佛智，《彌蘭陀問經》（*Milindapañha,* p. 285）云：「大王！一切諸佛中，對於色，對於戒、定、慧、解脫、解脫智見，對於四無畏、十如來力，對於六不共法、十四佛智、十八佛法，及對於一切佛法，無有疑惑。一切佛由佛法而完全相等。」其中，雖然有「十四佛智」一詞，但是沒提到其內容。十四佛智之內容，《解脫道論》卷 6（大 32, 427c）列舉十四智如下：1.苦智，2.集智，3.滅智，4.道智，5.義辯智，6.法辯智，7.詞辯智，8.樂說辯智，9.諸根智，10.眾生欲樂煩惱使智，11.雙變智，12.大慈悲定智，13.一切智，14.不障礙智，此正與《無礙解道》之七十三智最後的十四智順序完全一致。又，關於六不共智，前所舉《彌蘭陀問經》中有出現，《清淨道論》（p. 325）亦有提及。（**參原書 p. 97**）

1. 應證知 abhiññeyya
2. 應遍知 pariññeyya
3. 應捨斷 pahātabba
4. 應修習 bhāvetabba
5. 應作證 sacchikātabba
6. 退分 hānabhāgiya
7. 住分 ṭhitibhāgiya
8. 勝分 visesabhāgiya
9. 擇分 nibbedhabhāgiya
10. 無常 anicca
11. 苦 dukkha
12. 無我 anatta
13. 苦聖諦 dukkha-ariyasacca[94]
14. 苦集聖諦 dukkhasamudaya-ariyasacca
15. 苦滅聖諦 dukkhanirodha-ariyasacca
16. 苦滅道聖諦 dukkhanirodhagāminī-paṭipadā-ariyasacca

其中，最初的「應證知」所說的聞所成智之說明，將近占了全部聞所成智的一半。因此，應證知之智的內容敘述得最爲詳細。

對此稍加介紹，首先云：

此等諸法應證知（ime dhammā abhiññeyyā）而傾聽，了知此之慧，即是聞所成智。

而列舉應證知之諸法，作爲聞所成智中最初的「應證知者」之內容。

要言之，應證知的聞所成智對象有如下四十五項：

1. 應證知之一法乃至十法（十增上法）
2. 應證知之六根、六境、六識、十八受
3. 應證知之六根、六境、六識、六觸、六受、六想、六思、六愛、六尋、六伺等
4. 地水火風空識與十遍處
5. 三十二身分
6. 十八界與二十二根
7. 欲、色、無色之三界，欲、色、無色之三有，想、非想、非想非非想之三有，一蘊有、四蘊有、五蘊有之三有，四禪
8. 四無量心、四無色定、十二緣起[95]
9. 四諦〔示轉〕，五蘊乃至十二緣起
10. 四諦〔勸轉〕，五蘊與四諦
11. 四諦〔證轉〕，五蘊與四諦

12. 七處觀、五蘊乃至十二緣起
13. 同上
14. 同上
15. 生乃至惱、不生乃至不惱（各 15 項）
16. 同上組合
17. 生乃至惱、不生乃至不惱之苦與樂
18. 同上組合
19. 生乃至惱、不生乃至不惱之怖畏與安穩
20. 同上組合
21. 生乃至惱、不生乃至不惱與非愛染
22. 同上組合
23. 生乃至惱、不生乃至不惱之諸行與涅槃
24. 同上組合
25. 修行雜項
26. 信等五根義
27. 五力義
28. 七覺支義[96]
29. 八正道義
30. 根、力、覺支、道、念處、正勤、神足、〔聖〕道、〔聖〕果、尋、伺、喜、樂、心一境性等義
31. 四諦、蘊、界、處義
32. 心、心無間乃至離義

33. 一性 ekatta 諸義
34. 開演 pakāsana 乃至解脫所行義
35. 四神足義
36. 四諦十六行相等義
37. 如義 tathaṭṭha 乃至現觀義
38. 出離 nekkhamma 乃至勝喜 pāmojja、八定
39. 無常觀乃至退還觀（還滅）vivaṭṭana 之十八隨觀
40. 四道四果
41. 五根、五力
42. 七覺支
43. 八正道
44. 根、力、覺支、道、念處、正勤、神足、諦、寂止乃至雙運（止觀）
45. 戒清淨乃至涅槃

由此亦可看出此為佛道修行者所必須證知者。因此，以上可說網羅了所有佛教所應證知之智。

這是聞所成智中的（1）「應證知者」，而同樣地，以下的（2）「應遍知者」（3）「應捨斷者」**[97]**（4）「應修習者」、（5）「應作證者」等前述十六項，因為內容上是重複此四十五項目，所以「應遍知者」以下的說明就簡單地省略。

總之，《無礙解道》所論之基本是依存於原始經典，各論一

開始先引原始經典之文，採取對此解說廣演的形式。比較起初期阿毘達磨論書，雖然它有未加整理的不成熟之處，但是，相較於之後阿毘達磨的知之意義，它包含著較多的實踐意義。這點在智論也是相同的。在此意義之下，將本書的般若說，考慮加入實際的修道而做具體的考察，加以整理改善之後，即產生如《清淨道論》中可看到的，完整的般若智慧論。

原始佛教的證悟

一、前言

[99]所謂「證悟」，是指遠離錯誤，了知真實，到達理想。藉由證悟。能遠離阻礙理想的煩惱障礙，脫離其束縛，到達理想的境界。此稱為「解脫」，其狀態亦稱為「涅槃」。不僅是佛教，印度哲學或宗教亦皆追求如此的理想。

在佛教以前，已經提出「從生死輪迴的束縛解脫（mokṣa）」之說法，並說「無有束縛的理想境界——不死的梵界（brahma-loka）」，及其達成之方法。

雖然佛陀教法的產生，也受到這些說法的影響，但是，佛陀對於這些古來的學說加以徹底地檢討：首先，外道所認為的理想目標，果真是人類真正的理想目標嗎？其次，能達成理想的方法是否合理而正確？又，作為這些理想或實踐方法之基礎的世界觀或人生觀是否無誤？

檢討的結果，佛陀認為外道的說法，從任何一方面來看，皆是不合理或不完整。之所以會有如此的批判，[100]是由於佛教有正確的世界觀或人生觀，並訂定正確的理想目標，以及發現達到理想的正確方法；這一切皆因釋尊的證悟而產生。

釋尊的證悟是依菩提樹下的成道而得，它有別於聲聞的證悟（sāvaka-bodhi，聲聞菩提）或緣覺的證悟（pacceka-bodhi，辟支菩提）而被稱為「無上正等覺」（anuttara samāsambodhi，阿耨多羅三藐三菩提）。在原始佛教中，弟子聲聞絕對無法得到佛的證悟。

關於弟子聲聞的證悟，在原始佛教中，可大致分為三階段：（一）從凡夫進入聖者的最初證悟，（二）其後的幾個證悟，（三）斷除一切煩惱的阿羅漢之最高證悟。必須得到此三階段的任何一種證悟，才能被稱為是佛教的聖者。其境界稱為「出世間」、「無漏」或「聖」，與不存在證悟的「世間」、「有漏」、「凡夫」有嚴密的不同。

於下一節中，將試著對前述佛教的三種階段之證悟，依次作考察。[1]

二、最初的證悟（a）隨信行（四不壞淨）

從凡夫到聖人最初的證悟，後世佛教稱之為「見道」，也就是見到聖道，即得到佛教正確的世界觀、人生觀，確立佛教的信仰。在此初步的證悟中，依照學人的性格，有（a）從宗教信仰進入，以及（b）從理論的理解進入兩種區別。但是，其實也可能有中間性，或者二者兼具者，不過，今將二者區別開來做考察。

1　參見水野弘元《證悟》（《駒澤大學佛教學部研究紀要》第 21 號，昭和 37 年 10 月，52-82 頁。收錄於本選集第二冊）。

[101]對於理論沒有把握者，或者沒有充裕的時間研究理論者，可以藉由宗教信仰，得到佛教正確的人生觀，以安心立命。以信仰爲主而得證悟者，主要是在家、出家中的在家，男性、女性中的女性，出家中戒臘低，或者不擅於〔*理解〕理論者；但是，從原始經典仍可知道有不少例外。

得到以信仰爲主的初步證悟者，稱爲「隨信行者」（saddhānusārin），它相對於依理論而得初步證悟的「隨法行者」（dhammānusārin）。隨信行者所得之證悟，稱爲「不壞淨」（aveccapasāda）（新譯作「證淨」），是絕對而確實的金剛不壞之淨信。得此淨信者，絕對不會從佛教信仰退轉，而改信其它宗教信仰。

不壞淨有四項：對佛法僧三寶絕對歸依的信，以及對聖戒的絕對遵守，稱爲「四不壞淨」。關於四不壞淨，原始經典有如下之敘述：

> 諸比丘！具備四法的聖弟子，即成為須陀洹，不墮法，決定成正覺者。四者為何？
>
> 〔佛不壞淨〕諸比丘！於此聖弟子對佛具備〔如下之〕不壞淨，所謂「彼世尊乃應供、正遍知、明行足、善逝、世間解、無上士、調御丈夫、天人師、佛、世尊」。
>
> 〔法不壞淨〕對法具備〔如下之〕不壞淨。即所謂「法乃為世尊所善說、可現見、無時間性〔超越時間的

永恆真理〕、來見（來見而可實證其真理）、引導（正確引導人們趨向理想者）、智者可自知者」。

〔僧不壞淨〕具備〔如下之〕不壞淨。即所謂「世尊弟子眾，是妙行者、真行者、應理行者、和敬行者、四雙八輩者，彼等應受〔他人〕尊敬、供養[102]、恭敬、合掌，為世間無上之福田」。

〔戒不壞淨〕〔彼〕具備不敗壞、不切斷、無斑點、無雜色、不拘束、為識者所讚賞、不執著、能引起禪定的、為聖者所愛的〔完美無缺之〕戒。[2]

---

2 *Saṁyutta*,v, p. 343。南傳 16 下，221 頁以下。

Catuhi bhikkhave dhammehi samannāgato ariyasāvako sotāpanno hoti avinipāta-dhammo niyato sambodhi-parāyano. Katamehi catuhi.

Idha bhikkhave ariyasāvako buddhe avecca pasādena samannāgato hoti : Iti piso Bhagavā arahaṁ sammā-sambuddho vijjācaraṇa-sampanno sugato lokavidū anuttaro purisadamma-sārathi satthā devamanussānaṁ buddho bhagavā ti.

Dhamme avecca pasādena samannāgato hoti : Svākkhāto bhagavatā dhammo sandiṭṭhiko akāliko ehipassiko opanayiko paccattaṁ veditabbo viññūhī ti.

Saṅghe avecca-pasādena samannāgato hoti : Suppaṭipanno bhagavato sāvakasaṅgho, ujupaṭipanno Bhagavato sāvakasaṅgho ñāyapatīpanno Bhagavato sāvakasaṅgho, sāmīci-paṭipanno Bhagavato sāvakasaṅgho, yad idaṁ cattāri purisayugāni aṭṭha-purisa-puggalā, esa Bhagavato

由前述之引文可知，所謂「四不壞淨」，是指正確地認識並信賴佛法僧三寶，無條件的歸依之，並且完全而絕對具備聖者所愛的戒。雖然信仰三寶、受持戒律等事，是初入佛門之作爲佛教徒最基本的必要條件；不過，在其信仰尚未徹底之前，對於三寶的信及戒律的受持，並不絕對確實。一旦確實之後，即能得四不壞淨，入聖者之位。

此聖者，即如前引文所說，稱爲「須陀洹」（sotāpanna，預流），他是「不墮法」（avinipāta-dhamma）、「決定成正覺者」（niyata sambodhi-parāyana）。此中，所謂「須陀洹」，是指進入〔聖者之〕流者，是聖者的最初階段者。成爲此聖者之後，即不再墮於地獄、餓鬼、畜生等惡趣，稱爲「不墮法」（不墮者）。

關於不墮法，於同樣之原始經典中，敘述如下：

彼具足四法（四不壞淨），如是彼完全脫離地獄、完全脫

---

sāvakasaṅgho āhuneyyo pāhuneyyo dakkhiṇeyyo añjalī-karaṇīyo anuttaraṁ puññakkhettaṁ lokassā ti.
Ariyakantehi sīlehi samaññāgato hoti, akkhaṇḍehi acchiddehi asabalehi akammāsehi bhūjissehi viññū-pasaṭṭhehi aparāmaṭṭhehi samādhi-saṁvattanikehi. 參照漢譯《雜阿含》卷 20（大 2, 145b）。（參原書 p. 103）

離畜生界、完全脫離餓鬼界，完全脫離苦界惡趣墮處。[3]

爲何不會墮於三惡趣？因爲他完全遵守戒律，所以絕對不犯惡不善之行爲，因此，絕對不會墮於惡業果報的惡趣。

另外，所謂「決定成正覺」，是指由於須陀洹不退轉其信仰，所以絕不會再退轉成爲凡夫，或者改信其它宗教。稱彼爲「正性決定」，也就是決定朝向最高的證悟而前進，[103]又稱之爲已入「正定聚」（sammattaniyata-rāsi）。我認爲，後世淨土宗的信仰可能是由此而來的。

附帶一提，簡單教示此四不壞淨的立場者，即是有名的七佛通誡偈。其漢譯爲：

諸惡莫作，眾善奉行，自淨其意，是諸佛教。[4]

---

[3] *Saṁyutta*,v, p. 343。南傳 16 下，220 頁。So catuhi dhammehi samannāgato, atha kho so parimutto ca nirayā, parimutto ca tiracchānayoniso, parimutto ca pettivisayā, parimutto ca apāyaduggati-vinipātā.參照漢譯《雜阿含》卷 30（大 2, 214b）。**（參原書 p. 104）**

[4] 此偈在巴利語 *Dhammapada* 中, 183; *Dīgha*,ii, p.49，是 Sabbapāpass' akaraṇaṁ kusalass' upasampadā, sacittaparyodapanaṁ etam buddhāna ṣāsanaṁ.

（一切惡之不作、善之具足，以及自心之淨化，此即是諸佛之教示。）漢譯散見《法句經》卷下（大 4, 567b）、增一阿含卷 1（大 2, 551a）、梵漢諸戒本、《大乘涅槃經》、大小乘之諸論書等。

此中，「自淨其意」表示是對佛法僧三寶的淨信，「諸惡莫作，眾善奉行」可看成是戒律的完全受持。也有人將此偈的前三句解讀成命令句，如：「諸惡不可作！眾善須奉行！須自淨其意！此是諸佛所教。」這是違反原文的讀法。原文絕對不是命令句，非但如此，而且由於此偈是從得到四不壞淨的聖者的立場來說的，所以並不是從他律性、〔利害〕計算性的角度，對凡夫所作的命令：止惡行善持戒，可得樂報，而避免苦果；而是在說超越利害計算的自律性、無所得的聖戒。

又，四不壞淨亦稱爲「四預流支」（cattāro sotāpannassa aṅgā），[5] 這可能是由於此四項是作爲預流者（須陀洹）的四項必要條件之故。

此四不壞淨是釋尊入滅前，在跋耆國（*Vajjī，又作跋祇）那陀村（Nātika）的煉瓦堂（甎堂）時，所說的「法鏡之教示」（dhammādāsa-pariyāya）。[6] 所謂「法鏡」，即真理之鏡，因爲照見此鏡時，即能判斷自己的命運或修行的進展等，是否正確。

---

[5] *Saṁyutta*, ii, p. 69f.（南傳 13, 101 頁以下），參見漢譯《雜阿含》卷 41（大 2, 298c）。（案：《雜阿含》（大 2, 298c15）：「爾時世尊告諸比丘，若有成就四法者，當知是須陀洹。何等爲四？謂於佛不壞淨，於法、僧不壞淨，聖戒成就，是名四法成就者，當知是須陀洹。」

[6] *Dīgha*, ii, p. 93f.（南傳 7, 58 頁以下），參見漢譯《長阿含》卷 2（大 1, 13b）。

具備四預流支，也就是具備法鏡者，與前述四不壞淨所說的相同，不墮三惡趣，成爲須陀洹、不墮法，乃至決定成正覺。

三、最初的證悟（b）隨法行（現觀）

[105]前面已介紹了依宗教信仰而得最初證悟的四不壞淨，其次要考察的是依佛教理論的理解而得最初證悟者。如前所述，依理論而得證悟者，稱爲「隨法行」，其證悟稱爲「現觀」（abhisamaya，舊譯作「無間等」）。[7]

現觀一詞，是從 "abhi-sam-i" 所形成，動詞 "abhisameti" 是「正確地、好好地到達」、「充分理解」之意；因爲在原始經典中，此語通常和「現等覺」（abhisambujjhati）一詞並用，[8] 所以，"abhisameti" 本來可能和 "abhisambujjhati" 一樣，是用來表示佛教全體性的最高證悟。

因此，現觀不只是指最下位的聖者——須陀洹，也用於說明斯陀含、阿那含、阿羅漢的證悟，甚至辟支佛（緣覺）的證悟，以及佛陀的無上正等覺的證悟。[9] 此外，瑜伽行派對於凡夫位到初聖者位，乃至最高位的各種現觀，立六現觀，亦可參照

7　關於現觀，參見水野弘元「Abhisamaya（現觀）」（《東海佛教》第七輯，昭和 36 年 6 月）。

8　*Saṁyutta*, ii, p. 25:Taṁ（paṭicca-samuppādaṁ）tathāgato abhisambujjhati abhisameti, abhisambujjhitvā abhisaṁetvā ācikkhati deseti paññāpeti paṭṭhapeti vivarati vibhajati uttānī-karoti passathā ti cāha.

9　《雜阿含》卷 15（大 2, 106b）、cf. *Paṭisambhidā-magga*, ii, p.217.

之。[10]

但是，原始經典中現觀的用法，是以「四諦」或「法」作爲現觀，如：諦現觀、聖諦現觀、四諦現觀、法現觀等。此處的「法」是指緣起法，不過，現觀仍多用於指四諦的現觀。而因爲四諦被理論性的證悟——現觀，主要是在須陀洹的證悟，所以，現觀一詞亦多用於須陀洹的場合。[11]

總之，所謂現觀，是理論性地理解四諦或緣起的道理，通

---

10 所謂「六現觀」，即 1.思現觀，2.信現觀，3.戒現觀，4. 現觀智諦現觀，5.現觀邊智諦現觀，6.究竟現觀。參見《瑜伽師地論》卷 55、卷 71（大 30, 605c 以下、690c 以下）、《成唯識論》卷 9（大 31,50c）等。**（參原書 p. 107）**

11 須陀洹以後諸聖者的證悟，也使用現觀一詞時，可以看成是指對於四諦或緣起理論上最初的理解。佛陀成正覺是在菩提樹下，依三十四心而完全斷結；這是依於成道前，十六心剎那的四諦現觀之見道。又，辟支佛稱爲百六十心完全斷結而成道，是說緣覺證悟時，是在見道十六心剎那之時，而得現觀。但是，從須陀洹階段性依次得諸聖位時，因爲在最初須陀洹證悟時，即得到現觀，所以，之後的證悟即沒有必要再得現觀。因爲一旦得到現觀，即能不退轉。

在《轉法輪經》中，將四諦的證悟分爲三階段，即三轉十二行法中的三轉。此即；1.示轉，2.勸轉，3.證轉。其中，最初的示轉因爲是理論上理解四諦的階段，所以相當於現觀（見道位）。勸轉是實踐四諦理論的階段，所以相當於修道位。證轉是完成體驗四諦的理論及實踐之階段，所以表示是最高阿羅漢的證悟。**（參原書 p. 107）**

常得到現觀之後，才能算是須陀洹。此現觀的證悟是「遠塵離垢的法眼」(viraja vītamala dhamma-cakkhu)。此處的「法眼」，是「有關法（緣起道理）的智慧之眼」，是指佛教正確的[106]世界觀、人生觀。

提到得法眼的經典極多。例如，佛的最初弟子——五比丘，在鹿野苑初轉法輪時，因聽聞四諦教法，憍陳如最早得法眼。此事在原始經典中，記載如下：

> 世尊說此〔四諦〕教時，尊者憍陳如生起「一切集法，皆即此滅法」之遠塵離垢法眼。[12]

其後，最早成爲佛在家弟子的耶舍，到鹿野苑見佛，請求救濟時，佛首先爲他說施論、戒論、生天論三論，一旦耶舍心變得柔軟、明淨之後，佛再爲他說苦集滅道四諦之教法。因聽聞四諦法，耶舍生起遠塵離垢的法眼。[13] 佛教化在家人時，多用前述方法令之得法眼。

舍利弗歸依佛教前，因見五比丘中馬勝（*Aśvajit）比丘的態度，得知佛教的可貴，便進一步向他請教：「佛教是如何的宗教」，馬勝比丘以一首簡單的緣生偈告之。雖然這是敘述緣起道理的偈頌，但是智慧第一的舍利弗，由此簡單的偈頌，即得遠

---

12 *Vinaya*, i. p.11（南傳 3,21 頁），*Saṁyutta*, iii, p.68 （南傳 14,107 頁）。

13 *Vinaya*, i. p.15f. （南傳 3,28 頁）。

塵離垢的法眼。[14]

其他出家或在家的佛弟子，在得到聖位時，亦皆同樣描述其爲「得到遠塵離垢的法眼」。法眼的內容——「一切集法，皆即此滅法」（yaṁ kiñci samudaya-dhammaṁ sabbaṁ taṁ nirodha-dhammaṁ），是說明「凡是依於原因或條件而生起的一切法，若除去其原因或條件，即會因此而消滅」的緣起道理。所謂「法眼」，是指「明白緣起道理的智慧之眼」，因爲四諦亦不外是緣起，所以依於正確理解四諦的道理，即能得到法眼。在教導他人的場合中，雖然有如舍利弗，因簡單的緣起而得法眼的例子，但是因爲大多仍是依於四諦而得，所以是依四諦得法眼，而得現觀。

關於現觀四諦而得法眼，即證得須陀洹，如漢譯《雜阿含》所云：

> [107]所有集法，一切滅已，離諸塵垢，得法眼生，與無間等（現觀）俱，三結斷，所謂身見、戒取、疑。此三結盡，名須陀洹，不墮惡趣法，必定〔至〕正覺，趣七有天人，往生作苦邊。[15]

---

[14] 出處同上，p. 41 f.（南傳 3,74 頁以下）。

[15] 《雜阿含》卷 15（大 2, 106c）。

由此可知，依於現觀亦可得須陀洹的證悟，以及須陀洹的情況。

四、須陀洹

[108]從前二節可知，佛教最初證悟的須陀洹，能藉由佛教的宗教性信仰——四不壞淨，以及佛教理論性理解——現觀而得到。由於二者皆可稱爲須陀洹，所以必然有其性格特徵。由前一節最後的引文，可知其特徵爲：

一、遠塵離垢的法眼生

二、能斷身見、疑、戒禁取三結

三、成爲不墮法，絕不會墮惡趣

四、決定成正覺

依於信仰之四不壞淨而證須陀洹，固然只有說明前述的第三、四項特徵，而未提到一、二項；但是，既然是須陀洹，必定斷除第二項的三結，這點可從經中說明諸聖者及斷滅煩惱的定型說法得知，即：

一、〔阿羅漢〕我的弟子，充分了知一切教法者，諸漏盡滅故，於現世能自證知、作證、具足住於無漏心解脫、慧解脫。

二、〔阿那含〕一切教法未能充分了知的一部分人，五下分結遍盡故，成爲〔色界、無色界的〕化生者，不再從彼世界返還〔欲界〕，即於彼處般涅槃。[109]

三、〔斯陀含〕一切教法未能充分了知的一部分人，三結遍盡故，薄貪、瞋、癡故，成爲斯陀含，再來此世界一次，即終其苦。

四、〔須陀洹〕一切教法未能充分了知的一部分人，三結遍盡故，成爲須陀洹，爲不墮法，決定成正覺。[16]

以下就考察須陀洹所斷盡的身見、疑、戒禁取三結。只要是須陀洹，必定是斷三結；因爲三結存在時，就無法得到須陀洹的證悟。從這點來看，可說三結是妨礙須陀洹之證悟者。

後世的阿毘達磨佛教也有提到這點，也就是，須陀洹是依見道的證悟而得，亦即完全斷除見惑——迷於理論的煩惱而得到。見惑之中，以身見、邊見、邪見、見取、戒禁取五見爲主，此五見可看成是網羅了外道所有錯誤的見解。雖然須陀洹所斷除的三結是包括在前述五見之中，但是，可說其意義與五見是相同的。因此，可以將三結與五見的關係作如下之表示：

---

16 *Dīgha*, ii, p. 251ff.（南傳 7,268 頁以下）。又，漢譯《雜阿含》卷 15（大 2, 106a 以下）：「三結盡，得須陀洹……若三結盡，貪恚癡薄，得斯陀含……五下分結盡，生般涅槃阿那含，不還此世……若一切漏盡，無漏心解脫、慧解脫，見法自知作證，我生已盡，梵行已立，所作已作，自知不受後有。」（**參原書 p. 113**）

三結	五見
身見	身見
	邊見
疑	邪見
戒禁取	見取
	戒禁取

爲何可以如此？由以下的說明即可明白。首先，就各別討論五見。[17] **[110]**

第一、身見（sakkāya-diṭṭhi, satkāya-dṛṣṭi，有身見、薩迦耶見）又稱爲「我見」，認爲有不生不滅的常住實體，例如：認爲有常住不變的我或靈魂。

第二、邊見（antaggāha-diṭṭhi, antagrāha-dṛṣti，邊執見）是偏頗、極端的看法，例如：極端主張我或世界是永遠不滅的常住（常見，sassata-diṭṭhi）或者斷滅虛無（斷見，uccheda-diṭṭhi）等。對於我或世間，除了前述的常見、斷見之外，也有「亦常亦斷」的一分常、一分斷的折衷說，以及「不常不斷」的對斷常不可知的懷疑說。常（肯定）、斷（否定）、折衷、懷疑這四種立場，是釋尊當時的外道所說的，這些雖然有肯定、否定、

---

[17] 關於五見詳細的定義說明，參見水野弘元《以巴利佛教爲主的佛教心識論》515 頁以下。

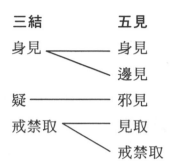

積極、消極的不同，但是因爲是以本體或實體爲問題，所以可以算是屬於本體論。

佛教對於本體論〔*的看法是〕，由於絕對無法認識、經驗它的存在，不僅如此，本體界與作爲我們世界的現象界沒有關連，也與我們的苦惱或解決苦惱完全無關，所以堅決禁止以本體〔爲出發〕的問題。

在此意義之下，由於五見中的身見、邊見屬於本體論，所以佛教認爲其不能成爲問題而予以排除。在須陀洹所斷的三結中，五見中的身見、邊見可合併成一結，此與遠離本體實體的佛教無我說相對。

第三、邪見（micchā-diṭṭhi, mithyā-dṛṣṭi），是認爲無善無惡，亦無善惡果報，否定善惡、業報及三世因果。也就是，否定倫理道德，不承認現象的合理行動。因爲一旦有邪見，就會否定善惡，不承認有正確的因果關係，所以，也就一概否定人倫道德、宗教以及修行方法等。因此，若有邪見，就絕不會歸信佛教。

[111]釋尊在教化民眾時，如前所舉耶舍之例，通常會先爲之開示施論、戒論、生天論三論。這是一種因果業報之說，也就是，若布施行慈、遵守戒律道德，來世必能生天，受用福樂之果。其背後亦蘊含此意：若不布施、愛惜物品、不守戒律而造重罪，死後必墮惡趣，受苦果報。

充分理解並信受此三論說之後，釋尊才爲之說佛教獨特的四諦教法。這是由於相信因果道理之後，才能理解佛教四諦或緣起的道理。也就是，因果道理是進入正信佛教的先決必要條件。因此，否定因果的邪見，在佛教是絕對不被認同的。

在須陀洹所斷的三結中，並沒有邪見，而是說疑。但是，疑與邪見可視為同一類。因為所謂「疑」，是指懷疑善惡或因果業報，雖然程度比完全予以否定的邪見為弱，但是，由於不信善惡因果，對此起疑，仍然無法歸信佛教。在此意義之下，疑與邪見實質上是類似的。因此，在三結中，可以看成疑包含了邪見。

第四、見取（diṭṭhi-parāmāsa, dṛṣṭi-parāmarśa，見取見），是指對於修行解脫目標的理想境界沒有正確的見解。也就是，雖然建立了理想目標，但是，它並非人生真正的理想，而是錯誤的。例如：主張我們本能性的生活現實，就是理想境界——〔*此名為〕現法涅槃論；或認為初禪乃至四禪即是證悟的境界；或認為無所有處定、非想非非想處定為理想境界等等。由於理想目標是錯誤的，所以縱然再怎麼努力地達到，也不是真正的理想；因此，其努力終究是徒勞無益的。在三結中，雖然沒有說到見取，但是，也可以將它看成是包含在有關理想方法的戒禁取中。

第五、戒禁取（sīlabbata-parāmāsa, śīlavrata-parāmarśa，戒取、戒禁取見）是指雖然認同因果業報的道理，但是由於其因果關係不正確，而建立邪因邪果之說。邪見是否認因果的無因無果、無因無緣之說，[112]戒禁取則相對於此，是有因有果、有因有緣之說；但是其因、緣、果的關係不正確。

後世阿毘達磨，將戒禁取分爲（1）非因計因，（2）非道計道二種，前者是將不是原因的以爲是原因，是錯誤的因果關係說；後者是將不是朝向理想的正確之道看成正道，是錯誤的修道說。

非因計因的戒禁取之例，如：認爲人類幸運或不幸的命運，是依最高神的旨意，由其創造支配而決定；或者過去世的宿業能完全左右現世的命運；或者依於出生、身體要素之結合狀態的好壞，人類一生的命運從出生時就已被決定；或者依於日時或方位，即已決定禍福之命運等等，種種不合理的迷信，即是戒禁取。這些皆是沒有認清正確的因果關係。

非道計道的戒禁取之例，如：認爲在河水中沐浴、塗滿塵土，或模仿象、狗過日子，就是生天的原因；或者主張只有苦行或禪定，才能得到最高的證悟等等。從佛教來看，當時外道的修行方法，有許多是非道計道的戒禁取。釋尊出家之後，因爲當時出家人提倡禪定與苦行的修行方法，所以釋尊起先跟隨有名的禪定家阿羅邏迦藍（*Āḷāra-kālāma）仙人、優陀羅羅摩子（*Uddka-Rāmaputta）仙人學習，雖然得到了比他們更高的禪定，但是仍不滿足，便拒絕了他們的強留，一次又一次地嚐試不同的苦行。花了六年的時間，將生命孤注一擲地徹底實踐當時所有的苦行，仍然無法滿足，最後終於捨棄了苦行。這是由於那些禪定或苦行並不能達到正確的理想目標之故。在這反省之下，懷著正確的理想意識，藉由菩提樹下的禪定，方成正覺。在外道的修行中，有著對於自我錯誤的執著，這些有關錯誤修行法的戒禁取，或者有關錯誤理想目標的見取，皆可看成包含在三結中的戒禁取之中。

由以上可知，須陀洹所斷的三結之內容，可視爲與五見相同，這些從佛教的立場來看，皆是錯誤的想法，只要有這些想法，就不能進入佛教的信仰。滅除三結或五見之後，[113]才能確實理解佛教正確的世界觀、人生觀——四諦、緣起之道理，如此方能確立佛教的證悟或信仰。

一旦得到正確的世界觀、人生觀，確立信仰，即住不退轉之位，就不會改信他教或造惡業，因此也就不會墮於惡趣。由於必定朝向理想而前進，所以必定當來能得到最高的證悟——正覺。此即名爲「正性決定」（sammatta-niyata, samyaktva-niyata），或「入正定聚」。關於須陀洹何時得正覺，有「極七返」（sattakkhattuparama）之說，也就是，縱使是最下位的聖者，只要最多生於欲界七次，其後必定得正覺而般涅槃。

五、第二階段（修道）及最高的證悟（無學果）

依於四不壞淨或現觀，得到最下位的聖者——須陀洹之後，即能理論上理解四諦或緣起的道理；雖然在理論上得以理解，但是，日常生活並不完全只是像理論那樣。因爲我們長時以來錯誤的思考或行爲，成爲習慣力而保存在我們的性格中，所以，若不除去這種錯誤的習慣力，實踐就無法被完成。但是，斷除錯誤的習慣力，培養正確的習慣力並不容易。

[114]因爲理智上理論性的迷惑，可以藉由聽聞正確的道理而立即破除，所以理智上的迷惑——見惑一旦去除，即能瞬間得到見道位。但是，要滅除錯誤習慣力的修惑（感情或意志的迷惑），必須長時間才能做到。因此，修惑必須慢慢地斷除，於是在斷除的修道階段中，有須陀洹果、斯陀含向、斯陀含果、阿那含向、阿那含果、阿羅漢向六種之分。此中，關於斯陀含果、阿那含果，由前一節所引用的經文可知：

〔斯陀含〕已遍盡三結，薄貪、瞋、癡。

〔阿那含〕遍盡五下分結。

此處的三結即是已在須陀洹時所斷的見惑，到了斯陀含，則薄弱了三結之外的貪、瞋、癡，此三者被部分地斷除。

到了阿那含聖者，則五下分結全部被斷除。所謂「下分」，是指欲界；下分的五種結（煩惱），即是五下分結。也就是身見、疑、戒禁取三結之外，再加上瞋恚、欲貪二項。瞋恚只限於欲界，不存在於色界、無界色禪定的狀態，所以欲界煩惱被斷除時，瞋恚也就完全斷除。所謂「欲貪」，是指貪欲之中，有關欲界的貪欲；色界的貪欲稱爲色貪，無色界的貪欲稱爲無色貪。也就是，在阿那含時，雖然完全斷除欲界的煩惱，但是只有完全斷除貪欲中的欲貪。

由以上可知，斯陀含斷除欲界一部分的煩惱，及至阿那含，即可完全斷滅欲界的煩惱。「阿那含」(anāgāmin)，又譯爲「不還」，所謂「不還」，是指不再還來欲界者之意。因爲完全斷滅欲界的煩惱，所以再也不會生到欲界，必定進入色界或無色界，在彼處得到最高的證悟，或者從欲界命終時，直接得到阿羅漢的證悟。

相對於此，「斯陀含」(sakadāgāmin, sakṛdāgāmin)，又譯爲「一來」，是指再生到欲界一次，之後即成爲阿那含或阿羅漢。附帶一提，如前所述，須陀洹[115]至多七次生於欲界，此外也有六次乃至二、三次的情形。

完成修道，斷盡一切見惑、修惑的煩惱時，即成就阿羅漢的證悟。因此，「阿羅漢」被稱爲「漏盡者」(āsavakkhaya, āsravakṣaya，斷盡煩惱者)。因爲在阿那含是斷除五下分結，所以到了阿羅漢，是斷除五上分結。所謂「上分」，是指色界、無色界；「五上分結」即色貪、無色貪、慢、掉舉、無明。此中，「色貪」、「無色貪」，如前所述，是色界、無色界的貪欲。「慢」是指與他人比較之後，自大高傲，它在色界、無色界的禪定也會殘存。只要沒有消除自我爲中心的自我意識，慢就會存在。及至阿羅漢，完全消除我欲、我執等自我意識，所以慢也被除滅。

「掉舉」是高舉輕躁，雖然在禪定中，掉舉不會生起，但是只不過是一時鎮伏而已，到阿羅漢才能永久捨斷。

最後，「無明」是一切煩惱中最爲根源者。因此，十二緣起中，將無明置於最前面。我們除了有理智上無明的迷惑之外，也具有本能性、習慣性，以自我爲中心的無明迷惑。五見等理智上的無明，於見道位時即被斷除，但是情感、意志上的我執無明，因爲是一切煩惱的基礎，所以及至斷除一切煩惱阿羅漢位，才被斷滅。

關於阿羅漢的證悟，原始經典中的定型句爲：

> khīṇā jāti vusitaṁ brahmacariyaṁ kataṁ karaṇīyaṁ nāparam itthattāyā ti pajānāti.
>
> 生已盡，梵行已終，所應作者皆作完畢，不再到此〔輪迴的〕狀態。[18]

又《轉法輪經》中，釋尊對於自己的證悟敘述如下：

> ñāṇañ ca pana me dassanam udapādi: akuppā me ceto-vimutti, ayam antimā jāti, natthi dāni punabbhavo ti.
>
> [116]我生起了如此的智見：「我心的解脫是不動的。這

---

[18] *Saṁyutta*, iii, p. 21; p.68 ; *Vinaya*, i. p. 14 及其它隨處可見。巴利語中的 "vusitaṁ brahmacariyaṁ"，一般譯爲「梵行已住」，但是，我認爲它本來的意思是 "vositaṁ brahmacariyaṁ"「梵行已終」，故今亦如此譯。(**參原書 p. 116**)

是最後的一生，不會有再有了」。[19]

[19] *Saṁyutta*, v, p. 423; *Vinaya*, i. p. 11。巴利語中的 "ceto-vimutti "，並不是後世比較而說心解脫、慧解脫的心解脫之意，而是如原始經典中所說的 "anupādāya āsavehi cittaṁ vimuttaṁ "「不執著，從諸漏中，心得解脫」(*Vinaya*, i. p. 17)，是其心從一切煩惱而解脫，成為漏盡的阿羅漢之意。**(參原書 p. 116)**

證悟

一、原始佛教的證悟階段

[117]所謂「證悟」，不只是禪宗，佛教一般也用此名詞。而在佛教之前，佛教以外的印度宗教或哲學，也以證悟爲課題，提出以證悟爲目標的修行方法。在印度，一般所認爲的人生最高目標，是脫離輪迴的束縛，獲得沒有苦惱的自由境界；所謂「證悟」，就是指這種境界。此點佛教亦與之相同。不過，證悟的境界，以及達到證悟的方法，佛教則未必與外道相同；相對於外道，佛教自有其特徵。

對於〔*日語的〕「さとり（證悟）」一詞，漢字通常是用「覺、證、悟」，或者「覺證、覺悟、證悟」等詞。但是這些詞有時也未必是同一個意思。同樣地，在印度的原語中，也有「證悟」意思之語，如："bodhi", "bodha", "adhigama", "sākṣāt-kriyā"（巴 sacchi-kiriyā）, "prativedha"（巴 paṭivedha）, "abhijñā"（巴 abhiññā）, "abhisamaya" 等。

其中，"bodhi" 又譯爲「菩提」或「覺」;「覺」特別在指稱佛場合的 "abhisambodhi"（真正覺）、"samyayak-sambodhi"（等正覺、正等覺）、[118]"anuttara samyak-sambodhi"（阿耨多羅三藐三菩提、無上正等覺）等。其次，"bodha" 與 "bodhi" 同

義，不同之處是：後者是女性名詞，而前者是男性名詞。"adhigama" 是「到達」之意，雖然未必只限於表示證悟之意，但是由於常被用來敘述聖道聖果的到達，所以也變成有證悟之意。"sākṣāt-kriyā" 譯為「作證」，表示證明、體認之意，但是，它並不只限於表示證明、體認涅槃境界的證悟，而大多被用於表示證悟的場合。以上二詞通常相當於漢譯的「證得」、「證悟」、「作證」等詞。

其次，"prativedha" 是貫通之意，意指通達、洞察真理，所以它被作為表示通達真理的見道之「證悟」的同義語而使用。"abhijñā" 是五神通、六神通的「神通」一詞，六神通中包含了漏盡通，它是指證悟的智慧之意，或許是因為如此，所以，"abhijñā" 又譯為「通智」，意指得阿羅漢果的漏盡者證悟之智慧。相對於此，"abhisamaya" 一詞，如後所詳述，主要是指初果聖者的證悟，也就是在理論上理解四諦等之意。此語舊譯為「無間等」，新譯為「現觀」。除此之外，也有「解脫」（梵 vimukti 或 vimokṣa，巴 vimutti 或 vimokkha）、「擇滅」（梵 pratisaṁkhyā-nirodha）等詞，用來表示與證悟同義。雖然還有許多相同意義之用語，但是，在此我不想再擴大證悟之用語到那種地步。

由前所舉諸例可知，「證悟」包括佛陀的證悟，以及聲聞（弟子）的一般證悟；佛陀的證悟多用「菩提」或「覺」之詞表示，弟子的證悟則用「證」、「悟」之語表示。又由於弟子等一般佛教者的證悟，也有各種階段，故可知用「證」或「悟」之語所表示的概念內容也不一樣。前述的現觀（abhisamaya）是表示理論性、知性理解的初步證悟，後來在部派佛教，將之視爲見道（darśana-mārga）的證悟。得到此初步、知性理解的證悟之後，爲了將理論體驗化，讓理論與實踐一致，必須持續修行。之後的[119]部派佛教稱此修行爲「修道」（bhāvanā-mārga）。在此期間有各種階段的證悟，到了最後，脫離一切煩惱障礙之束縛的最終證悟，稱爲阿羅漢果或無學果，得此證悟之聖者即是阿羅漢、漏盡者。

如此，在原始佛教的證悟階段，已有須陀洹（預流）、斯陀含（一來）、阿那含（不還）、阿羅漢四聖果之區別。不論或多或少，只要得到證悟，即從凡夫世界進入聖者世界；相對於凡夫的世界被稱爲有漏的三界世間，聖者的世界被稱爲無漏的出世間。

在許多階段的證悟中，最爲顯著的是最初到達聖位的證悟，以及解脫一切束縛的最後證悟。對於這兩階段的證悟，在原始佛教中有不少例子。例如，最初聽聞釋尊說法的五比丘、於五比丘之後，最初成爲佛弟子的耶舍，以及被稱爲佛弟子中智慧第一的舍利弗，皆有敘述此二段證悟。

【五比丘的證悟】五比丘於太子六年苦行期間侍奉他，由於太子認真致力於苦行，所以他們期許太子必定能成就正覺；但是，後來因爲太子放棄苦行，到河裡洗滌身垢，並接受少女所供養的乳粥，致使他們誤會太子已經墮落而耽著於欲樂的生活，便捨棄太子，西行前往波羅奈斯，在鹿野苑中繼續修行。成佛後的太子，覺得應該化導他們，就到鹿野苑，但是，卻不能被他們所接納。佛爲了化解他們的誤會，就以無比的威嚴，再三勸導，希望他們能聽自己的話語，在獲得他們大致的信賴之後，佛便開始說法。不論是五比丘所認爲理想的苦行，或者世俗的欲樂生活，都是極端的方法，並不能達到理想；達到證悟的理想方法是所謂「八正道」的中道。他自己即是依中道而成正覺的。而且也因爲必須知道四諦的道理，所以佛就爲他們說四諦八正道。

由於此說法（轉法輪），使他們能夠最早理解正確的世界觀、人生觀，五比丘之一的憍陳如，最先得此證悟，關於此事，巴利律藏記載云：

> [120]世尊說此教時，尊者憍陳如生起所謂「一切集法，皆即此滅法」遠塵離垢之法眼。[1]

所謂「一切集法，皆即此滅法」（yaṁ kiñci samudaya-dhammaṁ sabbaṁ taṁ nirodha-dhammaṁ）即是作爲佛

1　*Vinaya*, i, p. 11（南傳 3,21 頁），*Saṁyutta*, v, p. 423（南傳 16 下，342 頁）。

教正確的世界觀、人生觀的法眼之內容。

得法眼後，即得第一階段的證悟，成為最下位的聖者。五比丘皆得到法眼，他們請求於佛教出家，而成為比丘。之後佛為他們說應常觀察五蘊的無常、苦、無我，即《無我相經》所述之內容。此經最後說到：

> 諸比丘！如此持續觀察〔五蘊無我〕的多聞聖弟子，厭色、厭受、厭想、厭行、厭識。厭時離貪，離貪故解脫。解脫時，生「我已解脫」之智，知道：「我生已盡，梵行已成，所作（所應做之事）已辦，不再受後有。」[2]

他們依照此無我相之教法，在靜處禪定思惟，不久即遠離對一切的執著，斷除一切煩惱，證得阿羅漢。此被描寫為「五比丘心無取著，從諸漏而得解脫」，此即最後的證悟——阿羅漢位。

【耶舍的證悟】波羅奈斯長者之子耶舍，雖然過著自由自在的奢華生活，但是總感到不滿、不安與痛苦，在有一天的破曉時刻，離家出走，遇到在鹿野苑坐禪的佛，請求佛的救度。釋尊首先為他說施論、戒論、生天論三論，依序為說高深的教法。耶舍的心逐漸得以平靜，變得柔軟、歡喜、明淨，而足以

---

[2] *Vinaya*, i, p. 14（南傳 3,26 頁），*Saṁyutta*, iii, p. 68（南傳 14,107 頁）。

接受佛的根本教理。佛知道他的心變得純真之後，就爲他說諸佛的最勝說法——苦、集、滅、道四諦。做好心理準備的耶舍，聞此教法後，立即正確地理解，而生遠塵離垢的法眼，此即第一之聖位。

[121]耶舍家人發現他離家後，便想盡辦法到處打聽他的行踪。其父長者偶然中爲了尋找兒子而來到世尊的住所，向佛詢問耶舍的消息。佛起先並沒有讓他見耶舍，而先從施論、戒論、生天論三論開始，依序爲他說法，乃至說到四諦，父親立即得生清淨之法眼，成爲佛教的信眾。在一旁聽佛爲父親說法，在禪定中聞法的耶舍，由此立即從一切煩惱中解脫，證得阿羅漢。巴利律藏記載此事云：

> 為父說法時，善男子耶舍，如是見、如是知，觀察（禪觀）大地，其心不取著，從諸漏而得解脫。[3]

此即耶舍最後的證悟。

【舍利弗的證悟】由於舍利弗和兒時玩伴目犍連，兩人無法由婆羅門的吠陀等學問，解決人生問題，所以就先跟隨六師外道之一的删闍耶（Sañjaya）學習。但是，對於其學說仍然無法滿足，於是繼續尋求良師。當時五比丘之一的馬勝（梵 Aśvajit

---

[3] *Vinaya*, i, p. 17（南傳 3, 30 頁）。

巴 Assaji 阿說示）正在王舍城內托鉢，他表現出安詳而充滿信仰的聖者態度。舍利弗一見到他，覺得他就是自己要尋訪的人，就走向馬勝，請問他奉行何教，是誰的弟子。馬勝覺得自己出家日淺，無法充分傳授導師之教理，便爲他說一首有名的「緣生偈」：

> 如來教示：依於原因所生之諸法，彼等〔諸法〕之原因，以及彼等之滅。大沙門是如此的主張者。[4]
>
> ye dhammā hetuppabhavā tesaṁ hetuṁ Tathāgato āha. tesañ ca yo nirodho, evaṁ-vādīmahā-samaṇo.

舍利弗不愧是智慧第一，只因這首簡單的偈，便立刻理解其意義，知道這是前人所未曾說過的，當下即生遠塵離垢的法眼。

他和目犍連一同到釋尊的座下出家，經過了半個月左右，舍利弗的叔父長爪梵志爲了[122]論破釋尊而來造訪他。這位梵志（婆羅門）完全懷疑當時哲學家或宗教家的說法，難以認爲它們是真理，也就是主張所謂的「懷疑說」。但是佛對他說，

---

4 *Vinaya*, i, p. 40（南傳 3, 73 頁）。案：另參「諸法從緣起，如來說是因；彼法因緣盡，是大沙門說」（大 23, 1027c）；「諸法因緣生，是法說因緣，是法因緣盡，大師如是說」（大 25, 136c）。

懷疑說不僅無法嚴密地成立，而且也不合理，難免有不徹底之處，讓梵志不得不心服口服。站在世尊的後面，替世尊扇風的舍利弗，在聽聞此說法之際，於禪思中證得阿羅漢。《中部》74《長爪經》記載此事云：

> 此時，尊者舍利弗，立於世尊之後，為世尊扇涼。尊者舍利弗如是思惟：「世尊善於證知各法，是否已說其捨斷？善逝善於證知各法，是否已說其捨遣？」做如此的思惟觀察，尊者舍利弗的心無有取著，從諸漏而得解脫。[5]

此即舍利弗最後的證悟。

以上是敘述五比丘、耶舍、舍利弗得法眼與漏盡二個階段的證悟之例。原始聖典中，有關這些證悟之記載隨處可見。

又，於前述五比丘最初的說法（《轉法輪經》）中，釋尊說明了自己的經驗，也就是四諦三轉十二行。所謂「三轉」，即以

5　*Majjhima,* i, p. 500f.（南傳 10, 338 頁）。案：《雜阿含經》卷 34（大 2, 249c6）：「時尊者舍利弗，住於佛後，執扇扇佛。時尊者舍利弗作是念：『世尊歎說於彼彼法斷欲、離欲、欲滅盡、欲捨。』爾時尊者舍利弗即於彼彼法，觀察無常、觀生滅、觀離欲、觀滅盡、觀捨，不起諸漏，心得解脫。」

三個階段證悟四諦，以後世的用語，三轉被稱爲示轉、勸轉、證轉。其中，「示轉」是佛陀理論上如實理解四諦的階段。「勸轉」是依據此理論性的理解，進入實踐修道的階段。「證轉」是斷盡一切煩惱，證得最後證悟的階段。[6] 因此，三轉之中最初的示轉，相當於得法眼——第一階段之證悟，最後的證轉即是漏盡者阿羅漢之最高證悟，勸轉是指在這兩者之間，修道聖者的修習階段。此三轉若再細分，即是須陀洹向乃至阿羅漢果，四向四果的修證階段。

二、大乘佛教的證悟階段

[123]如前所述，從原始佛教至部派佛教，佛及弟子們的修證階段有四向四果之區別。[7] 到了大乘佛教，則建立十地等說，以作爲菩薩修行的階梯，這似乎可說是菩薩的證悟。

---

[6] 所謂「示轉」，即「無師獨悟：『此是苦聖諦……此是苦集聖諦……此是苦滅聖諦……此是苦滅道聖諦』，而生眼、智、慧、光明」，表示理論上如實理解四諦的道理。所謂「勸轉」，即「無師獨悟：『此苦應被遍知……集應被捨斷……滅應被作證……道應被修習』，而生眼、智、慧、光明」，表示四諦各自能被遍知、捨斷、作證、修習，累積其實踐體驗。所謂「證轉」，即「無師獨悟：『此苦已被遍知……集已被捨斷……滅已被作證……道已被修習』，而生眼、智、慧、光明」，表示四諦已各自被遍知、捨斷、作證、修習完畢。（**參原書 p. 123**）

[7] 關於四向四果，參考第四節、第五節等。對於小乘的位階說，請參考本節中，法相教理學說的大小乘對比之位階表。

大乘佛教最初所說的十地可能是：[8]

一、初發心 prathama-cittotpādika（發意）

二、治地 ādikarmika（淨地）

三、應行 yogācāra（修行、久習、相應）

四、生貴 janmaja [124]

五、修成 pūrvayoga-sampanna（方便具足）

六、正心 śuddhādhyāśaya（成就正心、上位）

七、不退轉 avaivartya（阿毘婆帝、阿惟越致、不退）

八、童真 kumārabhūta（童子）

---

[8] 十地（十住）之名，出自《諸佛要集經》上（大 17, 760b 以下）、《六十華嚴》8（大 9,445a 以下）、《八十華嚴》16（大 10,84a 以下）、《菩薩本業經》十地品（大 10, 449c 以下）、《菩薩十住行道品》（大 10, 454c 以下）、《菩薩十住經》（大 10, 456c）、《菩薩內習六波羅蜜經》（大 17, 715a 以下）、*Gaṇḍavyūha,* p.94 等。不完整的形式則出自《十住斷結經》（大 10, 967 以下）、《菩薩瓔珞經》（大 16, 12 以下各處）。列舉其中一部分的則有《惟日雜難經》（大 17, 605a）。又，因爲在部派佛教所說的十地中，也將此十住考慮進去，所以，或許大乘採用了最初部派之說法。關於這點，參見下一註解。並參見水野弘元「菩薩十地說之發展」（《印度學佛教學研究》2, 63 頁以下）、同「大乘經典與部派佛教之關係」第二、十地說之開展（宮本正尊編《大乘佛教成立史研究》276 頁以下）、山田龍城《大乘佛教成立論序說》256 頁以下。**（參原書 p. 130）**

九、法王子 yauvarājyatā（王子、常淨）

十、灌頂 abhiṣekaprāpta（阿惟顏、補處、一生補處）

此稱爲「十住」。其中，「初發心」即所謂的「初發心時即成正覺」，菩薩具有身爲菩薩的自覺，誓願成佛或救度眾生，所以在此位時，皆已包含對證悟的決心及證悟的萌芽要素。至少有從世俗想法的「回轉心」（懺悔其往昔凡俗的想法），而成爲信仰者。其修行逐漸進展，至第七不退轉（阿惟越致）時，即決定其信仰及人生觀，絕對不會退轉墮三惡趣或信仰異學異教。這點我認爲相當於原始佛教中的不退墮位，也就是得法眼之證悟。第十灌頂位等同於佛位，至此至少能得到次於佛位的最高證悟。[9]

9　十住地之名稱，與註 13（日文原本的註 7）中的梵文《大事》之十地說有關，例如：《大事》的第八地 janmanideśā 相當於十住的第四生貴住 janmaja；《大事》的第九地 yauvarājyatā 的名稱，與十地的第九法王子住的名稱一致；《大事》的第十地 abhiṣekatā，也與十住之第十灌頂相同。所以，可能是在其影響之下而成立的。此外，大乘也可能採用部派佛教時代某個部派所說的十住。因爲，在《過去現在因果經》1（大 3, 623a）有云：「功德滿足，位登十地，在一生補處，近一切種智」，「十地」一詞或許是來自第十地的一生補處（灌頂）之名稱。又，《佛本行集經》6（大 3, 682b）有云：「從一地至一地，是法明門，灌頂成就一切智故。灌頂地，是法明門，從生出家，乃至得成就阿耨多

又，在此十地中，只有以（一）初發心、（三）應行（久發心）、（七）不退轉、（十）一生補處這四位，作爲菩薩的修行階位者，在最初期的大乘諸經典中，隨處可見。[10] 不知是先有這四階位，後來才加入其餘六位而成爲十地（十住）？還是先設立十地之階位，再從其中抽出如前所列之重要的四位？無法確知。但是，在梵文《大事》（*Mahāvastu*）或漢譯《佛本行集經》中所列舉的菩薩修行之四階位 [11]，可以與如前所列之四階位做

羅三藐三菩提故」此亦似乎是在十地說中，稱最高位者爲灌頂地。說一切有部的《修行道地經》7（大 15, 230b）云「初發意，超至深慧阿惟顏……」（案：原經文爲「發意菩薩，超至深慧遠阿惟顏」），此亦存在著十住或本文後面所說的四位說。（**參原書 p. 130**）

10 四位說出自《道行般若經》8（大 8, 465a）、《大明度經》5（大 8, 501a、b）、《小品般若經》8（大 8, 575a）、《放光般若經》15（大 8, 101c、102a）、《大品般若經》19（大 8, 358c、359a）、《大般若經》諸處、《文殊師利問菩提署經》（大 14, 435b）、《文殊師利問菩提經》（大 14,482b）、《伽耶山頂經》（大 14, 485a）、《象頭精舍經》（大 14,487c 以下）、《大集經》10（大 13, 69a）等。參見註 8 文中的水野之書、山田之書 244 頁。（**參原書 p. 131**）

11 《佛本行集經》1（大 3,656c）：「諸菩薩等，凡有四種微妙性行。何等爲四？一、自性行，二、願性行，三、順性行，四、轉性行。云何名爲自性行？若諸菩薩本性已來，賢良質直，順父母教，信敬沙門及婆羅門，善知家內尊卑親疏，知已恭敬承事無失，具足十善，復更廣行其餘善業，是名菩薩自性行。云何名爲願性行？若諸菩薩發如是願：

對比，也就是：

一、自性行 prakṛti-caryā
二、願性行 praṇidhāna-c. [125]
三、順性行 anuloma-c.
四、轉性行 avivartana-c.

其中，第一、自性行，是指菩薩尚未有意誓願發心，而是自性而生的、自然地行善之時期。此時期因爲尚未依照自己的自由意志而追求理想，所以還稱不上是修行，可說是發心修行以前的時代。第二、願性行，是切實自覺理想，立下誓願，發菩提心；所以，相當於前述十住或四位中的第一位——初發心。自此開始了菩薩的修行。第三、順性行，是隨順最初的發心決心，循序讓修行繼續增進之實踐階位，所以，明顯可見相當於十住或四位中的應行（久發心）。第四、轉性行，梵文是 "avivartana-caryā"，可譯爲不退轉行，所以，它等同於十住或四

我於何時，當得作佛，阿羅訶三藐三佛陀，十號具足，是名菩薩願性行。云何名爲順性行？若諸菩薩，成就具足六波羅蜜，何等爲六？所謂檀波羅蜜，乃至般若波羅蜜，是名菩薩順性行。云何名爲轉性行？如我供養然燈世尊，依彼因緣，讀誦則知，是名菩薩轉性行。」*Mahāvastu*, i, p. 1; p. 46f.; p.63。梵文之說明省略。（**參原書 p. 131**）

位中的不退轉。

由以上可知，被認爲屬於部派佛教大眾部中的說出世部的梵文《大事》中，四項中的後三項，與最初期的大乘諸經典中，菩薩修行四位中的前三項完全一致。[12] 因爲在《大事》中，並未提到四行與《大事》本身所說菩薩十地 [13] 的關係；關於二者成立之先後關係，完全不明確，但是，從部派時代所說的四行來看，最初期的大乘諸經的四位，恐怕是受其影響而作的，因此，在初期大乘中，可能是四位說比十住說先出現，之後才加入其餘六位，而成爲十住（十地）。此外，在現存般若經中，最早成立的小品系的般若諸經中，只說四位；隨後成立的大品系之般若諸經中，除了四位說之外，也敘述十住說，[14] 由此亦可推測二者之先後關係。

其次，在般若諸經中，除了前述四位或十地（十住）之外，

---

12 參見久野芳隆「華嚴經的成立問題」（《宗教研究》新 7-2，100 頁）。

13 梵文《大事》的十地（*Mahāvastu*, i, p. 76; pp. 78-193）是：一、難登（durārohā），二、結慢 （baddhamānā），三、華飾 （puṣpamaṇḍitā），四、明輝 （rucirā），五、廣心 （citta-vistarā），六、具色 （rūpavatī），七、難勝 （durjayā），八、生緣 （janmanideśā），九、王子位（yauvarā-jyatā），十、灌頂 （abhiṣekatā）。山田，前所列書 268 頁。**（參原書 p. 131）**

14 參見山田，前所列書 215 頁、249 頁，水野，前所列書 279 頁，以及註 8。

亦說三乘十地。此乃將聲聞、緣覺、菩薩三乘的修證分爲十階段。即：[15]

一、乾慧地 śuṣkavipaśyanā-bhūmi（淨觀地）[126]

二、種姓地 gotra-bh.（性地）

三、八人地 aṣṭamaka-bh.（第八地）

四、見地 darśana-bh.（具見地）

五、薄地 tanu-bh.

六、離欲地 vītarāga-bh.

七、已辦地 kṛtāvi-bh.（已作地）

八、辟支佛地 pratyekabuddha-bh.（獨覺地）

九、菩薩地 bodhisattva-bh.

十、佛地 buddha-bh.

其中，最初的七地是聲聞乘，第八地是緣覺乘，第九、第十地是菩薩大乘。在聲聞乘中，第一乾慧地（śuṣkavipaśyanā-bhūmi，之後誤作 śuklavipaśyanā-bhūmi 淨觀地）是沒有禪定滋潤的、乾燥的，只有智慧作用之階位。雖已進入佛教信仰，具足精進持戒，亦修習觀佛三昧、不淨觀、慈

---

15 參見山田，前所列書 271 頁以下。但是，該書將最初期之般若經典所出現的十地，與三乘十地視爲相同，這點與筆者意見相違。

悲觀、無常等禪定，但是尚未達到根本定，所以依照欲界心之階位，可能是指《俱舍論》中的三賢位。[16] 第二、種姓地，巴利佛教稱爲 gotrabhū，是即將成爲聖者的前一階位，相當於《俱舍論》中聖位之前的煖、頂、忍、世第一法的四善根。第三、八人地，是指四向四果聖者之最下位——第八位的須陀洹向之位。這是十五心的見道修習之聖者位，指見惑斷除中的住。第四、見地，是指斷盡見惑的須陀洹聖位，亦即見道第十六位。第五、薄地，是指欲界所屬諸煩惱——欲貪、瞋恚等，變爲稀薄的斯陀含果聖位。第六、離欲地，是指完全斷除欲界所屬之諸煩惱（五下分結）的阿那含果聖位。第七、已辦地，是指所作已辦，諸漏已盡，梵行已完成的無學阿羅漢果之聖位。此是聲聞最高的境地。

[127]三乘十地，若按列舉順序，將之解釋爲由低逐漸向高的階位前進，那麼緣覺的證悟就比聲聞的證悟高，菩薩或佛的證悟又在二乘之上，是最高的證悟。也有記載或列舉如此三乘階位上下的大乘經典。[17] 但是，在其他的學說，三乘階位是

16　三賢位是指五停心觀、別相念住、總相念住。關於這些以及以下之說明，參見於後所說的法相教理學說中，菩薩四十一位與小乘階位之對比表。（**參原書 p. 132**）

17　《菩薩瓔珞經》8（大 16, 73a 以下）中，於修行階位中，提到：起七寶塔、受持五戒、五通、十善、四無量心、四禪等修習，其次達到聲聞四果，其次成爲辟支佛，之後列舉菩薩的十住地行。（**參原書 p. 132**）

並列的，並沒有將菩薩視爲最高位。在這裡也有種種說法，例如，從於後所說的，華嚴十地與三乘之關係來看，聲聞的最高位相當於菩薩第五地的極難勝地，緣覺的最高位相當於菩薩第六地的現前地，第七地以上只有菩薩的階位[18]；有時也將前面聲聞的七地，依序並列配當菩薩初發心位、順忍位、無生法忍位、不退轉位、斷煩惱餘氣薄位、得五神通位、成就佛位的最高境界。[19]

如前所述，菩薩十地說或四位說也有種種說法，對於菩薩與聲聞階位之關係也有異說；最後出現的大乘菩薩十地說，爲後世所依據而使用的，也就是華嚴的十地說，此與梵文《大事》的十地說，或者最初期的大乘諸經的十地說（十住說）、三乘十

---

18 《七卷楞伽》7（大 16, 632a）云：「遠行與善慧，法雲及佛地，皆是佛種姓，餘悉二乘攝」，是說在六地以前，是二乘的境地；七地以上只有菩薩、佛乘的境地。又，由於第五極難勝地是修習四諦之階位，因此，由四諦而證悟的阿羅漢，是以第五地爲最上位。第六現前地，是修習十二緣起的階位，因此，由十二緣起而證悟的緣覺，是以第六地爲最上位。如此的看法，在大乘佛教中，似乎十分盛行。接著，第七地是菩薩自利（自我完成）的階位，八地以上則純粹是利他行之階位。聖德太子於《勝鬘經義疏》（大 56, 2b）中，稱七地爲自分行，八地以上爲他分行。**（參原書 p. 132）**

19 《大智度論》75（大 25, 585c 以下），於乾慧地乃至已辦地七地，規定並說明各聲聞及菩薩之階位。

地的說法亦有所不同。但是，它可能是依某種意義，參照以前諸十地說所作。華嚴之十地，即：[20]

一、歡喜地 pramuditā bhūmi（極喜地）

二、離垢地 vimalā bh.

三、發光地 prabhākarī bh.（明地）

四、焰慧地 arciṣmatī bh.（燄地）

五、極難勝地 sudurjayā bh.（難勝地）

六、現前地 abhimukhī bh.

七、遠行地 dūraṅgamā bh.

八、不動地 acalā bh.[128]

九、善慧地 sādhumatī bh.

十、法雲地 dharmameghā bh.

其中，第五極難勝地相當於梵文《大事》十地中的第七地難勝 durjayā，初歡喜地相當於十住的初發心，第八不動地相當於十住的第七、不退轉。但是，中國佛教者解釋，華嚴十地是指比前面所說的十住（十地）更高的境界，因此將十住置於最下位，其上置十行、十迴向，最上位置華嚴十地。但是，《華嚴

---

[20] 談華嚴十地的經論，以《十地經》（《華嚴經》十地品）爲代表，因爲相當多，所以在此省略其典籍根據。參見山田前列書 277 頁以下。

經》並未如此明確表示。將此作爲階位而明確表示、組織者，是被認爲僞經的《菩薩瓔珞本業經》[21]。該經立十住、十行、十迴向、十地、等覺、妙覺等四十二位，又開十住之初位爲十信，所以在四十二位之前，置十信而成爲五十二階位。[22] 此爲中國佛教所採用，再配合菩薩修行的三大阿僧祇劫說、小乘《俱舍論》等所說的修行階位等，而全體作說明。如此加以融合而成的階位說，若是以唯識法相宗學說來表示，則如下所示：

---

21 《菩薩瓔珞本業經》上（大 24, 1011b）。

22 同上（1011c）；此外，《梵網經》上（大 24, 997c）的堅信忍中十發趣心、《仁王經》上（大 8, 826b）的習種性十心亦與梵網的十信類似，但是項目多少有異。談五十二位等之階位的此三經皆不是翻譯之經，而是在中國成立的僞經。

菩薩四十一位			小乘說		五位	
十住	初住（攝十信）		五停心觀	三賢		
	後九住		別相念住			
十行			總相念住	（順解脫分）	…資糧位	第一僧祇
十迴向	前九					
	第十……………		煖			
			頂	四善根…………	…加行位	
			忍	（順決擇分）		
			世第一法			
十地	初地	入心………	須陀洹道…	…見道…………	…通達位	第二僧祇
		住心				
		出心	須陀洹果			
	後九地		乃至	…修道…………	…修習位	
			阿羅漢道		七地以前	
					八地以上……	第三僧祇
佛地……………………………			佛果………………………………		究竟位	

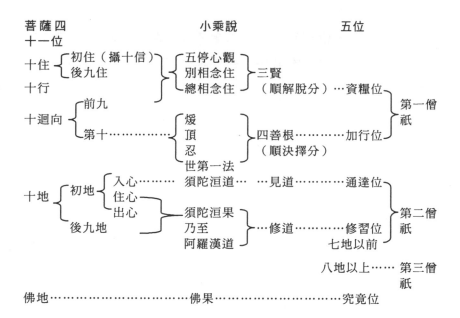

[129]又，天台圓教在菩薩五十二位之前立五品位（五品弟子位），敘述此與天台六即之關係，而說明修行階位。亦即：

八位	六即	
	理即	外凡
	名字即	
五品位	觀行即	內凡
十信	相似即	
十住 十行 十迴向 十地 等覺	分真即	聖位
妙覺	究竟即	

由前二表可知，法相宗等大乘別教，以十地之初地爲見道位，從十地開始爲聖者位，在此以前爲凡夫位；相對於此，天台、華嚴等大乘圓教，以十住以上爲聖者位，十信以前爲凡夫位，十信滿位之相似即爲見道位。可知在這點上，大乘佛教的

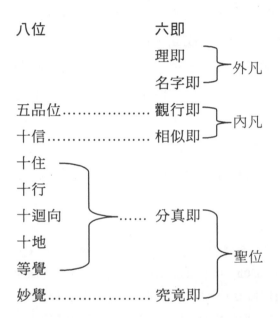

別教與圓教，對於證悟的階位說有著很大的不同。[23]

[130]總之，五十二位等階位，綜合之說在印度是沒有的，又，階位中最初的十信，以及最後妙覺之前的等覺，是中國所作，其餘四十一項雖然在《華嚴經》中也有，但是那些在印度初期大乘時，本來就已經各別成立，例如十住、十地皆是獨立的階位。十住是從初發心及至佛位，十地也是從初發心乃至佛位。因此，將這些融合起來，而立四十或五十位，只不過是屋上架屋，把同樣的階位，在形式上又重複一次罷了，可以說是不具實質的戲論。從這點來看，談四十一位或五十二位的中國佛教教理學說，可說是超過了實際的體驗修習，而做紙上的概念遊戲。[24]

---

23 別教大乘之說法，在印度佛教經論等中，已有所列舉。例如，在《大乘莊嚴經論》12（大 31, 650b）中，敘述菩薩十地及佛地，與聲聞四果的關係，云：「菩薩有四種果，一者，入初地時，生如來家，是須陀洹果；二者，於第八地中，而得授記，是斯陀含果；三者，於第十地中，而得受職，是阿那含果；四者，佛地，是阿羅漢果。」詳見《成唯識論》9（大 31, 48b 以下）及同《述記》9 末（大 43, 556b 以下）。別教說、圓教說，例如參見《天台四儀》(《諦觀錄》)。圓教說之思想本源的印度典籍根據不明。**（參原書 p. 132）**

24 天台智者大師稱自己的境界是五品弟子位，也就是觀行即位，尚未達到十信位。並說其師慧思是十信位的六根相似之境界。從天台說來看，二者皆是內凡位，連最下之聖位亦尚未達到。因此，在距離十地或佛位還有一段遙遠的距離的情況下，談這些聖位，或者談達到聖位的修

三、禪宗的證悟

[133]如前所述，天台、法相、華嚴等宗派，對於其教理及修證論，成立極複雜而煩瑣的學說，而且，有不少是類似於幾乎不可能實現的戲論。爲了排除如此宗派的缺陷弊害，直接以實現證悟爲目標，標榜教外別傳，不立文字者，即是禪宗。

因此，禪宗並沒有像宗派成立複雜的修證階段，而是說「一超直入如來地」。尤其是禪宗中甚爲興盛的，六祖慧能座下的南宗，立直下承當的頓悟說。他們批評攻擊神秀座下的北宗禪，據傳，慧能由《金剛經》的「應無所住而生其心」一句而入佛門，在五祖弘忍座下，以「菩提本無樹，[134]明鏡亦非臺，本來無一物，何處惹塵埃？」之偈，接受衣法而成爲第六祖。前述之句以及此偈，皆表示修證不二的頓悟。相對於此，由於神秀所提出的「身是菩提樹，心如明鏡臺，時時勤拂拭，勿使惹塵埃」，是漸修漸悟之偈，因此並未契合五祖之意。

但是，禪宗到了後世，也提出種種達到證悟的手段方法，

行方法——十乘觀法，這是天台所沒有體驗的境界，對一般人而言，更是不可能實現的，所以縱使說了這些，也是與實際修行無關的。又，華嚴宗雖然未必堅持這些階位說，但是，其學說也敘述佛果位的境界，所以，這也是一般人所不能實現的理論之說。因此，談實際信仰或修行的三階教、淨土教、禪宗等的興起，可說是爲了避免如前所述之宗派家，無用而煩瑣的教理，或複雜的階位說之弊端。(**參原書 p. 132**)

雖然分裂爲五家七宗等派，但是頓悟直入之說，則是共同一致的。不過，在教化方便上，有臨濟的四料簡、洞山的五位等說法，後來也用十牛圖等等。這些都是把學人修證境界之進展階段化，使之能從初步低處逐漸往高的境界前進。因此，仍然可以看出若干段證悟。千七百則公案[25]也是顯示其通過的進展，或證悟的階段。

由古來禪匠的實際修行軌跡，即可看出其修行是有一步一步進展的。中國有不少例子，而在我國（*日本），例如：德川初期時代，跟隨臨濟、曹洞諸師學禪，提倡仁王禪的鈴木正三（1579-1655）的修證階段即被詳細的記載。根據行業記，他十七歲時，了悟世間無常幻化，不惜生命，希望通達無我的道理，因而有最初的發心。他身爲三河（*地名）的旗本武士，參加關原之戰、大阪冬之戰、夏之戰，勇武作戰，在生死戰場上鍛鍊捨身之心，勇猛精進，達到同時代專修禪宗之宗師們所不能及的境界。之後四十二歲出家，遊歷諸方，致力參禪，被禪者或諸宗名僧讚歎爲「正悟的活人」。儘管如此，他在五十四歲時，於吉野山感佩捨身之行，了見佛菩薩金剛等像，之後在某晚破曉時分，徹悟「三界眾生，如我一子」之佛語而開發慈悲，六

---

[25] 案：「千七百則」乃泛指禪宗無數則公案。「一千七百」並非實數，係根據景德傳燈錄中所載之一千七百零一人之傳法機緣而來。《佛光》p.2。

十一歲八月二十八日拂曉，豁然開悟，達到灑灑落落的境界。但是，其後仍說自己：「尚未十成」，或「未出餓鬼畜生」。晚年時，則說：「過去一年的行業，不及現在一日的修功」，精進坐禪或念佛。

[135]如此，經驗了幾次證悟，感到自己逐漸向更高的境界前進。對於悟後的修行，他說：[26]

> 僧問長養。師曰：「實悟之後，透過嚴密的修地，達到與佛祖一般的境界，須先稟印可。」尚有超佛越祖[27]之談。今日佛子，許可何處？我雖未至其境界，但明確見了三世諸佛之境界。縱得真悟，亦非五世十世所成。此惟有洞山老人，窮之已闢五位，永平又謂：「臨濟德山乃入門底」。有旨哉。

其次是德川中期的盤珪禪師永琢（1619-1690），十四歲時，不明白《大學》中「明明德」一句的意思，便向儒學老師請教，但未獲解決，因此煩惱而入佛門。之後出家精進坐禪，但是因爲沒有可尋求的老師，所以獨自一人努力修行。二十六歲時證

---

26 《二（仁？）王禪祖鈴木正三道人全集》12 頁。

27 案：超佛越祖：禪林用語。又作殺祖殺佛。意爲超越佛祖之究極境界；即不執著任何事物，達絕對自由之心境。《佛光》p.5281。

悟，體察萬事本來不生的道理，多年來的疑問皆獲解決。但是，因爲沒有可以給予證明證悟的宗師，於是離開長崎，〔*來到中國〕，接受中國禪僧道者超元的印可證明。其後之修行亦毫不懈怠，而有幾次的開悟。《盤珪禪師語錄》云：[28]

> 有時日，余廿六歲時，於播州赤穗野中村庵居時，了悟道理；又，(1) 相見於道者，得證明時，以及 (2) 今日，於其道理，初中後無一毫許之差別。然而於法眼圓明，通達大法，得大自在之事，(1) 逢道者之時，以及 (2) 今日，實有天壞之別。

其次亦談到，開悟的境界有階段，如下所云：[29]

> 總之，在自己眼未開時，覺得比我高的人、在我之上的人，他是何等境界之人，是徹悟之人，或者未徹悟之人？由於我不能見之故，無法知道此人。眼既開了，例如西山之亮首座，毫釐不差，雖然被稱為前方明師之人，今見之則多瞎眼。彼所知者，我悉知之；我所知者，彼不知也。**[136]**

---

[28] 岩波文庫本《盤珪禪師語錄》118 頁。

[29] 同 124 頁以下。

> 禪師如此教示，起初我無法首肯。然日復一日，再三聽聞，終於深深肯定，〔師說〕乃最上乘之禪。

又，近代臨濟宗之祖白隱禪師慧鶴（1685-1768），被認爲是五百年來罕見之英傑，其刻苦修練無以倫比。七、八歲時，在天台寺院聽聞地獄之說法，遂發菩提心，十五歲出家，十六歲打破本來面目，十九歲以後，參訪各方禪林而有所省悟，二十四歲撞著見性之大事，之後接受飯山正受老人八個月的磨鍊，勤奮修行，始徹悟大事，其後亦有數次得悟。他告辭飯山，在二十六歲以前，晝夜熱衷於參禪思惟，以致罹患不治之病，後拜訪山城白川，深山巖窟中的白幽仙人，受內觀法。其後之修鍊得悟，彼敘述於《夜船閑話》：[30]

> 徐徐歸來時，潛修內觀，才未滿三年，從前之衆病，不用藥餌，不假針灸，任運除遣。不只治病，從前精進惕勵修行亦不得其底之難信、難透、難入底之一著子[31]，透根徹底，透得而得大歡喜，大者六七次，其餘小悟怡

---

[30] 《白隱禪師法語集》96頁以下。

[31] 案：「一著子」，禪林用語。本爲圍棋用語，引申爲「一件事」之謂。乃禪僧對於佛法某一教理與修行之譬喻。如「向上一著，千聖不傳」一句即是。〔碧巖錄第六則〕《佛光》p.72。

悅、忘舞者不知其數。始知妙喜（大慧宗杲[32]）所謂：「大悟十八次，小悟無數」，實不欺我。

附帶一提，曹洞宗有所謂的「修證一如」，道元禪師[33]極力排斥爲得證悟而坐禪。曹洞宗稱臨濟宗的修行爲「待悟禪」或「梯子悟」，十分輕蔑而排斥。但是，道元禪師在自己的修行階段中，也有幾次的證悟。首先是八歲時，因喪母而深感無常，興起出離之念頭。出家之後，十五歲時，對「一切眾生皆有佛性」起疑，受榮西禪師之教而有所得悟。二十四歲入宋，依育王山之典座等，知坐禪修行之要諦，於天童山見如淨禪師，由身心脫落而得最後之解決。由此可知，禪師本身也有若干次開

---

[32] 案：大慧宗杲，（1089～1163）宋代臨濟宗楊岐派僧，字曇晦，號妙喜，又號雲門。師辯才縱橫，平日致力鼓吹公案禪法，其禪法被稱爲「看話禪」（即以考察公案、話頭而求開悟之禪法），此與宏智正覺之「默照禪」相輝映。晚年，座下恒數千人。孝宗歸依之，並賜號「大慧禪師」。遺有大慧語錄、正法眼藏、大慧武庫等書。《佛光》p. 881。

[33] 案：道元禪師，（1200～1253）日本曹洞禪之開祖。又稱永平道元。貞應二年（1223），與明全相偕來宋，之後與長翁如淨相見，豁然大悟，抖落從來所疑，得如淨之印可。歸返日本後，創建永平寺，大揚曹洞禪，提倡「只管打坐」之實踐法門，後人稱其禪風爲默照禪。並撰著正法眼藏九十五卷、永平清規二卷、學道用心集、永平廣錄十卷、普勸坐禪儀、隨聞記等。世壽五十四。《佛光》p. 5622。

悟的軌跡。若無證悟的體驗，[137]稱不上是真正的禪者、真正的佛教者。

因此，道元禪師對於證悟，總是提到這點，而且也勸勉這點。對於只以未來的證悟爲目標，而不重視現在投入身心的修行態度加以批評，認爲這不過是在修行之外，等待證悟罷了。因此，證悟在客觀上是存在的，其例見《正法眼藏隨聞記》二：[34]

若如是求道志切，或只管打坐時，或向古人公案時，若逢知識時，以實志行，再高亦可射，再深亦可釣。不發如是心，佛道一念，截生死輪迴之大事，如何得成？若有此心，毋論下智劣根，縱使愚痴惡人，亦必可得悟也。

或者，[35]

作如是念：今夜將死，明日將死，遇悲慘之事時，即作是念。若能痛切努力，勵志邁進，不得悟者，無有是處。不如中中世智辨聰之鈍根者，但發至誠之志，速得悟也……唯剩今日，我命存也。未死之前，思先得悟，如

---

34 《曹洞宗全書》「宗源」下 213 頁 a。

35 同 215 頁 a 以下。

是學習佛法者，不會一個人也得不到（人人皆可得到）。

同卷四亦云：[36]

> 坐禪自然久後，忽然了悟大事，可知坐禪正門之事也。……見於竹聲悟道，桃花明心……花雖年年開，並非人皆得悟；竹雖時時響，亦非聞者悉證道。唯依久參修持之功，得辦道勤勞之緣，悟道明心也。

又於《眼藏》「發無上心」云：[37]

> 若只聞「發心是一發之後，即不再發心，修行無量，證果一證」，此是不聞佛法，不知佛法，不會佛法。千億發之發心，必定是一發心之發……坐禪辦道，[138]此即發菩提心也。

是說從發心以來，至證得佛果菩提爲止，應當千百次發菩提心。隨著證悟，菩提心的生起會愈發深刻，因此，每次所發的菩提心，即成爲證悟的經過；而證悟中也有許多階段，其間

---

36 同 227 頁 a。

37 《曹洞宗全書》「宗源」上 444 頁 a。

的力量也有差別。《眼藏》「發菩提心」云：[38]

> 發心者，即是初發自未得度，先度他之心，此名為初發菩提心。發此心之後，得遇無量諸佛，承事供養，見佛聞法，再發菩提心，即是雪上加霜。所謂「畢竟」，即成就佛果菩提。若將阿耨多羅三藐三菩提與初發菩提心較量，雖說是猶如劫火與螢火之差距一般，但是，發自未得度先度他之心，實無二別。

由此可知，主觀性是修證一如，依全根機而發心，初心、後心皆無差別；若客觀性來看，則於此是有進展的，境界亦逐漸向上；初心與究竟心之差別，猶如螢火與劫火一般，有著天壤之別。

總之，若從客觀性看修證，也就是從迹門[39]的立場來看，我們必須一步一步持續三大阿僧祇劫百劫的修行；若從主觀性

---

[38] 同 516 頁 a。

[39] 案：迹門與本門（本段後文所提），爲天台大師智顗所立。本，謂久成之本地；迹，謂近成之垂迹。即指實體與其影現。本門，謂如來於久遠之往昔即已成道（久遠實成之本佛），以顯示佛陀之本地、根源、本體之說，故謂之實體；迹門，指新近示現之佛陀（伽耶始成之身），以顯示本佛爲教化眾生而自本地應化垂迹之說，故謂之應迹、影現。《佛光》p. 1965。

看修證，則以自覺爲主，亦即從本門[40]的立場來看，修行的每一剎那是他人所無法代替的絕對境界，經常在所謂「隨處爲主」的自信與自覺之下，使修證一如。鎌倉時代的新佛教，不論是曹洞宗，或者真宗、日蓮宗，其說法雖不相同，但是都是站在相同的立場，而說時時刻刻全力以赴於念佛、坐禪、經題[41]，即可純一無雜，這就是佛教真正的態度。此態度不只是在日本佛教，在印度、中國的諸經論中，皆隨處可見。

四、原始佛教初步的證悟

[139]有關於證悟的一般論述，以上已考察了印度原始佛教、部派佛教、大乘佛教，中國的天台、法相等宗派，以及中國、日本禪宗的證悟問題，不論是以何種形式談證悟，皆有成立若干階段。本節則重新詳細考察原始佛教的證悟，尤其是初步的證悟。

原始佛教是談四向四果的修證階段，其中，理論上理解佛教正確的世界觀、人生觀的證悟，用部派佛教的用語，稱之爲見道。在四向四果之上，是指從須陀洹向至須陀洹果。《俱舍論》稱爲見道十六心，也就是，見道十五心剎那是須陀洹向，第十

40　見前一註解。

41　案：日本日蓮宗特取法華經之題號「妙法蓮華經」五字，冠以「南無」二字，而成「南無妙法蓮華經」七字，稱爲題目；並主張唱誦其題目，末法眾生即可成佛。《佛光》 p.6650。

六心達到須陀洹果，從此進入修道的階位。成爲須陀洹果之後，佛教的信仰確立，能正確地理解世界觀、人生觀。

如此，一旦成爲初步的聖者，才開始斷除修惑（習慣性情緒的迷惑）的修道之修行。[140]但是，也有人在得到見道以前，藉由過去波羅蜜等善業，已將修惑斷除到某種程度。如此之人，隨其已斷修惑的程度，在見道之後，直接就證得斯陀含果、阿那含果、阿羅漢果。釋尊在正覺以前，因爲已斷除大部分的修惑，所以在菩提樹下，只經見道十六心，以及修道最後的十八心，一共三十四心剎那，就直接得證最高位的證悟——佛果。此稱爲「三十四心斷結成道」。

（一）四證淨（由信仰而得證悟）

首先，就以見道之最初入聖的階段爲主，考察原始聖典的記載。在最初的證悟中，有依於信仰者，以及依於理論者二種分別，也就是，在聖者中有「隨信行者」（saddhānusārin）及「隨法行者」（dhammānusārin）。前者信仰的徹底，也就是證悟，稱爲「不壞淨」（aveccappasāda，梵 avetya-prasāda，新譯爲「證淨」），意指金剛不壞的絕對信仰。不壞淨有佛法僧三寶，以及聖者所愛的戒四種。關於此四不壞淨（四證淨），於《相應部》的預流相應中，列舉四法云：「成就四法，解脫地獄、餓鬼、畜生三惡趣。」[42] 又云：「成就預流，墮〔惡趣〕爲滅法，決定至等覺（最

---

[42] *Saṁyutta*, v, p. 342（南傳 16 下，220 頁）。

上證悟）。」[43]

由此可知，若得四證淨，成爲預流（須陀洹），即不墮地獄、餓鬼、畜生等三惡趣，也就是「不墮法」（不墮惡趣者），將來必定達到最上之證悟（正覺）。因不從正法退轉，故又稱爲「不退轉」；因註定、決定趣向正覺，故又稱爲「正性決定」。因此，得四證淨者，又稱爲不墮法、不退轉、正性決定、預流等。

關於四證淨的內容，經云：

> 諸比丘！於此有聖弟子對佛成就證淨，所謂「彼世尊乃應供、正遍知（正等覺）、明行足、善逝、世間解、無上士、[141]調御丈夫、天人師、佛、世尊」。〔其次〕對法成就證淨，所謂「法乃為世尊所善說、可現見、無時間性（超越時間的永恆真理）、來見（來見而可證實其真理）、引導（正確引導人們趨向理想者）、智者可自知者」。〔其次〕對僧成就證淨，所謂「世尊弟子眾，是妙行者、真行者、應理行者、和敬行者、四雙八輩者，彼等應受信者所尊敬、供養、恭敬、合掌，為世間無上之福田」。其次，成就「不敗壞、不切斷、無斑點、無雜色、不拘束、為識者所讚賞、不執著、能引起禪定的、為聖者所

43　出處同上，p. 343f.（南傳 16 下，221 頁以下）。

愛的戒」。[44]

也就是說，對於佛，深信佛具足十號功德，其人格最尊無上，是佛教的始祖。對於法，深信佛的教法在任何時代、任何地區，對於任何人，皆是有益、普遍而正確的真理，必定能引導人們達到證悟。對於僧，堅信僧是善於累積修行，具有作爲信仰指導者的實力，是和合團結的四雙八輩（須陀洹向乃至阿羅漢果）之聖者，是值得接受世人尊敬供養的無上福田。對於戒，不僅深信戒爲諸聖者所愛，是無缺陷、污點，完美無缺的，而且堅守其戒，絕對不犯；能將戒和信仰一同自然地融入日常生活中，即使沒有特別持戒的意識，也完全不會犯戒，自然就能持戒。也就是說，由於得到四證淨，對於三寶，能徹底皈依信仰，同時，也能養成絕對不犯或不破殺生、偷盜、邪婬、妄語、飲酒等戒的習慣。因爲絕無破戒、無慚的惡行，所以絕不會墮於三惡趣，也不會從此聖位退轉爲凡夫。

在長部經的《大般涅槃經》提到，佛居住在那陀村（Nātika）的煉瓦堂（甎堂）期間，有一次，阿難代替許多人向佛請教，此地的弟子或信者們死後的命運，佛一一回答之後，感到要一一回答這樣的問題太過繁複，[142]於是就爲大家說任何人都能自己做判斷的「法鏡之教」（dhammādāsa-pariyāya）。這裡所

---

44 出處同上，p.343（南傳 16 下，220 頁以下）。

說的「法鏡」，即是真理之鏡。因爲照這面鏡子時，即能正確無誤地判斷。具足法鏡的弟子，大概就能預知自己「地獄盡、畜生趣盡、餓鬼道盡（惡趣墮處盡），自己是須陀洹、不墮法，將來必定成正覺」了。這法鏡的內容即是在說四證淨。[45]

（二）得法眼（由理論而得證悟）

以上所述，是由信仰而達到初步的聖者位；其次就根據經典來考察，由理論上理解四諦等道理而得到初步的聖者位。關於這點，本章第一節已經簡單介紹過了。也就是，五比丘、耶舍、舍利等人，達到第一段聖者位的情況。他們由於聽聞四諦的教法或「緣生偈」，而得法眼（佛教正確的世界觀、人生觀）。耶舍的情況是依次第說法而得法眼，這有定型式的說明，亦即：

世尊爲坐在一旁的善男子耶舍次第說法。（1）先說施論、戒論、生天論，〔（2）其次〕說諸欲是過患、卑賤、雜染，〔（3）再其次〕說出離（離欲）生多功德。當世尊知道善男子耶舍的心純真而柔軟，遠離障蓋而歡喜、明淨時，〔（4）開始〕爲他說明諸佛最勝說法——苦集滅道〔四諦〕。猶如除去垢染而變得潔白的布，〔將它拿到染房染色〕，能完全吸進染色一樣，同樣地，善男子耶舍〔以明淨的心聽聞四諦，於是〕立刻生起所謂「一切集法，皆即此滅法」遠塵離垢的法眼。[46]

---

[45] *Dīgha*, ii.p. 93f.（南傳 7, 58 頁以下）。

[46] *Vinaya*, i, p. 15f. （南傳 3, 28 頁）

在此稍加說明以上之引文。首先，所謂「次第說法」，是指爲了讓弟子信眾的信仰或智慧之境界逐漸有進展，[143]而從初級的教法，到高深的教法，按照次第順序而說法。例如前述的情況，是（1）先說施、戒、生天三論；（2）其次說欲（心的執著）有何種過失、缺點，是卑劣且污穢的；（3）再其次說離欲（遠離執著），是如何生多功德利益。（4）當弟子信眾的心因而變得純真得像一張白紙時，就開始爲他說四諦的教法。因爲是用遠離執著、去除先入爲主的純真之心來聽聞四諦，所以能正確地理解，因而得到理解佛教世界觀、人生觀的智慧之眼——法眼，達到最初的聖位。

在前述之文中，次第說法是到四諦說爲止，但是就像前面第一節所介紹過的，〔*釋尊會〕再爲得法眼者，說觀法之五蘊無常、苦、無我的《無我相經》，讓他能在靜處思惟此道理，進而得到最高的證悟。

如此，根據對方信仰或智慧的程度，依序變換說法的內容，此即是次第說法。釋尊的教化方法有二種：一、次第說法（anupubbi-kathā）；二、一乘道（ekāyana-magga）。所謂「一乘道」，就是從凡夫初位，到最高位（阿羅漢或佛陀），只以同樣的說法而貫徹之。用禪門做比喻，看話禪[47]中，將千七百則公

47 案：與「默照禪」相對稱。爲臨濟宗大慧宗杲之宗風。「看」，見之意；「話」，公案之意。即專就一則古人之話頭，歷久真實參究終於獲得開

案，由易到難，分爲幾個階段，令其漸次的通過者，即相當於次第說法；默照禪[48]中，貫通初中後，以修證一如而默默地坐禪，可視爲相當於一乘道。

在前述次第說法中，所謂施、戒、生天三論，即是業報說。善惡業必定會有與之對應的果報，這在佛教以前的奧義書中即已論及，雖然此說在當時的印度已被承認是適當而合理，但是，似乎仍有不少不知因果業報，或者否定善惡、撥無因果，懷有唯物論或虛無主義等邪見之人。

釋尊教示人們佛教時，在進入佛教本來的學說之前，首先爲說通俗的業報說。[144]亦即，若能布施財物給窮困的鄰人、宗教師（施論），遵守不殺、不盜、不邪婬、不妄語等戒律，過著有道德的生活（戒論），來生必定生天，得到幸福（生天論）；反之，也意謂著，若慳吝財物，貪求獨占而不布施、過著破戒無慚不道德的生活，來世必定墮於地獄、餓鬼、畜生等惡趣，遭受不幸。

悟，此種禪風稱爲看話禪。此禪風先慧後定，與默照禪之先定後慧大異其趣。《佛光》p.3898

48 案：爲宋代曹洞宗之宏智正覺禪師所倡導之禪風。默，指沈默專心坐禪；照，即以慧來鑑照原本清淨之靈知心性。正覺認爲實相即是無相之相，真心即是無心之心，真得即是無得之得，真用即是無用之用，故主張以「坐空塵慮」來默然靜照，兀兀坐定，不必期求大悟，唯以無所得、無所悟之態度來坐禪。《佛光》p.6374

唯有依於明白因果的道理，遠離邪見，才能開啓正眼，過著光明磊落的生活。在三論之後，則爲說欲的過患，及離欲的功德。所謂「欲」，即感官之欲，是本能性的官能欲求。此欲求必定伴隨著執著，產生與他人之間的不和、嫉妒、詐欺、鬥爭等等，生起苦惱。世間的悲劇即多起因於執著的欲求。因邪見而造惡業，或者官能的欲求，皆是由於以自我爲中心的執著。因此，若遠離邪見，正確了知因果，遠離官能的執著欲求，即能摧破以自我爲中心的堅固心殼，去除自他的心之障礙，與他人融和，具有純潔而柔軟的心。

在後來的大乘佛教中，亦多說捨棄我見，懺悔其心。原始佛教雖然不太提到懺悔，但是，在明白因果道理，反省過去的惡業之時，必然也會生起懺悔的心情，因此，這種自我發露，毫無私心的柔軟、明淨、清白之心，與懺悔的心情是相同的。

在前面之引文中，將這種心的狀態比喻爲去除污垢，被漂白成潔白的布。如同染布人可以隨心所欲，將潔白的布染成任何顏色，同樣地，當對方的心柔軟、明淨、清白時，佛陀才爲說佛教獨特的四諦。因爲對方已離先入爲主的觀念，其心已空，所以能夠如實正確地理解四諦的教法。若是對方的心充滿邪見，因偏見而固執，佛陀再怎麼爲他說真理，他也不能如實地接受。不是完全拒絕，就是因有色的眼鏡，而偏頗地接受。爲了避免產生如此的危險，佛陀才先以次第說法，讓對方的心變得柔軟、明淨。對方因此而能正確地理解四諦，獲得[145]「一切生法，皆即是滅法」的法眼。

所謂「法眼」，即是對真理（法）的智慧之眼，亦即遠塵離垢的清淨。其內容即說明「依於原因理由而產生者，必定會因其原因理由的消失而消滅」之意義。此與前述「緣生偈」之意義相同，不過是簡單敘述緣起道理而已。亦即，若能理解四諦的道理，即能理解緣起的道理。這是由於四諦與緣起是相同的，皆是教示佛教正確的世界觀、人生觀的緣故。

那麼，何謂「法眼」？因爲得法眼即稱爲「現觀」，所以，下一節即擬說明現觀之法眼。

五、現觀

現觀的原文是 "abhisamaya"，它是由 "abhisam-i" 所形成，動詞是 "abhisameti"，名詞是 "abhisamaya"。根據 PTS 的《巴利辭典》，此語的意思是「完全地理解」、「洞見」、「了解」、「實解」、「明確地理解」、「徹見」等，F. Edgerton 的佛教混合梵語辭典（BHSD）亦大致相同。此語的複合語，在巴利語中有 dhamma-abhisamaya（法現觀）、attha-abhisamaya（義現觀）、[146]sacca-abhisamaya（諦現觀）、catusacca- abhisamaya（四諦現觀）、ariya-saccānam abhisamayo（諸聖諦之現觀）等，梵語亦大致相同。

根據前述之複合語，現觀的內容包括法（真理）、義、四諦等，表示正確地、理論性地正確理解、徹見社會人生的真理、意義。現觀一詞是玄奘的新譯，漢譯阿含經中則是舊譯「無間等」。無間等之譯語，或許是無間（abhi）等（samaya），但是這並不是很合適的翻譯，無間等之漢語，其意義一般也都完全不明確。無間等之用例見於漢譯《雜阿含》卷 16，430 經

於四聖諦未無間等者，當勤方便，學無間等。[49]

卷 15，396 經

所有集法，一切滅已，離諸塵垢，得法眼生，與無間等俱，斷三結。所謂：身見、戒取、疑，此三結盡，名須陀洹，不墮惡趣法，必定正覺。趣七有天人，往生作苦邊。[50]

根據以上的經文，可知若能在理論上理解四諦或緣起的道理，即得遠塵離垢的法眼，達到現觀，證得最下位的聖者——須

---

49 大 2, 112b。相同句子的經典在前後極多。《雜阿含》15-16，393-442 經處處可見。

50 大 2, 106c。又，於 *Dīgha*, ii.p. 93f.（南傳 7,58 頁）中，提到《大般涅槃經》中的法鏡之教，在此之前，有一段佛的話語：「在那陀村（Nātika）死亡的五百位優婆塞，斷三結，證得須陀洹，是不墮法，將來決定至正覺」。*Dīgha*, ii.p. 93.（南傳 7,58 頁）。**（參原書 p. 152）**

陀洹。又如前一節所介紹，信仰徹底之後，也能得四證淨，證須陀洹，脫離惡趣，決定成正覺。可知與得不墮法、不退轉、正性決定，而後得法眼之結果是相同的。由此可看出，不論是依於信仰或理論，一旦成爲最下位的聖者，至少具備了下列五點：一、法眼生，二、三結斷，三、證得須陀洹，四、決定不墮惡趣——不墮法，五、必定成正覺——正性決定。[147]由於此五項有必然的密切關係，若說明其中一項，一定也包含其餘四項，雖然如此，以下仍擬依序一一檢討。

【一、得法眼】首先，第一項，所謂「法眼」（巴 dhamma-cakkhu，梵 dharma-cakṣu），如同多次所述，乃理論性理解佛教的真理——正確世界觀、人生觀的智慧之眼。其內容即「一切集法，皆即此滅法」之緣起道理。要言之，確立佛教的世界觀、人生觀，成爲初步的聖者，至此才可算是真正的佛教者（佛教徒）。因爲佛教者（佛教徒）的自覺或自信，是藉由得法眼而開始得到的。

【二、斷三結】第二、所謂「斷三結」，是斷身見、疑、戒取三種煩惱。此三結若不斷除，則無法得法眼，不能稱爲真正的佛教者（佛教徒）。以下就簡單說明三結。

第一、身見（巴 sakkāya-diṭṭhi，梵 satkāya-dṛṣṭi）又譯爲「有身見」、「薩迦耶見」，是將自己的身心，視爲永遠不變的實體的有我之見。將自我視爲實體，或者認爲靈魂不滅，皆屬此見。此與佛教的根本命題——「諸法無我」的說法背道而馳，將諸法視爲實體，對自我及我所（所有物），亦即我我所，持有常住之見，只要執著於此二者，就絕對無法得到佛教的證悟。首先必須了知無我、洞徹無我，不執著我我所。不論是大乘佛教的根本——《般若經》的皆空思想、八宗之祖——龍樹菩薩《中論》八不中道的空無我說，或者中國禪宗的無念、無想、無憶、無心等思想、身心脫落或打破漆桶[51]，皆是說明去除自我之見。由此可知，佛教最重要的事情，即是空無我、無所得。因此，成爲聖者的首要條件，即是捨離身見。

其次，所謂「疑」（巴 vicikicchā，梵 vicikitsā），是懷疑善惡業、懷疑善惡之果報，懷疑因果道理、懷疑三世的存在。其中，否定因果業報或否定三世的邪見，也應該被看成屬於疑的範圍之內。邪見的去除，**[148]**是藉由理解或實踐次第說法的最初者——施、戒、生天三論而得的，此點已於前述。只要相信因果業報之說，必然能除去邪見或疑。

初步的聖者已相信三世因果，又因爲進一步在理論上理解緣起的道理，所以對社會人生正確的活動，絕對不會否定、懷

---

[51] 案：打破漆桶，禪林用語。表示徹悟之狀態。漆桶，指盛裝漆物之桶，或指黑色之桶；由於使用日久，桶身及桶內之顏色皆渾濁不堪，既難以識別其最初之顏色，亦無從區別與其他顏色之差異。於禪林之中，多轉指吾人由於無始以來所累積之無明煩惱而隱覆本具之真如佛性。由是，則若一旦解脫煩惱，泯滅妄想，而得全面大悟之情形，即稱打破漆桶，爲禪宗典籍所常用來表示豁然開悟之用語。《佛光》p.1932。

疑，或無知。從這點來看，初步的聖者已斷疑結。

附帶說明，禪宗有所謂「起大疑小疑，得大悟小悟」之說，在這種情況下的疑，與前述之疑是絕然不同的。前述之疑，是應該被除去的，不是向上、具建設性的；而禪的疑則是向上、具建設性的疑念，是能使人朝向理想的原動力，是理性的良心之聲。在此意義之下，二者完全不同。

其次，所謂「戒取」，詳細稱爲「戒禁取」（巴 sīlabbata-parāmāsa，梵 śīlavrata-parāmarśa）或「戒禁取見」。前述之身見是將存在視爲實體的常住之見，但是佛教並不認爲有形而上學的實體或本體，所謂存在，只不過是站在常識性的立場，承認有我們經驗所得之現象的存在。原始佛教所說的一切存在——五蘊、十二處、十八界等，皆是指此含意的常識性經驗之現象界。因此，像身見那樣的本體論，是不爲佛教所採用的。

其次，包括邪見在內的疑，因爲懷疑或否定善惡業及其果報，所以對於現象界的活動，懷疑因果法則，或者加以否定。但是，現象界的活動絕非偶然的無秩序，必定具有規則性的因果關係。之所以見似偶然，是由於不加精密考察因果關係的緣故。只要如實考察現象的活動，那麼在這當中，不論是在物理性的、心理性、社會性，皆可看出依於因果關係的現象活動之法則，邪見或疑因此也就沒有產生的餘地了。

被現觀所斷除的疑，與其說是一般廣泛的因果關係者，不如說是有關所謂因果業報的道德、宗教的[149]疑或邪見。此意義的疑或邪見稱爲「無因無果說」。而所謂戒禁取，是指雖然承認因果業報的法則，但是對於其因果關係有錯誤的見解。也就是，雖然是「有因有果說」——承認現象間的因果，但是，並不知道其中的正因正果，將邪因邪果誤認爲是正因正果，此即是戒禁取。從語義來看，「戒」是戒律，「禁」是禁制，是指立誓一生過著與狗相同生活的狗戒，或者模仿象的象戒。這在印度，是一種宗教家們作爲生天解脫之道的實修法。此時作爲實踐的戒禁，絕對不是解脫的正因，但是卻被認爲是解脫生天的原因，因此，像這樣的錯誤主張或實踐的邪因邪果說，稱爲戒禁取。

在《俱舍論》等中，廣泛地解釋戒禁取，將之分爲非因計因的戒禁取，及非道計道的戒禁取二大類。前者是將不是原因的，認爲是原因，是錯誤的因果關係；迷信、不合理的想法，皆屬此所攝。後者是將非理想之道，認爲是道，是在實踐方面的錯誤因果關係，它把不是解脫的方法，看成是正確的方法而去實踐。例如：狗戒、象戒、沐浴或苦行等等，皆屬此所攝。

由以上諸點可知，爲何成爲真正的佛教徒，亦即最下位的聖者，必須斷除身見、疑、戒取三結的原因了。因爲只要有這些錯誤的見解，就不能稱爲是真正的佛教徒。但是，根據《俱舍論》等，認爲見道所斷除的煩惱，是理論性的迷惑——見惑（迷於理之見惑）。由現觀而得法眼者，即是斷除此見惑。

在《俱舍論》等中，對於見惑，除了列舉貪、瞋、痴、慢、疑之外，也舉出惡見，包括身見、邊見、邪見、見取、戒禁取等五見，而此五見與現觀所斷之三結，二者是否有所不同？由於《俱舍論》的見道與原始佛教的現觀，皆是指同一個證悟，所以，所斷除的五見或三結，並非是不同的兩個東西。因此，可以看成三結中包括了所有的五見。

例如，五見中的身見、邊見，可視爲包含在三結中的身見，邪見包含在疑之內，見取、戒禁取包含在三結中的戒禁取之內。[150]五見中的邊見，是指斷見、常見，這是認爲本體實體是常住（常見）或斷滅、虛無（斷見），因爲是以本體之有無斷常爲問題，所以從屬於本體論的觀點來看，可將它歸入身見的範疇。其次，邪見爲疑所攝，如前所述。所謂「見取」，是將其餘四見誤認爲正確的說法，皆與見有關，所以可暫且看成屬於戒禁取所攝。

由以上可知，三結與五見，在內容上並非有所不同。被現觀所斷除的見惑，又稱爲「利使」，是銳利的煩惱，由於其錯誤的理解，可以被立刻除去，所以見惑可在十六心刹那的短時間之內被頓斷。但是，諸部派之間，對於現觀的斷惑，則有頓斷及漸斷之種種異說。[52]

---

[52] 現觀，根據說一切有部《俱舍論》等，有所謂：苦法智忍、苦法智、苦類智忍、苦類智，乃至道法智忍、道法智、道類智忍、道類智，認

【三、須陀洹】所謂「須陀洹」(巴 sotāpanna，梵 srotāpanna)，又譯為「預流」，是指參預入流，進入聖者之流。亦即最初達到聖位者，即是須陀洹。在阿含經中，也有不用「須陀洹」，而用

為有關四諦的三界之見惑，於十六剎那各別被斷除，所以當然是漸次現觀說。因為十六心剎那是極短的時間，所以也被認為是一瞬間的斷惑，由此觀點來看，也產生現觀是一時生起的頓斷之說。

不過嚴格說起來，需要十六心剎那，經過欲界及上二界，四諦各別起現觀，故說見惑漸斷。但是，主張頓斷者認為十六心剎那為一時，除此之外，從理論上來看，由於真正理解苦諦，所以一定也同時理解苦之原因——集諦；又，若能真正自覺苦，必定也能自覺崇高理想的滅諦；正確了知滅諦，也一定能了知作為其原因的道諦。因此，正確理解苦諦時，也必定同時正確理解集、滅、道三諦。從這點來看，理解一諦時，一定也必須理解其餘三諦，四諦同時理解，此即是頓現觀說的理由之一。

根據《異部宗輪論》，大眾部、一說部、說出世部、雞胤部等大眾四部的本宗同義（大 49, 15c），以及化地部（同 16c）主張四聖諦一時現觀說；說一切有部（同 16b）及大眾四部之末宗異義（同 16a）則主張四諦漸現觀說。又根據《大毘婆沙論》103 （大 27, 533a），分別論者主張四聖諦一時現觀說。

根據巴利佛教的《論事》(kathāvatthu）及其註解，在一之四提到正量部、二之九提到案達派（Andhaka 南方案達羅地方的大眾四派）、說一切有部、正量部、賢胄部主張四諦漸次現觀說。相對於此，南方上座部（巴利佛教）則認為理論上來看，四諦是一時頓現觀。**（參原書 p. 152-153）**

「極七返」（巴 sattakkhattuparama，梵 saptakṛtva-bhava-parama）者。所謂「極七返」，是說即使是最下位的聖者，最多只要七次輪迴轉生於人間及天上，之後必定脫離輪迴，決定成爲最高的聖者。就如同「不墮法」，是聖者決定不墮惡趣，必定生於三界的善趣，而此極七返則是指最多七次停留在輪迴界，不會超過七次以上。[53]

附帶一提，須陀洹有往返人天界輪迴只剩七次，乃至四次等種類。如同斯陀含（巴 sakadāgāmin，梵 sakṛdāgāmin），又稱爲「一來」，本來是指往返人天界之輪迴只剩一次，再來一次輪迴界，即可得到最高的證悟的聖者之意；但是，後世也提出三次乃至一次（三次稱爲三生家家，二次稱爲二生家家，一次稱爲一種或一間）投生於人天等之數種斯含果的說法。又如三果，又稱爲「不還」，是不再輪迴此世，而後世也提出在中有，乃至

---

[53] 根據《俱舍論》23（大 29, 123a 以下），說一切有部所謂的「極七返生」，是指投生到欲界天及人界最多各七次，並不是指欲界天和人界加起來最多七次之意。《雜阿含》卷 5（大 2, 106c）396 經云：「趣七有天人」，又《中阿含》卷 47《多界經》（大 1, 724a）云：「若見諦人，受八有者，終無是處」，是指現觀者絕不受第八有；但是，並不清楚究竟是指人界或天界，或者二者加起來。巴利阿含中亦多次提到「極七返」，但是並沒有人界、天界的分別。可能最初只是含混籠統地指七次輪迴生死而已。**（參原書 p. 153）**

前往上二界途中就[151]得漏盡等之七種不還的說法。[54]

得到最高證悟的佛陀或阿羅漢，縱使是處於三界的世間，但是因爲已完全不受業報所繫縛，所以是處於遊戲三界的出世間狀態，既不住生死，亦不住涅槃，爲救濟眾生而繼續興慈運悲。從如此的聖者階段來看，須陀洹只不過是第一步罷了，還是不圓滿的境地，雖然如此，由於已斷三結等，脫離凡夫的境地而進入聖位，所以也有與世俗的立場完全不同之處，因此，才被稱爲「聖」、「無漏」或者「出世間」。須陀洹雖然斷盡見惑，但是習慣性、情意的煩惱——修惑並未完全斷除，所以在這階段，無漏的要素相當少。[55]

---

54 「家家」(kolaṁkola)、「一種」(ekabīja or ekavīci)、「七種不還」等詞，在原始佛教中找不到相對應的字，似乎是部派佛教所提出來的，巴利佛教的《人施設論》(*Puggala-paññatti*) 中也有出現這些詞。詳參《俱舍論》24 (大 29, 123c 以下)。**(參原書 p. 153)**

55 聖位與斷惑之關係，說一切有部提出的說法是：八十八使見惑、八十一品修惑是隨著見道、修道、無學道等修行階段而被斷滅。瑜伽行派則進一步詳細分析，煩惱有分別起、俱生起二種類別，又各分爲煩惱障、所知障，將前六識、第七末那識各別斷除的經過，根據煩惱的現行、種子、習氣的強弱而考察。例如，《成唯識論》10 (大 31, 54a 以下) 所說，如下表所示。關於表中的資糧位、加行位等階位，可參照第二節中，法相宗的四十一位，與小乘說、五位說的對照表。又，所謂「現行」，是煩惱實際生起的狀態，「種子」是指煩惱的習慣力之狀態，「習氣」是指其些微殘留的痕跡。種子以下不起現行。(接下頁)

一、分別起（見惑）

　煩惱障、所知障：

　現行——資糧位漸伏、加行位頓伏

　種子——真見道無間道頓斷

　習氣——真見道解脫道頓捨

二、俱生起（修惑）

　1. 煩惱障

　　(1)前六識俱：

　　　現行——地前漸伏，初地頓伏

　　　種子——金剛無間道頓斷

　　　習氣——佛果解脫道永捨

　　(2)第七識俱：

　　　現行——初地以上漸伏，第七地永伏

　　　種子——金剛無間道頓斷

　　　習氣——佛果解脫道永捨

　2. 所知障

　　(1)前六識俱

　　　現行——地前漸伏，第八地永伏

　　　種子——地地漸斷，金剛無間道永斷

　　　習氣——佛果解脫道永捨

　　(2)第七識俱

　　　現行——地地或伏，或起，金剛無間道永伏

　　　種子——金剛無間道頓斷

　　　習氣——佛果解脫道永捨

此中，現行是用頓伏、永伏等「伏」字（一時而起），種子是用「斷」字，習氣是用「捨」字。到了「捨」，意謂著連痕跡也絕對消失了。

【四、決定不墮惡趣】 通達現觀者，由於絕對不會墮於地獄、餓鬼、畜生等惡趣，所以稱之爲「不墮法」（巴 avinipāta-dhamma，梵 avinipāta-dharma）。不墮惡趣的原因是由於完全捨離惡業之故。此位之聖者因爲得到四證淨，依於戒證淨，便能絕對自然持守戒律，無所違犯。對於信仰或禪〔*定〕若能徹底者，一定會得到戒證淨，絕不會有破戒無慚之行爲。所以，有所謂〔念佛者〕無妨礙念佛之惡〔業〕，或者習禪者沒有必要刻意持守戒律，也是這個原因。若是念佛者或習禪者破戒、做出不道德的行爲，則表示其念佛或禪定尚未徹底。對真正的佛教徒而言，已如此完全解決倫理道德的問題；所以將道德與信仰或禪定分開處理，或者缺乏佛教倫理道德思想或意識的人，其實並未充分理解佛教。不論是在政治界、經濟界，或者其餘一般職業的人，若真正徹底信仰佛教，絕對不會造諸惡業，而且能使世間日常生活得到淨化。而佛教的理想——淨佛國土，也唯有當社會上所有的人，都成爲如前所說的真正佛教徒，才有辦法達成。

關於「解脫道」、「無間道」，得證悟以前是「解脫道」，在此之前的階段是「無間道」。「金剛」是金剛喻定的略稱，指進入佛界之前的階段，也就是從金剛無間道，經過佛果解脫道，而進入佛果。（**參原書 p. 153-154**）

【五、必成正覺】 由於作爲惡趣之因的惡業皆已去除，三結亦已斷除，此聖者的思想[152]或行爲，皆朝著理想正確地邁進，因此必定能成正覺。此稱爲「正性決定」（巴 sammatta-niyata，梵 samyaktva-niyata）。也就是，通往正覺的正確路線既已確定，只要向著此路前進，畢竟能到達目的地，可說是「不退轉」[56]、信心決定。在淨土信仰中，往生淨土即意含著正性決定，此乃信心決定，亦可稱爲「入正定聚」。

關於現觀，後世佛教有種種的論說，在此省略不談。[57]

---

[56] 見道位與不退轉位未必相同。根據有部等部派佛教之說，見道是作爲初步聖者的不退轉位，但是，阿羅漢位是否有不退轉？對此各部派間有異說。有部提出五種羅漢，其中有退轉者，也有不退轉者。大乘的十住說、十地說中，關於不退也有各種種類。在最初期大乘的十地（十住）中，第七是不退轉位，是否本來此與見道就被看成是同等的，這點不得而知。在前面第二節中所說過的，唯識說、天台的別教大乘說，將十地中的初地視爲見道，圓教說則將十住的初住視爲見道。又，在原本的華嚴十地說中，是以第八不動地爲不退轉位。梵文《大事》的十地說，在第四地的說明中，提到不退法或不退菩薩，但是又認爲五地、六地仍有所退轉，所以並非確定之說。總之，見道位是最初的不退轉，一旦成爲聖者，即不再退轉而墮落爲凡夫。**（參原書 p. 154）**

[57] 在瑜伽行派中，有六現觀之說。例如，《瑜伽師地論》55（大 30, 605c）、同 71（690c 以下）、《顯揚聖教論》17（大 31, 562c）、《成唯識論》9（大 31, 50c）等所出，即：思現觀、信現觀、戒現觀、現觀智諦現觀、現觀邊智諦現觀、究竟現觀。第一、思現觀，是指見道以前，加行道

六、現觀以後的證悟

[155]前二節已大致說明了作為最初重要證悟的現觀及其內容。在現觀之後的修道階段，即一步一步地斷除種種的修惑。[156]根據《俱舍論》，修惑以貪欲、瞋恚、愚痴（無明）、慢四種為最大，「貪欲」包括欲界官能性的五欲等所組成的欲貪、色界味定等禪定的欲求——色貪，以及無色界願求奢摩他的寂止虛無等無色貪三種類別。「瞋恚」只存在欲界，不存在於

中的思所成慧。本來可能是指諸諦的決定思惟，正確觀察思惟四諦的見道之智慧。第二、信現觀，是對三寶信仰的徹底。第三、戒現觀即相當於戒證淨，此二者（信現觀、戒現觀）表示是見道時的四證淨。第四、是證得真理剎那的根本及後得的無分別智。第五是在其之後的世間、出世間的有分別智，不只是見道，也擴大到修道位。第六是指完全斷盡修惑，生起盡智、無生智的究竟位的現觀。

在原始佛教或部派佛教，現觀只是意指見道剎那真理的把握，而在瑜伽行派的六現觀說中，可看出含蓋了從見道以前，乃至最高佛位的若干階段的證悟，但是，其實仍然應該將它看成只是指現觀四諦的見道剎那才對。不只是須陀洹，在斯陀含、阿那含、阿羅漢證悟中，也有現觀的例子，例如，在巴利佛教《無礙解道》（*Paṭisambhidā-magga*）的現觀論中，就有提到四向四果位皆有現觀。（南傳 41,164 頁以下）。關於此點，已如前所述，是由於在凡夫位即已斷除修惑之人，按其程度，在見道的同時，也得到了斯陀含果乃至阿羅漢果之故。因此對於現觀的概念，無論在任何狀況之下，皆應將之視為在理論上把握、理解四諦或緣起的道理才對。（**參原書 p. 155**）

上二界。這是因爲在禪定狀態中，沒有憤怒的緣故。無明是一切煩惱中，最爲根本者，所以也最根深蒂固；「慢」是以自我爲意識的自我中心者，所以只要我執未斷除，就仍存在禪定中。

關於前述修惑的根本四煩惱，及其在修道中的斷除情況，首先，斯陀含果能斷除一部分欲界的修惑，令之稀薄；阿那含果則完全斷除欲界修惑的欲貪及瞋恚。由於欲界煩惱被完全斷除，所以阿那含不再來欲界（六欲天及人界）輪迴，故稱爲「不還」。到阿那含爲止，未必需要有禪定。因爲作爲欲界之善的施、戒若爲無漏，則可到達阿那含。但是在此之後，由於必須斷除上二界的煩惱——色貪、無色貪，所以必需要有色界定、無色界定等禪定。到達最高的阿羅漢果時，通達一切的禪定，進一步也需要有禪定的應用——三明、六通的神通，以作爲化他之用，一切煩惱也被斷盡，而得漏盡通。

從原始佛教以來，煩惱即有五下分結、五上分結二種。所謂「五下分結」，是在下分——即欲界所斷除的煩惱，是指身見、疑、戒取、欲貪、瞋恚這五種。其中，身見、疑、戒取是在須陀洹向的見道所斷，欲貪、瞋恚則於阿那含時全斷，這些皆已如前所述。其次，「五上分結」相當於阿那含以後所應斷除的上二界的煩惱，以及其餘一切煩惱，不過主要是列舉色貪、無色貪、無明、慢、掉舉五項。其中，前四項已如前述，最後一項「掉舉」，部派佛教等以之爲根本煩惱。由於掉舉會妨礙禪定，所以不得禪定即無法證得阿羅漢，可能由於這個原因，才將掉舉列為上分結。但是，因為上分結有色貪、無色貪，所以並沒有必要將掉舉特別列舉出來。[157]因此，《俱舍論》將掉舉列為大煩惱，並未加入根本煩惱中。在唯識說中，掉舉也只不過是隨煩惱而已。

見惑的情況是如此，但是，在斷除修惑各個階段的證悟中最為重要，乃至在任何情況皆是最重要的，即是破除我執。因此，在原始佛教中，也提出應當觀察五蘊的無常、苦、無我，以作為修道的坐禪觀法。從最初的凡夫位時代，乃至最高的阿羅漢位，貫通各階段的一乘道所提出的四念處觀之修習，其觀察身、受、心、法的不淨、苦、無常、無我，也是為了體證無我。[58] 又，原始佛教修習位的課題——空、無相、無願三解脫門（又稱為三三昧），也是為令證得空無我。

禪所強調的「無」，念佛所提倡的「絕對他力」，皆是為令捨棄自我的考量。只要存有自我的情識，就絕對無法得到證悟。但是，捨離自我執著是極為困難的事。因此，禪的證悟需要十年、二十年的修行。以自我為中心的第七末那識，本能性地根

---

[58] 原始佛教或部派佛教中，提出應當觀察不淨、苦、無我、無常，但是在提倡佛性或如來藏的大乘佛教中，則如《涅槃經》所說，提出觀察佛性的淨、樂、我、常，這是為使實現佛性而說的。禪的證悟則是一方面說無，另一方面則將見性（見佛性或心性）視為相當於證悟。因為真空通於妙有，所以二者皆無誤。（**參原書 p. 157**）

深蒂固存在於內心深處。去除自我的執著，非得在內外一切平等視之的平等性智完成，也就是佛果位時方能做到，這也說明了其捨離的困難程度，及最後證悟的不易。可知脫落身心，打破漆桶相當困難，若非捨棄身命的覺悟，是無法得到此境地的。[59]

[59] 本論文是以原始佛教爲中心，依從經論等敘述，從文獻上考察「證悟」。至於證悟的風光爲何，悟與未悟的心境有何不同，鈴木大拙的各篇論文有所論及，他是從禪者或念佛者的體驗記錄，以心理學、哲學的角度詳細討論、分析。鈴木博士的許多著述，對此有清楚的解釋。（參**原書 p. 157**）

業

一、與業有關之原語

[159]除了「業」(karman)這個原語及其概念之外，在佛教的教理或概念中，對佛教徒本身而言，似乎也有不少是十分曖昧而籠統的。對佛教以外的一般人而言，有許多令他們無法理解、十分特殊的佛教用語。因此，佛教若不能讓這些佛教用語與近代的一般用語有所關連，以一般用語來表現佛教的教理學的話，佛教理論就沒有普及的希望。

雖然如此，佛教教理或概念中，仍有不少無法改成世間的一般用語，一般用語只能表現它一部分的意義，無法完全表現全面而具體的意義。這是由於佛教的教理學說，與西方的科學、哲學，或者近代日本的言語表現有所不同的緣故。在西方的學問中，不論是科學或哲學，用語的概念規定極為明確，很少有曖昧不清的情況。那是因為它是作為學問的性質，對於希望研究的事物，從某一個觀點考察，將之抽象化，並從單方面來敘述之故；又由於其概念或組織體系，被十分明確化，因而能夠容易理解之故。

[160]但是，以佛教為首的東方固有思想，很少從如此嚴密的學術立場來考察。其採用的對象，並非用單純的抽象概

念來表現，而是希望將活生生的實踐體驗，如實地掌握、表現。所以，對於事物或狀態，並不像純粹學術，將它片面地抽象化，而是根據其〔身心〕活動，從多方面、立體性論述體驗。因此，即使是同一用語，也未必有固定的概念，必須依據時間、地點來理解。例如：從有、無或空的用語即可明白這種情況。它是隨著領受者的心境（主觀），以及所處的狀況（客觀）等種種情形來理解和解釋。隨著部派的不同、時代的變遷，同一用語也會有不同的意義，不僅如此，即使是同一人在同一著述中，也會將同一用語用於世俗或第一義等種種含義，因此，同一用語從表面上看起來，甚至會有令人感到完全相反或矛盾的情況。這是佛教教理或用語概念難以理解的一大原因。但是，我們仍須克服此困難，試著將佛教加以解說，平易地表現，盡可能讓一般人理解。

以上的前言有些過長，不過，關於業的用語及其概念，即有如前所述的情況。第一，業的原語 karman（巴 kamma），其意不只限於佛教的業之意義，而且即使是佛教業的概念，在原始佛教、部派佛教、大乘佛教也有所不同，部派佛教的各部派之間也有異說。又，印度佛教之意義的業，與中國、日本佛教意義的業，其意義內容亦未必相同。甚至也有用 karman 一語以外的原語來表現業的意義，或者含有與其有密切關係的意義。

在彌曼差派[1]，是用相當於業的"apūrva"一語表現。勝論派則以adṛṣṭa、dharma、adharma 等語表現業的概念。佛教中的無表（avijñapti）、種子（bīja）等詞也是業的一部分，或者與之有密切的關係。由此可知業一語及其概念極爲複雜。

[161]本節擬對與業相關連，並從 karman 同語根的 kṛ（作、爲、行）所形成的原語，略做考察。包括：karman、kriyā（巴 kiriyā）、kṛtya（巴 kicca）、karaṇa, kāraṇa, kārya（巴 kāriya）、kartṛ（巴 kartar）、kāraka、saṁskāra（巴 saṅkhāra）、saṁskṛta（巴 saṅkhata）、asaṁskṛta（巴 asaṅkhata）等語。關於表示行爲之語，另外還有從 car（行、實行）之語根所形成的 caraṇa、carya（巴 cariya）、carita 等語。 caraṇa 是如來十號 vidyā-caraṇa-sampanna（明行具足者）之一的「行」，這是實踐之意。carya 是 brahma-carya（梵行）的行，也有實踐修行之意。 carita 是 Buddha-carita（佛所行）的所行，有行狀、經歷之意。這些都有實踐的意思，不太能看出含有因果關係的業之意義，因此，與業之意義有關之語，從 car 所造者爲少，從 kṛ 之語根所造者爲多。

首先，關於 karman 一語，所謂「karman」，是「作事、作

---

[1] 案：彌曼差學派，印度正統婆羅門系統中六派哲學之一。此派對吠陀聖典所規定的祭祀儀禮之實行及意義，以哲學立場加以研究。此派爲耆米尼（200 B.C.～100 B.C.頃）所確立。《佛光》p. 2222

者、作之力」之意，此語之用法並未只局於業的意思，而是也被用於廣泛的意思。根據《大毘婆沙論》卷 113 所敘，karman 有三義：（一）作用、（二）持法式、（三）分別果。

（一）「作用」：是指與善惡或道德宗教無關的，普通的作用而言。例如，用於勝論派的六句義中的業句義、數論派的五業根（五作根）等等。所謂「業句義」，即取、捨、屈、伸、行五作用，此相當於佛教中的行、住、坐、臥四威儀，佛教將這些歸屬爲與業或報完全無關的無覆無記（純粹的無記）。數論派的五業根之業亦同前，是指手的抓取、足的步行、口的發音、大小便的排泄、本能的生殖行爲等，這是與佛教無關的、單純的作用而已。

（二）持法式：是指佛教所謂的「羯磨」，即戒律的儀式作法。這是因爲將出家受戒、布薩、雨安居等儀式作法稱爲 karma（羯磨）之故。在佛教之前，其它宗教亦使用此概念。婆羅門教稱祀神的祭式爲 karman。研究哲學的奧義書，及繼承此學的吠檀多派，[162]被稱爲 jñāna-mīmāṁsā，其文獻被稱爲 jñāna-kāṇḍa；相對於此，研究祭式的婆羅門教，及繼承此學的彌曼差派則被稱爲 karma-mīmāṁsā，其文獻被稱爲 karma-kāṇḍā，此情況之下的 karma 即是持法式。又婆羅門教的修行法中，所依據的宗教信仰稱爲 bhakti-yoga、哲學理論稱爲 jñāna-yoga，所依據的祭祀、苦行、戒律、布施等實踐稱爲 karma-yoga，此時的 karma 也有法式作法之意。所以，karman 一語的特殊用法，可能是起源於此祭式儀禮的作法意義，也就是說，業的意義是後來才有的。

但是，無論是作法的意義，或者業的意義，karman 皆非只有單純的作用之意，而似乎還包括一種具體的力量之意。因爲藉由祭式，其行爲並未消滅，在得到其果報之前，祭式的功德仍會以一種力量的形式而繼續存在著。此藉由祭式所產生的力量，彌曼差派稱爲 apūrva，如前所述，此是業的同義語。這是因爲作爲原動力的 karman（祭式），被認爲具有功德力之故。而佛教作爲戒律儀式的 karman（羯磨）也被認爲具有如此的力量。例如，藉由受戒的儀式，於受戒者產生了所謂「戒體」的潛在力（無表），成爲防非止惡的力量。

（三）分別果：也就是由善惡而感得果報的業，會有令得果報的一種力量，這是不待多說的。如此，karman 的第二、第三用例，不只是作用，也有一種具體的力量之意，這是由於 karman 一語本身就有「擁有力量」之意。可能因爲 kar-man 的 man 有「擁有」之義，表示具體力量之擁有者之意的緣故。又例如，ātman, brahman, dharman, marman 等，有接尾詞 man 的其他語詞也可做同樣的說明，ātman 不只是呼吸，而且是呼吸力、職掌呼吸的生命力。brahman 不只是抽象的呪文、祈禱，也有具呪力、祈禱力、聖力的強力具體者之意。又 dharman 也不只是抽象的規律法則之法，同時具有規制現象，令之運轉的力量。即所謂「法是任持自性或軌生物解」，[163]此乃由於法是任持自性的力量（自體任持），使物的理解產生的軌則力（軌生物解）之故。marman（末魔、死穴）也有具左右死亡的力量之意。

總之，karman 是有具體力的行爲，可將它看成是指業能感果的具體力。karman 一語與從 car 語根所產生，只有行爲、實踐之意的 caraṇa、carya、carita 等語的不同處即在這裡。

其次，kriyā（作用）、karaṇa（作用或作具）、kṛtya（所作、義務）、karaṇa（原因）、kārya（結果）、kartṛ、kāraka（作者）等語，也有可考察之處。尤其是 kriyā（巴 kiriyā），巴利佛教稱爲「唯作」，具有與業的問題有關的重要意義，但是前面所列舉的這些語詞，並沒有多種含義，其語義十分清楚，所以在此省略對此之說明。

與業關係密切，且具有多種含義之語是 saṁskāra（巴 saṅkhāra）。眾所周知，此語在中國被翻譯爲「行」。但是，此語也與 karman 一語相似，大致有三種用法。第一、諸行無常的行，第二、作爲五蘊之一的行蘊的行，第三、十二緣起支第二項的行。

首先，諸行無常的行，是 saṁskāra 的最廣義者。它與 saṁskṛta（有爲）一樣，是指包含物質、精神的現象世界，亦即由種種條件、原因所組合成的現象界。但是，我認爲 saṁskāra（共同合成者）的本來意思，並不是指由條件、原因所組合成的結果，而是指促使條件、原因合成的力量。這也是五蘊中的行蘊、十二緣起的行支中的行的意義，如同業的情況，仍然含有具體力量之意。

第二、行蘊的行，其意義內容在原始佛教與部派佛教多少有些變化，部派佛教中，各部派間的意見亦有所不同。首先，在原始佛教中，行蘊被說明爲最狹義的思（cetanā 善惡的意志），不過，因爲此思是被敘述爲行蘊的代表，所以實際上，也包括了其他的心理作用。[164]本來五蘊是指由肉體精神所組成的我之個體，以及由物質精神所組成的內外現象界；五蘊中的色蘊是肉體或物質，受蘊是苦樂等感受作用，想蘊是表象或概念的作用，識蘊是認識判斷的作用或認識主體，行蘊是指除受、想、識三蘊之外的一切精神作用，思即是作爲其代表。此思既是善惡意志，也是業的本質，可視之爲業的同義語。因此，最狹義的行，亦即思，可看成與業相同。

但是，行蘊當然也包括其他的心理作用，尤其在後來的部派佛教，將行蘊更加廣義地解釋，巴利佛教將原始佛教的說法略加擴展，主張行蘊是除受、想之外的精神作用（亦即心所法）；根據說一切有部等，行蘊不只包括與心相應的心所法（心相應行），也包括心不相應行。心相應行是指屬於精神作用者，如：作意（喚起注意之作用）、念（憶念記憶作用）、定（精神統一作用）、慧（智能作用）、信（信仰作用）等，因具有驅使這些作用生起的力量，故被稱爲行。

同樣地，心不相應行也具有不屬於物質或精神的，使物質精神生滅的力量之義，故被稱爲行。例如，使得到東西之力量的「得」，使不得聖道之力量的「非得」、使現象生、住、異、滅之力量的「生」、「住」、「異」、「滅」等。無論是俱舍學中的十四心不相應行，或者唯識學中的二十四心不相應行，皆屬之；但是巴利佛教未並設立心不相應行。

此處值得注意的是，五蘊中的行蘊，包含了受、想、識以外的一切心理作用，因此，與心理作用無關的心不相應行，既不包含在行蘊中，也不包含在五蘊中，而是包含在十二處、十八界中的法處、法界。尤其是行蘊的行，範圍僅次於包含五蘊等現象的諸行無常之行。由於行蘊的行具有驅動心的力量，所以可說與作為單純現象的行不同，而與業的性格類似。

第三、十二緣起的行，如通常所說，幾乎與業同義。但是就業而言，不論是精神的（意業）、言語的（語業）、身體的（身業），不只是（1）最初的經驗（現行），**[165]**（2）在對應其經驗而感得結果之間，以某種形式而存續為業力者，也被視為業；雖然緣起支的行是指包含了（1）（2）這兩者的業，它不只是行為的現在經驗，也包含了此經驗被保持為業力者，而且甚至以後者的意義更為重要。行（saṁskāra）英譯為 disposition（性格、傾向、意向）即此意義，在佛教以外，也多半將之解釋為習慣力或性格。十二緣起的有支，被視為等同行支，認為有支也有業力的習慣力之意。

最後，就考察 saṁskṛta（有為）的否定——asaṁskṛta（無為）一詞。此詞在原始佛教中，被用作 amata（梵 amṛta，不死、甘露），即涅槃（nibbāna, nirvāṇa）的同義語。此是超越業報輪迴，善惡業或果報所不及的狀態。但是，部派佛教的阿毘達磨，將無爲解釋爲不生不滅的無變化者，所謂存在論的意義，這包括了空間（虛空）、缺緣之不生狀態（非擇滅）、真理，即三無爲、六無爲、七無爲、九無爲等說。也就是，被認爲沒有生滅變化的一切法，稱爲無爲。但是，這並非佛教原本的立場，佛教絕不是存在論證性地、談論事物的有、無之理論。超越業報或生死的無爲，其本來的意思絕非客觀性存在論證性的脫離生死輪迴；而是雖然存在於生死的世界，但是既不住生死，亦不住涅槃，無執著、無礙自在的境地，這才是無爲。

二、現在經驗的作用分類

本節不只考察善惡業強力的行爲，也希望進一步廣泛考察身語意的一切作用。**[166]**在此意義之下的作用，在表現爲現在經驗的情況中，大致可分爲三大類，即第一、善惡業；第二、與善惡無關，但是在其他方面會留下強烈印象的行動；第三、幾乎不留下印象的輕微作用。

對於業的考察，雖然考察前列第一項已十分足夠，但是爲了作爲參考之故，今仍將其餘兩項一併考察。首先，第一、善惡業，其現在經驗並不會就此終止，業的餘勢力會以某種形式保存著，最後必定感得果報。也就是，善惡業會留下其業力，帶來果報。第二、留下強烈印象的行動，是指與善惡無關的，記憶或技術的學習訓練等。從善惡的觀點來看，這些都是屬於無記（不善不惡），因此，雖然不受果報，但是其經驗會以某種形式被保持而殘存著。在我們的日常生活中，認識或思惟的經驗每次會留下記憶；技術的學習或行動的反覆練習，也會逐漸累積而成爲熟練或者形成習慣，這是眾所周知的事情。根據說一切有部等，在現在經驗的煩惱作用中，有屬於此類者。此煩惱被稱爲「有覆無記」，雖然它在未來並不會帶來苦樂之果，但是仍會妨礙聖道，其經驗並不會就此消滅，會以所謂「隨眠」（anuśaya）的潛在力繼續保存下去。

第三、輕微的作用，是指其作用經驗消滅之後，並不會留下餘勢力，也不會感果。在屬於這類的作用當中，我想可大致分爲二種：一、不經意識的反射運動或本能作用，二、藉由訓練熟悉，而在無意識中即能做到的熟練作用。在巴利佛教中，二者皆稱爲 kiriyā。施設 kiriyā（唯作） 的用語以說明第三輕微之心作用者，只有巴利上座部而已，其餘部派或大乘並未見及。所謂 kiriyā，被解釋成 karaṇa-matta（只有作用），譯爲「唯作」。唯作包括了屬於認識作用之一部分的反射運動，以及阿羅漢超越善惡，遊戲於三界世間的無礙自在之作用。這點待後說明。

[167]總之，若將我們日常經驗依其性質及強弱程度作區分，可分爲前述三種。其次，若將這些現在經驗，依其要素作分析，則可分爲三個階段：（一）動機目的，（二）手段，（三）

結果。完整的善惡業即完全包含此三階段之要素，但是也可能只有動機目的，而手段不完全而未達結果；或者無動機目的，而是採用手段而造成重大的結果；或者動機目的、手段二者皆輕微或不完全等種種的經驗。因此，以下就將這三要素分別作考察。

（一）動機目的，是指最狹義的業──思，也就是善惡之意志，用佛教的術語，稱之為思業。若此意志要成立為完整的意志，必須有三項條件：（1）意識性的，（2）有自由意志，（3）善惡價值意識的良心健在。這些在現今的倫理學也是如此說，若三項中缺其中一項，就不能視為完整的思業。因此，諸如：（1）無意識性的行為，例如反射運動或純粹本能〔*的動作〕，於此不能成立善惡業；或者（2）不是出於自由意志，而是為他人所強制或脅迫而做的情況，也不能成為真正的善惡業。因為並沒有自己想做的意志存在之故。

其次，（3）沒有判斷善惡的能力，良心不是十分發達者，例如：精神薄弱者、未成年者，或者其他的動物等等，他們所做的行為不能視為真正的善惡業。所以，未成年者的犯罪不能強烈處以刑罰。佛教也重視行為動機目的之有無，認為在身語意三業之中，意業最為重要，也是這個原因。在律藏的戒律規定中，犯罪行為不受罰則之條件，列舉了狂心、亂心、病壞心、最初所作等，表示其動機目的不完整。前述所謂「最初所作」，是指制戒以前所做的行為，因為沒有意識到它是罪，所以不受處罰。

（二）手段、（三）結果，前述行爲的第一要素——動機目的即使完整，其實際行爲也未必完備。若在意志之後，正確地採取適當的手段方法，則必定成功。縱使意志完全，但是手段方法有誤或者不完全，仍然是未達結果。因此，[168]行爲最後成功與否，比起動機目的，或許可說手段或結果更爲重要。相對於佛教重視動機之意志，耆那教或摩伽梨拘舍梨（*Makkhali-Gosāla，六師外道之一，宿命論之自然論者）等主張意業爲半業，身語業爲全業，他們認爲手段或結果比動機目的更爲重要。善惡業若要完整，除了動機目的須具備三個條件之外，也必須藉由適當的手段，才能得到正確的結果。佛教稱動機目的爲「思業」（意業），相對於此，稱手段或結果爲「思已業」（身語業）。

在本節最初所列舉的三種現在經驗的種類之中，第一、善惡業，是動機目的、手段及結果皆完備；第二、強烈的無記作用，是指動機目的不完全，尤其是不具善惡的價值，但是其手段因適當而得到相對應的結果之情況；第三、輕微的作用，是指動機、手段皆不完全或皆無，其結果幾乎不能得到的情況。

由以上各點來看，可知善惡業最受重視，是由於它必定完全具備動機、手段、結果之故。但是，在此仍須注意一點，也有人認爲，不太具有意志的習慣性行動，反而比強烈的意志所造的善惡業，更有價值、更爲重要。例如，下定決心與努力而最初犯下殺人的情況，與有多次殺人經驗，不需強烈意志而不經意就殺人的情況，二者誰的罪重？結果是無意識性的重犯，會比以強烈意志而最初犯罪者，求處較重的刑罰。

同樣地，善行也是如此，非常努力而行善的情況，與善行已成習慣力，沒有行善的想法，而自然地行善的情況，若從重視意志的角度來看，似乎是以最初的善行爲殊勝；但是實際上，連善行的意志也沒有，依無我的無分別智而行善，可說反而更爲殊勝。如此，在善或惡方面，培養成善的習慣，改掉壞的習慣之習慣力，在我們日常生活中極爲重要。而此習慣力是由於最初的出發點——善惡意志，以及其努力而逐漸形成。[169]爛醉中無意識性地作惡，仍不可被饒赦而必須處以刑罰，這是由於重視平日的習慣力，其習慣是由最初強烈的意志所養成的之故。

其次，佛教將現在經驗作爲宗教道德上價值評價的標準，而成立善、惡、無記三性。但是，評價基準之內容在各部派學派之間多少有些不同。例如，說一切有部等，其區分如下表所示：

三性

- 不善：感非福之果，障聖道
- 無記
  - 有覆：無非福之果，障聖道………煩惱
  - 無覆：不感異熟，不障聖道（中性）……………
    ………異熟、威儀路、工巧處、通果心
- 善
  - 有漏：感三界福果
  - 無漏：出世間聖道、聖果

相對於此，巴利佛教則爲：

三性

- 不善：有非福之果，含煩惱，唯欲界（有因）
- 無記
  - 異熟
    - 無因
    - 有因：三界有漏及出世間無漏
  - 唯作
    - 無因
    - 有因：三界有漏
- 善
  - 有漏：三界世間（有因）
  - 無漏：出世間（有因）

比較巴利說與有部說之相異處，巴利的不善並未將煩惱區別出來，認爲煩惱皆是不善，此唯存在於欲界，並未如有部等，有說色界、無色界之煩惱。關於煩惱論，巴利佛教並不像有部等的詳細。其次，巴利中將無記區分爲異熟（vipāka）與唯作（kiriyā），**[170]**二者又皆有「有因」與「無因」之分。所謂「有因」，是指具有善淨或不善之根者。「無因」是指完全沒有這些根的純粹無記。其中，「異熟」是過去善惡業的果報，「無因異熟」相當於有部的無覆無記，是指前五識及其他的認識關係。「有因異熟」包括有漏及無漏，「有漏」是三界中善趣惡趣的諸眾生之基礎心等——相當於唯識學的阿賴耶識。「無漏異熟」是指得到四聖道結果，包括須陀洹果乃至阿羅漢果。在有部等中，認爲異熟只是三界世間的有漏，出世間的四聖果則被認爲屬於離繫果——無爲。

其次，「唯作」是巴利佛教的獨特概念，如前所述，認爲也有不屬於善惡業及其果報的，完全只有作用，在業報關係中，於其前後完全沒有影響者。雖然唯作只是三界有漏者，但是，其中的「無因唯作」屬於與認識等有關的純粹無記，「有因唯作」是指阿羅漢與三界有情同塵，化導遊戲三界時的心。因爲於此並無某種有所得心，而是空無我之狀態，超越了善惡及果報，所以被認爲是無記。但是，實際上至此可說爲是至善，比出世間的四向四果更爲殊勝了。在說一切有部等中，稱出世間之善爲「勝義善」，而阿羅漢的唯作可說比此勝義善更爲殊勝。此相當於大乘佛教所說的聖者後得智。

其次，關於有漏無漏之善，巴利佛教和有部等亦不太相同。善業主要是指能引三界福果的有漏善，無漏善也稱爲無漏業，但是，這已脫離與因果報應輪迴有關的原本的業了。佛教有四業說：黑黑異熟業、白白異熟業、黑白黑白異熟業、非黑非白無異熟業。其中，「黑」（kṛṣṇa, kaṇha）是不善，「白」（śukla, sukka）是善，因此，前所列之第一項是感黑異熟的黑業，第二是感白異熟的白業，第三是感黑白異熟的黑白業，此三項是於三界世間的有漏業。而第四是指出世間的無漏業，它既不屬於黑白，也不會感得異熟。[171]有部等說無漏業不感異熟，並以第四項爲非黑非白無異熟業；相對於此，巴利佛教則說無漏善業亦感非黑非白之無漏異熟，稱第四項爲非黑非白非黑非白異熟業，這是歸因於部派學說不同之故。巴利佛教所謂的非黑非白異熟業，其實就是指阿羅漢的唯作心吧！

三、現在經驗的餘勢力及其果報

前節已考察了現在經驗的種類、構成要素、性質（三性）等，本節希望進一步考察由現在經驗所得之餘勢力——潛在力，及果報異熟。如前所述，現在經驗包括意業（思業）及身語業（思已業），若業完整，則會留下餘勢力——潛在力，且感得與之對應的善惡果報。又如前所述，即使不屬於善惡，有時也會留下餘勢力。對於餘勢力——潛在力的產生，從記憶、練習等日常經驗，便能很容易地得知。我們的經驗若是強而有力，則必定會留下某種餘勢力。所以藉由訓練，不論是語文、書法、珠算、技術、藝術等，皆能逐漸進步。

對於善惡的行爲，它也絕不會就此消失，餘勢力必定會在那人身上存留下來。不論他人是否看見，即使神明佛菩薩沒有照鑑，或者自己對此沒有記憶，善惡業也必定會每次都留下它的餘勢力而逐漸累積。例如：偷盜、妄語，最初必須非常努力才能做得出來，反覆幾次之後，產生了習慣力，便變得極爲容易而不費力氣。善惡行爲皆是如此。因此，不論他人是否看見，日常行爲皆須謹慎小心。反覆造惡者，其品德、言語、態度、容貌[172]皆是低級而可憎的，陰險之人，無論外表如何修飾，在不經意之間即會暴露出他的本性。反之，常爲他人的幸福著想，造令人喜樂之善行，以愛語和他人接觸，其言語也必定平穩而和悅、態度優雅高貴，神情溫和親切吧！

如此，不論是善惡或其他知識、技術，時時刻刻都被保存積蓄下來，其積蓄成爲基礎，對日後經驗的善惡及精通與否會造成影響。對於如此積蓄下來的經驗力，唯識學稱之爲「種子」，用現代的語言，從知性層面來說，可稱爲「智能」，從情意層面來說可稱爲「性格」，從肉體層面則可名之爲「體質」。也就是，我們時時刻刻的經驗，被積蓄爲智能、性格及體質，其經驗積蓄的總合，則構成了人格。而此經驗力不只在我們的一生，在我們出生於這一世時，就已帶著過去經驗所累積之一定的智能、性格、體質等素質，投生於母胎。此素質即使是在同父母所生的兄弟之間，也未必相同，所以，在智能的優劣、性格的不同、體質的強弱上，即使有著明顯的差異，也不足為奇。可見人的過去經驗，會藉由某種形式累積下來。

因人而異的天生素質，在後天成為我們經驗的基礎，在此素質上，現世善惡的經驗會繼續累積。因此，生下來時的素質，能時時刻刻再度被改變。生下來具有善的素質者，其後的經驗若是惡的，則生來善的素質也會逐漸惡化；天生不太好的素質者，只要其後累積善的經驗，也能逐漸改善其素質。這就是為何必須不斷的修習或訓練的原因。

佛教的目的，是在於最後能藉由累積善的經驗，改善不好的素質，為了人類社會向上發展，此點成為必要的課題。而佛教的理想——無我的實踐，[173]如前所述，是在於藉由善經驗的累積，令之成為習慣，使日常行為能任運無作、無意識地合乎法則，這就是所謂解脫涅槃的境界。

如前所述，我們經驗能引發餘勢力，而餘勢力累積成為我們的人格素質，此素質又對以後的經驗造成很大的影響；現今學術界對此看法亦相當認同，近代精神分析學或深層心理學等，也特別研究此課題。佛教從千百年前，即於唯識學等做極為精細的考察，這方面在西方近世的心理學或哲學亦未曾論及，所以為了將來使這方面的學術更為發展，有必要吸取佛教的知識，重新加以解釋、整理組織。

經驗及其餘勢力的累積，從近代的學術上很容易被理解；

相對於此，對善惡之果報，在學術上卻無法被輕易的明瞭接受。但是，業的概念必定件隨著果報，沒有預想到果報的業，可說是不可能存在的。誠如所謂的「善因善果（樂果）、惡因惡果（苦果）」，果報對業而言是必然的。其關係如同所謂的「因是善惡，果是無記」，造善惡之行為，即會得到苦樂的果報。但是，善惡之業與苦樂果報之間，是否有合理且必然性的因果關係？善惡若有正確的標準，即能客觀地加以規定，然而苦樂是十分主觀的，即使是同一狀態，也因人因時而有不同的主觀感受，因此，所謂「善因樂果、惡因苦果」，並不能客觀而合理地說明。不過，以下仍將苦樂用一般常識性的客觀性來討論。

在考察善惡與苦樂的因果關係合理性之有無時，可用如下之分類：

一、良心的滿足與呵責

二、社會的賞罰[174]

三、身心環境之有機性的調和不調和

四、宗教道德的要求

雖然這些也有交互錯綜的關係，不過我希望分開做討論。

第一、良心的滿足與呵責：行善之人，良心感到滿足，行惡之人，則會遭受良心的呵責，這對於懷有敏銳良心的人而言，是容易生起的。從這個角度來看，善因樂果、惡因苦果的事實即可很容易地被認同。

〔*二〕其次，社會的賞罰：是指造善事則會受到社會國家的讚賞表揚，造惡事則會受到制裁處罰，在社會組織或社會秩序井然有序時，這是必然之事，但是若在缺乏公平的混亂社會，則不能期待有正當的賞罰，也有可能壞人當道，好人遭受不幸。

第三、身心環境有機性的調和不調和：若行善——對自己身心或周遭社會的向上發展有正面影響者，不但會使自己身心發達調和，得到健全、健康的精神肉體，同時也能與周遭社會環境生活調和，有助其進展。例如：因注意衛生而得健康，因努力於事業而得財富，因貢獻於社會，而使社會和平幸福等等。因此，若行善，則能使自己及自己所屬的社會向上發展；若造惡則得相反之結果，所以善會感樂果，惡會感苦果。

從以上三項來看，善因樂果、惡因苦果仍能合理地被任何人所認同。但是，像第四項如此的因果關係，並不能合理地被證明，只是宗教或道德上的要求——善必然感善果，惡終會感惡果。它大多主張在前述第二項社會秩序混亂之時，或者第三項身心環境的有機關係難以確認時，即使現世無法得到正當的果報，[175]來世必定受到其相對應的果報。因此，前三項條件若是完全，則未必需要第四項。但是，過去一般大多是依第四項來說明業報的關係。例如，根據業與果報時間上的關係，說明順現受業、順次生受業、順後生受業、順不定受業等等。

總之，善因樂果、惡因苦果的因果業報關係，從前面的說明來看，未必是不合理的，而能大致合理地被說明。只要根據佛教的緣起說解釋業報說，如同依據前列最初之三項來看，應該就能成爲合理。

以上對於善惡業與其餘勢力及果報，已經考察完畢。不過仍要附帶說明，對於前述諸作用是否是精神性的？又，肉體、物質是否也與業或果報有關？由於佛教諸部派之間有異說，以下就對此做簡單的討論。

首先，根據巴利佛教的學說，認爲善惡業及其果報——異熟，皆只限於精神性；在不具有意志的肉體或物質，並沒有善惡的性質。於物質並無責任之所在，不論在宗教或道德上，它完全只是無記的。雖然在巴利佛教之外，也有部派或學者具有相同的主張，但是，以說一切有部爲首的大多數部派，仍主張善惡業或其果報，含蓋精神、物質二層面。主體當然是屬於精神的，但是，在身語業的場合，因爲身體或言語與善惡的思（意志）一同生起，所以認爲物質性的身體或言語也有善惡。又，身語業的餘勢力——無表（avijñapti），也被物質性地保存在我們的肉體中，作爲一種善惡的習慣力。所謂嗜好或習慣，因爲是無意識生起，所以被視爲至少不是純粹精神性，而是物質性。

如此，身語業的餘勢力被認爲是物質性的無表，但是，意業的餘勢力，根據經部等所說，即使是無意識的，也一定是精神性的。煩惱的餘勢力——隨眠（anuśaya）等經驗的餘勢力[176]則被認爲是種子，因此，唯識學也視之爲精神性。關於此餘勢力，部派之間雖有異說，但是並沒有部派將之作充分的組織與解說。

其次，關於果報，亦即異熟，也有許多部派承認物質性的異熟。用通俗意義來說，有情以善惡業的果報而輪迴三界六道，所以，在這當中的地位、境遇、貧富、貴賤、美醜、長短、強弱等肉體物質，皆是由於過去業之果報所感，因此，果報異熟當然也涉及物質界。所謂「報身」或「報土」等詞，即可證明這點。雖然如此，此種情況的因果關係，從現在的科學立場來看，未必能被合理地說明，所以或許只能被歸屬於如前所舉之因果關係的第四項，是形而上學的。若要要求一些合理的說明，則此可說相當於第三項因果關係中身心環境的適應與否，尤其是指現世所產生的因果業報，才較為妥當。

關於業與其餘勢力及果報之關係，還有一項值得考察。普通在佛教認為，業力（餘勢力）若感得果報，就會消滅。例如，在十二緣起說的惑業苦之連鎖上，惑業之善惡業若感得苦之果報，則只於此留下無記的果報之後，惑業之善惡就會消失；接著，在此無記之果報——識等上，善惡業的惑業又再產生。但是，這不過是形式上、表面上的說法罷了。善惡業及其餘勢力，在感得其相對應的苦樂果報之後，實際上並未消滅，反而是增長、繼續存在。舉個淺近的例子來說，由於累積對自己健康有益的經驗（善業），例如：營養、運動、睡眠等，逐漸能得到健康的身體（果報）；變得健康之後，作為健康的原因——健康方法並未消失，為了完全的健康，健康的方法會被更強地持續實踐。善惡業的餘勢力，時時刻刻接受其果報，並同時重覆相同的經驗，寧可看成是幾何級數式地增大。部派之間對此問題亦有所討論。

四、業力之存續及其可變不可變之問題

[177]本節擬考察善惡業的存續，及其存在狀態。根據以往佛教的看法，認爲各各善惡業至少在感得其相對應的果報之前，不會消滅，而會持續存在，業與報的牽連關係是必然的。一旦感得果報之後，業力就會消滅，但是尚未感得果報的過去之業力，在受報之前仍然繼續存在。認爲改變其業力是不可能的。這麼說來，業力果真不可改變了？對此部派佛教與大乘佛教間，也有種種的議論。

所討論的可變或不可變的業力，究竟是指什麼呢？在這種情況下，把業分成（1）最初的善惡業，和（2）其餘勢力及果報來看，若把業說成是（1）最初的善惡業，則例如殺人的事實，因爲是已經做完的行爲，所以此事實就沒有改變的餘地。又，（2）善惡業及其餘勢力在受完其一定的果報之後，此時業報的因果關係也已完成，所以也無法改變了。因此，所能夠改變的，是在過去的業力尚未感得其相對應的果報的時候。此時只有因而已，果尚未出現，因果關係尚未決定完成。在這種情況下，若如外道等所論，從過去業到未來果絕對是一定的，我們的命運只受過去業所支配，那麼就成了不可能改變的宿命論者，認爲業在任何時候皆不可改變。

但是佛教對於尚未感得果報的業力，則說明：雖然就這樣放著不管，當然一定會到達結果；但是，如果之後對於最初的業力，再增加其他的條件，則原本預定的結果也是可以改變的。佛教主張無我說就是如此，現象並非絕對不變，而是依於條件如何，[178]可以有相當的改變。由於是不認同事物有固定性的無我說，所以，對於業力也是如此，認爲尚未感其果報者，有可能會因增加其他的業力，使最初的業力方向改變。教育或努力修養的效果就在這裡，也因此，釋尊相對於外道的宿命論或神意論等，將自己的立場說明爲努力論（kiriya-vāda）或業論（kamma-vāda）。

總之，由於因果或緣起的連鎖關係是必然的，所以雖然過去已完成的因果，無法改變其連鎖，但是，對於未來的因果關係，在仍可改變其因之時，當然也可以改變其果。佛教的無我說或緣起說，就是在說明這點。

然而，所謂因果或緣起的業報連鎖，如同「自作自受」一句所說，是產生於同一個人身上。某甲造業，某乙受其報，這至少在佛教是不被認同的。在印度、中國，或者佛教以外，雖然也說雙親或祖先的善惡業，會波及其子或子孫的因果關係，但是，責任所在明確化的佛教則認爲，作者受者僅限於同一人。

不過，佛教對於業可以改變一事，有時也說：不只自己的業力可以改變，他人的業力也可改變。將來應受報的自己的業，可藉由自己的努力修行而改變，這是緣起說等正確的佛教立場；也有藉由自己懺悔過去的罪業，將之滅輕或除滅，所謂「懺悔滅罪」的思想；或者也有藉由臨終念佛等，遠離罪垢而往生的「念佛」思想（此懺悔滅罪或救濟往生，其實也有主觀的情況）。

總之，前面所舉的例子，是自己開拓自己命運的自力性業說。反之，對於造惡業而後命終者，他人藉由迴向讀經供養等善根功德，使死者得到救濟，這所謂「迴向思想」，是否能以業說之角度，正當地解釋？若將之再擴大，咒術者藉由調伏、增益、咒詛他人，或者藉由神佛的加被，讓他人的命運改變，所謂「祈禱呪禁」之思想，也變成與之〔*業說〕一脈相通了。如此，依於他力而改變業，與主張自作自受的原本之業報思想，如何能夠互相融合？對於業力的[179]自力與他力之關係，必須從佛教的立場來解決才行。（註：日本真宗所謂的純粹他力，其實是超越業或報的空無我的立場，這是值得注意之處。）

其次，關於所謂從祖先到子孫之家族上下間的業報相傳，或者在同一社會中，社會中人們的業共通地生起作用，從原本的業說來看，該如何解釋？在這種情況下，我認爲，應該將一個家族或一個社會視爲同一個個體，如此就具有於其家族或社會內，分擔善惡行爲之責任的意義。若依據如此的解釋，祖先的業，於子孫感果；集團社會共通產生同一業果，這些事也就未必不合理了。佛教的緣起說本來就不僅敘述單獨個人縱向的關係，也包括集團社會全體的縱向關係、個人與集團的橫向關係，因此，從這點來看，共業之說也可說是合理而完全的業說了。

以上已大致考察了業的各種層面，最後想說明佛教的業說與緣起說之關係。業說在佛教以前就已倡行於印度，佛教以作爲當時適當的常識說而採用它。因此，皈依佛門的信仰者，首先必須接受業報說，以作爲正確理解佛教的準備。在爲說四諦之前，先說施、戒、生天三論，這是因爲若不先依於三論，令之領悟因果業報的道理，對於佛教四諦、緣起之說，就無法信奉、理解的緣故。否定或懷疑因果業報道理者，不允許皈依佛教。從外道來佛教出家者，規定必須先別住四個月，即所謂的「測試期間」，以測試志願者是否有否定因果的邪見；對於外道中肯定業報因果之邪命派的入僧團志願者，則未設別住，而是讓他直接受戒入僧團。

雖然佛教如此重視業報說，但是這不過是爲了進入佛教真理之說的預備而已。四諦說或緣起說與業報說並無不同，世俗性的四諦說或緣起說與業說相同，但是第一義的佛教說則比業說深邃。不過，若將業報深刻地解釋，則成爲緣起說。[180]而業報說與如前之緣起說仍可有所區別，業報說只限於個人時間性的因果關係，其範圍也只限於生死輪迴的三界世間，而且它是規範性的、形而上的；緣起說不含形而上說或規範性，也不是只針對個人，而是考察社會全體的動態，不只是時間性的因果關係，也含蓋空間性、條件性的論理關係，而其範圍也不只是業報輪迴的三界世間之流轉緣起，更是以達到超越生死輪迴的出世間之無漏界的還滅緣起爲其理想，至此可說已超越因果業報的支配了。

中國禪宗有所謂的「不昧因果、不落因果」一詞，所謂「不昧因果」，是指正確地認知因果業報的法則，若是否定它，則陷於邪見。所謂「不落因果」，是指雖然處於業報輪迴的因果世界，但是不陷入此世界，而是超越因果，遊戲於自由無礙的境地。因此，既不昧因果，又不落因果，可說是佛教的理想。不論是在生死中任其生死的禪之立場，或者忍受因果的絕對他力的信仰皆是如此，原始佛教有如下的經文：「唯苦生而生，〔唯〕苦滅而滅，不疑不惑，不緣於他，於彼只有〔任運無作之〕智。」（《相應部》12 之 15，同 22 之 90）。

有關業的若干考察

一、序言

[181]業 karma 的概念在佛教之前即已存在於因果業報說中，直至今日也被使用於印度，而且透過佛教流布至東方各地區。此場合的業與輪迴轉生有密切的關係。例如，從通俗緣起說的三世兩重因果說來看，此場合的十二緣起由惑、業、苦三部分所組成，此中即有業的存在。在十二支當中，無明、愛、取是惑，亦即煩惱，行、有屬於業。[1] 其餘的識、名色、六處、觸、受、生、老死七支是作爲業果的苦。

根據《大毘婆沙論》，本來在印度，karma 一語所使用的用

---

[1] 如於傳統的《俱舍論》等所述，十二支中的愛、取是惑，亦即煩惱；有是業。此取被說明爲四取（欲取、見取、戒禁取、我語取），由於這些屬於煩惱，所以是惑。但是，若將之現實地解釋，愛是愛憎之念，取是取捨的實際行動，由於愛是取奪，故成爲盜、婬；憎是避捨，故成爲殺、鬥諍等實際行動。由於這些取奪、避捨的實際行動，可被視爲是作爲身業、語業的業，所以取支可看成屬於業。因爲這些實際行動成爲習慣之後的餘勢力，即是有支，因此，有當然是屬於業。**（參原書 p. 185）**

例爲下列三種情況。[2] 第一、意指單純的作用，而且是不含有善惡道德意識的強烈意志之動作。例如，勝論的六句義中，業句義所說的取、捨、屈、伸、行等五業；數論所說取、捨、屈、伸、舉、下、開、閉、行等九種業。又，佛教於無覆無記中所列舉的行、住、坐、臥四威儀也是此種意義的作用。這些當然不能算是因果業報的業。

[182]第二、有時也稱儀式作法的所作爲 karma。即《大毘婆沙論》所謂「持法式故……能任持七眾法式」。也就是，佛教中，在家出家七眾受在家五戒、八關齋戒、出家的沙彌、沙彌尼戒、六法戒（*又作「式叉摩那戒」）、比丘戒、比丘尼戒等之時的受戒作法，或者其他宗教所舉行的各種儀式作法等等，即一般所謂的「羯磨」，又，密教羯磨曼荼羅的羯磨 karma 也是所作威儀，也包括在內。因爲即使有舉行儀式的所作意志或意識，也不會含有倫理道德的善惡意志，因此，這項也不能算是屬於因果業報中業的概念。

第三項意義的 karma 即是因果業報的業，它含有作、爲、造作之義，含有倫理道德或宗教性的善惡染淨等想法。但是，即使是在這最狹義的業說場合，也未必只限於有關流轉輪迴的因果業報關係。具有流轉輪迴的業，雖然是善業與不善業（惡

---

2 關於《大毘婆沙論》卷 113（大 27, 587b）勝論的五種業、數論的九種業，於前已述（同經 578a）。

業），但是在善業中，不只是有關輪迴的有漏善，也包括超越輪迴，達到還滅的無漏善業。除善惡業之外，也有與輪迴業報無直接關係的無記業，例如，有關技術藝能等訓練熟習的行爲即是。

在本論文中作爲議題的是，前列三種業中的第三項業；以下擬考察其中被認爲是特殊的無記業或無漏業，以及業與煩惱的異同。

一般所謂的因果業報的業，被認爲是十二緣起的行支，它是由三種階段性要素所組成。[3] 此三種是：

a. 善惡的意志，或者行爲的動機目的

b. 依於身語的實際行動

c. 實際行動之後的殘存習慣力

a 即思業（cetanā-karma），屬於身、語、意三業中的意業。b 與 c 是思已業（cetayita-karma），**[183]**屬三業中的身業與語業。又，由於 b 是身、語的殺生、偷盜、邪婬、妄語、惡口、兩舌、綺語等實際的行動，所以是身、語的表業

---

[3] 關於業的三階段，《俱舍論》卷 16（大 29, 84c 以下），亦詳說(a)加行、(b)根本、(c)後起三階段。其中，(a)加行又被分成善惡的意志，以及做實際行動的種種準備手段；關於(c)後起，也分爲行爲的習慣餘勢力，以及行爲之後始末的處置。但是，與業直接有關者，或許只要(a)善惡的意志、(b)實際行爲、(c)行爲的習慣餘力就已足夠了。（**參原書 p. 185**）

（vijñapti-karma），亦即現行。 c 是 b 成爲習慣力之後的殘存者，所以是身、語的無表業（avijñapti-karma）。表業是身體、言語的行爲，由於可從外在被看見、表示，故爲表業；無表業是身業、語業成爲習慣力之後，被保存在肉體之中，由於不能從外在被看見、表示，故爲無表業。

成立無表的原因，是因爲身語等善惡業絕不會就此消滅，根據業報說，其善惡業在感得果報之前，業的勢力應該會繼續存在。如果善惡的行爲尚未感得其果報就消滅的話，業報說就不成立了。既然善惡業必定感得其果報，那麼在感得果報之前，善惡業的勢力應該繼續存在，其勢力應作爲行爲的習慣力而殘存著。

說一切有部認爲，作爲表業的身業、語業，以及其習慣餘勢力的無表業之身業、語業，皆屬於物質性的色法；巴利佛教則認爲身業、語業不是物質性的，而皆是善惡的思（意志）。巴利佛教認爲，物質沒有善惡，業的本質——善惡的意志完全是精神性的，所以，身語意三業皆是精神性的。因此，並未說身、語的習慣力——無表。但是，實際上，習慣力以某種形式而殘存，這是事實。例如：戒或者壞習慣，即可見是指習慣力。

又，說一切有部所說的無表之習慣力，僅及於身業、語業，於意業並未成立習慣力；但是實際上，我認爲在意業或精神作用上，也有習慣力被積蓄著。例如：善惡性格、智能、記憶等，即可說是精神性的習慣餘勢力。經部或經部系的《成實論》，以思的差別爲無表，若是重業，則於意業也有無表。[4]

總之，善惡業必定有其果報，善因善果、惡因惡果的關係，即是業說的基本。例如，《法句經》第一偈、第二偈明確地提示此點如下：[5]

[184]第一偈

諸法以意為先導，以意為勝，由意所成。
若以惡意言說或行動，
因此苦隨及彼身，
猶如車輪跟隨挽牛之足。

第二偈

---

[4] 《俱舍論》卷 13（大 29, 68c）中，介紹經部之說「起思差別，名爲無表」，以及「諸無表，無色相」等等；《成實論》卷 7（大 32, 290a）中，稱無表爲無作，如云：「從重業所集，名無作；常相續生故，知意業亦有無作」。又云：（290b）「但從意生無作」，主張意業也有作爲習慣力的無表。**（參原書 p. 185）**

[5] *Dhp.* 1 manopubbaṅgamā dhammā manoseṭṭhā manomayā,
manasā ce paduṭṭhena bhāsati vā karoti vā,
tato naṁ dukkham anveti cakkaṁ va vahato padaṁ.

*Dhp.*2 manopubbaṅgamā dhammā manoseṭṭhā manomayā,
manasā ce pasannena bhāsati vā karoti vā,
tato naṁ sukkham anveti chāyā vā anapāyinī.

諸法以意為先導，以意為勝，由意所成。
若以淨意言說或行動，
因此樂隨及彼身，
如影不離形。

說明從邪惡或清淨的意業，產生不善或善的語業、身業，必定感得苦或樂的果報。

業及其果報有必然的關係，對於業與果報的時間性關係，有所謂（一）順現法受業、（二）順次生受業、（三）順後生受業三時業。其中，第一是業的果報在今生得到，包括造業之後直接感得果報的無間業，以及經過一段時間之後，在今世受報。第二是今世業的果報在來世得到。第三是今世業的果報在多世以後得到。亦即，業及其果報有直接而立即的連續，也有所謂今世、來世、多世以後，經過種種時間之後才得到。不論那一種，強的善惡業總有一天必定受其果報。如有名的偈所說：

縱令經百劫，所作業不亡，因緣會遇時，果報還自受。[6]

---

[6] 此偈散見於根本說一切有部的諸律書，或梵本《天譬喻》等。例如，《有部律》卷 9（大 23, 674b）、卷 14（698a）等。在 *Divyāvadāna*（Cowell ed.）, p. 54; p. 131 等中，揭示如下的梵文：

na praṇaśyanti karmāṇi kalpakoṭiśatair api,

如前所述，十二緣起也被視爲一種因果業報說，說一切有部根據緣起關係的時間長短，以（一）剎那緣起、（二）連縛緣起、（三）分位緣起、（四）遠續緣起四項說明十二緣起的因果業報關係。其中，第一剎那緣起是業報立即產生的情況，第二連縛緣起，是在今生連續繼起的場合，所以[185]此二者可說是三時業中，順現法受業的業報關係。第三、分位緣起是跨越過去、現在、未來三世，兩重緣起的因果關係，所以可說是表示順次生受業的業報關係。第四、遠續緣起是十二支分經過多生的關係因果，所以可視爲表示順後生受業的業報關係。

二、業的習慣餘勢力

[186]業有三階段的要素，於前已述。三階段的任何一者皆名爲業。其中，a 作爲善惡意志的意業，以及 b 表現爲實際行爲的現行之身業、語業，還不至於有什麼問題，也容易理解，c 作爲行爲的習慣餘勢力的第三階段的業，未表現於表面，而是潛在性的，因此，關於此之學說或意見也有各種各樣，十分複雜，所以，以下擬考察作爲習慣力的潛在者。

論述之前，由於原始經典曾記載，在原始佛教中，佛教及耆那教之間，常做有關業的議論，所以先將之做一介紹。在業

---

sāmagrīṁ prāpya kālaṁ ca phalanti khalu dehinām.（參原書 p. 186）

的三階段中，a 善惡的意志，與 b 實際行動二階段，皆是重大且重要的論爭。例如以《中部》56 之《優波離經》爲例說明。[7] 耆那教祖尼乾陀若提子（又作尼乾子，巴 Nigaṇṭha-nātaputta）的弟子長苦行者（巴 Dīghatapassin）於托鉢歸途中[187]順便到釋尊處所，和釋尊互相交換有關業的意見。在耆那教，身業、語業、意業三者之中，以身業最爲重要，語業、意業則未如此被重視。相對於此，佛教則重視意業甚於身業及語業。亦即，耆那教是重視行爲結果的結果論者，佛教則是站在動機論者的立場，重視動機目的甚於其結果。

托鉢回來的長苦行者，向尼乾子及諸弟子信眾稟白其與喬答摩（釋尊）的問答情形，尼乾子讚賞他正確地主張該派之說，站在一旁的在家信徒優波離說：「讓我去喬答摩處，徹底予以論破。」師尼乾子也贊同之，但是，親身感受到釋尊實力的長苦行者，極力勸諫制止說：「喬答摩是大幻師，會藉由與外道人們問答，將之引誘進入佛教，所以還是不要與喬答摩問答對論比較好。」優波離不聽其勸止，仍前往釋尊處所，結果爲釋尊徹底而正確的理論所屈伏，大爲感動，於是從耆那教轉而成爲佛教徒。釋尊認爲意業比身業重大，舉出四個有力的實例加以論證，使優波離對此正確的理論完全沒有反駁的餘地。

在佛教以前的外道，似乎大多將業視爲物質性的存在。我

---

[7] *M.* 56 *Upāli-suttanta*（*M.* i, p. 371f.）.

想，此情形下的業是指業的習慣性餘勢力，習慣力被保存在肉體中，作爲物質性的存在。耆那教重視身業甚於意業，可能就是因爲將前述習慣性餘勢力視爲身業的緣故，但是只依據《優波離經》，身業不是習慣力，而是作爲現行的身業。

從業報說所說明的十二緣起說可知，在三界世間流轉輪迴的有情，其存在皆會受到業報的支配。原始經典中有如下之定型句：「我們擁有業（kammassaka, karmasvaka），繼承業（kammadāyāda, karmmadāyāda），以業爲起源（kammayoni, karmayoni），以業爲親戚（kammabandhu, karmabandhu），以業爲依所（kammapaṭisaraṇa, karmapratisaraṇa），我們所作[188]一切的善惡業，我們皆承受。」[8] 可知皆受到業的支配。

亦即，可知業力並未滅盡，而是經過生生世世持續存在著。使業持續存在的是以業之殘存餘勢力——習慣力爲中心，如前所述，說一切有部只承認殘存餘勢力存在於身業、語業，以無表業的形式被保存在肉體。也就是，善惡的身業、語業留下其習慣性的餘勢力——身、語業的無表業。善的無表業稱爲「律儀」或「戒」（善戒），不善的無表業稱爲「不律儀」或「惡戒」。例如，若考察作爲善的無表業的戒，戒的成立，是藉由禮佛、於戒師前立誓持守五戒、十戒等戒條，禮拜的身業或者立誓的語業等，被保存積蓄於受戒者，此即成爲戒，此戒在遇到殺生、偷盜等惡事的誘惑或機緣時，會發揮防護戒體，防非止惡的作

---

8 此散見於原始經典，例如參照 *A.* V, 57（*A.* iii, p. 72）。

用。戒被稱爲「律儀」，律儀是指防護惡不善之意。如同善的身業、語業留下習慣力，惡不善的身業、語業也會留下它的習慣性餘勢力，此稱爲「惡戒」或「不律儀」，如前已述。

但是，除了前述之善惡的身業、語業之外，與善惡無關的無記之身體、言語或動作，也會留下其習慣力，這是日常所能經驗到的。例如體育技術的訓練、種種職技能的精通、珠算、書法的練習、繪畫、音樂、歌謠等各種藝術的熟習等等，皆是隨著反覆練習，其技能成爲習慣力之後，停留在身上。如此，與善惡無關的身體、言語的行爲也會留下其習慣性餘勢力，姑且可稱之爲無記（中性）的無表業。

又，習慣力不只是身業或語業，精神性的意業也會存在。不論是像經部或《成實論》稱之爲無表，或者不如此稱呼，精神性的熟習餘勢力皆會存在。巴利佛教並不像說一切有部等，將好的習慣——戒，視爲物質性，而是皆視爲精神性。巴利佛教[189]所謂的身業、語業，並不被視爲物質性存在，認爲善惡業是以善惡意志爲主體，所以身業、語業皆是精神性的。巴利佛教主張，物質或肉體中，不能見到倫理道德性的價值，所謂善惡或凡聖，都只是精神性的。即使可將戒視爲肉體上的習慣力，但是支配它的仍是精神，即使是無意識的反射動作，也可看成意識訓練累積而成的精神性習慣力。從這點來看，身心互相關連，極其妙微。

總之，佛教所謂的修行，即是斷除違反理想的錯誤習慣力，累積合於理想的正確習慣力，使它充滿而成爲無意識、反射性的，通往理想的正確思考或行為。其最初之出發點是戒的修行，依序由定乃至慧，讓理想的習慣力滲透到內在的深奧處。若以近代方式來解說最初的修行——戒，則是「身心的調整」，這是因為要將好的習慣停留在身上的緣故。所謂「身心的調整」，未必只有倫理道德的意義，也進而包括肉體的健康、政治經濟層面的調整等等。

例如，南方上座部（巴利佛教），將戒分為四種：（一）別解脫律儀戒，（二）根律儀戒，（三）資具依止戒，（四）活命遍淨戒，其中第一、別解脫律儀戒是狹義的戒，指在家出家的男女之戒，即所謂五戒、八關齋戒、十戒、六法戒（*又作式叉摩那戒）、二百五十戒、十善戒等等。第二、根律儀戒是守護五根（五官），令不放逸，即原始佛教所謂的「守護根門」。第三、資具依止戒，是如法獲得、使用飲食、衣服、臥具、醫藥等生活必需品。第四、活命遍淨戒，是指令生活態度清淨，遠離四邪食等。八正道中的正命，也可視為包含活命遍淨戒、資具依止戒、根律儀戒。又，我認為正命也應包括依照職業或環境，對於一天二十四小時的起床、飲食、工作、上學、運動、休息、就寢、睡眠等事，過著規律而正當的生活。由此保持健康，提高工作效率，**[190]**經濟上也能穩定，與防非止惡之倫理道德的戒法相輔相成，使身心調整。

如此，律儀或戒，意指調整身心的「好的習慣」，而大乘佛教則提出大乘菩薩的戒——十善業之說，這是由於十善業包含了所有的戒之故。也就是包括了身業（不殺生、不偷盜、不邪婬）、語業（不妄語、不惡口、不兩舌、不綺語）、意業（無貪、無瞋、正見），又將之分爲止惡（攝律儀戒）、行善（攝善法戒）、利他（攝眾生戒）三種來說明。此十善戒可看成包含善業的現行及習慣二者。

與前所舉之律儀一樣，不律儀的壞習慣稱爲「惡戒」，惡戒又稱爲「十不善業」。此中又可分爲止善、行惡、害他三種，亦即不善的身業、語業、意業，可視爲包括不善業的現行及習慣力二者。不善業的習慣力可看成是惡不善的脾氣或性格，惡的性格若視爲精神性的，即是煩惱。煩惱與業的關係，將留待下節考察。

業力縱經百劫，仍然持續存在，而業通三世而存在，經過生生世世持續存在的業力，可被看成是業的習慣性餘勢力。那麼，此習慣力是物質性的？還是精神性的？如前所述，根據說一切有部，認爲身業、語業的習慣性餘勢力是無表的物質性存在。但是，物質是五蘊中的色法，構成我們身心的五蘊，其存續時間僅限於從這一世的受生，到命終爲止而已，肉體不能持續到來世。因此，被保存在肉體中的善惡之身業、語業的習慣力——無表業，也必須隨著肉體的死亡而消滅。也因此，善業習慣力的戒或律儀只存在於一期，不能延續到來世。如此一來，善惡的身業或語業的餘勢力，在今世就消滅了嗎？或者，意業是否也有習慣性餘勢力？它的餘勢力會持續到來世嗎？若是善惡的身業、語業、意業，和餘勢力一起在今世就斷絕，則跨越三世的業就不能持續存在，貫穿生生世世的業力的保存就無法被承認。如此三世因果的業報說就不成立了。

[191]如果業報說是客觀的事實，業力就必須以某種形式，經過多生而持續才行。《長阿含遊行經》中所謂：

起塔立精舍，園果施清涼，

橋船以渡人，曠野施水草，

及以堂閣施，其福日夜增，

戒具清淨者，彼必到善方。[9]

是說，建興塔廟或精舍，布施園林或水果，以橋或船助人渡河海，在曠野將水或草給與人或動物，布施堂閣等，造諸善的身業，或者持清淨戒，依此善業，必至善趣。由於善業餘勢力的福報日夜增長，所以其業力應該以某種形式而存在。

業力若是物質性的，則不能持續到來世，那麼它是以什麼形式而存在？關於這點，原始經典並未提及，部派佛教也不是

---

[9] 大正 1, 17b。《雜阿含》卷 36（997）（大 2, 261b）、《增一阿含》卷 11（大 2, 596c）、同卷 14（616b）、同卷 27（699a）等，也有相同的說法。梵文 *Mahāparinirvāṇa-sūtra, S.* 262 中亦有。巴利的 *D.* 16 *Mahāparinibbāna-s.*（*D.* ii, p. 136 = *Udāna* p. 85）略有不同，其文如下：dadato puññaṁ pavaddhati, saṁyamato veraṁ na cīyati, kusalo ca jahāti pāpakaṁ, rāgadosamohakkhayā sa nibbuto.（施與者福報增長，自制者不積怨恨，善人捨棄惡事，彼貪瞋痴盡而寂滅。）

很明確。只有經部主張業的餘勢力是作爲種子而存在，[10] 它既是物質性，也是精神性，即色心互熏說。[11] 物質性者將餘勢力薰習殘存於精神性者；精神性者薰習餘勢力的種子於物質性

[10] 經部主張，若行布施，則施之作意會薰習、潛在於心，即使表面心是在其它的意識的狀態下，薰習力的種子也會照常增大，不久的未來，即能帶來福報。如《四諦論》卷 4（大 32, 396a）云：「經部師說，如汝受用施主施物，由受者功德被利益故，施主雖在異心，由前施作意薰習，相續次第轉勝，由此勝故，能生未來隨多少報，依此相續，說施主功德生長。」又，《論事》7 之 5 亦與經部說「受用所成之福增長」（paribhogamayaṁ puññaṁ vaḍḍhati）有相同的旨趣。同樣地，《論事》15 之 11 謂：「業與業積集不同」（aññaṁ kammaṁ añño kammūpacayo），主張業之異熟是心不相應、無記、無所緣，意謂業的習慣力是潛在性的種子之存在。**（參原書 p. 192）**

[11] 關於經部師的色心互薰說，如《攝大乘論無性釋》卷 3（大 31, 396b）云：「復有執著，謂經部師作如是執，色心無間生者，謂色心前後次第相續生……」，又，《成唯識論》卷 3（大 31, 13a）說明「經部師等因果相續理亦不成，彼不許有阿賴耶識能持種故」，《成唯識論述記》卷 3 末（大 43, 340c）云：「既見（經部）上座被徵，便曰，雖無去來不同一切有，生滅異世不同上座師，而色心中諸功能用，即名種子，前生後滅，如大乘等，爲因果性，相續不斷，甚爲勝義。今破之言，理亦不成，彼不許有阿賴耶故……經部所說持種色心，不能持種，非第八故……過未無體及無本識，於無色界，色久時斷，入無心時，心久時滅，何法持種，得爲因果？因果既斷，名爲不然，彼不許有第八識故。」指出色心互薰說的不合理。**（參原書 p. 193）**

者，可說與現代精神身體醫學的身心相關之關係類似，誠然此並非與世隔絕之說。

部派佛教對於業的存續，大多有做種種的考察，尋求保存積蓄業力的潛在意識，例如有分識、根本識、細意識、一味蘊、窮生死蘊、非即非離蘊我等說法，是眾所周知的。相對於表面上、斷續的生滅之識，主張有貫通多世、歷經生死輪迴、潛在、一味、持續存在、根本性、主體性的微細之心識；或者主張它與五蘊不是一個（*非即），也不是絕然不同的兩個（*非離），雖然多世生滅變化，但是，它是連續的[192]、主體的「我」pudgala（補特伽羅）。在此主體中，善惡的業之習慣力被保持著。瑜伽行派將這些部派佛教業力保持之主體性存在的主張加以整理，提出阿賴耶識說，這就不必多說了。阿賴耶識將過去所有善惡業等的勢力，以無數種子的形式保持著。這時的阿賴耶識及種子，皆是精神性的。這是因爲如同瑜伽行派所謂的「唯識」，認爲一切皆是精神性之故。

不過，另一方面，瑜伽行派即使對於假法，也說物質性的無表色。這可能是受到說一切有部的影響，認同善惡的身業、語業的習慣力爲物質性的無表。我認爲種子或阿賴耶識之說與無表色說，在此有不一致、不融和、欠缺一貫性之處。

三、煩惱與業

[193]如前所述，說一切有部只於身業、語業成立習慣力

的無表業，於意業則未說善惡及無表。尤其對於善的意業習慣力，完全沒有提及。不善的意業習慣力與善的意業習慣力相同，殘存為素質或性格，但是，不善的情況可能與所謂的煩惱是相同的。如前所述，惡不善的身業、語業習慣力——壞習慣（不律儀），若將之從精神性來看，或許即是煩惱，與其說是意業的習慣力，不如說是煩惱。總之，習慣力的惡不善意業即為煩惱，從這點來看，業與煩惱可說並非不同的兩個東西。在佛教的教理學說中，一般是將煩惱與業做明確的區分而說，但是若從前述的情況來看，煩惱與業的區分似乎未必如此明確。那麼，它的區分為何？

[194]在考察此二者的異同之前，首先我想先對煩惱做一簡單的探討。根據《俱舍論》的<隨眠品>，其最初云：「世間皆由業生，業由隨眠才得以生長，離開隨眠，不能感得有。」[12] 由此可知，隨眠是業的原動力，或者幫助業完成的助緣。在十二緣起支中，

無明（惑——間接性助緣）}因（過去二因）
行　（業——直接性親因）}
識、名色等五支……………… 果（現在五果）

---

[12] 《俱舍論》卷 19（大 29, 98b）：「世間皆由業生，業由隨眠方得生長。離隨眠業無感有能。」

可知此時是以無明爲煩惱，以行爲業而說的。

如此，煩惱是業的間接性助緣，業在因果關係中，則作爲直接性的親因。煩惱與業在此有明確的區分。但是，在十二緣起的後半段，愛、取、有三支是現在的三因，生、老死二支是未來的二果，關於其中的愛、取、有，有三種說法：a. 愛取二支是煩惱，有是業，b. 只有愛是煩惱，取、有是業，c. 愛、取、有三支皆是業。a 是《俱舍論》等的傳統性說法，b 說將取看成是取捨選擇之實際行爲的身業、語業，所以包括在業中。a、b 的立場如第一節的註解 1 所說明。 c 說將愛支看成愛憎之念的意業。取支是在愛憎之念之後，所產生的取捨奪殺等身業、語業的實際行動。有支是在現行的實際行動之後，所產生的行爲習慣性餘勢力。亦即，對應於前述業的三個階段，有愛、取、有三支，此三支皆是業。由此來看，愛、取既可以是煩惱，也可以看成是業。在此表示出煩惱與業的不明確性。

然而，關於煩惱，部派間也有異說。根據說一切有部，煩惱（kleśa）又稱爲「隨眠」（anuśaya），**[195]**它是心所法（心的屬性），與心相應。相對於此，經部則說隨眠既非心相應，亦非心不相應，煩惱睡眠之位，稱爲「隨眠」；煩惱覺醒之位，稱爲「纏」（paryavasthāna）。[13] 亦即煩惱覺醒，起現行作用時，

---

13 《俱舍論》卷 19（大 29, 99a）：「經部師所說最善，經部於此所說如

稱之爲纏；煩惱睡眠，作爲現行餘勢力而潛在者，稱爲隨眠。根據經部，可知隨眠是作爲種子的潛在者。

但是，在說一切有部或瑜伽行派中，列舉六種（或十種）根本煩惱：貪、瞋、痴（無明）、慢、疑、見（身見、邊見、邪見、見取、戒禁取五見），其中，貪、瞋、邪見（包含在見之中）三者於十不善業中也被列舉。亦即，此三者在十不善業中，是作爲意業而被算是業。但是，在根本煩惱中，貪、瞋、邪見是煩惱而非業。由此可知，此三者既可以是業，也可以是煩惱。

誠如經部所說，在煩惱之時，是指所謂「隨眠」的潛在性種子；在業之時，則可視爲現行的顯現者，這是二者大致的區別。但是，諸經論並未做如此明確的區分。總之，說一切有部等，對於身業、語業，有做顯現的現行——表業，以及其習慣性餘勢力的潛在——無表業之區別。對於意業則未做顯現與潛在的區別，有時稱之爲業，有時則稱之爲隨眠。概言之，隨眠是潛在性的，說一切有部認爲隨眠煩惱與不善之意業，皆是心所法，因爲是顯現的，與其他心心所相應，所以不認爲二者有所區別。唯一不同處是，在煩惱之時，是指貪、瞋、邪見等個

何？彼說欲貪之隨眠義，然隨眠體，非心相應，非不相應，無別物故。煩惱睡位，說名隨眠；於覺位中，即名爲纏故。何名爲睡？謂不現行種子隨逐。何名爲覺？謂諸煩惱現起纏心。何等名爲煩惱種子？謂自體上差別功能，從煩惱生，能生煩惱……。」

別的心所法；在以這些爲意業之時，是以相應於煩惱的思（意志）爲中心。但是，二者在作爲心心所的內容上，都是相同的。對於同一內容的心心所，不同處只不過是，稱爲煩惱時，以貪等說明；稱爲業時，則以思爲中心。

[196]但是，若於此成立顯現、潛在的區分，顯現的場合是作爲現行的心所，潛在的場合則可根據經部或瑜伽行派，稱之爲「種子」。瑜伽行派對於煩惱，並未設立顯現、潛在的區別，煩惱皆被視爲顯現性的心所法。又，如巴利佛教，在連身業、語業也視爲精神性的情況下，與意業的情況一樣，也可能有顯現、潛在的區別。但是，巴利佛教認爲所有的煩惱皆是不善，並未像說一切有部或瑜伽行派，除了不善煩惱之外，亦成立有覆無記的煩惱。在稱爲有覆無記時，與其將之視爲顯現的現行，不如說是潛在的情況較爲妥當。

若進一步將煩惱視爲「漏」（āsrava），則屬於輪迴的三界之世間性者，除了不善或有覆無記的煩惱之外，善、無覆無記也皆是有漏，因此，有漏的善、無覆無記，其內在仍然包含有漏之煩惱。此情況的漏當然是潛在性的，若以唯識學來說，即使在善、無覆無記的基礎上，只要是凡夫，就都存有自我中心的末那識，總是受到我見、我慢、我愛、我癡等煩惱的潛在支配。因此，三界世間不論善、不善或無記，皆被稱爲有漏。

若更進一步嚴密來說，縱使是無漏的出世間，除了斷盡一切煩惱的漏盡阿羅漢之外，有學聖者仍然或多或少殘存著可能性、潛在性的煩惱。例如，在得阿羅漢果以前，阿那含的聖者殘存著色貪、無色貪、掉舉、慢、無明，所謂「五上分結」的煩惱；阿那含果以前的聖者又更殘存欲貪、瞋恚等欲界的煩惱。在瑜伽行派的唯識教學中，詳細論述菩薩十地的聖地中，如何斷除存在於諸八識的俱生而起或分別起的煩惱障、所知障等煩惱的現行，以及種子、習氣；其亦說明，縱使是無漏的聖者，只要尚未到達究竟位，或多或少，煩惱皆會以某種形式而存在。

總之，即使是聖者，在尚未圓滿之前，末那識存在而我執的煩惱若不去除，潛在性的漏——煩惱[197]就會殘留著。此時的漏並不是顯現的現行，不能再稱之爲「業」。潛在性煩惱在有可能顯現時，才能稱之爲業，若已不再顯現爲現行時，其煩惱就不再成爲業了。從這點也可看出煩惱與業的區別。

四、無漏業

業若從善、惡、無記三性上來看，其中例如善與不善，能感果報的有記，是業的本來者。另外，也有所謂的「無記業」，或者在習慣力之身、語無表中，除了律儀、不律儀的善惡業之外，也成立無記業的「處中無表」（非律儀、非不律儀）。它並非善惡的意志，而是無意識所做的行爲，成爲習慣力者。未成立無表的巴利佛教，成立不會感果的無記弱業，作爲既有業（ahosi-kamma），雖然它與處中無表不同，但是從與果報無關這點來看，二者多少有類似之處。

在善、惡、無記三種業之中，善業可分爲有漏善業與無漏善業。有漏善業包括感得欲界人天的福報者，及感得色界、無色界殊勝福報者。其次，出世間的無漏善業則是超越三界的果報者。阿含經以來，將有漏無漏之善惡業分爲四種業而說明。即：[198]

一、 黑黑異熟業（黑業而有黑之異熟者）

二、 白白異熟業（白業而有白之異熟者）

三、 黑白黑白異熟業（黑白業而有黑白之異熟者）

四、 a. 非黑非白無異熟業，能盡諸業（非黑非白業而無異熟，能盡諸業者）

b. 非黑非白、非黑非白異熟業，能盡諸業（非黑非白業而有非黑非白之異熟，能盡諸業者）

其中，第一、黑黑異熟業，是投生地獄等惡趣的不善業，因爲沒有善業，唯有不善業，所以只感不善之果報。第二、白白異熟業，是投生色界天的善業，因爲只有善業，沒有不善業，所以只有善的果報。此善業又稱爲「不動業」。第三、黑白黑白異熟業，是投生欲界善趣的人天之業。因混雜著不善與善之諸業，故善與不善之異熟果報皆會感得。以上三種業皆屬三界世間的有漏者，因此是有漏業。

反之，第四之業則屬出世間之無漏業。但是，有關無漏業，各部派所用的名稱並不相同。如前表第四業中所舉，使用 a 的名稱者是說一切有部及其系統者，例如，《中阿含》111《達梵行經》、《集異門論》、《大毘婆沙論》、《雜阿毘曇心論》、《俱舍論》、《成實論》、《瑜伽師地論》等所說，[14] 於彼等經論中，稱第四業爲「非黑非白無異熟業，能盡諸業」(akṛṣṇamaśuklam avipākaṁ karma karmakṣayāya saṁvartate)。其次，屬 b 者有巴利佛教(南方上座部)、法藏部，及受其影響的大乘佛教等，諸如：《長部》33《等誦經》、《中部》57《狗行者經》、《增支部》4、231-236 諸經、被認爲屬於法藏部的《舍利弗阿毘曇論》、可看出受法藏部影響的《大般若經》、《大乘涅槃經》等等皆是，又《中阿含達梵行經》之異譯，安世高所譯的《漏分布經》亦採此立場。[15] 稱第四業爲「非黑非白非黑非白異熟業，能盡諸業」

---

[14] 《中阿含》111《達梵行經》(大 1, 600a)、《集異門論》卷 8(大 26, 398b 以下)、《大毘婆沙論》卷 114(大 27, 591b)、《雜阿毘曇心論》卷 3(大 28, 896b)、《俱舍論》卷 16(大 29, 83b 以下)、*Abhidharmakośabhāṣya*, p. 235, 《成實論》卷 8(大 32, 299b 以下)、《瑜伽師地論》卷 9、卷 90(大 30, 319b、807c)、*Yogācārabhūmi,* p. 190。

[15] 《長部》33《等誦經》*Saṅgīti-suttanta* (*D*, iii, p. 230)、《中部》57《狗行者經》*Kukkuravatika- suttanta* (*M*, i, p. 390f.)、《增支部》4、231-236 (*A*, ii, p. 230ff.)、《舍利弗阿毘曇論》卷 7(大 28, 582b 以下)、《大般若經》卷 382(大 6, 979c 以下)、《大乘涅槃經北本》 37(大 12, 585b)、《同南本》卷 3(大 12, 833a)、《漏分布經》(大 1, 853b)。

（ akaṇhamasukkaṁ akaṇha-asukkavipākaṁ kammaṁ kammakkhayāya saṁvattati）。

[199]雖然 a 與 b 二者皆是無漏業，但是在 a 中，無漏業是無異熟業（avipāka-karma），不能感果。相對於此，在 b 中，無漏業是非黑非白異熟業（akṛṣṇa-aśukla-vipāka-karma），是能感無漏果報的有異熟業。根據巴利佛教，無漏業是須陀洹道、斯陀含道、阿那含道、阿羅漢道四道（四向）的無漏善思，能感得須陀洹果乃至阿羅漢果四果之無漏異熟果報，也就是認為出世間無漏有異熟。又，在《大般若》卷 382 中，對於非黑非白之異熟，則列舉從預流果、一來果、不還果、阿羅漢果，乃至獨覺菩提、無上正等菩提為其果報。[16]

a 與 b 的不同處在於無漏業有或無異熟，採取 a 立場的說一切有部系統，認為異熟的概念僅用於三界世間，無漏出世間沒有異熟，因此不主張有無漏的異熟果。說一切有部對於出世間無異熟果，例如《俱舍論》卷 6 云：「唯諸不善，及善有漏，是異熟因，異熟法（vipāka-dharma）故」，或「何緣無漏不招異熟？無愛潤故，如貞實種無水潤沃。」[17] 無漏出世間是否有異熟，

---

16 《大般若》卷 382（大 6, 979c 以下）：「非黑非白法，感非黑非白異熟，所謂預流果，或一來果，或阿羅漢果，或獨覺菩提，或復無上正等菩提。」

17 二者皆見《俱舍論》卷 6（大 29, 33a）。

這是由於對異熟的概念不同所致，至於四向四果等內容則無不同。

巴利《增支部》4 集 235 經中，用八正道說明無漏業，同 236 經則以七覺支說明無漏業。[18] 又在《舍利弗阿毘曇論》中，說無漏的八正道有果報，認爲有無漏的異熟。[19] 無漏業滅盡三界有漏諸業，這點 a 與 b 是相同的。

但是，無漏的善業是只存在於有學聖者，還是無學阿羅漢亦有？對此諸部派之說未必明確。根據說一切有部，無漏善包括有學、無學二者，而且四向四果皆是無漏善。但是，前所舉四種業之第四無漏業，根據說一切有部，認爲是有學的十七思，即：斷除黑業之十二思（見道四法忍，及與離欲八無間道相應之思）、斷除白業之四思（與四禪第九無間道相應之思）、斷除黑白業之一思（與離欲第九無間道相應之思）。但是，有部系統仍有異說。[20] [200]總之，有學之無漏善業被包括在第四業，無學之善業並不包括在內。這是因爲無學皆已斷盡一切有漏業，無學的無漏業並非能盡諸業之故。根據巴利佛教，出世間的無漏善只局於四向，四果是作爲無漏異熟之無記。因此，四種業中第四無漏業只限於四向，即可說是有學之思。從這點來

---

18 *A*, ii p. 236（《南傳》18. 413）及 *A*, ii p. 237（《南傳》18. 414）。

19 《舍利弗阿毘曇論》卷 4（大 28, 555b）。

20 參照《俱舍論》卷 16（大 29, 83c）、《成實論》卷 8（大 32, 299c）。

看，巴利說與說一切有部之說在內容上並無不同。

其次，巴利佛教對於阿羅漢的遊戲世間三界，認爲其心既非善，亦非惡，而是超越善惡的唯作無記。這裡所謂的「唯作」（kiriyā），是只有作用（karaṇa-matta）之意。佛、阿羅漢的活動因爲是不求果報，依於慈悲的空無所得者，所以是純粹無記，此稱爲「唯作」。實際上，比起凡夫的有漏善、有學的無漏善可說是更殊勝的最高至善。此意義之唯作，其名稱或概念是巴利佛教獨特之處，是大乘佛教所沒有的。

又，在《瑜伽師地論》中，稱第四無漏業爲「非黑非白無異熟業能盡諸業」，與說一切有部同樣屬於 a 的立場，但是梵文的《瑜伽師地論》則稱此第四業爲 akṛṣṇamaśukla-vipākaṁ karma karmmarṣayāya saṁvartate（非黑非白異熟業能盡諸業）。[21] 若只依梵文，則變成是採取 b 的立場，認爲有無漏異熟。到底何者是正確的？若依照原本梵文所述，則玄奘即是受到說一切有部第四業的影響，改成採取 a 之立場而譯。

與此相關且有趣的是，將巴利《增支部》日譯的荻原雲來博士，在《增支部》4 集 231-236 諸經中的第四業，原文是 akaṇhamasukkaṁ akaṇha-asukkavipākaṁ kammaṁ kammakkhayāya saṁvattati，但是他在《南傳大藏經》中，是採用 a 的立場而翻譯成「非黑非白，無黑白之異熟，能盡諸業」。

---

[21] 《瑜伽師地論》卷 9（大 30, 319b）、*Yogācārabhūmi*, p. 190。

[22] 可能也是受《俱舍論》等說一切有部之說的影響吧！玄奘的《瑜伽師地論》漢譯或許也可視為同樣的情況。

[201]那麼，瑜伽行派的立場究竟是認為有無漏異熟？或是沒有？何者被判定是正確的？關於這點，無法找到明確的說法。例如，在瑜伽行派中，若從無漏聖者也有異熟識的第八識來看，則無漏異熟即為瑜伽行派所說。第八識被稱為異熟識，從有漏世間的凡夫時代開始，乃至菩薩十地的無漏聖者，直到入佛位之後，異熟識才變成所謂「阿摩羅識」的純粹無漏。從這點來看，可說瑜伽行派與其他部派一樣，採取 b 的立場，認為無漏業是有學（或十地）聖者的善業，依此能獲得所謂異熟識的無漏第八識。

附錄

[202]諸部派對於業的主張紛雜不一，因為它與色法、心法、心所法等有關，所以在以下的附錄中，希望對這些加以考察。

【表業與無表業】首先，所謂「表業」，是指依於身業（身體的動作）或語業（發聲的言語），表現於外在的善惡行為。表現出來，稱為「表」（vijñapti, viññatti 使知道），有身表及語表。業的形成，首先是有善惡之意志（意業），其次透過身語表現於

---

[22] 《南傳》18. p.404 等。

外在。此身、語的表業究竟是物質性（色法）？還是精神性？各部派間有異說。

例如，化地部、正量部、大眾部認爲語業是善、不善的色法。(《論事》8之9、10之10)，說一切有部亦如此說。巴利佛教認爲身、語之表是所謂「身表」、「語表」之物質（色法），物質絕對沒有善惡。而所謂身業、語業，是由於善惡之意志（意業）與動作、言語俱起而產生，所以動作、言語是沒有善惡的無記。

其次，所謂「無表業」，是身業、語業反覆地進行，成爲習慣性的潛在力而蓄積在體內，由於此習慣力不表現於外，但保持著善惡的業力，此即稱爲「無表業」。巴利佛教不認爲身、語之動作有善惡，所以對於作爲其習慣力的無表業亦不如此說。主張無表業是善惡物質的部派是說一切有部，而化地部、正量部、大眾部也說無表色(《論事》8之4、10之2)。這些部派認爲八正道中的正語、正業、正命等，是無表色的善之特質。巴利佛教則認爲八正道皆是精神的，尤其以正語、正業、正命爲離（virati 離惡）心所。

有關無表，法藏部的《舍利弗阿毘曇論》說善、不善、有漏、無漏之無表（無教），作爲法處所攝之色法。《成實論》不認爲無表（無作）是色法，而是非心非色的假法，其中包括善、不善、無漏之律儀（戒），關於這些將於下一項目〔業與戒〕中介紹。[203]

【共業與不共業】對於業及其果報的因果關係，有共業與不共業之說。親子、宗族、地域社會、國家、民族、種族等，共同承受相同的命運者，乃共同之善惡業的結果，這是共業說。承受不共通於他人的、獨特之命運者，乃獨自而特異之業的結果，這是不共業說。

若以業是物質性色法的立場來看，則色法之因會引色法之果。巴利佛教雖說業果之色，或者業所生之物等等，但是，因爲巴利佛教認爲業只是善惡的意志（意業），所以，於其果報不應產生物質性的色法；若是業果色，則會有所矛盾。因爲所謂「業果色」，是指成爲業因的善惡意志，與作爲業果的色法俱起之意；不能把業因看成作爲業果的色法之直接因。

總之，所謂「作爲業果的身體、地域環境是共通的」，這並不是從客觀上來看：從共通的原因，發生共通類似的結果；而是應該做主觀性的理解：從環境等所受到的影響、命運是共通而同類的。

在佛教討論業的因果關係中，並未提到生物的、生理性遺傳因子之因果關係。佛教所說的因果，並不是指雙親或祖先的原因，會相傳給子孫，而是說個人的業體，會隨著業的善惡，投生於善惡等六趣，即使生於人界，其境遇、命運也會隨業而各不相同。又說，在這期間，藉由善惡心的把持、努力修練的情況，命運也可以變好或變壞。

【業與戒】業與戒有著密切的關係，但是，在部派的教理中，對於二者的關係卻很少論及。或許是因爲在業的場合是惡業的意味強；戒的場合則是善戒的意味強之故。因此，例如在解說苦、集、滅、道四諦時，業是在苦的原因——集諦中說；戒則是在追求理想的三學、八正道等修道之道諦中說。但是在初期大乘的《般若經》、《華嚴經》中，菩薩修道之六波羅蜜中的戒波羅蜜，在十地的第二離垢地，即說十善業爲菩薩戒。在這裡是將十善業作爲十善戒，將業與戒視爲相同而說的。

那麼，業與戒是否有所不同？業（karma, kamma）表示依於身、語、意的善惡行爲或動作，屬於「動的層面」；戒（śīla, sīla）是習慣、習性之意，表示善惡動作反覆之後，成爲習慣力而持續存在，屬於「靜的層面」。二者內容雖然相同，但是，可說業是活動面，戒則是靜止力。也可說，[204]業成了習慣力這種無表業的靜止面，即名爲戒。

戒在作爲律儀（saṁvara 防護）的場合，是作爲防護惡的止惡力，另一方面，也有令人行善之力。因此，所謂善的戒，即是具有止惡、行善之力者。尤其不論是善或惡，其習慣力即是戒，此亦名爲無表色。

如前所述，無表色是身語之善惡業習慣化之後的物質性色法，但是，巴利佛教則不如此認爲，《成實論》則說是所謂「非心非色的心不相應行」之假法。

以無表色爲善惡的律儀者，例如，說一切有部說諸律儀之無表，如下所示：

a.不律儀無表（邪語、邪業、邪命等）：不隨心轉（無意識而生起）

b. 處中無表（與善惡無關的無記之習慣力、技術、藝術等）：不隨心轉

c.律儀無表：

1.別解脫律儀（欲界之善戒）：不隨心轉

2.靜慮律儀（定共戒、有漏定之戒）：隨心轉（與意識共同生起）

3.無漏律儀（道共戒、正語、正業、正命等）：隨心轉

不說無表或無表色的巴利佛教，則說下列四種欲界善戒（律儀）：

1. 別解脫律儀（七眾之戒）：依於信

2. 根律儀、守護根門、六根清淨：依於不忘之念

3. 活命遍淨戒、遠離邪命（四邪）：依於精進

4. 資具依止戒、正確受用四資具（衣、食、住、醫藥）：依於慧

作爲戒原動力的主體是在於意志（思），思有善、惡、有漏、無漏，皆是精神性的。

其次，在法藏部所屬之《舍利弗阿毘曇論》中，提到如下所列三類九種法入色（法處所攝之色）：（卷 1, 526c、 2, 535a 等）

a. 不善：身口非戒無教（無表）（1）

b. 有漏善：身口戒無教、身進（身精進）、身除（身輕安）（3）

c. 無漏善：正語、正業、正命、正身進、正身除（5）

[205]其次，經部的《成實論》說律儀之善惡戒，這些是無作（無表），是非心非色假法之心不相應行。（卷 8, 290a）戒之善、不善律儀如下：

a.　不善律儀（身三、語四之惡戒）不隨心轉（卷 8, 302b）

b.　善律儀戒（身三、語四之善戒）不隨心轉（卷 8, 302c）

c.　禪律儀（定共戒）隨心轉（卷 8, 303a）

d.　無漏律儀（道共戒）隨心轉（卷 8, 303a）

以上，部派佛教對於無表之戒，有認爲是色法、或是心所法、或是非心非色之心不相應法等看法，但是這些皆不出於止惡戒、行善戒二種；大乘菩薩戒的瑜伽法相之說，在前述二戒之上，再增加慈悲化他之戒，而成爲三種戒，所謂「三聚淨戒」，即：

1. 攝律儀戒（止惡戒）

2. 攝善法戒（作善戒）

3. 攝眾生戒（饒益有情戒）

在以十善作爲大乘戒的初期大乘戒中，也有此思想。因爲十善是說：教令止惡、向善、教導他人之故。在中國，說大乘戒的《梵網經》自南北朝末期開始被採用，它是說佛性戒的十重禁戒，似乎也是止惡、行善、化他三聚。

小乘《四分律》之律宗開祖唐初南山道宣，將古來依於《十誦律》、《四分律》的戒學，從大乘的立場來解釋，稱自己的律宗通大乘，並將戒之主體——戒體，從古來的有部無表色說，改成《成實論》的非心非色的無表，又進一步以大乘法相學的種子（精神性的潛在力）爲戒體。奈良時代，將律宗傳至日本的唐鑑真，即是南山道宣之徒孫，乃依於《四分律》的大小乘混合的戒。

於比叡山開創天台宗的傳教大師最澄，認爲不能以此大小混合的奈良律宗之戒，作爲大乘佛教之戒，於是以《梵網經》的純大乘三聚淨戒，規定爲天台宗的菩薩戒，設立〔*京都〕比叡山的戒壇，以有別於「南都〔*奈良〕之戒壇」。

根（Indriya）

一

[207]在佛教有二十二根之說。所謂二十二根，即：眼根、耳根、鼻根、舌根、身根、意根等六根，男根、女根、命根三根，苦根、樂根、喜根、憂根、捨根等五受根，信根、精進根、念根、定根、慧根五善根，未知當知根、已知根、具知根等三無漏根。在原始佛教時代，並沒有被歸納成二十二根，但是各別的項目大多在原始佛教已有提到。在部派佛教時代或稍早以前，已被整理成二十二根。根據現存的部派文獻，所有的部派皆已提到二十二根。

追溯原始經典以來的根說，首先在阿含經中，《相應部》有「根相應」（Indriya-saṁyutta）[1]，共收錄 185 經。其中，有關眼等六根或除去意根之五根的經典有 8 經（25-30、41、42 經），說命、女、男三根者有 1 經（22 經），樂等五受根者有 10 經（31-40 經）、說三無漏根者有 1 經（23 經），其餘 165 經皆是說信等五根的全體或[208]一部分。

也就是，可知相應部的根相應，可能因為是有關修道論各

---

[1] *Saṁyutta* 48 *Indriya-S.*（v, pp. 193-253）。

項目中的一部分，所以是以信等五根爲主而敘述。將之與漢譯《雜阿含》作比較，漢譯只有說信等五根的經典，其它提到與修道論有關的三無漏根者只有一部經；談其他諸根的經典，在漢譯則完全找不到其相當的經典。

阿含時代並不是沒有提到其它諸根，根相應即是彙集與修道有關的經典者；提到其餘諸根的巴利經典（在漢譯中找不到相當經典的）可能是後世所附加的。從這點來看，可知爲原始佛教所重視的根之意義，是例如信等五根及三無漏根等，有關修道者。在巴利經與論中間性存在的《無礙解道》，也可看到同樣的情況。

《無礙解道》是阿毘達磨的先驅，當中討論了三十項佛教重要的教理學說，第四項即是根論 Indriya-kathā，[2] 列舉阿含經中有關根的說法，使用對之解說研究的方法，而其中所討論的根，大部分是有關信等五根，三無漏根只是簡單地敘述而已，其它根則完全未提及。

可能此根論只以與修道有關者爲問題重點，並非當時不知道有其他的根，也不是二十二根尚未被整理出來。因爲在《無礙解道》其它地方列舉一切法時，舉出一法乃至十法、根境識受識、五蘊、六根、六境、六識、六觸、六受、六想、六思、六愛、六尋、六伺、六界（地水火風空識）、十遍處、三十二身

---

[2] *Paṭisambhidā-magga*, ii, pp. 1-34

分、十二處、十八界、二十二根、三界諸有、四無量心、四無色定、十二緣起、四諦等等，[3] 其中即有二十二根。於此雖然沒有二十二根的項目，而只是說二十二根，但是可知當時已將根整理成二十二項了。

[209]及至阿毘達磨時代，根已被討論成二十二根。首先，在巴利阿毘達磨中，《分別論》十八分別之第五是根分別 Indriya-vibhaṅga。[4] 因爲它包含在蘊、處、界、諦、根、緣相、念住等佛教的重要項目中，所以可知二十二根可算是重要的佛教教理學說之一。從說一切有部的阿毘達磨、《舍利弗阿毘曇論》來看也是同樣的情況，在有部論書中，《法蘊足論》二十一品中的第十七是根品，[5] 法藏部的《舍利弗阿毘曇論》中，問分的第五爲根品，[6] 皆論述二十二根。

又，在有部的《發智論》中，將佛教的重要教理分成八篇來討論，其第六「根篇」即以二十二根爲問題。及至後來的綱要書時代，例如《俱舍論》，其全篇九品中的第二即爲根品，討

---

[3] 出處同上，i, p. 7.

[4] *Vibhaṅga,* pp. 122-134. 在其它分別中，雖然有依《阿含經》之引用而說明的經分別 suttanta-bhājaniya，但是在根分別中並沒有經分別。根據註釋書，是因爲在經典中，於此順序中，二十二根並沒有被敘述到之故。*Sammohavinodanī*, p. 125.

[5] 《法蘊足論》卷 10（大 26, 498b-499c）。

[6] 《舍利弗阿毘曇論》卷 5（大 28, 560a-568a）。

論二十二根。

由此可知，部派佛教時代，二十二根在阿毘達磨教理中，是重要的研究項目。那麼，二十二根在佛教教理學說中，究竟具有何等的意義或價值？爲探究此問題，首先有必要檢討佛教以前的印度思想之意涵爲何。

二

「根」indriya 一語從梨俱吠陀時代即已存在，最初是被用作 Indra（帝釋天）的形容詞或屬性。因爲 Indra 具有最高神之自由自在的權力，所以 indriya 或許有作爲其屬性的「自在能力」之意。後來進一步也被用於表示存在於人類的生命力、體力、性力、感覺力、動作力等，[7] 及至奧義書時代，數論哲學成立了

---

[7] 在 M. Monier-Williams, *Sanskrit-English Dictionary,* p. 167 b 之 indriya 項目中，云：mfn. fit for or belonging to or agreeable to Indra, RV,; AV….n. power, force, the quality which belongs especially to the mighty Indra, RV,; AV….exhibition of power, powerful act, RV….bodily power, power of the senses ; virile power, AV….faculty of sense, sense, organ of sense, AV….。

在 Böhtlingk und Roth, *Sanskrit-Wörterbuch*, Bd. I, S. 810 Indriya 3 中，云：

a. Vermögen, potentia, zwingende Kraft, Übergewalt die jenige Eigenschaft.

b. Äusserung des Vermögen, Kraftthat, gewaltige Ersheinung.

十一根思想。

[210]所謂十一根，即眼、耳、鼻、舌、皮五知根，語、手、足、大小便道五作根，再加上意根，十一根說在後世甚至被認爲是印度的一般說。在吠檀多學派（*Vedānta）說中，也有以四內根——覺（buddhi）、我慢（ahaṁkāra）、意（manas）、心（citta）爲根者，於五知根、五作根之上，再增加四內根，而成爲十四根。又，在耆那教中，將靈魂（jīva）區分爲一根乃至五根者，這是指具有五知根（感覺器官）的一乃至五者。[8]

如是，根的想法在佛教以前即已普遍存在，不論正統派或非正統派皆談到根，佛教可能是在其影響之下而討論根。

但是，在印度哲學的正統派婆羅門教中，主張轉變說，認爲一切現象生住異滅的原因，皆出於宇宙最高原理——梵天，或者神格化了的梵天（早期爲帝釋天等）這全知全能者的力量。因此，生滅變化的根本原動力，就在此最高原理或最高的神；

---

c. Körperliches Vermögen, Sinnesvermögen, sinnliche Kraft.
增加四內根、五知根、五作根，而舉出十四根等。
在 *Ardhamāgadhī Dictionary*, vol. 2, p. 132 a f. iṁdiya 項中，the five senses viz. eye, ear, nose, tongue and skin 只列舉五知根。**（參原書 p. 216）**

[8] 案：耆那教的教理，將宇宙之構成要素分爲靈魂（梵 jīva）與非靈魂（梵 ajīva），後者包括運動因（梵 dharma）、靜止因（梵 adharma）、虛空、物質四種，再加上靈魂則爲五個實在體。《佛光辭典》p. 4283。

而個人肉體精神各種作用的諸根，則是從這全能的力量衍生出來的部分力量。因此，雖然它們歸屬於最極究竟的最高全能者，但是具體的個別力用仍可區別出十一根。

相對於此，非正統派的沙門諸宗教，則採用積聚說，未設立作最高權力者的全能之神，而是主張現象的生滅變化，是由於物質諸要素機械性的離合聚散所致，不承認有驅動其生命力的唯一原理或實體的存在。使現象生滅變化的，不過是在於形式性、機械性的永遠不變的諸原理，例如：摩伽梨俱賒子（Makkhalī-Gosāla，宿命論的自然論者）其十二要素中的苦、樂、得、失等，與耆那教五實體中的活動原理 dharma、靜止原理 adharma、勝論派的同、異、和合等句義等即是。

在印度哲學二種潮流——前述有機性的轉變說、機械性的積聚說——之間，佛教如何看待這現象生滅變化的動力？佛教及至部派時代，說一切有部成立許多心不相應法等等，作爲驅動現象的原理力量，這可能是受到積聚說的影響。

[211]但是，這並非佛教原本的立場。在釋尊的原始佛教，是成立什麼以作爲現象生滅變化的原動力？關於這點，似乎未作嚴密的學術性考察。釋尊學說的出發點，例如五蘊、十二處、三法印、四諦、十二緣起說等等，皆以日常用語，從常識性立場來說明。對於生滅變化的原動力，也是用當時一般所使用的常識性之「根 indriya」的概念。

也就是，佛教的根說的成立，可看成是去除外道所謂轉變說、積聚說的形而上學說，從常識性、合理性的立場，作爲現象變化的原動力。

若將佛教二十二根說與外道的根說作一比較，首先，佛教的眼等六根，與外道的五知根及意根相同；命根可能相當於耆那教等非正統派所說的命（jīva）。雖然如此，外道並不將命說成根。女根、男根雖然一般沒有說到，但是其概念從婆羅門時代以來即已存在，它可以包含在五作根中的小便道。

佛教的苦樂等五受根是佛教的獨特之處，以受爲根是外道所沒有的，但是，此與摩伽梨俱賒子（Makkhalī-Gosāla，宿命論的自然論者）等，以苦樂等要素作爲精神活動的原動力，或許有某些關係。佛教又進一步將之合理而詳細地分爲五種。以五受爲根者，佛教認爲在認識作用中，從根、境、識三者和合而生觸，由觸生受，由受生想或愛，將受視爲促使想（概念）或愛（愛憎之念、貪欲、瞋恚之思）產生的原動力，所以以五受爲根。

又，信等五根或三無漏根，也是外道所未提到的佛教獨特處。在二十二根中，眼耳鼻舌身意六根，在原始佛教中說得最多，但是用六內處、六處的名稱來說眼等，又比用根來說眼等的情況爲多，六根一詞似乎是後來的時代才被使用得較多。在原始佛教時代，特別被舉出作爲根的是信等五根及三無漏根。這在《相應部》中的根相應、《無礙解道》的根論中皆可見到。由此可知佛教在諸根之中，以信等五根及三無漏根最受到重視。

[212]信、精進、念、定、慧五項，既被說爲五根，也被說爲五力，這些是屬於修行項目的三十七菩提分之一。這五項是作爲達成佛教理想的修道方法，一個完整的體系。五根與五力的區別是：五根是作爲修行出發點的五種能力；五力則是其能力表現爲實際的力量。由於在佛教的修行項目中，這五項被認爲最重要，所以特別以這五項作爲根，以代表朝向理想的原動力。

其次，三無漏根是依照五根等能力的修行進展，作爲實際獲得聖位的力量而成立。得到最初證悟見道位的力量是第一、未知當知根 anaññātaññassāmītindriya，得到第二段修道位的力量是第二、已知根 aññindriya，得到第三段最高證悟的無學位之力量是具知根 aññātāvindriya。

但是，三無漏根從心所法等來看，是屬於何種心所？各部派間有異說。巴利佛教謂此三者皆屬於慧心所，是無漏慧的一部分。[9] 但是，在說一切有部 [10] 或法藏部的《舍利弗阿毘曇論》

---

9 未知當知根的定義，在 *Dhammasaṅgaṇi*, p. 63; *Vibhaṅga*, p. 124 中，謂：「爲彼未知、未見、未得、未覺知、未作證諸法而作證之慧、知解、思擇、簡擇、擇法乃至擇法、正見、擇法覺支、道支、道所攝」。同樣地，已知根的定義在 *Dhammasaṅgaṇi*, p. 75; *Vibhaṅga*, p. 124 中、具知根的定義在 *Dhammasaṅgaṇi*, p. 117; *Vibhaṅga*, p. 124 中，皆被說爲無漏慧。**（參原書 p. 216）**

10 根據《俱舍論》卷 3（大 29, 14c 以下），說一切有部謂三無漏根是由

[11] 中，三無漏根不只包含慧心所，還包括其它許多根、心所等等。

三

由以上可知，二十二根在原始佛教雖然尚未被整理成二十二項，但是已有常識性的提到根，作為使個人肉體精神活動的具體能力。

亦即，眼等六根是掌管感覺知覺能力之認識判斷的原動力。命根即是生命力，[213]男女根是男女性能力的本能性存在力量。男女根是肉體性的，命根在巴利佛教則被分為色命根 rūpa-jīvitindriya（色法）與非色命根 arūpa-jīvitindriya（心所法），掌管肉體與精神二方面的壽命。說一切有部或《舍利弗阿毘曇論》等，謂命根是超越身心的生命力，因此，認為它既不屬於色法，亦不屬於心所法，而是能驅動色心之能力的不相應法。

在有部或《舍利弗毘曇》中，除了命根之外，亦成立許多

意、樂、喜、捨及信之五根等九根所組成。

11 在《舍利弗阿毘曇論》卷 5（大 28, 561a）中，謂三無漏根是由思、觸、思惟（作意）、覺（尋）、觀（伺）、解脫（勝解）、悅喜、心除（心輕安）、欲、不放逸、心捨、得果、滅盡定、正語、正業、正命、正身除（正身輕安）等所構成，可知它不只是慧心所，也包括想乃至心捨等諸心所，以及諸如得果、滅盡定之心不相應法，及正語、正業等無表色（無漏戒）。**（參原書 p. 216）**

心不相應法，但是它們在原始佛教中皆未被說成是根。只有命根是主體性能力，其它如生、住、異、滅、得、非得、滅盡定、無想定等並不是主體性、積極性的力量，就如同外道的活動原理 dharma、靜止原理 adharma、生死、得失、同異、和合等，只不過是形式性論理的力量而已。

在部派佛教中，心不相應法與原始佛教的根之概念不同，可能是受到前述外道，尤其是非正統派的生、死、得、失等思想的影響而產生的。因此及至部派佛教時代，一方面有原始佛教以來的二十二根說，另一方面則新成立心不相應法，以作爲驅動現象的力量，於是便產生了不徹底及混亂的情況。部派佛教對於根，雖然和蘊、處、界、諦、緣起等一起說明，但是，根說並不像其他教理那麼被重視，可能是前述理由所致。

在《俱舍論》等中，雖然成立根品，但是不只是二十二根使用根之名，總稱現象作用也用根之名；在《俱舍論》的先驅論典《阿毘曇心論》乃至《雜阿毘曇心論》中，並不是根品，而是行品；但是，因爲一般用行品的「行」saṁskāra 來表示作用並不適當，所以《俱舍論》將之改爲根品。這點也可從《俱舍論》的根品不只是談二十二根，同時也討論其餘的心所法、心不相應法、六因五果、四緣、三界諸心的起滅等諸法生滅變化的作用得知。

因爲《俱舍論》對二十二根有很詳細的考察，所以以下就作一介紹。

四

[214]根據《俱舍論》卷 3 [12]，根有最勝、自在、光顯之義，總括來看則是增上（使之殊勝）義。若以增上義來看二十二根，最初之眼等五根有四種增上：（一）莊嚴身、（二）導養身（防止危險等）、（三）生識等、（四）不共事（個別性）。

男根、女根、命根、意根各有二種增上。男女根有（一）有情異、（二）分別異二種增上義。所謂「有情異」，是指男女類別，「分別異」是指有形相、言音、乳房等差別。又男女根也具有不同於無根者、兩根者等的特徵。

命根有能續、能持眾同分（個體）的二增上義，意根有能續後有及自在隨行的二增上義。

樂等五受根對於隨眠等雜染有增上義，信等五根對於清淨諸法有增上義。但是，也有人認爲樂等五受根對淨法有增上義。三無漏根對於得到之後的聖道或涅槃則有增上之用。[13]

在此是以驅動現象生滅變化的原動力作爲根，若是如此，則會產生如下的疑問：輪迴流轉的原動力——無明煩惱，或者數論派所說的五作根等等，是否也是根？根除了增上義之外，也必須具有作爲根的特相（特徵），而無明或五作根並沒有其特

---

[12] 以下所說是對於《俱舍論》卷 3（大 29, 13b 以下）加以略述。

[13] 案：《俱舍論》卷 3（大 29, 14a16）云：「三無漏根於得後後道涅槃等有增上用。」

徵，所以不能稱爲根。

所謂根的特相（特徵），就是眼等六根以心之所依爲相，男女根以相（性器官）之差別爲特相，命根以一期（一生）之存續爲相，五受根有成雜染之相，信等五根有作爲淨資糧的相，三無漏根有成清淨的特相。又，根據餘師所說，眼等六根爲流轉之所依，男女根爲流轉之生因，[215]命根令彼〔*流轉〕住、五受根以受用彼〔*流轉〕爲根之相。也有信等五根是還滅之所依，三無漏根中，未知當知根是還滅的生因，已知根令住、具知根以受用彼〔*還滅〕爲根之相。[14]

因爲無明或五作根中，並沒有如同二十二根的特相，所以佛教不將它加入根中。

總之，依我個人的意見，二十二根中，眼等六根與男女根、命根與五受根，不論是對流轉雜染、還滅清淨，甚至對無記的活動，都是原動力。男女根比無根者或二根者對淨或染都較強，因爲它不同於無根者、二根者的無能力。而信等五根與三無漏根，對於還滅清淨而言，可說是主要的原動力。對於「在這些

---

[14] 案：《俱舍論》卷 3（大 29, 10b10）云：「頌曰：或流轉所依，及生住受用，建立前十四，還滅後亦然。論曰：或言顯此是餘師意。約流轉還滅立二十二根。流轉所依，謂眼等六。生由女男，從彼生故。住由命根，仗彼住故。受用由五受因，彼領納故。約此建立前十四根。還滅位中，即約此四義類別故，立後八根。還滅所依，謂信等五。於三無漏由初故生，由次故住，由後受用。」

各別的原動力背後，還有著根源的力量，將它作爲形而上學的本體性存在」的看法，佛教並不認同；認爲它只是表現爲現象的個別力量而已。佛教站在無我說的立場，當然必須採取如此合理的科學態度。

至於無明等煩惱之所以不能作爲根，是因爲它並沒有被看成主體性力量的緣故。這點從原始佛教以來，以煩惱作爲外來的客塵，所謂「心性本淨、客塵煩惱」一事亦可得知。及至大乘佛教，並不是以有關修道的根——信等五根或三無漏根作爲問題重心，取而代之的是六波羅蜜，乃至進一步討論到作爲其根源的主體性之清淨心性——佛性——菩提心等，但是，這些並不是根。

心性本淨之意義

一

[219]關於心性本淨說，至今爲我國（*日本）許多學者所採納，並已多所討論。[1] 本淨說的源流亦出自阿含經的原始經典、巴利佛教或法藏部等的上座部系的部派文獻，它可能與從大眾部系的心性本淨說所發展出的大乘佛教之如來藏說或佛性說的立場多少有所不同。因爲大乘佛教的如來藏說或佛性說，考量到清淨本性的常住不變之心性；相對於此，原始佛教或上座部系部派，並未考量如此常住的心性，而是考量說現象生滅變化的心相是清淨的。

原本在原始佛教中，並未以外道所說的常住不變的實體爲議題，而是只考察經驗可能的現象界，將之稱爲「一切法」。因此，常住心性的想法於此並沒有加入的餘地。眾所周知，佛教只以存在者（一切法）之現象界作爲考察對象，而排除外道所

1 勝又俊教《佛教心識說之研究》463-511 頁（第二篇第一章「心性本淨說之發展」），506 頁註 1、平川彰《初期大乘佛教之研究》200-217 頁及 205 頁註 1、小川一乘《印度大乘佛教之如來藏、佛性之研究》4 頁以下等等。

說的形而上學的實體。但是，對於能積極自主作用的心之狀態，外道的[220]正統派與非正統派有完全不同的解釋。

正統派採轉變說（pariṇāma-vāda），成立有機生命體的我（ātman）之實體，以此爲不生不滅的本體存在。我成爲心的中心，是自主自律活動的主體。相對於此，非正統派採積集說（ārambha-vāda），連精神存在也被認爲是物質，謂我（靈魂）是不生不滅的本體，但是它並不是自主性積極活動，而是藉由其他力量，機械性地運動而已。

眾所周知，佛教與外道的本體說不同，是只考量使心生滅變化的現象，雖然也認爲心有自主自律的積極作用，但是，它是依於其他種種條件（緣）才能作用的，也就是採用所謂的「無我緣起」說。

因此，佛教雖然將生命活動或精神作用認爲是自主自律的，但是對於其內在是否有常住的本體，並未將之視爲議題，而是只考察表現於表面的現象。對於此種含意的生命或精神的自主性活動力，佛教稱爲根（indriya）。根的概念在佛教以前的奧義書等中即已提及，佛教亦繼續採用，並以佛教獨特的立場解釋之。

雖然佛教將根整理成二十二種，但是二十二根說被加以整理，則是及至部派佛教之後的事，原始佛教並未對根做理論性的考察。總之，佛教是以二十二根囊括生命或精神等的自主作用。因爲根有能力之意，所以生命力、精神力、智力等，皆稱爲根。在此對二十二根作簡單之考察。[2]

所謂二十二根，即：

1.命根、2.女根、3.男根	基本者
4.眼根、5.耳根、6.鼻根、7.舌根、8.身根	感覺能力
9.意根	知覺能力
10.憂根、11.喜根、12.苦根、13.樂根、14.捨根	苦樂的感受能力（五受根）
15.信根、16.精進根、17.念根、18.定根、19 慧根	精神性的理想能力
20.未知當知根、21.已知根、22.具知根	證悟之智的能力（三無漏根）

[221]其中，命根是超越肉體、精神二方面的生命力，被視爲各種活動的基本。女根與男根是男女的性能力，是保存種族所不可或缺者。眼根乃至身根五根是五官感覺的認識能力，意根是知覺的認識能力，也是推理、想像、判斷、記憶、意志等精神作用的基本能力。憂、喜、苦、樂、捨五受根，是苦樂

2　參見水野弘元「根 Indriya」（《印度學佛教學研究》13 之 2、39 頁以下。收錄於本選集第二冊）。

等感受作用的能力，它也是保護、維持生命的必要者。其次，信等五根是心朝向理想前進的必要精神能力之一，可視爲是朝向理想的精神能力之代表。最後的三無漏根是到達理想之三階段的能力，皆是以無漏智力爲中心。

有關這些諸根的關係，例如，在巴利小部的《無礙解道》中，對於三無漏根與其他諸根的關係如下所述：

> 在預流道的剎那，未知當知根有信根為信解眷屬（adhimokkkha-parivāra），有精進根為策勵眷屬（paggaha-p.），有念根為近住眷屬（upaṭṭhāna-p.），有定根為無散亂眷屬（avikkhepa-p.），有慧根為見眷屬（dassana-p.），有意根為認識眷屬（vijānana-p.），有喜根為歡喜眷屬（abhinandana-p.），有命根為轉起相續增上眷屬（pavattasantatādhipateyya-p.）……。

同樣地，說已知根在預流果乃至阿羅漢道的剎那，具知根在阿羅漢果的剎那，以信等五根、意根、喜根、命根等八根爲俱生眷屬（sahajāta-parivāra）。[3] 也就是說，三無漏根與前述八根俱生，以八根爲其眷屬。但是，如前所述，可知二十二根中，最基本的是命根，而在精神活動中，意根是其基本者。不過，

---

[3] 參見 *Paṭisambhidāmagga*, i, p. 116ff.（南傳 40, 194 頁以下）。

[222]對於二十二根相互的有機關係，並未作詳細的考察。因爲佛教，尤其是原始佛教，對於存在，是以表現於表面的現象作爲考察的中心。

二

其次，有必要考察：在原始經典或上座部系的部派佛教中，將「心淨」解釋成什麼意義。首先，對於心是淨潔的，巴利《增支部》1之5云：

> pabhassaram idaṁ bhikkhave cittaṁ tañ ca kho āgantukehi upakkilesehi upakkiliṭṭhan ti. [4] 比丘們啊！此心是淨潔的。而彼〔心〕被外來諸隨煩惱所染污。

接著，也是同樣的句子，只是最後一句改成「āgantukehi upakkilesehi vippamutttan ti 從外來諸煩惱而解脫」。

在這些文中，淨潔的原文是 pabhassara（Skt. prabhāsvara）。根據前面巴利《增支部》的註釋書，云：

> pabhaṣsaran ti paṇḍaraṁ parisuddhaṁ [5] 所謂「淨潔」，即

---

[4] 在 *Aṅguttara-n.* i, p. 10.《增支部》1之6（*A*, i, p.10）中，對此有詳細的敘述，參見註10。

[5] *Manorathapūraṇī*, i, p.60.

淨白、遍淨。

是說「淨潔」一詞是淨白（paṇḍaraṁ）或遍淨（parisuddhaṁ）之意。心即淨白的，它出自後面會提到的巴利文獻。

《增支部》的註釋書在前述文之後接著說明：

cittan ti bhavaṅga-cittaṁ [6] 所謂「心」，是有分心。

意謂，說心是淨潔時，此時的心是指有分心。這裡所說的有分心，即如同唯識佛教的阿賴耶識一樣，是潛在性的基本心。它是人格中心的心，在表面意識沒有生起時，存在於[223]意識下的潛在之流的心，即是有分心。在原始佛教時代，並沒有有分心的想法。根據如前之解釋，表面心雖然有善惡種種之變化，但是有分心是恆常淨潔的狀態。巴利註釋書在前述之文後，作如下之說明：

yaṁ kiñci parisuddhatāya pabhassaran ti vuccati, idam pi nirupakkilesatāya parisuddhan ti pabhassaraṁ. [7] 所謂「遍淨故淨潔」的此〔心〕，又無隨煩惱故遍淨，即「淨

6　出處同上。

7　出處同上。

潔」。

āgantukehī ti asahajātehi pacchā javanakkhaṇe upakkilesehi.[8] 所謂「從外來的〔諸隨煩惱〕」，是指從非俱生、於後速行（表面善惡心）剎那的諸隨煩惱。

也就是，心的染污或解脫，並不是在有分心，而是在有分心移至表面心，造善惡業的剎那。

以上是巴利阿含中，有關心的淨潔其註釋之說明，但是，在流傳《舍利弗阿毘曇論》的法藏部中，也可看出是採用與巴利上座部相同的阿含經之心淨說。也就是，爲《舍利弗阿毘曇論》卷 27<假心品>所引用的心性清淨之阿含經文，[9] 其文在內容上與《增支部》1 之 6 的文 [10] 是一致的。而且，因爲《舍利

---

8 出處同上。

9 《舍利弗阿毘曇論》卷 27（大 28, 697b）:「心性清淨，爲客塵染，凡夫未聞故，不能如實知見，亦無修心。聖人聞故，如實知見，亦有修心。心性清淨，離客塵垢，凡夫未聞故，不能如實知見，亦無修心。聖人聞故，能如實知見，亦有修心。」

10 *Aṅguttara-n.* i, p. 10（*A.* i, 6）

Pabhassaram idaṁ bhikkhave cittaṁ tañ ca kho āgantukehi upakkilesehi upakkiliṭṭhaṁ. Taṁ assutavā puthujjano yathābhūtaṁ nappajānāti. Tasmā assutavato puthujjanassa citta-bhāvanā natthī ti vadāmī ti.

Pabhassaram idaṁ bhikkhave cittaṁ tañ ca kho āgantukehi upakkilesehi

弗毘曇》在<假心品>中，用現象之心的角度來說明心的清淨，所以可知此觀點是與巴利佛教相同的現象的心，並非意指常住的心性。

其次，巴利佛教中，亦將心說為「淨白」(paṇḍara)。這是巴利佛教中，說明心之定義的阿毘達磨式定型句。此定型句被用於巴利小部的《無礙解道》、《小義釋》，並為論藏中的《法集論》所繼承。說明心之定義的定型句如下：

> cittaṁ mano mānasaṁ hadayaṁ paṇḍaraṁ mano manāyatanaṁ manindriyaṁ viññāṇaṁ viññāṇakkhandho[11]……心、意、意所、心臟、淨白、意處、意根、識、識蘊

[224]此中即使用 paṇḍara(淨白)一詞。如前已述，它是 pabhassara(淨潔)的同義語。關於 paṇḍara，《法集論》的註釋書作如下的說明。

---

vippamuttaṁ. Taṁ sutavā ariyasāvako yathābhūtaṁ pajānāti. Tasmā sutavato ariyasāvakassa citta-bhāvanā atthī ti vadamī ti.

對於前註 9 之文中加底線的部分，在本註巴利文中，若將 1 與 2 之順序對調，則二者之文相同。

11 *Paṭisambhidāmagga*, i, p. 189 f ; *Culla-Niddesa*, Siamese ed. p. 28 ; *Dhamma-saṅgaṇi*, p. 10 etc.

Tam eva parisuddhaṭṭhena paṇḍaraṁ, bhavaṅgaṁ sandhāy' etaṁ vuttaṁ. Yathāha : pabhassaram idam bhikkhave cittaṁ tañ ca kho āgantukehi upakkilesehi upakkiliṭṭhan ti. Tato nikkhantattā pana akusalam pi Gaṅgāya nikkhantā nadī Gaṅgā viya Godhāvarīto nikkhantā Godhāvarī viya ca paṇḍaran tv eva vuttaṁ. [12] 彼〔心〕依遍淨之義而淨白。這是就有分〔心〕而說的。即所謂「比丘們啊！此心是淨潔的。而彼〔心〕被外來的諸隨煩惱所污染。」因為是從這〔有分心〕所分出來的，所以即使是不善心，也被稱為是淨白的；如同從恆河所分出來的河〔稱〕為恆河、Godhā varī 河所分出來的河〔稱〕為 Godhā varī 河一樣。

可知這裡的「淨白」(paṇḍara)與《增支部》的「淨潔」(pabhassara)同義。而上述之說明與前面的有分心之說明是相同的內容。因爲潛在性的有分心是潔淨、淨白的，所以表現出

---

[12] 在 *Atthasālinī*, p. 140 及《法集論》中，是淨白眼識，但是相對於此，註釋書（*Atthasālinī,* p. 262）則說明爲：「因爲眼識所依之眼根是淨白的，所以眼識也是淨白的。」所謂「眼根是淨白的」，是說眼根沒有朦朧不清，所以是指消極意義的淨白。**(參原書 p. 228)**

來的表面心，雖然是善、惡、無記，但是因爲它們的根本皆是有分心，所以也被稱爲淨潔（pabhassara）、淨白（paṇḍara）。

在巴利佛教文獻中，對於心的定義說明，將心說爲淨潔或淨白，此說法在《舍利弗阿毘曇論》及說一切有部之諸論書中皆未見及。那麼，淨潔或淨白的意思究竟爲何？根據巴利辭典，此等語皆被說明爲「清潔的」、「白的」、「清淨」等，但是其具體的意義則不清楚。

我認爲，清淨原本有積極與消極兩種意思。積極的清淨是除去穢濁、被洗淨的狀態，若是用於心的場合，則是藉由修行而除去煩惱染污，得到清淨證悟之智慧的狀態。反之，消極的清淨是如同無污濁的清水或白紙一般的狀態，就心來說，是指未染善惡的無記狀態。

[225]那麼，所謂「心是淨潔的」，意指前述的那一種清淨？我認爲，原始經典或巴利佛教中，心清淨並非積極的，而是消極意思的清淨。因爲，如果一開始，心就是完成了修行，清淨證悟之心，那麼心就絕對無染了。但是，一般的心既有染污，也有清淨。即使在說明心清淨的《增支部》之文中，也是從所謂「被外來諸隨煩惱所染污」、「從外來諸煩惱而解脫」淨穢兩種立場一起說明。

此外，與之有關之文，巴利《相應部》云：

Citta-saṅkilesā bhikkhave sattā saṅkilissanti, citta-vodānā

sattā visujjhanti.[13] 比丘們啊！心雜染故有情染污，心清淨故有情清淨。

此亦多爲大乘佛教所採用。在這段文中，心既有染污，也有清淨，是採取淨穢不定的空無我之立場。

也就是，(1)《華嚴經》心、佛、眾生，三無差別思想，謂心既能成爲迷惑眾生，也能成爲覺悟之佛；(2)瑜伽行派三性說中，依他起性包含了迷惑之遍計所執性（分別性）及覺悟之圓成實性（真實性）；(3)《起信論》的一心思想中，一心包含心生滅與心真如；以及(4)天台的性善性惡之說法，謂十界互具或一念三千，以上〔*四說〕皆可說有相同的傾向。

三

如前所述，巴利佛教所謂淨潔的心，是指作爲基礎心的有分心，它類似於瑜伽行派的阿賴耶識。從詳細之處來看，二者雖然在教理學說方面不同，但是基本上是指相同的東西。說有分心是淨潔的，意謂它像無染污的白紙，或無塵而明淨的鏡子一樣，[226]是消極的淨潔。同樣地，就阿賴耶識來看，也可說成如此。也因此，阿賴耶識被認爲是離善惡的中性無覆無記。

---

13 *Saṁyutta-n.* XXII, 100（*S.* iii, p. 151f. ），在相當於此經的漢譯《雜阿含》卷 10（大 2, 69c）云：「比丘，心惱故眾生惱，心淨故眾生淨」。

《瑜伽師地論》或《成唯識論》等，採用消極的清淨說，謂無覆無記的阿賴耶識，由於不是染污，所以本性清淨。[14]

---

[14] 《瑜伽師地論》卷 54（大 30, 595c）云：「諸識自性非染，由世尊說一切心性本清淨故。」是說，以識的自性不是染污的消極理由，而認爲心是清淨的。又《成唯識論》卷 2（大 31, 9a）亦云：「心體非煩惱故，名性本淨，非有漏心，性是無漏，故名本淨。」是說阿賴耶識不是煩惱，而是無覆無記，因此被稱爲本淨。這些說法，若站在高的立場，謂有漏法皆是染污，是遍計所執法，則應該被否定；但是，《瑜伽師地論》或《成唯識論》是從低的理世俗之立場，說消極的清淨。

又，《大品般若經》說心相清淨，但是這也是消極的清淨說。例如，《大品般若經》卷 3（大 8, 233c）云：「心相常淨……一切煩惱，不合不離，……聲聞辟支佛心，不合不離。」解釋般若經的《大智度論》卷 41（大 25, 363a）亦云：「如虛空清淨……心亦如是，常自清淨，無明等諸煩惱客來覆蔽故，以爲不淨，除去煩惱，如本清淨。」這也是說心是無自性的，依於緣而成爲善惡、染淨，亦即消極的清淨者。

又，巴利佛教的有分心、瑜伽行派的阿賴耶識，雖然皆被認爲是中性的無記，但是實際上，在有分心或阿賴耶識中，囊括了過去的善惡染淨一切經驗而爲種子，因此，可說這些本識並不是完全像白紙一般的無覆無記的存在。

此外，《辨中邊論》卷下（大 31, 475b）、《中邊分別論》卷下（大 31, 462b）、梵文《中邊分別論疏》67 頁（長尾本）中提到，雖然不是心性，但是因爲法界本性遠離客來染淨，所以是清淨的。這種場合的清淨，究竟是指中性的清淨之意，還是遠離了有爲有漏的染淨，是無爲無漏的清淨，不太明確，可能指後者之意。**（參原書 p. 228-229）**

在此意義下，心性清淨從三性說來看，就被說成是依他起性。它沒有積極的清淨性，而是既能成爲染，也能成爲淨的空無我者。

若以空無我者爲清淨，那麼不只就心來說是清淨的，對於包括肉體、物質之一切現象法，它們也可說是清淨的。既然如此，爲何只對心說它是清淨的呢？若說以空無我故，心爲清淨，爲何心不能說明爲積極地朝向善或理想前進？若將心本來就朝向善或理想而前進，說爲是心本性清淨，如此清淨的意思即成爲積極性，就會與說無覆無記的中立之心爲清淨的說法有所衝突了。

在瑜伽行派的法相宗中，雖然阿賴耶識是無覆無記，但是，作爲朝向理想而前進的動力之無漏種子，卻不得不說成本來就依附於本識，可看出這是消極清淨說的缺點。唯識以朝向理想的動力作爲所謂「無漏種子」的有爲法，但是，在說如來藏或佛性的如來藏系文獻中，朝向理想的清淨力量，被認爲是無爲真如的如來藏或佛性。[15] 此積極意義的清淨，並非消極場合的

---

[15] 或許不能說只有以如來藏或佛性爲無爲真如。因爲所謂真如隨緣，真如與有爲法有著密切的關係。

又，在唯識中，依附於阿賴耶識的本有無漏種子，與如來藏或佛性不能視爲相同。因爲無漏種子是生滅變化的有爲法，而如來藏或佛性則與無爲法之真如法性有關連。

又《大乘莊嚴經論》卷 6（大 31, 622c 以下），梵文 *Mahāyānasūtrālaṁkāra*,

依他起性，而是有垢真如，也就是圓成實性（真實性）。

有名的《大乘阿毘達磨經》之偈：

anādikāliko dhātuḥ sarvadharma-samāśrayaḥ

tasmin sati gatiḥ sarvā nirvāṇādhigamo pi ca. [16]

界是無始時來一切諸法的依止。

當有此（界）之時，則有一切諸趣，以及涅槃的證得。

[227]對於此文的解釋，有二種不同的意見，一種是把「界」看成是阿賴耶識，另一種則看成是如來藏或佛性。若將染淨迷悟的一切法發生之所依——界，看成是阿賴耶識，則它是消極性清淨之依他起性。反之，若將界看成如來藏或佛性，則它是

---

p. 88 有二偈云：

譬如清水濁，穢除還本淨，自心淨亦爾，唯離客塵故。

已說心性淨，而為客塵染，不離心真如，則有心性淨。

雖然這看起來像是原始佛教或《瑜伽師地論》等所說的消極之清淨，但是因爲將心性說成心真如，所以也可以將之視爲等同佛性、如來藏。**（參原書 p. 229）**

16 此偈之梵文參照 *Trimśikāvijñapti-bhāṣyam*, p.37（S. Lévi ed.），*Ratnagotravibhāga*, p. 72（E. H. Johnston ed.）。案：《成唯識論》「無始時來界，一切法等依，由此有諸趣，及涅槃證得」。（大 31, 14a）。

積極性清淨之圓成實性。[17] 但是，在這裡，因爲界（佛性）是趣（輪迴）和涅槃二方的依止，所以也可看成是無自性。

因此，在心性清淨中，有消極與積極兩種意義，這是無法否認的。若不承認心中追求理想的積極可能性——如來藏或佛性，則無法說明修行證果的可能性。在原始佛教中，說信等五根或三無漏根等，並不是在說它的可能性，而是從經驗的事實上，來敘述「心有積極性清淨的作用」。

又在原始經典中，有著名的自燈明（自洲）、法燈明（法洲）的說法，[18] 「自」（attan, ātman）是自己——具有理解、體證法

---

[17] 在《成唯識論》卷 3（大 31, 14a）中，對於此偈之界（dhātu），云：「界是因義，即種子識，無始時來，展轉相續，親生諸法，故名爲因。」《攝大乘論》在一開始的地方亦引用此偈，說明界爲阿賴耶識。但是，只有真諦譯的《攝大乘論》卷 1（大 31, 156c 以下），則說界爲阿黎耶識，謂界有五義：1. 體類義，2. 因義，3. 生義，4. 真實義，5. 藏義，將之解釋爲如來藏之意。此五義也被用來說明法界或三性的真理。其次，《究竟一乘寶性論》卷 4（大 31, 839a 以下），將此偈的「界」一語譯爲「性」（法界之「界」與佛性之「性」相同），將「性」說明爲如來藏或佛性之意。於此，亦如真諦譯的《攝大乘論釋》中，根據《勝鬘經》等文，引種種經文，如：「依如來藏故有生死，依如來藏故證涅槃」、「此法性、法體性，自性常住，如來出世，若不出世，自性清淨，本來常住，一切眾生有如來藏」，以說明此偈。又說如來藏是如來之法身，真如之體相是佛性之體。**（參原書 p. 230）**

[18] 長部《大般涅槃經》中，佛入滅三個月前，對阿難開示：佛滅度後，

之真如、理想之能力的自己，以及具有朝向理想之心的自己。在此意義中，可知原始經典對於積極的自性清淨心，已經有所提及。在談流轉緣起、還滅緣起的四諦或十二緣起中，亦預想了積極的清淨心。若無積極的清淨心，作爲佛教根本目的的「是什麼」、「應該是什麼」的理論或實踐面就無法存在了。

不過，希望不要將此清淨心的佛性或如來藏，與外道的自我等，互相混淆，實有必要說明二者明確的不同處。

[231]附錄

以上所論，錯綜複雜，恐有不明瞭之處，因此希望將它們做明確的表示。此表之 A 欄表示正邪善惡混雜之諸法黑白未分的本淨（無自性）狀態。B 欄表示從未分所分出來的凡夫染污

弟子們應依自洲、法洲（自燈明、法燈明）而住。*Dīgha-n.* ii, p. 100. Tasmāt ih' Ānanda atta-dīpā viharatha atta-saraṇā anañña-saraṇā, dhamma-dīpā dhamma-saraṇā anañña-saraṇā. 因此，阿難啊！你們要以自己為洲渚，以自己為歸依處而住，莫依其他而住。以法為洲渚，以法為歸依處，莫依其他。

在 *Saṁyutta-n.* v, p.154 中，也有與之相同之文。漢譯《長阿含遊行經》（大 1, 15b）則云：「是故阿難，當自熾燃，熾燃於法，勿他熾燃；當自歸依，歸依於法，勿他歸依。」此文句在其他單譯涅槃經等中也有。釋尊在此之前也有爲弟子們說此教示，在舍衛城的說法中也有說這句。參照 *Saṁyutta-n.* XXII, 43（*S.* iii, p. 42）。**（參原書 p. 230）**

不淨的輪迴狀態。C 欄表示從未分所分出來的趨向聖者清淨解脫的還滅狀態。

	A	B	C
1.增支部 i, p.10 最初的說法	心性本淨（無自性） citta-pabhassssara	無聞凡夫（流轉） 煩惱雜染 upakkilesa-upakkiliṭṭha	有聞聖者（還滅） 煩惱解脫 upakkilesa-vippamutta
2.《法句經》 一、二	諸法心尊 sabbadhamma manoseṭṭha	惡穢心 paduṭṭha-citta	善淨心 pasanna-citta
3. 無常偈	諸行無常（無自性）	是生滅法（流轉）	生滅滅已（還滅） 寂滅爲樂
4. 三法印 （四法印）	諸行無常（無自性） 諸法無我	一切皆苦（流轉）	涅槃寂靜（還滅）
5.《大品般若》三	是心非心（無自性） 心相常淨		
6.《大智度論》 四一	如<u>虛空</u>相常清淨（無自性）	塵烟雲霧（流轉） 煩惱覆蔽	除去煩惱（還滅） 如本清淨
7.《大乘涅槃經》	一切眾生（無自性） 悉有佛性		
8.《大乘阿毘達磨經》偈	無始時來<u>界</u>（無自性） 一切法<u>等依</u> dhātu samāśraya	由此有諸趣 （流轉）	及涅槃證得 （還滅）
9.唯識三性 （三相）	依他起性（無自性）	遍計所執性 （流轉）	圓成實性（還滅）
10.如來藏	自性本清淨 （無自性） 不增不減	客塵虛妄染 （流轉）	本來自性空 （還滅）

11.《大乘起信論》	一心（無自性）	心生滅（流轉）	心真如（還滅）
12.本覺思想	本覺（無自性）	不覺（流轉）	始覺（還滅）

[232]此本覺可能會被認爲與婆羅門教的「自我」（ātman）相同，若將它（本覺）看成實體我，即是邪說。這裡將佛性、如來藏與本覺一同放在無自性的 A 欄中，佛性、真如、法界、如來藏等，這些圓滿狀態的常住不變之規範（norm, Sollen），不是具體的現象，而是形式上的理法，所以並不是 A、B、C 欄的問題所在。

這些規範與 A 或 C 欄有關連的是，包含於 A 欄中的佛性（buddha-gotra），意指佛之種姓（家世），有成佛的可能性；如來藏（tathāgata-garbha）亦並非指如來，而是「如來的胎兒」，此二者皆是在出生之後，有成爲如來的可能性者。在心性本淨的場合中，心是無自性的，有成爲本來清淨無垢的佛陀之可能性，但是也有可能成爲有垢雜染的極惡者。在此亦可視本覺爲可能形態。

因爲是無自性，所以有成爲善淨之完全者的可能性，帶著趨向善淨的理想意識，一直爲理想而精進努力，這是佛教的根本旨趣，前表所列之無常偈或三法印等，即是最普遍者。釋尊入滅前，開示自洲、法洲（自燈明、法燈明）的教示，謂應藉由理想的規範，讓無自性的自己，一直向著理想而前進；臨終時亦留下最後的遺誡：「vaya-dhammā saṅkhārā, appamādena sanpādetha 因為諸行（一切的現象）是衰滅無常的，所以你們不要放逸（恣意而行），應依於法，完成理想。」

由此可知，自己與法的關係十分重要，親鸞聖人提出「機」（自己）與「法」一體化之說，認爲放捨自己而交給阿彌陀佛，所謂「機的深信」與「法的深信」，是淨土信仰最爲重要者，可知此與心性本淨的教說有深刻的關係。

[233]又，《中論》三諦偈雖然立場不同，但是可看出其與心性的 A、B、C 有關。亦即：

因緣所生法，我說即是空（A），亦為是假名（B），亦是中道義（C）
（無自性） （流轉） （還滅）

無自性空的因緣所生法，是凡夫流轉界的假名，而且它也是非有非空的聖第一義。

接著，關於佛性等問題，值得注意的是，佛性等的可能形態是有關朝向圓滿狀態前進所必要且正確的努力。其努力是由個人與生俱來的生命力而來。生命力一般稱爲「根」（indriya），如前章所述的二十二根。雖然一切生物皆具有根，但是單純的動植物有生命力及雌雄的性力，進一步則有與外界接觸對應的五官等感覺力，乃至產生認識判斷此感覺的知覺力。

人類則能進一步判斷正邪善惡，訂立理想目的，希望朝向理想而努力，此即信、精進、念、定、慧五根。進而產生追求人生終極目標、圓滿狀態的三無漏根之力量，乃至由最後的具知根而達到完全的證悟。即所謂「自然法爾」、「以無義爲義」。心的作用達到無我無執、自由自在的圓滿狀態。

但是，道元禪師不將佛性視爲可能狀態，而是以前述的圓滿狀態來稱佛性。例如，在《正法眼藏》的〈佛性〉之卷云：「佛性並非成佛時才具足，而是在成道中即具足。」（《曹洞宗全書》宗源上、180 頁以下）。在其餘各處亦秉此意義而說，例如，在〈行佛威儀〉卷，說日常生活行「佛威儀」；就本覺的意義，而說「凡夫的本覺與生計，和諸佛本覺與證知，有天壤之別」（同，197 頁上），指出未悟凡夫的本覺或佛性，與從佛的立場圓滿狀態的本覺或佛性是完全不同的。這點就佛教一般也可如此說。

無我與空

一

[235]佛教說無我或空，是爲了實踐無我、實現空的實踐活動，在這實踐的支持下，而敘述無我或空的理論。因此，無我與空離開其實踐後，就幾乎變得沒有意義，或者產生誤解，以爲它只是理論，用頭腦理解即可。「無我」（anātman, anattā）一語主要爲原始佛教或部派佛教所用，「空」（śūnya, suñña）一語則是到了大乘佛教之後，廣爲使用。當然，阿含或阿毘達磨中也有「空」一語，大乘經論中也有「無我」一語，不過，大體上來看，原始佛教或部派佛教所說的無我，在大乘是說空，此二語所指的內容可視爲相同。[1]

原始佛教或部派佛教的無我，爲何大乘要將它替換成「空」？可能是因爲「空」比「無我」之語更讓人感到含有較多實踐的意義，也可能是因爲部派佛教的無我比大乘佛教的空

---

[1] 在《成實論》中，有個別釋解空與無我，以五蘊無常、無自性爲無我，以眾生的假有非實有爲空。(《成實論》卷 12, 大 32, 333a)。但是，此區別是《成實論》獨特之處，普通對於空與無我，是同義使用。（**參原書 p. 237**）

意義較狹隘淺近，無法完全含攝佛教的真義之故。部派佛教的代表——說一切有部[236]其根本立場是主張法有我無，在此立場下，認為諸法——此諸法是作為五蘊、五位七十五法等要素性的存在——是實有的，只有由此要素之集合所組成的人我（補特伽羅）是假有空無的。因此，所謂「無我」，只有作為個人實體的人我被否定，諸法並不能被否定，它是實有的。

但是，及至大乘，除了說人我是空的之外，也說五蘊等法也是空的，否定了它的實在。因此，對於此人與法二者的否定，不用古來「無我」的否定詞來稱呼，而改用「空」一詞，從其立場要與舊佛教做一區別的意義來看，這是適合的。當然，大乘對於人與法的否定，也說人空、法空，或人無我、法無我，並非完全都沒有將空與無我同義使用。由此可知，原本無我與空並沒有不同。因此，我希望將無我與空用同一意義來考察，而關於無我或空一語的用法及變遷發展，前人已有研究，[2] 同時也因篇幅所限，在此皆省略不提。

阿含或律中原始佛教的教說，本來即是為了無我的實踐而說，四諦、緣起的道理，目的也是為了讓人們體會無我的實踐。因此，不論是否使用無我之語，原始佛教到處皆是有關無我之說。所以，以下就試著檢討阿含或律中所出現的「無我」及其

---

2 例如，參見赤沼智善《佛教教理之研究》399 頁以下，405 頁以下；渡邊楳雄《佛陀的教說》313 頁以下等。

相反詞「我」的用法。

首先，對「我」與「無我」簡單地做一定義，若從實踐的立場來看，所謂「我」，即是執著於任何事物者。對於有執著者而言，一切皆表現爲我。反之，沒有執著時，一切事物皆是無我。如此改變立場時，於同一件事物，若沒有我即是無我。也就是說，我、無我是主觀性的。不明白正確緣起理法的無明煩惱凡夫，因爲有執著，所以對於許多事物是從我或我所（我的所有）來思考、行動。因此，對凡夫而言，並非[237]「一切無我」，而是「一切皆是我，不應爲無我」。佛教的根本義——諸法無我，並非諸法就是這樣無我，對無執著者而言是諸法無我，對有執凡夫而言，則是諸法有我。

以上是從實踐的立場來看無我的意義，若從理論來看，對任何人而言，皆可以是「諸法無我」。這裡所說的「無我」是沒有固定性的，是無我性。亦即所謂「諸法無我」，是說諸法——尤其是現象世界，沒有固定性，諸法是無常的，是相對相關地存在，是緣起的。對於無我，有如此的實踐性與理論性二種看法，就空來說，此關係也是如此，這點是毋庸贅言的。[3]

3　關於空、無我等理論及實踐之意義，參見拙稿「術語概念及其內容」《大倉山論集》第 2 輯 30 頁以下。

二

在原始佛教所說的「我說」及「無我說」中，大致有通俗性與第一義性兩種。雖然佛教本來必定是第一義性的，但是因爲初學者對此無法理解，所以就用淺近的言詞使人容易理解，也就是用通俗說。現存阿含經等中，記載著許多此種通俗說，[238]而極少有第一義說。這可能是因爲在釋尊當時，不能理解第一義的下根劣智者比能理解第一義上根者多，因此，在佛的說法中，爲此大眾的通俗說較多；另一方面，也可能是因爲現存的阿含經皆由部派所傳，部派佛教以通俗說爲標準，所以即使本來是第一義說的，也會被改變成通俗說。

在此意義下，原始佛教所主張的通俗的無我說，第一是：五蘊和合的有情是無實我、實法的無我，也就是「人無我說」。關於此有許多爲初學者所做的譬喻性說明。例如，《中阿含》30《象跡喻經》提到，（*M.* 28, *Mahāhatthipadopama-s.*）猶如用木材、蔓草、稻稈、泥土等材料及其所圍起的空間，而產生「房屋」的假名一樣，我們的身體也是如此，是由筋骨、皮膚、血肉等及包圍起來的空間，而成立的假的存在。[4] 又，《雜阿含》

---

[4] 大 1, 464c 以下。猶如因材木、因泥土、因水草，覆裹於空，便生家屋；當知此身亦復如是，因筋骨、因皮膚、因血肉、纏裹於空，便生身名。*M.* i, p. 190. seyyathā pi āvuso kaṭṭhañ ca paṭicca valliñ ca paṭicca tiṇañ ca paṭicca mattikañ ca paṭicca ākāso parivārito agāran tv eva saṅkhaṁ

中，金剛（Vajirā）比丘尼所說的偈頌，是說猶如車輛是由種種部分所成立的假和合，所謂「車輛」的實體並不存在，我們的身體也是如此，是由五蘊假和合所組成的，於此等並沒有所謂「我」的實體的存在。[5] 此偈在佛滅度二、三百年後，那先（Nāgasena）比丘有爲彌蘭陀王（Milinda）做更進一步詳細的解說。[6]

以上是有關「人無我」譬喻性的通俗說。其次，也有不少說明五蘊各別皆無我，也就是「法無我」的經典。其中全盤性說明的是破除外道對五蘊的二十種我見的無我。所謂「二十種我見」，即對於五蘊中的任何一者，各成立四種我見，以色蘊爲例：

(1)色（物質、肉體）是我。對於形成色的地水火風、青黃赤白等各要素，說「地是我」乃至「白等」是我。

---

gacchati, evam eva kho āvuso aṭṭhiñ ca paṭicca nahāruñ ca paṭicca maṁsañ ca paṭicca cammañ ca paṭicca ākāso parivārito kāyo tv eva saṅkhaṁ gacchati.

5 《雜阿含》1202 經，大 2, 327b：「汝謂有眾生，此則惡魔見，唯有空陰聚，無是眾生者，如和合眾材，世名之爲車，諸陰因緣合，假名爲眾生。」

S. 5, 10（vol. i, p.135）. yathā hi aṅgasambhā hoti saddo ratho ti, evaṁ khandhesu santesu hoti satto ti sammuti.

6 *Milindapañha*, p. 26ff.《那先比丘經》卷上，大 33, 696a 以下。

(2)色是我所有物。此時可看成：色受想行識是我，色是此我的所有物。

(3)色在我之中。此時是：色受想行識是我，色在此我之中。

(4)[239]色中有我。此時是：色受想行識是我，色中也有我的存在。

同樣地，受、想、行、識四蘊也各有四種見，所以五蘊總共有二十種我見。[7]

破斥此二十種我見者，即是無我說。這是從五蘊中的任何一面來看，用分析式、機械論式、形式上來論證畢竟無我，如此繁瑣的無我說，可看出是為鈍根者所作的世俗說。對於利根者而言，不必用如此繁瑣的論證，應該就能了解五蘊無我了。

三

其次，原始佛教無我說最具代表性者，是《無我相經》。這是佛最初的說法——對五比丘[240]說四諦八正道（《轉法輪經》)，他們由此轉法輪而理解世界人生的真相，得法眼淨（見道）之後，佛又為他們說有關五蘊的經典。這部經是談論五蘊是無常、苦、無我的，後來被部派佛教作為無常、苦、無我三相說的根據，是極受重視的經典。其有關色蘊的文句，巴利文翻譯如下：

---

7 《雜阿含》109 經，大 2, 34a。*S.* 13, 2（vol. ii, p.134）.

色（肉體）是無我的。若色是我，則此色應該不會生病；又對於色也能做到「我要色如此，我不要色如此」。然而因為色無我，所以色會生病；又對於色也無法做到「我要色如此，我不要色如此」。

對於受想行識也是做同樣的敘述。[8] 此段文值得注意的是我與無我的意義。在此場合的我，是常一主宰者，也就是自己常住不變的存在，讓一切自由自在的全能者。婆羅門教最高神——梵天或自在天，就是所謂這種常一主宰的全能者。若色（肉體）是這種全能的我，那麼應該想不生病，就絕對不會生病才對。但是，因為色並沒有這種自在力，所以色並不是我，而是無我。同樣地，也可論證五蘊全體皆是無我。在漢譯《雜阿含》中，也有經典是用同樣的方式來說明眼耳鼻舌身意六內處無我。[9]

從以上的五蘊及六處的《無我相經》，可知我是指自在者，無我是指沒有自在性者。此意義的我及無我的想法，屬於部派佛教所說的通俗說。相對於此，無我的第一義之意義，從漢譯《雜阿含》五蘊的《無我相經》中可見到，云：

---

[8] *S*. 22, 59（vol. iii, p. 66）; *V*. i, p. 13.

[9] 《雜阿含》318 經，大 2, 91a。

色非有我，若色有我者，於色不應病苦生，亦不得於色欲令如是，不令如是；以色無我故，於色有病有苦生，亦得於色欲令如是，不令如是。受想行識亦復如是。[10]

此段文與前巴利的《無我相經》幾乎相同，但是，我及無我的意義則[241]不相同。巴利的《無我相經》是說，若五蘊是我（自在者），應該能自由自在地要它如是，不要它如是。也就是說，因為五蘊無我，所以沒有如此的自在性。相對於此，前之漢譯經則謂，若五蘊是我（固定不變者），那麼因為它是不變的，所以想要它如是，不要它如是，是不可能做到的。正因為五蘊是無我的（沒有固定性者），所以想要它如此，不要它如此，則是可能的。巴利語與漢文對於我、無我的看法相反。漢譯文中是說，若五蘊是我，它應該是常住而固定不變的，所以不能讓它自由地變化。此場合的我是指固定不變之意，無我是指沒有固定性的可變者之意。此意義的無我，與無常、緣起亦有共通之處。釋尊成立四諦說、緣起說的根本，即是以此無我說為前提，在此意義下，此無我說即是第一義說。

附帶一提，大乘的《般若經》、龍樹《中論》對此第一義性的無我，用「空」之語來表現。例如，《中論》觀四諦品云：

---

10 《雜阿含》34 經，大 2, 7c, 及 33 經 7b 亦同。

以有空義故，一切法得成

若無空義者，一切則不成（第十四偈）

Sarvaṁ ca yujyate tasya, śūnyatā yasya yujyate,

sarvaṁ na yujyate tasya, śūnyaṁ yasya na yujyate.

若一切不空，則無有生滅，

如是則無有，四聖諦之法（第二十偈）

yasya aśūnyam idaṁ sarvaṁ udayo nāsti na vyayaḥ,

catūrṇāṁ āryasatyānām abhāvas te prasajyate.

此即是承襲正確的原始佛教之第一義說者。

又，於原始佛教的《無我相經》中，有前列二種解釋，

在現存所有原始經典中，與此〔*解釋〕相當者，除了前所列舉漢巴經典之外，還有作爲《無我相經》的梵文《大事》[11]，以及《四分律》[12]、《佛本行集經》[13]、《有部毘奈耶》[14] 等，[242] 這些都和巴利文一樣，是用通俗性的解釋。因此，依據現存資料可知，除了漢譯《雜阿含》中的《五蘊無我相經》以外，所

---

11 *Mahāvastu*, iii, p.335.

12 《四分律》卷 32, 大 22, 789a。

13 《佛本行集經》卷 34，大 3, 813b。

14 《有部毘奈耶破僧事》卷 6, 大 24, 128b。

有部派皆採用通俗的無我說。在漢譯《雜阿含》中，如前所述之六內處的無我相，是用通俗性的無我說，但是為何只有五蘊的《無我相經》是用第一義說？或許可看成是由於此《無我相經》也和其它的《無我相經》一樣，本來是俗諦說，但是在翻譯或筆寫傳承時，有所修改或誤寫所致。或者可能是作為佛所說的原始佛教之本義，與第一義的無我說並沒有什麼不同吧！

四

本來原始佛教在稱呼「我」方面，有幾種種類。

第一、「如是我聞」等的我，這是世間最普通被用來作為第一人稱的我。

第二、如前項所述的，常一主宰之自在者的我，是外道立場的哲學性自我。奧義書的我（ātman）雖然實際上多少有些不同，但是，佛教將外教所說的我，皆解釋為常一主宰者。

[243]第三、雖然沒有用我或自我之名，但是，可將十二緣起中的緣起支看成我。特別其中以<u>無明</u>與<u>行</u>為基礎的<u>識</u>，以及從<u>愛</u>、<u>取</u>而來的<u>有</u>（指綜合我們經驗累積的知識、智能、性格等的人格）等等，即是經驗性我的主體，可將它看成與後起「唯識佛教」的阿賴耶識相同。在經驗性自我中，被佛教所否定的是，被無明煩惱所熏習的錯誤之自我；無漏清淨所熏習而成的正確人格之自我，不應被否定為無我。但是，若執著於善淨，也是應被排斥的，或者也不可將如此的人格主體，看成是

常一主宰的固定不變者。[15]

第四的我，尤其是指第三經驗我之中的善淨自我。相當於佛臨終時，所開示的：「以我爲依所，勿依於他；以我爲洲渚，勿依於他」教誡中的我。[16] 此自我在大乘稱爲般若的智慧，所謂自性清淨心、如來藏、常樂我淨的佛性等，似乎也與它有相通點，而唯識說中轉識成智的阿摩羅識，也可看成是自我的完成。實際上，它似乎與奧義書的「我」相近。關於這些自我的異同之處，本來還可以再詳細討論，但是在此省略不談。

任何一種自我，若有所執著，皆應排除；不過，前面所列

---

15 《中阿含》201《嗏帝經》（*M.* 38, *Mahātaṇhāsaṅkhaya-s.*）中，摩路枳耶子（Māluṅkyaputta）執著緣起支爲實我，因而被佛叱責，而爲說無我之法。此場合的摩路枳耶子將緣起支的識看成常住的我或靈魂，在原始佛教中，常一的我是絕不被承認。**（參原書 p. 244）**

16 *D.*ii, p.100 = *S.* v. p. 154 Tasmāt ih' Ānanda atta-dīpā viharatha attasaraṇā anaññasaraṇā, dhammadīpā dhammasaraṇā anaññasaraṇā.

《長阿含》卷 2,《遊行經》（大 1, 15b）：「是故阿難，當自熾燃，熾燃於法，勿他熾燃；當自歸依，皈依於法，勿他皈依。」

又，*Dhp.* 160 等的我也是同樣的意思。Attā hi attano nātho, ko hi nātho paro siyā, attanā hi sudantena nāthaṁ labhati dullabhaṁ.

Udāna-varga, Ātma-varga 23. Ātmā tv ihātmano nātha ko nu nātha paro bhavet, ātmanā hi sudantena sarvaṁ chindati bandhanaṁ.

《法集要頌經》「己身品」（大 4, 788c）：「自己心爲師，不依他爲師，自己爲師者，斷除一切縛。」**（參原書 p. 244）**

舉的四種我中，可以直接視爲惡邪見而予以否定的是第二之自在我，以及第三經驗我中，爲無明煩惱所覆的自我，而將所有經驗我看成是常一的謬見，也應被排除。第一的常識性的自我，以及普通所說的經驗性自我，站在通俗性的立場，則應承認它的存在，而且原始佛教也承認它。部派佛教犢子部所謂的「非即非離蘊我」，其實可看成是此意義下的通俗立場的假我，至於其他部派所說的，作爲輪迴主體的一味蘊、根本蘊、有分識等也是如此。

[244]其次，原始佛教所謂的諸法無我的「無我」，是說一切的存在是無我的，從這立場來看，對於任何事物，「我」也不能被承認。從第一義實踐的立場來看，的確是如此的，大乘所謂一切皆空的情況也是如此。其中，五蘊和合的人我，如前所述，雖然是無我，但是通俗性被承認是假有；而五蘊等諸法，第一義性是無我，但是也被承認爲假有假我。《成實論》所謂「五陰實無，以世諦故有」[17]，也是承襲原始佛教的立場；龍樹《中論》三諦偈所說的因緣所生法是假有的，而且是空，也是站在相同的立場。

五

[245]而部派佛教對此看法則有所不同。原始佛教從無我

17　《成實論》卷 12，大 32, 333a。

的立場，將一切法用觀念性、譬喻性來做考察及說明，但是，部派佛教對此則用實在論的方式來考察，例如，將諸法分爲有爲與無爲，又把有爲分成實法與假法。原始佛教中，對於無爲涅槃，絕不會用存在論式敘述爲客觀性的實在。將理想中空無我的心之狀態，名爲「無爲」（主觀性的超越生死及時空），此稱爲「涅槃」。但是，部派佛教，將之視爲客觀性的存在，認爲涅槃和虛空（空間）一樣，是不生不滅的實有。

而對於五蘊諸法，原始佛教如前所述，謂之爲無我及假我，但是，部派佛教則說爲實有，其法體恆有常存。假有則猶如龜毛兔角般完全不存在，或者如車舍、軍村、有情、人我等五蘊假和合體。也就是說，在部派佛教中，實有假有的標準，比原始佛教更下降了一層。在各部派中，經部較接近原始佛教的立場，其作爲大乘的先驅，謂一切法不過是假法施設，又主張唯名無實等等。諸部派間對於諸法假實，有各種看法，在此省略不提。

無論如何，現在成爲問題的是，部派佛教的代表——說一切有部，產生了法有我無的思想。從原始佛教第一義的立場來看，這當然往更低的世俗立場退步了。前所列各部派的現存《無我相經》中的世俗無我說，也是站在相同的立場，把第一義說給改壞了。

部派佛教將之改成如此錯誤的低俗立場，大乘佛教則試圖恢復原始佛教原來的立場。[246]如前所述，《般若經》、《中論》

等，直接承襲原始佛教，以原始佛教的諸法無我作爲一切皆空，對於無我或空，並未成立人與法的區別。因此，初期大乘佛教尚未出現人我、法我，或者人空、法空的術語。及至瑜伽唯識等哲學性大乘佛教，承襲部派佛教的阿毘達磨說，下降至世俗的立場，由於是從大乘的立場來批判阿毘達磨說，所以對有部等的法有我無，建立人無我、法無我，或者人空、法空之人與法二種區別。也就是，由於原始佛教並未成立人我、法我的區別，承襲下來的初期大乘認爲沒有必要說二種無我或空；相對於此，承襲主張「我無法有」的阿毘達磨部派佛教的瑜伽唯識等中期大乘，則從阿毘達磨的立場來說人法二無我。從這點來看，可說瑜伽唯識的立場，尤其是護法唯識說的法相學說，是站在比《般若經》、《中論》更低一層的標準上。

心、心所思想的產生過程

一

[247]所謂「心、心所」，即心與心所。俱舍宗或法相宗中，將一切萬法分類成五位七十五法或五位百法，心、心所即相當於其中的二位四十七法或二位五十九法。又，巴利佛教將一切諸法分類成色、心、心所、涅槃等四類一百七十法，心、心所法即相當於二類一百四十一法。心、心所可說是一切法之中，與心識——即精神作用有關者。俱舍宗等對一切萬法的分類如下頁之表所示。

其中，心法即是心自體。俱舍宗將心法算成一類，它又被區分爲眼識、耳識、鼻識、舌識、身識、意識六識。法相宗的「心法八種」，即是於前列六識，再加上末那（意）與阿賴耶識而爲八識。巴利佛教的「八十九種心」是於六識再加上意界而爲七識，再將它分類成三界出世間、善、不善、無記等。

其次，所謂「心所法」，是指心具備的心之作用、性質或狀態，[248]可看成是從具體的心抽出其作用、性質等的東西。它包括受、想、觸、作意等種種，如下表所示，俱舍宗說四十六種心所，法相宗說五十一種，巴利佛教則說五十二種心所。俱舍宗將之區分爲大地法、大善地法、大煩惱地法、大不善地法、小煩惱地法、不定地法等六種；法相宗分為遍行、別境、善、煩惱、隨煩惱、不定六類；巴利佛教分為共一切心、雜、不善、善淨四類。各部派間對於心所法之數目，或者其分類法各不相同，對於各別心所的說明解釋也多少有些差異。而且即使是同一部派，因時代、因人，也未必是同一個心所說，例如有部、巴利佛教的心所數目及其分類法，歷經數百年，經過若干階段，才完成如前所述的最後的分類說。

	俱舍宗	法相宗	巴利佛教
色法	十一	十一	二十八
心法	一	八	八十九
心所法	四十六	五十一	五十二
不相應法	十四	二十四	不說
無為法	三	六	一
五位	七十五法	百法	四類百七十法

在心、心所法說中，雖然依部派及時代而有種種的不同，但是，心、心所說的根本思想是同一個。根本思想是指：心所法是心的作用、性質等，以及心、心所必定常相應俱起。也就是說，心不是只有單獨存在，必須常與幾個心所一起；心所也不能以單一狀態而存在，必定與其他心、心所法相應俱起，此稱為「心、心所之相應說」。根據此相應說，「心法」是指從具

備作用或性質等的具體之心，除去其作用等，[249]而留下的形式上的心體；「心所法」是指從具體的心所抽出的心之作用、性質等。爲了讓心所法表現爲具體的心，所以必須讓心法與心所法相應合體。所謂心、心所說，就是將精神作用，作機械形式的分析及綜合。

爲了使這些心、心所的關係易於理解，舉淺近的譬喻來說明，好比這裡有一顆橘子。「心法」猶如橘子的名稱及概念，「心所法」猶如橘子的色澤、形狀、大小、風味、芳香等。具體的橘子一定具備色、形、味等，除去色、形、味等，單獨的概念性橘子實際上是不存在的。而色、形、味等也不能自己存在，一定是在某些物質上被發現。所以，實際的橘子會被說是黃色、大的、圓的橘子，或者甜而多汁、美味的橘子，或者酸而難吃的橘子。

心、心所法的關係也是如此。單獨概念性的心法實際上是不存在的。而只表示心的性質、作用等的心所法，也不能自己存在。實際上的心必須是心法與心所法的合體者，只不過是暫且分析此具體的心，稱其體爲心法，稱其性質、作用等爲心所法而已。在各部派的心、心所說中，甚至有詳細考察到何種場合的心，與那幾種的心所相應俱起的程度，像佛教的心、心所說這樣具體的心識說，古今東西方尚未見過與之類似者。

但是，此意義的心、心所說，並未被佛教全體所採用。如前所述，俱舍宗的有部、法相宗的瑜伽行派，以及巴利佛教的南方上座部等，是採用心心所說的代表性部派。其餘如《舍利弗阿毘曇論》等也有心、心所說。在各部派中，也有反對心、心所說，不認同心所法者。例如，根據漢譯文獻，反對有部說者，從有部分裂出來的經部即是其中之一，[1] 根據巴利文獻，則有王山部（Rājagirika）、義成部（Siddhatthika）等。[2]

被這些（反對）部派所採用的心識說如下所示。經典中有根、境、識三和合爲觸，緣觸[250]生受，緣受生愛等文，或者由受生想，由想生思等文，所以心識的經過是：

觸（識）→受→愛……

或者

受→想→思……

這些受、想、思等，並不是像心、心所相應說者所的那樣與心同時俱起；受、想、思是單獨的一個心作用，除此心的作用之外，並未另外存有心體。受等心作用就是心。心從作用來說，可表示爲受→想→思等，這與說成心→心→心是相同的。受、想等的心作用，只能一時一個各別地生起，絕不可能如相

1　不認同心、心所的相應，否定心所存在的部派或論師，根據漢譯文獻，有經部系統的經部師、譬喻者、成實論等，以及有部的覺天。有關他們的主張，在《大毘婆沙論》、《俱舍論》、《順正理論》、《成實論》等有詳細說明。**（參原書 p. 251）**

2　在巴利文獻中，《論事》7 之 2、7 之 3 有心、心所相應否定說及心所否定說，則說明是王山部、義成部之主張。

應說者所說的受、想、思、觸、作意等許多心的作用，同時同剎那存在一心中。如果二個以上的心作用同時生起，那麼就不是一個有情，而一定是多個有情。即使暫且看成一個有情一時許多心作用俱起，那也不過是因爲這些心作用極爲迅速的相續生起，所以看起來好像是同時罷了，其實並不是同一剎那生起的。猶如讓火急速地旋轉，雖然看起像是圓形的火輪同時存在，但是，它並不是輪，而只不過是點的連續。因爲這樣的理由，經部等反對心、心所相應說，不承認與心相應的心所。

那麼，釋尊本身的立場如何？傳承佛說的尼柯耶、阿含，又是如何說的？釋尊是以教化眾生爲目的，因此，其說法是宗教性及實踐性的，不是單純的哲學性、理論性。縱使佛說法中有哲學性及理論性，但是它也是作爲宗教或實踐的基礎，絕不是爲理論而說的理論。就心識說來說明的話，[251]釋尊爲說明煩惱如何產生，如何由此生起苦惱，或者滅除此苦惱是經過如何的心理過程，而說：

根、境、識三和合觸→受→愛→……

又教觀察這些各個部分是無常、苦、無我，而說受、想、思等。所以，受、想、思等究竟是單獨生起，或者是與其他心、心所相應俱起？這種爲了心識說而做的心識說，我認爲對釋尊而言並不是問題所在。因此，在釋尊的說法中，完全沒有意識到心、心所相應說和不相應說。我想傳承佛說的初期尼柯耶、阿含也是如此。

佛滅度後，對於經說，興起加以說明解釋、整理組織的運動，從種種立場來解釋佛說，而在其間產生異說，這成爲部派分裂爲十八部或二十部的原因之一。各部派依自說之方便，有意無意地改變增廣經說。今日所傳承的漢、巴尼柯耶及阿含，多少皆受部派的影響，當然這已不是佛說的原貌了。但是，藉由這些點的考察，可從現存尼柯耶、阿含中，追溯心所相應說的產生過程。

二

[252]如前所述的心、心所相應說，在巴利佛教及有部，及至阿毘達磨論書，即以明確之形式做說明，所以，可見在這些部派的初期阿毘達磨時代，已完成了心、心所說的根本思想。心、心所說可被認爲是從佛滅以後，及至各部派的阿毘達磨時代二、三百年間所產生的。也就是說，歷經二、三百年的尼柯耶、阿含時代，是心、心所說的產生期。因此，追溯心、心所思想的產生過程，在現在的尼柯耶、阿含中，一定可以見到心、心所說。以下就考察尼柯耶、阿含與心、心所思想的關係，爲方便起見，茲分爲二項討論：

一、尼柯耶、阿含的「心所」一詞是否存在？

二、尼柯耶、阿含的相應思想是否存在？

關於第一項的心所一詞是否存在，首先檢討巴利尼柯耶，其次再檢討漢譯阿含。首先，在現在的巴利尼柯耶中，「心所」

一詞是否存在？

心所的原文是 cetasika，此語本來是形容詞：「心的」之意。作爲形容詞的 cetasika 之例，如：cetasika sukha（心之樂）[3]、cetasika dukkha（心之苦）[4]、cetasika daratha（心之不安）[5]等，與 kāyika sukha(身之樂)、kāyika dukkha(身之苦)、kāyika daratha（身之不安）等詞共用。此場合的 cetasika，很明顯的並不是後世心所法的意思。因此，它與心所並無直接的關係。

其次，巴利《長部》《堅固經》*(Kevaṭṭa-suttanta)* 有如下之文：

> 堅固啊！有比丘，亦告知其他諸有情或人們的心，亦告知心所，亦告知所思，亦[253]告知所懷……。[6]

其中雖然也有用到「心所」一詞，但是從字面的意思來看，它可以說是「心的想法」、「存在於心者」，似乎沒有心所法的意思。相當於此經的漢譯《長阿含》的經文，對於「亦告知心，亦告知心所，亦告知所思，亦告知所懷」之文句，只是單純地

---

[3] *Saṁyutta*, v, p. 209; *Aṅguttara*, i, p. 81.

[4] *Dīgha*, ii, p. 306; *Aṅguttara*, i, p. 307.

[5] *Majjhima*, iii, p. 287f.

[6] *Dīgha*, i, p. 213.

用「觀心所念法」[7] 表示，於此絲毫沒有表示心所之意，巴利文也可以用相同的意思來解釋。不過，也可看成是此後心所展開的泉源。因此，巴利佛教在《論事》(*Kathā-vatthu*) 中，用前面的經文，作爲尼柯耶中說明心所的根據之一。[8]

根據《論事》，又引用下列之偈，敘述經說中的心所一詞。

> 對了知者而言，心與心所法，
> 其實是無我的。[9]

此偈中的心所法，與前面《堅固經》中的心所不同，很明顯是具有後世的心所之意。但是，此偈於現今的巴利尼柯耶中完全無法找到，漢譯也沒有相對於此之偈，因此無法確定此偈是否爲尼柯耶、阿含時代之偈，有可能是部派時代所作。

從以上各點來看，現在的巴利尼柯耶中，可說並沒有作爲術語的心所一詞，或許這說明了尼柯耶時代心所之名稱尚未確立。現存巴利文獻中，最初談心所一詞的是《無礙解道》

---

7 《長阿含》卷 16 (大 1, 101c26):「云何名觀察他心神足，於是比丘，現無量觀察神足，觀諸眾生心所念法，隈屏所爲，皆能識知。」

8 *Kathā-vatthu*, p. 339.

9 出處同上，Cittaṁ h' idaṁ cetasikā ca dhammā, anattato saṁviditassa honti.

（*Paṭisambhidā-magga*）與《義釋》（*Niddesa*）。此二書雖然是小尼柯耶所攝，但是其形式內容皆是阿毘達磨式的，可說是部派分裂以後，在巴利佛教內所成立的初期阿毘達磨，關於這點，我以前曾詳論過了。[10] 總之，此二書有敘述到心、心所之詞。以下就舉例列出其相關部分。在《無礙解道》中，對於色界[254]的說明如下所述：

> 云何為色界地？下以梵天界為邊際，上以阿迦膩吒天為終邊，於此之間入定者或生〔*於此間〕者，或現法樂住者的——行於此、繫屬於此之——心、心所法，此即色界地。[11]

又在此段文之後所說的無色界地的說明文中，也有心、心所法一詞。其次，在《義釋》的《小義釋》中，有如下之文：

> 於無所有處入定，由此出定，於此際所生之心、心所法，觀其為無常，觀其為苦……觀其為無所依。[12]

10　拙稿「巴利聖典成立史上的無礙解道及義釋之地位」（《佛教研究》（舊誌）第 4 卷第 3 號、第 5 號、第 6 號。收錄於本選集第三冊）。

11　*Paṭisambhidā-magga,* i, p. 83f.

12　*Culla-niddesa*（Siamese edition）, p. 233.

其中有提到心、心所法之詞。這些場合中的心所法之詞，很明顯是被用來作爲後世的心所法之意。由此可知，巴利佛教及至成立此二書的初期阿毘達磨時代，才確立心所一詞，在此之前的尼柯耶時代，尚未有作爲術語的心所一詞。

其次，從漢譯阿含來看，在「長」、「增一」二阿含中，完全找不到心所一詞，只有在有部所屬的《中阿含》與《雜阿含》中，有心所一詞。首先，《中阿含》中，「心所有」一詞約被用了兩次。第一次是在《中阿含》的《分別大業經》，經云：

> 或復死時生善心，心所有法正見相應，彼因此緣此，身壞命終，生善處天中。[13]

將其中的「心所有法」看成後世的心所之意，應該是沒有問題的。它是善心的心所有法，因爲與正見相應，所以是表示相應思想。但是，在相當於此經的巴利《中部》《分別大業經》（*Mahākammavibhaṅga-sutta*）中，對應於此段之文則找不到心所一詞。[14]

第二次提到「心所有」一詞是在《中阿含》的《五支物主

13　《中阿含》卷 44（大 1, 708b）。

14　*Majjhima*, iii, p. 214.

經》，經文如下：

念者我施設，是心所有，與心相隨。[15]

[255]此本是以念爲心所有，與心相隨，所以「心所有」一詞恐怕也是作爲心所之意而用。察看相當於此經的巴利《中部》《沙門文荼子經》(*Samaṇa-maṇḍikāputta-sutta*)，在巴利文中並沒有相當於前述之文句。

如此，在漢譯《中阿含》中，作爲心所之意的「心所有」一詞約被使用了二次，但是，在巴利對應之經典中，則絲毫找不到「心所」一詞。由此可推知，在漢巴中阿含的原型經中，可能並沒有心所一詞，我想可能是傳承漢譯《中阿含》的有部系，在後代所附加插入的。

其次，在漢譯《雜阿含》卷13(307)中，有「眼色二種緣，生於心心法，識觸及俱生，受想等有因……」由五言所組成的詩偈，[16]其中所說的「心心法」即是「心心所法」，是由於五言的緣故，而省略說成「心心法」。因爲並沒有對應於此經的巴利聖典，所以此經可能也是後來才成立的。

又，雜心論主法救的《五事毘婆沙論》，舉出下列兩段經文，

---

15 《中阿含》卷47(大1,720c)。

16 《雜阿含》307(見法)(大2,88b)。

作爲經中提到心所一詞的證據。

> 薩他筏底契經中言，復有思惟，諸心所法依心而起，繫屬於心。
>
> 又舍利子問俱胝羅，何故想思說名意行？俱胝羅言，此二心所法，依心起，屬心乃至廣說。[17]

前述兩段經文中，「心所法」一詞很明顯有心所的意思。但是，這些經文以及對應的經文，在現在的尼柯耶與阿含中完全找不到。可見這些經文或許以前曾存在於有部的經典中；但是，即使是曾經存在，恐怕也是不存在於其他部派的經中，所以可看成是部派時代之後，在有部內部所新增加廣的，這樣的看法會比較妥當。

從以上諸點的考察，可知在現在巴利尼柯耶中，並沒有心所一詞，[18] 漢譯的「長」、「增一」二阿含中，並沒有用心所一

17　《五事毘婆沙論》卷下（大 28, 994a）。

18　雖說「在現存巴利四尼柯耶中，找不到心所一詞」，但是在本次演講後，發現在巴利《相應部》中，其實有心所法一詞，其經文不僅是巴利文，連漢譯《雜阿含》中也有對應的經文。其經文漢巴皆是在迦摩浮（Kāmabhū）比丘，爲質多（Citta）居士解說身行、語行、心行三行時，在心行的說明中出現此一語詞。經文如下：

> 想與受是心所法，繫屬於心，故想與受是心行。（*S.* iv, p.293）

詞，只有在《中阿含》、《雜阿含》中，「心所有」或「心、心法」等詞被用來作爲心所之意，不過，因爲那是部派時代所附加的，所以，心所一詞在尼柯耶、阿含時代尚未確定，[256]是到了部派時代之後，才被巴利佛教或有部等所使用。

三

[257]根據前項所論可推知，心所一詞在尼柯耶、阿含時代尚未確立，但是，心、心所相應思想是否存在於尼柯耶、阿含時代？若先從結論來說，雖然在現在的尼柯耶、阿含中，相應思想已萌芽，但是，在尼柯耶、阿含時代，相應思想卻未必已經存在。因爲在現存的尼柯耶、阿含中，有很多是部派時代所附加的。因此，對於現存尼柯耶、阿含中的相應思想，我想

想思是意行，依於心，屬於心，依心轉，是故想思是意行……想思是心數法，依於心，屬於心（《雜阿含》卷 21，568 經，大 2, 150b 以下）。

前述經文漢巴多少有些不同，巴利文中，列舉受、想二者，漢譯則是列舉想、思二者，但是，不論是受、想或想、思，皆被說是心行（意行），也就是心所法（心數法是心所法的舊譯），這點是相同之處。前述文中，受、想等被說爲心所法或心行，這是相對於出入息是身行，尋、伺是語行。此場合的心所法不包含尋、伺等，而是只局限於想、思、受等，所以，雖然未必與後世的心所法意思相同，但是，如此用法的心所法一詞發展之後，可能成了作爲術語的心所法之語詞或概念。在此意義之下，前述經文中的心所法一詞，或許可看成是其萌芽。**（參原書 p. 256-257）**

將它區分成下列三種情況來考察，想究明其說之新舊：

僅存於巴利尼柯耶的相應說

僅存於漢譯阿含的相應說

共同存在於漢巴二者的相應說

[258]首先，僅存於巴利尼柯耶的相應思想，即是諸禪定中的心、心所俱起相應說。其中最著名的例子是在巴利《中部》《不斷經》(*Anupada-sutta*)中，對於四禪、四無色禪定的說明。關於其中的初禪如下所說：

> 比丘啊！於此舍利弗遠離諸欲，離諸不善法，有尋有伺，具足由離而生喜樂的初禪而住。而於初禪中，有尋、伺、喜、樂、心一境性、觸、受、想、思、心、欲、勝解、精進、念、捨、作意等諸法。[19]

此段文清楚地說明，在初禪中，有尋、伺、喜、樂、心一境性、觸、受、想、思、心、欲、勝解、精進、念、捨、作意等十六心、心所法相應俱起。此經在前述經文之後，亦列舉出第二禪、第三禪、第四禪、空無邊處、識無邊處、無所有處的心、心所法，但是，第二禪是初禪十六法中減去尋伺二法，而爲十四法；第三禪再減去喜，而爲十三法；第四禪以上再減去

---

[19] *Majjhima*, iii, p. 25.

樂，而爲十二法。此《不斷經》是巴利獨特之經典，漢譯阿含中並沒有相對應之經，所以本經的成立可能是在部派時代。其實，在有部可以發現《法蘊足論》，與本經之說極其類似。《法蘊足論》卷 7 提到初禪時，謂其有尋、伺、喜、樂、心一境性、心、思、勝解、受、想、欲、作意、念、定、慧等十五法，[20] 可知與《不斷經》所說的初禪有十六法極爲類似。《不斷經》之說是初期論書《法集論》心、心所相應的先驅，在《法集論》中，相應的心、心所之數目，比《不斷經》更爲擴大增加。

其次，還有不像前述《不斷經》之說在內容上發展得那麼完整，但是可看成是過渡時期之說的巴利《相應部》。它對於初禪作如下所述：

> 諸君啊！我遠離諸欲，離諸不善法，有尋有伺，具足由離而生之喜樂的初禪而住。[259]諸君啊！正住如此住的我，與俱欲之想、作意現行。[21]

接著在第二禪乃至非想非非想處也是同樣的說法。它在普通所說的初禪五支——尋、伺、喜、樂、心一境性再加上欲、想、作意三項，第二禪以上也比普通之說增加欲、想、作意三

---

[20] 《法蘊足論》卷 7（大 26, 483c 以下）。

[21] *Saṁyutta*, iv, p.263.

項。而相當於前述《相應部》之經，在漢譯阿含中找不到，所以此經也可看成是部派時代於巴利佛教所附加增廣的。

以上是僅存於巴利尼柯耶的相應說，其次就考察僅存於漢譯阿含的相應說。《雜阿含》有兩處有相同之文：

> 緣眼色生眼識，三事和合觸，觸俱生受想思。[22]

此經文是說觸與受、想、思俱生，所以很明顯是表示此等諸法的相應俱起。有部或瑜伽行派引用前述經文，作爲經中有心、心所相應說的根據。[23] 但是，在巴利尼柯耶中及其他漢譯阿含中，找不到相當於前述的經文，所以，此經可能是在傳承漢譯《雜阿含》的有部內部，於後期根本有部時所附加改變的。

從以上二項來看，敘述心、心所應思想的經文，存在於巴利尼柯耶的，在漢譯阿含中找不到；存在於漢譯《雜阿含》的，在巴利及其他漢譯阿含中則沒有類似的經典，由此可推測，這些心、心所相應思想在諸派共通的尼柯耶、阿含時代並不存在，是到了部派時代才附加的。但是，共通於漢巴所說的相應說則找得到。此即是巴利《中部》43《大毘陀羅經》（*Mahāvedalla-sutta*）及其相當經典《中阿含》211《大拘絺羅

22　《雜阿含》卷 11，273 經、卷 13，306 經（大 2, 72c、87c）。

23　《俱舍論》卷 10（大 29, 53b）、《成唯識論》卷 5（大 31, 28a）。

經》之文，如下所示：

> [260]朋友啊！受、想與識，此等諸法，相合不離，將此等諸法一一區別，不能看出其個別的不同。[24]

> 覺、想、思此三法合不別，此三法不可別施設 [25]

其中巴利對於受、想、識三法，漢譯中對於覺、想、思三法，謂其相合不離，雖然前者說識，後者說思，這是〔*漢巴〕二者不同之處；但是，說此等諸法不離相應之狀態，則二者完全相同。由此可知，傳承巴利尼柯耶的南方上座部與傳承漢譯《中阿含》的有部系，在此二部派分裂以前，共通的相應思想已經存在。前述《大毗陀羅經》等，有極濃厚的阿毘達磨式傾向，這是眾所周知的，它是在尼柯耶、阿含中的最後期成立的。因此，雖然相應思想於尼柯耶、阿含時代已經存在，但是，那必定是尼柯耶、阿含的末期，而且根據前面所說可知，提到心所一詞及相應思想的，只限於巴利上座部或有部系，其他部派所傳承的漢譯《長阿含》、《增一阿含》絲毫找不到心所一詞或心、心所相應思想。從這點來看，心、心所說可能是大眾、上

---

24 *Majjhima*, i, p. 293.

25 《中阿含》卷 58（大 1, 791b）。

座二部根本分裂以後，在上座部內部首先倡導的，分裂成南方上座部或有部等之後，就更爲明確化了。

雖然心、心所相應思想是在尼柯耶、阿含時代末期，或者大眾、上座二部根本分裂之後，由上座部系統者所提倡；但是，應該看成其實在初期的尼柯耶、阿含中，或者追溯到更早，在釋尊說法本身中，應該已有使相應說產生的契機，這樣才是最妥當的。這些語詞包括諸禪說，以及有貪心、有瞋心、有痴心等等。

首先，關於諸禪說，這是共通於各部派所傳承的諸禪定型句中所說的，謂初禪有尋、伺、喜、樂、心一境性五支，第二禪有喜、樂、心一境性三支，第三禪[261]有樂、心一境性二支，第四禪有捨、心一境性二支。此說未必是在說此等諸支的相應俱起。例如經部即主張，初禪五支並不同時存在，初禪生起時，心的經過是尋→伺→喜→樂→心一境性。如此的說法也有值得認同之處，例如，前述五支中，尋是粗的思惟作用，伺是在尋之後所生起的細的思惟作用。如果尋、伺相應俱起，粗的思惟與細的思惟同時生起，這對同一個人來說是不可能的事。關於這點，有部的世親亦贊成經部說。[26] 於是初禪的五支說等，未必是說五支同時俱起，不過，有部或巴利佛教則將此說成五支同時存在，因此，巴利進一步在五支說上，於此五支

---

26 《俱舍論》卷 4（大 29, 21b）。

再加上欲、想、作意三項，擴充爲如前所述的相應部經之說，又加上觸、受、思、心、勝解、精進、念、捨等，形成如同中部《不斷經》的心、心所相應說。

其次，關於有貪心等，有貪心（sarāga-citta）、有瞋心（sadosa-cittta）、有痴心（samoha-citta）等詞，是各派的尼柯耶、阿含所說的。[27] 是說因爲這些是表示有貪欲之心、有愚痴之心、有瞋恚之心的意思，所以心與貪、瞋、痴是不同的兩個東西，貪、瞋、痴等爲心之所有，與心一起存在。認爲由於貪、瞋、痴等爲有「爲心所有」之意，所以，就稱「爲心所有法」，也就是「心所法」。這在有尋心、有喜心等也是同樣如此。但是，在這情況下，未必就能斷定有貪心等是在說相應思想。根據經部等說，心有貪欲作用，處於貪欲狀態者，稱爲「有貪心」。所以，在有貪心之時，離開貪欲，絕不會另外存在著心體，貪欲就是心。有瞋心、有痴心、有喜心等也是同樣如此。

如此，釋尊本身的說法，或者各派共通傳承的初禪五支說，以及有貪心等詞語，未必如同心、心所相應說者所解釋的，是在敘述相應思想。不過，在有部或南方上座部等中，[262]則將之解釋爲是在說心、心所相應說，進而將之說成在初禪五支以外，存在著欲、想、作意，或者其他許多的心、心所相應的

---

27 *Dīgha*, i, p. 79f. ; *Aṅguttara*, iii, p. 17f.《長阿含》卷 13（大 1, 86a）、《寂志果經》（大 1, 275b）。

經說；又爲了在經中採用觸、受、想、思等相應俱起之說，所以，在他們所傳承的尼柯耶、阿含中，相應思想表現出十分明確的形式。這可能是無意識地被改變成的。他們不能將有意圖的徹底之心、心所相應思想，導入於被相信是佛說的尼柯耶、阿含中，所以就在所謂阿毘達磨新文學中詳論。以上即是從現存的尼柯耶、阿含所推測的心、心所思想的產生過程。

有部、經部等對於心、心所的論爭

一、序說

[263]心所法的發展是在初期佛教之後。在漢譯阿含中，雖然有「心所」之名，但是那當然是後世的事情，在巴利聖典尼柯耶中，無法找到心所法之名。雖然其中常常出現與心所同一語詞的 cetasika，但是它並不是指「心所法」，而是形容詞「心的」之意，與 kāyika「身的」一起使用，例如：「比丘們啊！有二種樂：身樂與心樂。」（dve' māni bhikkhave sukhāni kāyikañ ca sukāhni cetasikañ ca sukhāni）[1] 。不過，能被後來的心所法所攝的諸法，在原始聖典中幾乎都有提到。在爲了組織整理此聖典諸教說而興起的阿毘達磨中，首先產生了「心所法」的術語。由於心所法被附上阿毘達磨煩瑣的形式，使得心所法所包含的內容被改變成和原始的意義不同。即使到現在，心所法的概念也很曖昧，各部派間從以前就有異說也是因爲這個緣故。那麼，能被心所法所攝的概念究竟產生了什麼變化呢？

[264]屬於後來的心所法的受、想、思等等，是各別的心

---

[1] *Aṅguttara*, i, p. 81

理作用，是心的傾向。出自長阿含《釋提桓因問經》[2] 的調戲（papañca-saññā-sankhā）→想（vitakka）→欲（chanda）→愛憎（piyāppiyaṁ）→貪嫉（macchariyaṁ）→怨結（issā）是各自獨立的心理作用，這表示是一連串的心之流（連續過程）。又，五蘊說的受、想、行、識四蘊，囊括了各方面的精神作用：「受」是苦、樂等的感覺、感情作用；「想」是生起表象概念的作用；「行」是以意志作用等爲中心的其餘之心理作用；「識」是認識、判斷作用，皆是各自獨一的心理作用。

但是，及至心所法的概念生起，心所法則攝屬於與心不同的範疇。當把一切法分爲色法、心法、心所法、心不相應法、無爲法時，在前述五蘊中，受、想等就屬於心所法，識則屬於心法。實際考察的話，感情或意志作用的受或思，和認識、判斷作用的識之間，絕對無法看出有所謂像心所法和心法那樣的質的差別。而且在有部等中，心法與心所法完全不同，此不合理之處即爲經部所指出。以下就敘述其論爭的始末。

二、心、心所的發展

首先必須了解的是，心所法是如何變成與心法完全不同。說到爲何心所法會產生，是因爲：第一、把心看成主體性的傾向興起，於是把主體以外的屬性乃至作用成立爲心所法；第二、

---

2 《長阿含》卷 10，（大 1, 64）*Dīgha*, *Sakkapañha-s*.（ii, p.277f.）

與之有關的經典，本身在禪定的說明等中，提到與作爲心所法的心相應，而實際上也不得不認同是心所法的相應。導致此傾向的產生，最爲明確的是確立心所法的阿毘達磨的諸門分別。

承認有心的本體，這是最受釋尊所激烈反對攻擊的一點。因爲我們的身體是由色、受、想、行、識五蘊所組成，[265] 在這當中，根本不存在著名爲「我」的本體或常住不變的實體。一切皆是空、無常、無我。受乃至識，都是時刻生滅變化的暫時性之心理作用，除去此心理作用，並非另外有心的本體存在。

但是，另一方面，說明現實世界的苦〔*諦〕，或者苦之原因的集〔*諦〕，則成爲討論的問題。當問到我們的憂悲苦惱如何產生時，必然就會生起「產生論」的思想，也就是緣起觀。無明、行、識等十二緣起諸支，就是表示是以心理活動爲中心的眾生惑、業、苦的開展狀態。六識→六觸→六想→六思→六愛等次第，或者前述《釋提桓因問經》所說，也是緣起說的一種類型，在心理上觀察煩惱產生的狀態。當說到無止息地從過去世到今世、從今世到來世，因無明煩惱而造業，由業而受苦惱的輪迴狀態時，往往會考慮到作爲輪迴主體的某個東西。縱然無我、無常說是根本的出發點，緣起說也表示無我、無常，但是仍會考慮到能保持業、帶來果報的東西。至少業本身也是輪迴之法。從心理上看業的時候，並不能把心識作用看成是在外面。於是，緣起輪迴之法即是心識。如此一來，心識就被認爲是有體性的。甚至十二處、十八界說中，相對於眼、耳等五根的意根或六識等，也很容易被看成是整合性的「心」之統一體。

在助長前述想法的經典中，也有將心識說成是近似有體性的。例如，談到有瞋心（sadosacitta）、有尋有伺心（savitakka-savicāra）時，被認爲有心的主體，擁有瞋或尋、伺。此思想最顯著的例子是在說明禪定心的場合。從相當早的時代開始，即成爲定型的四禪定說，例如說到初禪心具有喜、樂、尋、伺、心一境性的五支心理作用。認爲在一個主體性的心中，同時生起多個心理作用的想法，可能是從這裡產生的。對於一般的心做同樣的觀察，也會想到心的體以及心的作用（或者屬性）的差別；而前者發展成心法，後者發展成[266]心所法。若從經典來看這種心、心所相應的思想發展後的狀態，則提到禪定中有四支、五支，以及一般心理作用的相應，例如，巴利《雜阿含》[3] 謂初禪除了前述五支之外，也有欲、想、作意，而巴利《中部》[4] 甚至說初禪中有尋、伺、喜、樂、心一境性、觸、受、想、思、心、欲、勝解、精進、念、捨、作意等十六法。雖然此經在漢譯中沒有相當的經典，可能是後代所作，但是，總之經過前述的過程，心、心所法說便發展了起來。

對心、心所法發展助其一臂之力的是阿毘達磨的諸門分

---

[3] *Saṁyutta*, ii, p. 263.

[4] *Majjhima*（111. *Anupada*）iii, p. 25.

別。諸門分別的心、心所門，以及心相應不相應門，主要是與心、心所有關，將原始經典所出現的一切法，分別判定是歸屬於心所攝、或者是心所法、或者是與心相應；於是由此諸門分別，心、心所被區別成不同的兩個東西，何者屬於心所法，全部都分析得很清楚。阿毘達磨並進一步考察心與心所的相應，研究那些心與那幾種心所相應，導致產生了所謂的「心所法」。

三、心所法之意義及心、心所之關係

「心所」（caitasika, cetasika）一詞，如前所述，是從「心的」之形容詞而來的，在成爲「被心所有的、爲心所有者」之名詞後，就被稱爲「心所」。也就是，這「心所」之名稱，已經設想到它的所有主——心之體了，所以，心所也應該被說成是所屬於心體的「心的屬性」。雖然普通稱心所法爲「心的作用」，但是如此的稱呼是否無誤，是值得再檢討的。在心所法產生前的原始意義中，受、想、思等是可以被稱爲心的作用的；但是，心所法概念產生後的心所法，如後面將會說到的，它本身並沒有某些獨立性，絕對無法單獨作用，而且與心識是不同的東西。心的作用是在心、心所相應合體時才會產生，各別的心所法是沒有能力〔*單獨作用〕的。因此，不能將心所法稱爲「心的作用」，[267]所以對於「心所」這個名稱，毋寧說成是「心的屬性」會比較貼切。一般是用心相應法來定義心所法；所謂「心所」，是指相應於心者。而所謂的「相應」（saṁprayoga, sampayoga），是指與心認識同一個的對象；與心同時起滅；與心擁有同一個所依（若心依於眼而起，則心所亦依於眼）；與心具有同一個作用傾向等等。有部用五義平等、瑜伽系用四義平等、南方上座部也以大致類似的說法來敘述相應。[5] 合乎此條件的心所法數目，有部列出四十六、瑜伽系舉出五十一、南方上座部舉出五十二，但是應該不只這麼多。

如此，心所法是與心相應之法，故絕對不能單獨生起。不允許像初期佛教中，受→想→思→觸等，單獨的心所一連串相繼生起。一個心若不至少與數種心所法相應，是不能生起的。例如：有部提到任何一種心必須與十種以上的心所法相應、瑜伽系謂五種以上、南方上座部謂七種以上的心所法相應。[6] 由此

---

[5] 「五義平等」：一、所依平等，二、所緣平等，三、行相平等，四、時平等，五、事平等。所謂「四義平等」則去除前面的「行相平等」。南方上座部則用一事（ekavatthu）、一所緣（ekārammaṇa）、一起（ekuppāda）、一滅（ekanirodha）來說明相應。（*Visuddhi-magga*, p. 539. cf. *Kathāvatthu*, 7, 2）**（參原書 p. 275）**

[6] 在有部稱「十大地法」、瑜伽系稱「五遍行」，南方上座稱「七遍行」之心所法，為一切心相應。「十大地法」（mahā-bhūmikā dharmā）是作意、觸、受、想、思、欲、勝解、念、定、慧。「五遍行」（sarvatragā）是作意、觸、受、想、思。「七遍行」（sabbacittasādhāraṇā）是觸、受、想、思、心一境性、命根、作意。此外，有部等，以命根為心不相應行，但是，巴利佛教則謂命根有色法與心所法二種。**（參原書 p. 275）**

亦可知，受、想等之意義，是如何變得與佛教初期的意義不同了。

如果心所法必須與心法相應而起，那麼此二者的關係如何？又，二者有何異同？根據南方上座部的說法，是將心法視爲集合心所法的總體；心所法是構成心法的成分、要素。如同由牛奶、食鹽、薑、辣椒、香料等種種材料，作成湯汁或調味醬，同樣地，以受、想、思、觸等許多心所法爲成分，而產生心法。[7] 不承認在心所法之外，另外有中心體的心法。因此，心所法被英譯爲「心的要素」（mental elements 或 factors of consciousness）。然而，究竟是單純地集合數種心所法而成立心法？還是分析心法時，只是心所法呢？這二者都不是。例如，在善惡異熟的眼識乃至舌識中，雖然同樣都只有與觸、捨受、想、思、命根、定、作意等七心所相應，此等諸識雖然是由同樣相同數目的心所法所構成的，但是絕不是同一個。眼識與耳識不同，善異熟的眼識與不善異熟的眼識不同。因此，並不是集合了心所法就能這樣成爲心法，或者分析了心法就只是心所法。[268]而且心法與心所法是不同的種類。在南方上座部，由五世紀的佛授（Buddha-datta）所創立的一切法之分類法，分成心、心所、色、涅槃四類，心與心所完全屬於不同種類的範

---

7 *Milindapañha*, p. 59（南傳 59 上，121 以下）。《那先比丘經》中卷（大 32, 713c 以下）。

疇。[8]

有部的心、心所之關係與此有若干不同。有部絕不把心所法看成是心的要素或成分，而是認爲心是中心體，心所是附屬物。心是心王——執行總體的作用，心所雖然也執行總體作用，但是，不如說它是以獨特的個別作用爲本分。[9] 心所在中心體——心王的周圍，幫助心王完全實行全體的心作用。在此，心王、心所被清楚地區別開來。南方佛教因爲不承認主體，所以不說除去心所之外，另有心法。然而在有部，心法與心所法是完全不同的東西。[10]

---

[8] *Abhidhammāvatāra* (Buddhadatta's manual, p.1)，此四分說並沒有說明清楚，但是初期論書之《法集論》(*Dhammasaṅgaṇi*) 的構成，已經根據此四分。

[9] 關於心、心所的總別作用，有四說。《俱舍光記》一末、《俱舍寶疏》一餘（大 41, 26a、486c 以下）。

[10] 關於心所的看法，如上述所說，在說一切有部及巴利佛教，既有相同處，也有不同之處。其不同點的重心是：有部將心與心所區別開，視爲王與臣的關係；相對於此，巴利佛教認爲五蘊中的受、想、行三蘊，和識蘊本來就是相同的地位，而將心作用分爲四個。

因此，如前所述，在《中部》111、《不斷經》中，說明禪定的內容，謂初禪有尋、伺、喜、樂、心一境性（定）、觸、受、想、思、心（識）、欲、勝解、精進、念、捨、作意等十六種。承續此說的初期論書——《法集論》，將三界出世間的一切心，區分成八十九種，對於各心的心理作用有明確記載。在前面初禪的場合，雖然比《中部》之說增加更多的但是，南方上座部或有部之說，果真是合理的嗎？例如，在五蘊說中，受、想等蘊，被說成是心所法；和受、想等同樣具有認識判斷之心理作用的識蘊，就只有它被認爲是心法，這是不合理的。如果承認全體一致之心的話，就必須把受、想、行、識合在一起。如果排除受、想於心之外，那麼同理也應該排除認識判斷作用的識。如果被認爲是心所法的諸法，不在心的作用之外，作用以外沒有另外的心的話，那麼有部所說的心所法，結果仍然只不過是心的一部分而已。反對有部其餘諸多不合理的說法，從有部分裂出來而興起的部派即是經部。

四、經部的興起

關於有部等的心、心所法，有許多缺點。第一、認爲有所謂「心法」之主體者，這是違反釋尊本意的。更何況是在心之外成立與此主體心法相應的、無獨立性、很難加以說明的心所法，[269]而且是以心外的心所法作爲心的作用，數十種心所

心所數目，但是，皆有包括《中部》所說的十六種，而且前列觸、受、想、思、心（識）順序也相同。此外，觸、受、想、思、心等等，也都包括在八十九心之中。也就是說，在八十九心中，心和其他心所必定一起存在，以作爲認識判斷的作用。

亦即，巴利佛教心所說產生後，識（心）必定與其他心所同格地包括在其中，而說包含諸心所的全體之心。在此意義之下，可知巴利佛教是把心（識）用於廣狹二義。**（參原書 p. 275-276）**

與一個心同時生起而作用，這是言語道斷（*很難說明）的。心即是作用，不可認爲在作用之外，另有心的主體。心與受→想→思→尋→伺等，一類相續而流，受、想既是作用，同時也就是心，作用在同一時間內，只能一個一個地各別生起。受、想既是單獨而獨立的心之作用，而且也是心。對於受、想不能單獨存在，與識相應之後才能作用，這點在原始經典中並沒有提到。有部雖然說一切心至少有作意、觸、受、想、思、欲、勝解、念、定、慧等十種以上的心作用同時生起，但是，例如對於尚未加上判斷作用的第一剎那的眼識，十種以上的作用如何同時生起？像這樣不合理的說法，絕不是佛陀的本意。經部（Sautrāntika, Sūtrāntika）認爲應當好好地依據釋尊本身所說的經典來討論，遂在西元紀元前後，從有部分裂出來，反對有部。在《大毘婆沙論》中，將譬喻者（Dārṣṭāntika）[11] 視爲經部的一派，將《成實論》[12] 認爲是經部系的論書。雖然《成實論》受

---

[11] 根據慈恩大師的《成唯識述記》，謂古來譬喻者被認爲是經部異師，經部的根本師是以鳩摩羅多（Kumāralāta）爲其祖。從教義上來看，譬喻師不但是經部系統，而且似乎是屬於古代的經部。印度從古以來的說法，亦大致將譬喻師視爲等同經部。因此，在此暫且依循此等說法，將譬喻師視爲經部的一部。關於二者的異同，有必要更精細的研究，對此宮本正尊有做新角度的研究。（「譬喻者大德法救童受喻鬘論之研究」，《日本佛教學協會年報》第一年）。**（參原書 p. 276）**

[12] 關於《成實論》，古來有種種說法，但是根據其內容，最接近經部說。

到不少大乘的影響，但是，它根本上還是屬於經部系的。婆沙以後的有部論書，被列舉作爲有部最強烈的反對者，即是經部師乃至譬喻師。我認爲譬喻師是屬於初期的經部。因爲本來經部就是部派佛教十八部或二十部中最後分裂出來的一部，其學說有自己獨創的，也有根據各派的主張——尤其是大眾部色彩的各派——加以參考、批判後而採用，提倡各派的中庸思想，同時也發揮了自己的特色，因此，有相當的合理性。即使是有部的代表者——大德、覺天等，也似乎對經部深表同意，而有非常多地方類似、共通於譬喻者之說。甚至有部的代表論書——《俱舍論》，作者世親也有參考採用經部說之處。此後經部大爲發展，內部也有種種的變化，之後有部與經部成爲印度小乘佛教的代表派，與大乘中觀、瑜伽二系並稱。

五、心所法之否定

[270]經部從有部分裂出來的原因，是由於對全盤性的教理〔*有所歧見〕所致，而不是只有針對心識論而已，但是，心識論可說是分裂原因的主要部分。而心識論中最主要的是心所法否定論，及心相應否定論。這些經部思想在《婆沙》、《俱舍》、《順正理》、《成實》等諸論中有所敘述。

幾乎大部分的說法與經部一致，其他雖然也有受中觀系統的相當影響，但是根本上還是屬於經部系的。關於此點，以後應該有機會發表。（參照本書所收錄之「譬喻師與《成實論》」）。（**參原書 p. 276**）

首先來談經部的心所法否定論。經部如實採用原始經典所敘述的五蘊說中的受、想、行、識。此四蘊皆既是心的作用，而且也是心。堅決反對在心以外，另立心所法。《順正理論》[13]云：

> 有譬喻者說：「唯有心，無別心所。心想俱時，行相差別不可得故……此二名言差別，曾無體義差別可知。又由至教，證無心所，如世尊告阿難陀……」

《婆沙》[14]謂覺天（Buddhadeva）所說云：「心所即是心之差別」。究竟是因覺天而使經部說發達？還是覺天等受經部、譬喻者的影響？這是一個問題。我想可能是後者吧！[15]

其次，《成實論》對於心所法的有無，以五品（五章）的篇幅加以說明，其中在「立無數（無心所）品」、「非有數品」、「明無數品」三品，主張自己的立場是：心所法不是在心以外的東西。謂：

---

13 《順正理論》卷 11（大 29, 395a）。

14 《婆沙論》卷 2（大 27, 8c）。

15 宮本助教授認為，因為法救、覺天一派之人被總稱為譬喻者，所以是從覺天等而發展為經部。或許並非如此，關於這點有進一步研究的必要。

受、想、行等，皆心差別名。[16]

我亦不言無心數法(心所法)，但說心差別，故名為心數。[17]

反對派（有部）問難：「若無心數法，受、想等皆心，即無五陰，則吾人身體由色與心二陰所組成，[271]何故佛說由五陰和合爲身體耶？」成實論主做極爲合理的答辯：「並非否定受、想、行三陰，而是以『心』別爲三陰」。[18] 還有其它許多相互的問難。

此外也有許多是從個別的心所法，敘述心外無心所。如《婆沙》云：

有執思與慮是心，如譬喻者。[19]

有執尋與伺即心，如譬喻者。[20]

---

16 《成實論》卷 5（大 32, 274c）。

17 同上，275c。

18 同上，275a 以下。「(275a) 問：又是依處，數法依止。如經中說，是心數法，皆依心行。又若無心數，則無五陰，是則不可。……（276c）答曰：汝言無五陰者，是事不然。我以心差別故，有名爲受，有名爲想等；汝以心數別爲三陰，我亦以心別爲三陰。」

19 《婆沙論》卷 42（大 27, 216b）。

有說尋、伺是心麁細相……如譬喻者。[21]

《俱舍論》中所說的「有餘師說」者，即是經部。如：

有餘師言「此內等淨、等持、尋、伺，皆無別體……心分位殊，亦得名心所。」[22]

《成實論》中，多處也有類似的說法。例如：「意即是思」[23]、「三昧與心不異……當知心邊無別〔立〕三昧，隨心久住名爲三昧。」[24] 等等。

只有經部系做心所法否定之主張，除此之外的其他任何部派皆不如此主張。但是，在《論事》中，也有如王山、義成二派所說的心所法否定論，如云：「心外無心所法，猶如觸外無觸所法」[25]。王山、義成等諸派興起於佛滅後三世紀，[26] 經部的主

20　同上，(大 27, 218c)。

21　同上，卷 90，(大 27, 462c)。

22　《俱舍論》卷 28 (大 29, 147b)。

23　《成實論》卷 6 (大 32, 286c)。

24　同上，卷 12 (大 32, 334c)。

25　*Kathāvatthu*, 7, 3.

26　根據 *Points of Controversy* 的《論事註》的分派表，可知阿育王時代，在被派到印度內外各地域九個地方的傳道師中，其中之一到南印度的

張是在西元前後，所以可將王山、義成派看成是在經部的主張之前，雖然可說是經部思想的先驅，但是二者關係並不清楚。總之，心所法否定論是經部從有部分裂的重要原因之一。

六、心相應的否定

[272]如前所述，經部認為受、想、思等是心之差別，只是各自獨立的一個心作用，如果像有部所說的，一心必與多個心所法相應俱起，則經部認為，既然一心與多個其餘之心俱起，那麼就等於是多心同時俱起了，這是不被允許的事。經部認為應該像受→想→思這樣，一時間內，一個接一個地，各別的心生起作用。雖然看起來像是一時間有多個心的作用生起，但是，那只是剎那間一個一個迅速相續生起的緣故。二心乃至多心的俱起是不被允許的，因此，心相應是不合理的。從文獻來看，《婆沙論》有敘述譬喻者的相應否定說，謂：

> 或有執：「心、心所法前後而生，非一時起」，如譬喻者。彼作是說：「心、心所法，依諸因緣，前後而生。譬如商侶，涉嶮隘路，一一而度，無二並行，心、心所法亦復

案朵拉（=摩醯娑末陀羅國，巴 Mahiṁsakamaṇḍala）地方弘法的大天（*Mahādeva*），從大天派所分裂出來的王山、義成派，比佛滅後四百年以後的經部較早產生。此二部興起起於佛滅後三世紀。（**參原書 p. 277**）

如是。」[27]

此心、心所法不能一時俱起之說法，有部大德也是如此主張。[28] 其餘地方則提到譬喻者主張「智與識不俱」[29]、「若心有智則無無知；若心有疑則無決定；若心有粗則無有細」[30] 等。

關於心相應的有無，《成實論》以三品的篇幅來討論，其中在「無相應品」、「非相應品」中，主張自己的立場是：

> 無心數法故，心與誰相應？又受等諸相，不得同時。又因果不俱，識是想等法因，此法不應一時俱有，故無相應〔法〕……[31]
>
> [273]若一念中，多心數法，則有多了。有多了故，應是多人，此事不可。故一念中，無受等法。[32]

對於《成實論》所作如上之不相應說，反對者（有部）作

---

[27] 《婆沙論》卷 16（大 27, 79c），及卷 90（大 27, 463a）：「或復有執，心、心所法次第而起，互不相應，如譬喻者……」

[28] 同上卷 95（大 27, 493c）。

[29] 同上卷 9（大 27, 44b）。

[30] 同上卷 106（大 27, 547b）。

[31] 《成實論》卷 5（大 32, 276b）。

[32] 同上。

如下之反駁：如果是這樣的話，那麼佛說人由五陰所組成之事，豈不就不可能了？若如成實論主所說，那麼人豈不是必須由色與受、色與想、色與行、色與識二陰所組成？所以你的主張是錯誤的。又，佛說初禪由五支所成，如果初禪不與五支心所法相應，那麼豈不就否定佛說了？[33] 成實論主回答：雖說人是由五陰所組成，但是這並不表示五陰同時存在。由五陰相續繼起，乃名為人。又雖說初禪有五支，但是並非同時存在，而是初禪心→喜→樂→覺→觀→心一境性相續，只不過因為它瞬間俱起，所以才像你所看到的那樣，其實它是個別繼起的。為什麼呢？就如同覺與觀俱起，粗心與細心同時存在是不合理的一樣。並用其他許多例子來詳細說明心不相應，而且也將此說應用到其他方面。

七、餘論

如上所說，經部的譬喻者、《成實論》都不承認心相應，何況是常與心相應之「大地法」的名稱，更不應有。但是，主張相應思想的部派及論師，似乎非常有力量，雖然經部系大力反對，但可能是因為無法抵抗其他各派的勢力，所以到了後代的經部，也變節而作相應之說，甚至也有設定大地法之名相者。根據《順正理論》，當時有心所法否定論與肯定論者，肯定論者

---

33 同上，（大 32, 277b）以下。

也有種種的說法。

> 別有心所論者，於心所中，興多諍論。或說唯有三大地法，或說有四，[274]或說有十，或說十四。[34]

當時大地法有三心所、四心所、十心所、十四心所等說法，有南方上座部主張七遍行、瑜伽系主張五遍行等種種異說。其中，經部上座將受、想、思說爲三大地法。謂：

> 彼上座言，無如所計十大地法，此但三種，經說俱起受、想、思故。[35]

藏傳的經部說也允許受、想、思三者爲心相應。謂：

> 經部只以受、想、思三者為真正的心所，其他一切的心所是心法的一部分，心、心所是同一個。[36]

三心所主張者是 Bhaṭṭopama，而 Buddhadeva 是說五心所。

---

34 《順正理論》卷 11（大 29, 395a）。

35 同上卷 10（大 29, 384b）。

36 Wassiljew, *Der Buddhismus*, S. 309.

此 Buddhadeva 是《婆沙論》所說的覺天？還是經部另有覺天之人？仍有待研究。總之，藏傳的經部可看成是後期的經部。

最後，瑜伽系中的心、心所論又是如何？在各方面皆採折衷綜合主義的瑜伽系，在此處也不例外。雖然心所法論大致直接承襲有部的主張，但是在心、心所同異論方面，對於有部、經部既有肯定，也有否定，對此二部採取亦止亦揚的立場。先否定二者如下：

> 如是六位諸心所法，(1)謂離心體之外，別有自性(有部)，(2)謂即是心之分位差別(經部)。若爾有何失？二俱有過。
>
> (1)若離心體別有自性，如何聖教說唯有識？……
>
> (2)若即是心之分位差別，如何聖教說心相應？他性相應，非自性故。又如何說，心與心所俱時而起，如日與光？[37]

接著則以世俗諦採用有部的心、心所別體論，以勝義諦而說心、心所非離非即。於是有部與經部的心、心所之論爭，被瑜伽系做了調和與運用。

---

[37] 《成唯識論》卷 7（大 31, 36c 以下）。

譬喻師與《成實論》

一、何謂譬喻師？

[279]「譬喻者」(Dārṣṭāntika 譬喻師）之名稱，在所有小乘十八部或二十部等部派的任何文獻都未曾出現過，而是在《大毘婆沙論》中忽然出現。在此論中，譬喻者的主張前後被敘述多達七、八十次，僅次於普通被稱爲此論之編纂者的世友、妙音、大德[1]、脇尊者之說。世友等人是有部的驍將，大多數是我方；反之，譬喻者則是有部之敵，是異端者。譬喻者對有部而言，是最有力的反對者、攻擊者，這點可從其他種種部派名被少數引用，而譬喻者之說卻被多數引用，明顯得知。雖然在世親的《俱舍論》中，不太出現譬喻者之名，但是，到了眾賢的《順正理論》則頻繁引用其說。

根據《順正理論》，隨處都有相當於婆沙的譬喻師立場的譬喻師、上座與經主，作爲有部最有力的反對者。此三者是屬於同樣的主張或系統。從文字層面來看，譬喻師之說大體上像是

---

1 「大德」普通稱爲「法救」(Dharmatrāta)，但是對照異譯《阿毘曇毘婆沙論》時，可明顯得知是指覺天（Buddhadeva)。**(參原書 p. 281)**

在古代；上座與經主則似乎是在眾賢當時的語氣，[2] 其說深及細部，可看出有開展詳說婆沙譬喻者所未言及的傾向，[280]因此，三者屬於同一系統。那麼何謂「譬喻者」？它屬於部派佛教中的那一部？

根據慈恩的《成唯識述記》，所謂「譬喻師」，是經部的異師，又稱爲「日出論者」。[3] 本來經部有三種：

一、根本師，即鳩摩羅多（Kumāralāta，又作究摩羅多）。

二、室利邏多（Śrīlāta），作經部毘婆沙，即《順正理論》所單指的上座。

三、只名「經部」（Sautrāntika, Suttantika）。

其中第一之根本師鳩摩羅多，造《結鬘論》，此論出於佛滅後一百年期間的北天竺怛叉翅羅國（Takṣaśilā, Takkasilā），因廣說譬喻（*善用譬喻說法），所以他和他的徒眾被稱爲「譬喻師」，當時尚無「經部」之名，經部之名出自佛滅後四百年左右的《成業論》等。也就是，根據上述，經部在古代被稱爲「譬喻師」，

---

[2] 上座被敘述爲譬喻師一人，似乎是指室利邏多，其有弟子名邏摩者；又有被稱爲「經主」者，似乎也是上座的弟子。但是，邏摩與經主是否指同一人，並不清楚。這些都是眾賢當時經部系的論師。（**參原書 p. 281**）

[3] 《成唯識論述記》四本（大 43, 358a）、二本（同，274a）。

發展後則以「經部」之名稱呼。《順正理論》也是如此解釋。但是,「經部」之名也被《婆沙論》引用一、二次,在《婆沙論》中,經部師和譬喻師並未被視爲是同一者。在《俱舍論》中,譬喻者的主張只被引用二、三次,相當於《婆沙論》中的譬喻者,或者《順正理論》的譬喻師之位置者的,即是經部師。在《俱舍論》中,反對有部的是經部,在未有明文的場合,也是指經部。因此,似乎可看出譬喻師興盛於婆沙時代,世親時則力量稍減,到了幾乎是同時代的眾賢時,又忽然復甦起來。譬喻師總是有部最大的論敵,將《婆沙論》、《順正理論》的譬喻師之說,和《俱舍論》的經部師之說做一比較,就可清楚了解這點。也就是,可知《婆沙論》的譬喻師之說,和《俱舍論》的經部師之說,幾乎是同一個主張。《順正理論》的譬喻師等,也是承襲此主張。只是到了後代,其說可看到幾分發展的痕跡。如此看來,可知譬喻師是經部的一派,而且是屬於古早時代。

慈恩大師認爲譬喻師之祖鳩摩羅多是佛滅後一百年之人,這是有待研究的,根據《俱舍光記》,鳩摩羅多是[281]經部的祖師,是從有部分裂出來的。[4] 因爲經部是從小乘十八部中最後產生的部派,所以經部之祖鳩摩羅多應該不是佛滅後一百年時的人。又根據《付法系譜》,鳩摩羅多是世親一、二代前的人,在龍樹之後。但是,若以鳩摩羅多爲譬喻師或經部之祖,那麼

---

[4] 《俱舍光記》2(大 41, 35c)。

因爲譬喻師之說被《婆沙論》所頻繁引用，所以他應該是比龍樹更早時代的人。對於鳩摩羅多以及其他與經部有關的室利邏多等人，尚有不明之點和疑處，但是這並不是現在〔*所要說明〕的問題。可以確定的是，譬喻師早於西元前後即興起，而且是經部的一派。

二、關於《成實論》

《成實論》是屬於那個部派，自古即有種種的異說。有說是多聞部，有說是經部，有說法藏部，有說化地部，也有說是取小乘各部派之長處，而新成立的一派；也有說是取大乘之意，來解釋小乘教者，甚至也有提倡其爲純屬大乘者。[5]《成實論》的作者訶梨跋摩（Harivarman），根據史傳所說：

> 佛滅後九百年，生爲中天竺婆羅門之子，幼穎悟，通曉世典，後出家爲有部沙門究摩羅陀之弟子，〔282〕蒙師教授迦旃延之大阿毘曇，未經一月即精通文義。但其慨歎此書缺乏統一的組織，支離破碎，學習不便，且此書之說與佛教之根本義有很大的隔閡，不過是末流而已。於是在數年間窮究三藏之旨，以探究九流五部之本源。時有華子城大眾部之僧，遵奉大乘爲五部之根本，

---

[5] 境野黃洋《八宗綱要講話》上，132 頁以下。

久聞訶梨跋摩才超群彥，且爲眾師所忌，彼等二人意氣相合，共同研究諸部派之說，棄末流而溯根本，於是訶梨跋摩製作了《成實論》二百二品云云[6]。

訶梨跋摩之師是有部僧究摩羅陀（Kumāralāta =鳩摩羅多、究摩羅多），即經部之祖，究摩羅多的年代並不清楚，訶梨跋摩的年代也不確定，普通是定位在大約佛滅後七百年至九百年，《佛教大年表》、《大正目錄》等則謂西元 263 年。若將他看成是那時期的人，當然就比《大毘婆沙論》的製作還晚。若果真如此，那麼上述史傳所說的，蒙究摩羅陀所教授的迦旃延，他所造的「大阿毘曇」，不知是指《發智論》，還是《大毘婆沙論》？因爲提到迦旃延所造之此書有數千偈，所以可能是《發智論》。因此，究摩羅陀或許並不知道《大毘婆沙論》，而且他是有部僧。《發智論》是在中印度所作，《婆沙論》則是在北印度迦濕彌羅地方編輯而作，所以在中印度的他們，可能並不知道《婆沙論》。

如果將究摩羅多視爲譬喻師之祖，那麼究摩羅多與《婆沙論》的關係是這樣的：究摩羅多反對有部的形式論及一切萬有爲實有的極端論，而主張長、短、方、圓等形色、心所法、心

6 《出三藏記集》11（大 55, 78c 以下）。（案：日文原本之頁數爲「79c」，應爲「78c」之誤；又，此段文爲作者將史傳之文，整理摘錄成大意，並非用節錄之方式）

不相應法、無為法等的假有，採用合理論，成立所謂「譬喻師」的經部一派。這與訶梨跋摩對迦旃延的大阿毘曇之態度十分類似。而且究摩羅多與訶梨跋摩也有師徒關係。他們皆在有部出家，而且對有部之說感到不滿，這是很合理的，兩人皆追溯釋尊真意而成立其說，以原始的經典為依據，所以後來被稱為「經部」。[7]（此事待後詳述。）

[283]那麼，究摩羅多所創始的譬喻師之說，與其弟子訶梨跋摩所作的《成實論》的主張之間，到底有何等的關係？

三、譬喻師與《成實論》

首先，有必要抽出《婆沙論》、《順正理論》等中所出現的譬喻師之說，將它與《成實論》的教理做比較。以下就擬將下列問題整理成九大類，一一列舉來看。被視為與譬喻師是同一者的經部之說，出現自《俱舍論》等中的，也視需要而列舉。引用中（S）表示經部之說，或者承襲其說者。

---

[7] 《成實論》8（大 32, 298b）有引用龍樹之弟子提婆所作之《四百觀》，故可知訶梨跋摩與提婆是同時代之後的人。

略 語 表

順 =《順正理論》	光 =《俱舍光記》[8]
毘 =《大毘婆沙論》	寶 =《俱舍寶疏》[9]
婆 =《阿毘達磨毘婆沙論》	成 =《成實論》
俱 =《俱舍論》	S = 經部 Sautrāntika

例如，「成 5」表示《成實論》卷 5。在其他論的場合也是指卷數。又，順、俱是大正藏第 29 冊，毘是大正藏第 27 冊，婆是大正藏第 28 冊，光、寶是大正藏第 41 冊，成是大正藏第 32 冊。以下就僅附頁數。

A. 色法

[284]經部——也就是譬喻師，反對有部而主張：所造色與四大種是同一者，又主張長短方圓等形色的假有，並且不主張無表為色法。此等說法皆被後來的瑜伽系所採用。

(1)順：所造色與大種無異。	成：四大即是造色。 成：離色等法更無地。 成：眼等諸根不異四大。

---

[8] 案：沙門普光述《俱舍論記》。

[9] 案：沙門法寶撰《俱舍論疏》。

(2)俱（S）：形色非實有。	成：形等是色之差別，離色不生形量等心。
(3)毘：無法處所攝色。 俱（S）：表無表色非實有。	成：無作（無表）是心不相應行，非色法。 （心不相應行非實有。）
(4)順、婆：否定諸色之同類因。 （在毘爲外國諸師之說。）	無此問題。
(5)順：許諸色之等無間緣。	無此問題。

(1)順 5，356b。成 3,262c。成 11, 324a。成 4,265b。

(2)俱 13, 68b。成 5, 273a。

(3)毘 74, 383b。俱 13, 68c。成 7, 290b。

(4)順 16, 422a。毘 131, 682c。毘 17, 87c，(婆 10, 72c)。

(5)順 19, 445b。

B. 心、心所法

關於心、心所法，各部派之間有異說。受、想、行、識等，在原始的意義上，皆[285]意謂各種心的作用，並不承認在作用之外，另有心的主體。但是，隨著心識說（把心識想成是某種實體性的東西）趨向複雜，而產生「心所法」之術語，把受、想、思等當成心的所有物、隨從、臣下，心就成爲中心的君主。一個主體性的心，同時與多個心所法相應俱起。受、想、思、觸、作意等諸心所，成爲十大地法或五遍行、七遍行，皆與任何心法俱伴相應。心不是單獨生起，而是必須與若干個心所法一起生起。

如此一來，心與心所的關係究竟是像構成物與其要素，或者是像某個東西與其屬性的關係？各部派之說法各有不同，相當不清楚。有部等認爲心所通常意指心的作用，心所與心完全是不同的兩個法，將作用概念實體化而成爲實有。但是，十大地法的所有心所，在任何一種心之下，是否都能起作用？睡眠時，受想思觸等心所，也同時俱起作用嗎？因爲這點十分形式化，所以不合理。

因此，譬喻師之經部，希望能見到原始意義中的心所法。也就是，受想行識絕不會同時生起。受時只有受，想時不應同時還有其它的作用。之所以同時看起來好像有許多作用，是因爲有許多作用刹那的生滅，猶如旋火輪一般。各自是一個一個的心的作用，並不是在作用之外，另有心的主體。識是分別作用，受想是感覺、表象等作用，絕沒有理由以識爲主，以受想爲從屬，應該都是平行的關係。因此，不可能有所謂「心、心所相應」的事情，而且在心之外，並非另有心所法的實體。心所法只不過是心的分位差別而已。也就是，經部把心看成作用，採用原始的意義，認爲心是受想思等狀態的單流——刹那刹那的生滅過程；相對於此，有部主張心爲實體性的心王，而不同於心的心所法實體，則伴隨著心而成爲複雜之流。

如是，經部主張心、心所無差別論，以及心所不相應論，反對有部的心、心所別體論及心所相應論。唯識折衷二者，主張心、心所不一不異，依勝義諦而為不異，依俗諦而為別體。在經部初期，認為心只有現行的作用，由於無法對業報做說明，[286]所以，後期經部也承認潛在的意識，稱其為種子。有關譬喻師之說的心、心所，如下所示：

(1)毘：薩迦耶見無實在之所緣。 毘：有緣於無之智。 俱（S）：空涅槃之識緣於無境。	成：無法亦能生心。 成：有緣無而生之智。

因為成實及譬喻師謂過去、未來及無為法等，是無體且假有，所以緣於此等之識、智等，稱為「緣於無」。我見因為也執於無，所以也是無實所緣。

(2)順：（前）五識無染污。	成：（前）五識沒有像意識的分別作用，也沒有煩惱。[10]
(3)毘：眼等六識，各自有所緣之境。意識另有所緣，不	成：第六識不緣自陰，也不能緣於色等法。（前五識之所

[10] 案：「意識中所有分別因緣五識中無，故知五識中無煩惱也。」（大 32, 324a）

同於前五識之所緣。又，六識唯緣外境，不緣內根及識。[11]	緣故）[12]
(4)毘：心、心所法，是前後而生，非一時生起。	成：心、心數法有緣，有了。是故一時不應俱有。即心、心數法不相應。

心、心所法沒有俱起，就如同商人通過險道時，是一個人一個人的走，絕不能二、三個人並肩而走。否定二心俱起或心、心所的俱起相應。

(5)毘：智不與識俱。 毘：若心有智，則無無知。若心有疑，則無決定。若有粗則無細。	成：五識無想、無覺、無觀。覺與觀不應一心中生。 成：並不是初禪與覺、觀相應。而是心之過程爲：初禪

11 案：「謂譬喻者作如是說：『眼等六識身，所緣境各別』。彼說意識別有所緣，不緣眼等五識所緣。又說：『六識唯緣外境，不緣內根，亦不緣識』。」（大 27, 449a）

12 案：「第六識於自陰中，都無所緣，無現法故，是識不能緣色等法。」（大 32, 364a）

13 案：「若汝說初禪與覺觀俱，是亦不然，從初禪起，次生覺觀，以雜覺觀，故名爲俱。」（大 32, 340c）

	→覺→觀。[13]

其次，討論心、心所的無差別論。[287]

(6)順：唯有心。心想俱時，別立行相不可得故。[14] 毘：思、慮是心，是心差別，無別有體。 毘：尋伺即心。 俱（S）：等持、尋伺皆無別體。心之分位殊，亦得（假）名心所。	成：受想行等，皆心之差別名。 心是一，但隨時故，得差別名，故知但是一心。 成：識與覺無差別。 成：意即是思。 成：三昧與心不異。心邊無別三昧。[15]
(7)寶（S）：觸是根境識之三和，更無法別。[16]	成：識在緣中，是名爲觸，無別心數法名爲觸。

這與前面的情形不同，因爲前面所說的受、想、思，是識

14　案：「唯有心，無別心所，心想俱時，行相差別不可得故。」（大 29, 395a）

15　案：「三昧與心不異……心邊無別三昧，隨心久住，名爲三昧。」（大 32, 234c）

16　案：「有說觸後至緣觸生受。述經部宗上坐釋也。此師意說：後念識依前念根、境生，第一念根、境，第二念識生，即於此時三和合觸。此觸即用三和爲體，更無別法。」《俱舍論疏》卷 10（大 41, 608a）

的差別名，假名爲心所法，其實就是心法。而這裡則提到，觸完全包含在識之中，並沒有像受、想、思一樣，是識的別體，而只是將心最初的識之過程：識→受→想→……，稱爲觸。也就是，觸並不像受、想等，本身是一個能夠獨立的心理作用。

(8)毘：心與心爲等無間緣，非心所。 心所與心所爲等無間緣，非心。	成：無。

這些部派所說到的「心與心所並非別物（不同的兩個東西）」，心與心、心與心所、心所與心所，爲「等無間緣」，都是指同樣一件事，而《大毘婆沙論》所論的，對經部而言是無意義的。可能是把其他部派所說，誤解成是譬喻師之說。在《婆》中找不到相當之文，而在《大毘婆沙論》其他地方則舉出是相似相續論者之說。[17]

---

[17] 毘 2, 9b。（日文原本爲「96」，應爲「9b」之誤」。）（「相似相續論者作如是言：心、心所法，但爲同類等無間緣，謂心與心非心所，心所與心所非心。」）

(9)毘：意識相應之善有漏慧，非皆是見。[18]	成：找不到文。[288]
(10)毘：現觀邊之忍，亦是智性。初言忍，後爲智。	成：可看出有幾分的反對。即有「我等不說先忍後智」之語。忍與智同樣是心之差別，故可將二者看成相同。
(11)毘：無想定是細心不滅。 毘：滅盡定是細心不滅。 毘：滅盡定有心，唯滅想、受。 俱光（S）等也有。	成：無想定中，心不應滅。 成：滅盡定亦有心果。 如他處所述，滅定無心，然似有心。即謂「又是人心得常在，以得力故，亦名有心，不同木石。」
(12)毘：和合見說。 俱（S）：識見說。	成：可看出也有「和合見」之觀點，但是可能是「識見說」。 「但知識能，而非諸根」。

在認識論中，經部是採用識見說，《俱舍》、《成實》也是如

18　案：「意識相應善有漏慧，非皆是見。如譬喻者，彼作是說，五識所引能發表業，及命終時，意地善慧皆非見性。所以者何？見有分別五識所引意地善慧，如五識身，不能分別，故非見性。」（大 27, 502a）

此，西藏所傳的經部說也是識見說。[19]《大毘婆沙論》則提到譬喻師之說是依根識和合而認識，但是，《婆》中則沒有相當之文。可能是把其它部派誤解為譬喻師之說。

(13)俱（S）：無色界之心無依而相續。	成：無色界之識無所從，無依而住。

(1) 毘 8, 36a。毘 44, 228b。毘 55, 283a。俱 6, 34c 成 2, 254、255 等。成 15, 364a。

(2) 順 1, 331c。成 11, 324a。

(3) 毘 87, 449a。成 15, 364a。

(4) 毘 16, 79c。毘 90, 463a。成 5, 276b。

(5) 毘 9, 44b。毘 106, 547b。成 5, 276c。成 12, 340c。

(6) 順 11, 395a（光 5, 100b）。毘 42, 216b。毘 42, 218c。俱 28, 147b。成 5, 274c。成 5, 275c-276a。成 6, 286c。成 12, 334c。

(7) [289]寶 10, 608a（俱 10, 53）。成 6，286c 以下。

(8) 毘 89, 461b。[20]

(9) 毘 97, 502a。

---

[19] Wassiljew, *Der Buddhismus*, S. 308.

[20] 案：日文原本為「416」，應是「461」之誤。

(10) 毘 95, 489b。成 16, 366a。

(11) 毘 151, 772c。毘 151, 774a。毘 152, 775a。俱 5, 25c。光 5, 100b。成 13, 344b、344c、345b。成 13, 345b。

(12) 毘 13, 61c。俱 2, 10c 以下。成 4, 267a 以下。

(13) 俱 8, 41b。成 4, 266b。

C. 心不相應法

其它許多不屬於色、心、心所及無爲法的部分，有部皆將之納入心不相應法的範圍中，以之爲實有。反之，譬喻師則主張心不相應的假法，後來爲瑜伽系所採用。

(1)毘：諸有爲相非實有體。不相應行蘊所攝故。不相應行蘊無有實體。 (2)毘：名句文身非實有法。 (3)毘：異生性無實體。 (4)毘：無實之成就、不成就。 (5)俱（S）：異生性、四有爲相、命根、名、句、文非實體。	成：在不相應行品中，不相應的全體，即：得、不得、無想定、滅盡定、無想處、命根、生、滅、住、異、老、死、名眾、句眾、字眾、凡夫法，皆是假法，而非實法。
(6)毘：三有爲相非一剎那。（因果異時）。 毘（S）：四有爲相異時。	成：若法一時生即滅，是中生等何所爲耶？

(1) [290]毘 38, 198a、198c。毘 195, 977b。成 7, 289bc。

(2) 毘 14, 70a。成 7, 289bc。

(3) 毘 45,231b。成 7, 289bc。

(4) 毘 93, 479a。毘 106, 550c。毘 157,796b。成 7, 289bc。

(5) 俱 4, 23c。俱 5, 27b、26b、29b。成 7, 289bc。

(6) 毘 39, 200a。毘 38, 198b。成 7, 289b。

D. 無爲法

經部並不積極說無爲法，沒有列舉無爲法之數目。[21] 而寧可將無爲法當成假法。

(1)毘：擇滅、非擇滅、無常滅非實有體。	成：如等諸無爲法實無。
(2)俱（S）：一切無爲皆非實有。	成：如法性、真際、因緣等諸無爲法非實體。
(3)寶，虛空體非實。	

[21] 根據藏傳，經部立六種無法，即：（1）具有一般意義或概念者，（2）過去，（3）未來，（4）空、無我，（5）二種苦諦（Zwei Arten von Wahrheiten der Leiden），（6）滅諦的全四相（all vier Formen der Wahrheit Nirodha）（Wassiljew , *Der Buddhismus*, S. 304）。**（參原書 p. 291）**

(4)毘：不許有非擇滅法。	
(5)順：沙門果唯無爲。以沙門果爲無爲法，這在《毘》中是分別論者之說，[22] 而在《論事》中則可看到是分別論者系統的東山住部的說法。[23]《順正理》中可能將之誤解爲譬喻師之說。	

(1) 毘 31, 161a。成 2, 255a。

(2) 俱 6, 34a。成 7, 289c。

(3) 寶一餘，494a。

(4) 毘 186、931b。

(5) 順 67，706c。

E. 世界論、有情論

22 毘 60, 312c、毘 65, 336c。

23 《論事》19, 3。

[291](1)毘：後三靜慮自有眼等識，依自地根[24]，了自下境。	成：找不到文。[25]
(2)毘：欲界及至有頂皆有尋伺。 毘：尋伺三界皆有。	成：覺觀二法遍在三界。 成：梵世以上，亦於自地心起口業。有覺觀故。 成：無邊虛空定中，亦有覺觀等法。
(3)毘：欲界乃至有頂，皆有善、染、無記三法。有尋伺故。	
(4)毘：從無間地獄至有頂，有正、邪、不定三聚。般涅槃法名正定，不涅槃法名邪定，其他（*不決定者）名不定。	成：沒有說到欲色界有三聚，但是，在說明三種人時，有謂：「正定者必入泥洹，邪定者必不入泥洹，餘名不定。」
(5)毘：無非時死。	成：若受報盡，反得害身因緣[26]故死。閻王等無能令致

[24] 案：日文原本為「自『他』根」，應為「自『地』根」之誤。（大 27, 377b2）

[25] 在《宗輪論》中，有說到大眾、一說、說出世、雞胤四部本宗同義之「上二界有六識身」。

[26] 《宗輪論》有說到，說假部之說為無非時之死。

	死之自在力。
(6)順：先業所引之六處名爲壽。 俱（S）：三界業所引同分住時之勢分，說爲壽體。	成：稍異。即「六入六識得相續生，故名爲壽」。

(1) [292]毘 73, 377a 以下。

(2) 毘 52, 269b。毘 90, 462c。成 6, 285b。成 8, 304b。成 13, 344c。

(3) 毘 145, 744b。

(4) 毘 186, 930c。成 2, 250a。

(5) 毘 151, 771a。成 14, 350b。

(6) 順 1, 331b。俱 5, 26b。成 2, 251b。

F. 業論

(1)毘：離思無異熟因，離受無異熟果。 毘：身語意業皆是一思。 俱（S）：貪、瞋、邪見爲意業。	成：三種行皆但是心。離心無思，無身口業故。 成：於諸報中，受爲最勝，受是實報，色等爲具。 成：諸業皆心之差別，罪福皆由心生。
(2)毘：表、無表業無實體性。	成：在成中，表是思，只是心；

俱（S）：律儀無實物。	無表是心不相應法，故非實有。二者皆無實體性。
(3)俱（S）：說種子相續。	成：如於之後的經部，尙無種子之思想，但說無作（無表）之相續，此爲其先驅。
(4)俱（S）：無色定亦有律儀。	成：有無色中無作（無表）。
(5) [293]毘：中有可轉。一切業可轉。五無間業可轉。 毘、順：一切業可轉。 毘：無想定有退轉，一切業可轉故。	成：特別敘述到業的可轉，但是只有消極地證明。即：「五逆罪得薄減，不得全捨」、「五逆亦不定」等，可看出容許可轉的條件存在。
(6)順：順現受業不限今世。	成：現報業未必現受……餘二亦如是。
(7)於順、俱、業中，有四句： 1. 時分定、異熟不定。 2. 異熟定，時分不定。 3. 二俱定。 4. 二俱不定。	成：雖無四句之分別，但是有其要素。即，於時分定中，立三時業，於不定立不定業，以異熟定爲善不善業，以異熟不定爲不動業。若將之組合，則成左欄所示。
(8)毘：離語及業，別有正命、邪命之體性。	成：邪命是出家所難斷，是故（於身口業之外，）別說（正命邪命）。
(9)毘：說四補特伽羅能生梵	成：論的性質上，無如此之

福之佛說經典，皆非佛說。	說。

(1) 毘 19, 96a。毘 51,263c。毘 144, 741b。成 7, 296b。毘 113, 587a。俱 16, 84b。俱 17, 88c。成 8, 298a。成 7, 294a。

(2) 毘 122, 634b。俱 14, 75a。成 8, 304a 以下。成 7, 290b。

(3) 俱 20, 106a。成 7, 290b。

(4) 俱 13, 70c。成 7, 290b。

(5) 毘 69, 359b。毘 114,593b。毘 152, 773c 以下。順 40, 570c。順 43, 589b。成 7, 291a。成 7, 297c。

(6) 順 40, 569c。成 8, 297c。

(7) [294]順 40, 570b。俱 15, 81c。成 8, 302b、298a、291a。

(8) 毘 116, 604c。成 10, 322b。

(9) 毘 82, 425。

G. 煩惱論

(1)毘：立緣起的根本——無明、有愛二遍行。無明是前際緣起之根本，有愛是後際緣起之根本。	成：十二分相續皆以無明爲本。而於「貪愛是身之本」及各處並無「遍行」一詞。
(2)毘：但立無明漏及有愛漏等二種。二際緣起之根本故。	成：三界之無明稱爲無明漏，除去無明，其餘一切煩惱名爲欲漏。

	又謂「實漏有二種」。
(3)毘：一切煩惱皆是不善。	成：論師說，一切煩惱皆是不善。 但是在《成》中，有「隱沒無記是重煩惱」一語。
(4)毘：唯愛與恚，令有相續。（三事和合時，於健達縛，愛恚二心互起故）	成：無三事和合之問題。
(5)毘：隨眠不於所緣隨增，亦不於相應法有隨增義。（《婆》中為法救說）	成：在此謂隨眠與心相應，無「隨增」之語，而是說「諸使非不相應」。[27]
(6)俱（S）：隨眠體非心相應，非不相應。隨眠為種子。	成：種子說尚未發達，唯說「聖道時，亦以未斷，（故名有使）」及使相續。
(7)毘：異生不能斷諸煩惱。順：異生實無斷煩惱。	成：世俗道中無斷結。凡夫不名斷結，不能斷三結。
(8)毘：唯伏煩惱亦得上生。	成：若能深遮煩惱，則生色、無色界。

27 案：依照論文（大 32, 322b）「問曰，是使為心相應？為不相應？答曰，心相應」，以及「……故知貪等諸使非不相應」，也就是使與心相應。可判知日文原本的「諸使『心』不相應」，應為「諸使『非』不相應」之誤。

(1) [295]毘 18, 90c。成 11, 326a 以下。

(2) 毘 47, 245a。成 10 ,320b。

(3) 毘 38, 196b。毘 50, 259c。成 6, 285c。成 8 ,304b。

(4) 毘 60, 309a。

(5) 毘 22, 110a。成 3, 258b。成 10, 322a。

(6) 俱 19, 99a。成 10, 322a。

(7) 毘 51, 264b。毘 144, 741c。順 66, 303a。成 1, 246a。成 16, 367b。

(8) 毘 69, 355a。成 16, 367c。

H. 修道論、禪定論

(1)毘：觀行苦諸行，入正性離生。	成：無此語。但是，《成》以預流向爲信行、法行，或信行、法行、無想行，「信行」是在四善根以前，以無常等行觀察五陰，故名爲「預流之遠行」。因爲未必只限於近行的見道十五心，所以「觀行苦而入正性離生」在《成》中也被肯定。
(2)毘：有關尼耶摩（決定）	成：無。

之說明。	
(3)俱（S）、順（S）：羅漢無退說。	成：羅漢之聖道不退，但退禪定。依禪定之退而立九種羅漢。
(4)毘：諸近分地唯有善法。	成：五欲不名爲近，此行者心已離欲故。又初禪次第不起欲心。
(5)毘：俱（S）：緣彼故名雜修。 「彼」者，一、遍熏，二、合熏，三、令明淨，四、令嚴好。即於二剎那之無漏遍熏中間，雜一剎那之有漏合熏。如是乃至使明淨、令嚴好。即允許無漏→無漏→有漏→無漏→……之雜修。	成：無。但是，有說三界有覺觀，有善、惡、無記三性。又根據心、心所不相應、二心不俱起之說，故左欄之說可成立。又，《成》中有說「七覺分有漏無漏」。
(6)順：非有情數離過身中所有色等，名無漏法。	成：以空壞色，則名無漏。

(1) 毘 185, 928a。

(2) 毘 3, 13b。

(3) 俱 25, 130a。順 68, 711c。成 3, 257。

(4) 毘 134, 693c。成 12, 340c。

(5) [296]毘 175, 879c。俱 28, 147b。成 13, 341c。

(6) 順 1, 331a。成 12, 340b。

I. 雜論

(1)毘：於諸法中，涅槃最上。此法（對法）次彼，故名阿毘達磨。	成：無。
(2)毘：四諦之說明。 苦諦——諸名色。 集諦——業煩惱。 滅諦——業煩惱盡。 道諦——奢摩他毘鉢舍那。	成：有些不同。 苦諦——三界及五受陰。 集諦——業及煩惱。 滅諦——三心滅及苦盡。 道諦——三十七助菩提法，及八聖道。（省略智與定）
(3)[297]俱（S）：立勝義諦、世俗諦。	成：隨處說真諦、俗諦。
(4)俱，現在有，去來無。	成：過未無體，但有現在五陰。
(5)毘：無正生時及正滅時。但有已生、未生、已滅、未滅。	成：過去法是已滅法。未來法是當生法。現在法是生而未滅。
(6)順：無因果三世諸行，亦	成：此對外道說。

無無間生果功能。 毘：因緣非實有物。 毘：緣性非實有性。	成：如法性、真際、因緣等諸無爲法非實體。
(7)毘：影像非實有，谷響等非實有。	成：假名相品以下、破聲品、破香味觸品。
(8)毘：夢非實有。	成：夢中所爲皆是虛妄。 成：夢中無而妄見。
(9)毘：諸化物皆非實有。	成：所作幻事亦無而見有。
(10)毘：力之優劣，無決定自體。	成：無。但是在《成》中當然也有假法。
(11)毘：於斷善根無自性。（《婆》無），爲假。	
(12)毘：於退無自性。爲假。	
(13)毘：能繫爲實，所繫爲假，補特伽羅爲假。	成：無此語。但是在「無我品」等中有明確的主張。
(14)毘：諸法之生時由因，滅時不由因。（《婆》無）	成：無。
(15)毘：諸法生時漸次非頓。	成：無。
(16)毘：世體爲常。行體無常。	成：無。但是行之無常是當然的，之所以世體爲常，可能是由於過未等爲永遠之故。

(1) [298]毘 1, 4b。

(2) 毘 77, 397b。成 2, 250c 以下、3, 261a、12, 334b。

(3) 俱 22, 116b。成 2, 248a、11, 327a。

(4) 俱 20, 105a。成 2, 255a。

(5) 毘 27, 141b。毘 183, 919b、成 2, 252c。

(6) 順 12, 398b。毘 16, 79a。毘 131, 680b。毘 165, 833a。成 11, 331c 以下、成 7, 289c。

(7) 毘 75, 390c。成 11, 328-331。

(8) 毘 27, 193b。成 4, 272a。成 2, 254a。

(9) 毘 135, 696b、700a。成 2, 254a。

(10)毘 30, 154b。

(11)毘 35, 182c。

(12)毘 60, 313a。

(13)毘 56, 288b。成 2, 259 以下。

(14)毘 20, 103c。

(15)毘 52, 270a。

(16)毘 135, 700a。

以上列舉了婆沙以後，有部諸論書所出現的譬喻師之說的全部，以及經部師說的大部分，並嚐試將之與《成實論》說做比較。七、八十項目中的大部分與《成實論》一致，即使在句子不相同的情況下，也有很多項是在《成實》的教義上，可以與譬喻師之說會通的；而在問題的性質上，《成實》沒有論及的〔*項目〕，〔*譬喻師之說〕也絕非與《成實》之說矛盾。至於〔*與《成實論》〕完全不同的說法，我認爲大多是將其他分別論師等之說，誤作爲譬喻師之說者，[299]而且也有很多是在異譯本《婆沙論》中找不到相當之文，被當作是譬喻師之說的可疑之處。如此看來，譬喻師之說與《成實論》的一致性，實在是令人驚訝。尤其是，連在心理論方面的極爲微細之處，二者也都一致。由此可知，譬喻師——乃至廣泛說是經部師——與《成實論》的關係是何等密切。

因爲譬喻師是指初期的經部，而《成實論》是在更早的時代所作，所以在教說方面，譬喻師與《成實論》，比後期的經部與《成實論》，關係更爲接近。後期的經部，比譬喻師及《成實論》更爲發展，所以也出現了不一致的教理。《婆沙》與《成實》之間，儘管沒有直接的關係，但是，可能《婆沙》的編輯者知道譬喻師說，或者《成實》的作者知道有部說的《婆沙論》，而對之加以反駁攻擊。這可能是由於譬喻師的究摩羅多，與其弟子訶梨跋摩，對有部有著相同的關係，而建立同樣說法之故。

四、《成實論》與譬喻師以外的部派關係

若取譬喻師之說，將之與《成實論》做比較，可發現有如上一致之處，但是，仍有必要檢討：《成實論》之說是否只和譬喻師一致，而沒有類似於其他部派的說法；或者，《成實論》和

其他部派之間，是否有比譬喻師更為密切的關係？在和譬喻師、經部師之說做比較之後的如上所舉《成實》之說，囊括了此論近乎全部的主張，其出處也可說是遍及全卷。將《成實》和《宗輪論》及《論事》等做比較，雖然類似的思想主張可以在《成實》中找到，但是，其主張在譬喻師就已存在了。本來譬喻師——即經部，是諸部派中最後分裂出來的，因為是從有部倒戈，再加上大眾部的色彩，所以，出自《宗輪論》等的諸派之說，會與譬喻師之說一致，並非不可思議之事。因此，《成實》之說和其他各派之說類似，而與譬喻師一致，[300]這說明了《成實》與譬喻師有直接的關係，與其他部派則有間接的關係。

但是仍須注意的是，《成實》也有譬喻師所未提出，具有含有大乘色彩的主張。例如，(1) 於佛身論立真身、化身，(2) 立眾生空、法空之二空、二無我，(3) 立大乘特質之一的「依法不依人；依了義經不依不了義經；依義不依語；依智不依識」四標語，以及 (4) 立假名心、法心、空心三心等等。根據史傳，這是由於訶梨跋摩曾受大乘說法的影響之故。

然而，不可忽略的一點是：譬喻師或經部師本來就帶有幾分大乘的色彩，受其影響的瑜伽系更將之發揚。《成實》所成立的心所法之分類法、共業不共業，以及假名心、法心、空心三心，與遍計、依他、圓成三性的關係，皆說明了對瑜伽系所造成的影響。在其它教理的引用比較項目之敘述也是如此。

又於卷 8, 298a 中，引用聖提婆的《四百觀》，也如實表示其與大乘之關係。《成實》雖具有許多大乘色彩，而其基本仍然是小乘性。這可從它沒有菩薩十地的思想，沒有談到六波羅蜜，以及依聲聞四向四果的階段，而說修道論得知。因此，我認為《成實論》是屬於經部，尤其是屬於譬喻師。（關於經部全體的討論，留待以後研究）。

心識論與唯識說的發展

一、原始佛教的心識論

（一）佛教與心識論

[301]在這裡所謂的「心識論」，雖然相當於普通所謂的「心理論」，但是，佛教的心識論在意義上並不是像一般的心理論一樣，是心理論自體（本身）的學說，所以，我避免使用「心理論」這種一般的術語，而想依照佛教自古的表現方法，稱爲「心識論」。雖然這裡所討論的事項，是心的主體、性質、狀態、作用，與一般的心理論並非完全不同；但是，它只局限與達成佛教理想之目的有關的心理論，所以不採用一般的心理論。因此，西方佛教學者稱之爲「倫理性心理論」（ethical psychology）或「心理性倫理學」（psychological ethics）[1]。但是，佛教心理說不單只是倫理性，也具有宗教性、哲學性的意義，可說是廣義的人類學，乃至人格心理說。

佛教的理想是在於人格的完成。所謂理想人格的佛陀，是指在個人[302]及社會上的完成者，而使個人及社會發展至理

---

[1] 例如，參照 Mrs. Rhys Davids, *A Buddhist Manual of Psychological Ethics*, London 1900; *Buddhist Psychology*, London 1914 等。

想狀態，此乃佛教之目的，因此，倫理性、人格性、宗教性的心理說，即是佛教心理論的心識說。佛教所說的是：沒有理想的無自覺者，是在怎樣的狀態？爲何會苦惱，輪迴三界而不向上發展？如何才能脫離此無自覺的狀態，向理想世界發展？對於如此的人生動轉，做合理的理論性解釋；又根據此正確的知識，如何才能從無自覺狀態，向著自覺的理想世界前進？佛教認爲，不論是墮落流轉的狀態，或者是向上發展的狀態，如此的人生動轉，皆是以我們的心之動轉爲中心而運行，所以，佛教教理學說，廣義來說，都與「心的狀態」有關。不論是談苦惱，或者談脫離苦惱的淨福狀態，皆與心的作用有關。

（二）原始佛教與心識論

在原始佛教——即釋尊或佛滅後百年期間的初期佛教，心識論尚未成爲所謂「心識論」的問題，只是在談人們的苦惱及其解脫時，同時也會自然說明心識。在此意義下的心識說，可從佛教的根本教理——五蘊說、十二處十八界說、緣起說等中發現。

【五蘊說與心識論】　所謂「五蘊」，即五個蘊（群、眾，skandha, khandha），將構成我們身心要素的「群體」，分成色（rūpa 肉體、物質）、受（vedanā 苦樂的感受作用）、想（saṁjñā, saññā 心像、表象及其作用）、行（saṁskāra, saṅkhāra 意志等心之作用）、識（vijñāna, viññāṇa 認識判斷之作用）五種。其中只有色蘊是肉體性物質，其餘四蘊與精神作用有關。

如此，五蘊表示我們的肉體精神，但是，後來不僅指個體，也意指我們內外現象存在世界的全體。[303]在這種場合中，色蘊意謂物質者，其餘四蘊意謂精神性者。不論是何者（*個體或內外現象存在），物質以外的四蘊皆指精神性要素存在，指心的種種作用。如此的五蘊是爲何而說？那是爲了說明構成我們個體或內外現象存在的五蘊，任何一種皆非永恆不變，而是恆常在變化（無常）者，沒有固定性者（無我），容易受苦（苦）者。也就是，爲了論證佛教根本立場的無常（anicca）、苦（dukkha）、無我（anattā），而說五蘊。此五蘊不論是善或惡，皆是變化的，若除去壞的條件，加上好的條件，我們的人格就會逐漸趨向理想；反之，若加上壞的條件，則會陷於苦惱的狀態。爲了說明如此的事實，而說五蘊無常、苦、無我的教示。在原始聖典中，有許多敘述此意義的經典。

【十二處十八界說與心識論】　五蘊是將我們的身心環境，做要素性的大致分類，而十二處十八界說，則是分類考察我們的認識關係。所謂「十二處」，即眼、耳、鼻、舌、身、意六內處（六根），與六根的對象——色、聲、香、味、觸、法六外處（六境）。我們藉由五種感官及意識（第六感），在認識對象時，必須要有主觀的認識能力——六根，以及作爲對象的客觀之六境。有主觀與客觀，再加上有對此之注意作用等，才會有眼識乃至意識，所謂六識的認識作用產生。於十二處再加上此六識，則是十八界。十八界說明了認識時所生起的，六方面的認識成立條件或狀態。

說十二處或十八界的理由，與五蘊的情況相同，是爲了證明任何一種要素或狀態，皆是無常、苦、無我的。五蘊也好，十二處十八界也好，皆是爲了說明：一切經驗性現象的存在，皆非固定常住不變，它不能獨立而絕對的存在，而是受到周圍種種條件的影響，時時刻刻在變化。

[304]在十二處十八界說中，與心識有關的是眼識、耳識、鼻識、舌識、身識、意識六識。因爲此六者是依視覺作用而生起的認識，乃至依意識作用而生起的認識，所以，六識似乎本來只是指認識作用的心之「作用」而已。從根（主觀）、境（客觀）而生識的「識」，即是此義，它是認識客觀的認識作用。不只是十八界的六識，五蘊說中識，本來也意指如此認識作用的心之「作用」。後來則將識看成是作爲識體的心之「主體」。

【識的意義之變化】 「識」（vijñāna, viññāṇa）一語，是從動詞 vi-jñā（知道）而來的，「vijñāna」意指「知道」、「識別、認識」的認識「作用」，並非意指「知道」、「識別、認識」的認識「主體」。不過，雖然本來「識」是認識作用之意，但是作爲認識主體也未必有錯。原始佛教的「識」，德文譯爲 Erkennen（認識），是因爲將它看成「作用」之故；若譯爲 Bewusstsein（意識），則將它視爲主體。[2] 而在當時一般的用例來看，二者皆是可以的。當時印度用來意指「心」之語，除了「識」之外，也有「心」citta與「意」manas。此二語雖然皆是「作用」的意思，[3] 但是二者主體性的意思都很強。然而，當時心、意、識似乎被作爲相同的意思而使用，在原始聖典或部派佛教時代，心、意、識三者不加區別而被使用的情況很多。[4] 但是，依據用法的不同，

---

[2] 例如，在 H. Oldenberg, *Buddha* 中，站在巴利佛教本來的立場，將識譯爲 Erkennen；在從哲學立場解釋的 Max Walleser, *Die philosophische Grundlage des älteren Buddhismus* 中，則將識譯爲 Bewusstsein。

[3] 在佛音《法集論》的註釋 *Atthasālinī*, p. 63 中，定義說明心 citta 爲下列五種：一、思念於所緣故爲心，識知（認識）之義（ārammaṇaṁ cintetī ti cittaṁ, vijānātī ti attho）。二、由速行路，集積自己的相續故爲心（javanavīthi-vasena attano santānaṁ cinotī ti cittaṁ）。三、由異熟、業、煩惱而種種，故爲心（vipāka-kammakilesehi cittan ti cittaṁ）。四、依所應而種種性，故爲心（yathānurūpato cittatāya cittaṁ）。五、造作種種，故爲心（cittakaraṇatāya cittaṁ）。但是，citta 一語的語源，是從 cit（思）而來，ci（集、積）義是俗語源的意義，這是後世才有的，但是在之後的唯識說中，反而此義被使用得更多。manas（意）本來是從 man（思）而來的。**（參原書 p. 310）**

[4] 心、意、識之語，自原始佛教以來，乃至在部派佛教，多被作爲同義語，不加區別而使用。例如，在 *Saṁyutta*, ii, p. 24 中，有謂：「cittam iti pi mano iti pi viññāṇaṁ」（識又稱爲心、意）。在巴利阿毘達磨定義中，對於心、意、識任何一語的語義，一定都是用同樣的語句做說明：「cittaṁ

在教理上有不同的解釋。這點待後敘述。

（三）緣起說與心識論

【十二緣起與心識論】 以上五蘊說、十二處十八界說中的心識論，是敘述心的作用或主體，是我們精神內容的存在，[305]它是無常、苦、無我的，而對於變化的心之狀態則沒有談到。但是，在十二緣起中，則說到心識在如何的狀態下生起存續。尤其是把十二緣起看成以心的作用爲中心時，更是如此。

---

mano mānasaṁ hadayaṁ paṇḍaraṁ mano manāyatanaṁ manindriyaṁ viññāṇaṁ viññāṇakkhandho tajjā manoviññāṇadhātu」(心、意、意所、心臟、淨白〔心〕、意、意處、意根、識、識蘊、隨順〔觸等法〕的意識界)。*Mahāniddesa*, pp. 3, 176, 488 etc.; *Paṭisambhidā-m*. i, p. 189 etc; *Dhammasaṅgaṇi*, pp. 10, 11, 18, 19 etc; *Vibhaṅga*, p. 87 etc.

說一切有部，例如，在《大毘婆沙論》卷 72, 大 27, 371b、《雜阿毘曇心論》卷 1, 大 28, 872b、《俱舍論》卷 4, 大 29, 21c 等中，心、意、識不僅名稱、用法等不同，內容也不相同。例如，在《瑜伽師地論》卷 1, 大 30, 280b 中，謂「心」是指一切種子所依止之異熟——阿賴耶識；「意」是指恆行意，及六識身無間滅意；「識」是指現前認識所緣的六識。令之與唯識法相學的八識說相應。

又，關於識的主體（作者）與作用（狀態）的區別，巴利佛教雖然將「作者」kattu-sādhana 與「狀態」bhāva-sādhana 作大致的區別，但是，認爲離開作用（狀態），就沒有作者（主題），於第一義不主張有主體的心。Shwe Zan Aung, *Compendium of Philosophy*, London 1910, p.75.

（參原書 p. 311）

十二緣起從第一義來看，雖然有事物的論理關係之意義，但是，從常識性通俗的看法來說，十二緣起具體敘述了我們的身心環境，隨著善惡的行為做如何的變化相續。此種緣起稱為「業感緣起」，具體說明善惡業及其果報的關係。

在此十二緣起說成立以前的階段，有《六六經》緣起說的成立。《六六經》是說明前述根、境、識等認識關係的心理過程，是指從六根、六境而生六識，三者和合而生六觸，之後再進展為六受、六愛的心理狀態。六根乃至六愛等六種稱為「六六」。

從《六六經》的緣起，於根、境、識、觸、受、愛六六之後，又說取、有、生、老死等相繼生起。敘述從我們的認識作用，感受苦樂（受），再生起厭苦求樂的渴愛作用（愛），由憎愛而生取捨選擇的作用（取），然後被我們保存成一種善惡業的經驗，形成我們的性格、素質、習慣等（有），再由此性格、素質，決定以後生、老死等苦樂的命運。這敘述根、境、識、觸、受、愛、取、有、生、老死等十項目的一系列緣起說，於原始聖典多處提及。[5]

但是，在從根、境而生識，之後生觸受等認識的心理過程中，其作用絕不是無色的白紙狀態，彼人必定會受到從以前到現在，所經歷過的知識經驗等影響。姑且不提複雜的精神作用，

---

5 例如 *Saṁyutta*, ii, p. 73; iv, p.86. 《雜阿含》卷 3（六六經）、卷 8（218 經）、大 2, 18a、54c。

即使簡單的認識，也是以彼人過去的經驗作爲基礎而成立的。也就是，在認識、判斷、評價事物上，其認識、判斷、評價的基礎，必須既已存在於彼人。[306]因此，任何一種認識作用，作爲其基礎的過去經驗會被預想到。《六六經》的認識作用，雖然有說明依此認識而累積成將來經驗的「有」，但是，在此認識生起時，所預想到的過去經驗卻完全沒有提到。爲了正確說明此認識過程，有必要在根、境、識之前，再增加所預想到的過去經驗。根、境、識之前，所預想到的過去經驗，即是無明、行，從《六六經》的緣起說，再加上無明、行，就成爲十二緣起說。

眾所周知，十二緣起說是敘述無明、行、識、名色、六處、觸、受、愛、取、有、生、老死等十二者的連結關係、發展及經過。其中，無明、行被預想成過去的經驗，識、名色（境）、六處（根）、觸、受以下，可看出與《六六經》所說的緣起說相同。[6] 因此，十二緣起可說是《六六經》的緣起說再加上無明、行二項。

不過，在十二緣起中，識、名色、六處的順序與《六六經》根、境、識的順序相反，雖然如此，此三者是主觀、客觀，及

---

[6] 除了《六六經》的緣起說之外，也有除去十二支的前二支（無明、行）或前四支（無明、行、識、名色）的十支或八支的緣起說，我認爲在內容上與《六六經》的緣起說沒有不同。**（參原書 p. 311）**

由此而生的認識，三者可視爲同時存在，因爲沒有時間先後之分，所以二者順序應該都可以。

《六六經》的識，如前所述，雖然也有被用於表示心的主體之意，但是，本來仍是指認識作用的心之「作用」，相對於此，十二緣起中的識則可看出主要是指心的主體之意。

總之，若將十二緣起大致做說明的話，[7] 首先，所謂「無明」avijjā，是指我們的心不明白社會人生的真理，對理想沒有自覺。依此無明而生行 saṅkhāra，所謂「行」，是善惡的行爲。因爲此行爲是由無智無明而產生的，所以是錯誤的行爲、違反理想的行爲。而行爲並不會就此消失，必定會留下其餘勢力。不只是佛教，在當時一般的思想界即有業報思想，認爲善惡行爲（業）必定會受到其相當的結果（報），所以，行爲在招感其結果的期間，會以某種形式被保存成潛在力。[307]於是「業」karma 一語，不僅意指善惡行爲的本身，有時也指行爲之後所留下的潛在勢力。

十二緣起中的「行」，也是業的同義語，可見它不只是指善惡行爲，也含有其行爲的潛在勢力之意。而此潛在勢力影響後

---

[7] 部派佛教及其後，將十二緣起說成三世兩重因果，在這種胎生學的業感緣起說中，將識說明爲入胎最初的結生識，將名色、六處說明爲胎內五位的發育狀態。但是，這當然不是原始佛教本來的緣起說。（**參原書 p. 311**）

來的識，業的餘勢也被認為包含在識中。尤其是在不將識看成認識作用，而看成是主體性的識體時，更是如此。此識包含了業的餘勢力（過去行為的經驗）。可見十二緣起中的「有」（bhava 存在），也意指愛、取等錯誤的行為之後，殘存為餘勢力的存在。由此餘勢的存在，決定苦樂之生、老死等將來的命運。

在業報思想中，若不主張有如是使因與果連結的潛在力，則對因果業報很難做合理的說明。緣起說中的行→識，以及有→生的關係，即表示潛在力的存在。其實，在緣起的心之過程中，在此心之深沈處，定應有綜合過去全部經驗的潛在力存在。

（四）其他的心識說

【業報與心識】　對於依業報的心識作用過程之說明，雖然有如上所述之緣起說，但是廣義的心識作用，在原始聖典各處皆有提到，所以任舉其中一者，幾乎可包含經說的全部。在此就僅對於有明白說明心識與業報關係之說，略做介紹。

首先，關於善惡業以心為主，例如，《法句經》第一、第二偈云：[8]

---

[8] *Dhammapada*, 1,2.《法句經》「雙要品」：

mano-pubbaṅgamā dhammā mano-seṭṭhā mano-mayā,

manasā ce paduṭṭhena bhāsati vā karoti vā,

tato naṁ dukkham anveti cakkaṁ va vahato padaṁ.

心為法本，心尊心使，中心念惡，即言即行，罪苦自追，車轢於轍。（案：

諸法受到意的支配，以意為主，由意所成。

[308]人若以污穢之意，或語或行，

苦即隨彼而至，如同車輪〔跟隨著〕拉車的獸足一樣。

諸法受到意的支配，以意為主，由意所成。

人若以清淨之意，或語或行，

樂即隨彼而至，如影〔隨〕形。

巴利《相應部》云：[9]

比丘們啊！心雜染故，有情染污；心清淨故，有情清淨。

了參法師譯：「諸法意先導，意主意造作。若以染污意，或語或行業，是則苦隨彼，如輪隨獸足。」《南傳法句經》，圓明出版社，台北，p. 39，1991）

mano-pubbaṅgamā dhammā mano-seṭṭhā mano-mayā,
manasā ce pasannena bhāsati vā karoti vā,
tato naṁ sukham anveti chāyā va anapāyinī.

心爲法本，心尊心使，中心念善，即言即行，福樂自追，如影隨形。（案：了參法師譯：「諸法意先導，意主意造作。若以清淨意，或語或行業，是則樂隨彼，如影不離形。」同書 p. 30）

9 *Saṁyutta*, iii. p. 151. Citta-saṁkilesā bhikkhave sattā saṁkilissanti, citta-vodānā sattā visujjhanti.

《雜阿含》卷 10（267 經）大 2, 69c：心惱故眾生惱，心淨故眾生淨。

巴利《增支部》云：[10]

> 比丘啊！世間被心所引導，〔世間〕被心所牽引。〔世間〕受生起之心所左右。

以上等文，是說明我們輪迴三界受諸苦惱，或者脫離輪迴得涅槃樂，皆全憑心而決定，我們一切的命運皆「由心」而決定。此亦稱爲「由心論」，這是後來大乘佛教唯識說的先驅。[11]

其次，說明從我們的心所引起的善惡行爲，不使其經驗消失斷絕，在招感其果報之前，業的勢力將持續的經說，如下所示。如《法句經》71偈云：[12]

---

10 *Aṅguttara*, ii. p. 177. Cittena kho bhikkhu loko niyyati, cittena parikissati, cittassa uppannassa vasaṁ gacchati.
《中阿含》卷 45（172）《心經》大 1, 709a：「比丘，心將世間去，心爲染著，心起自在。」

11 《華嚴經》卷 25「十地品」（大 9, 558c）：「三界虛妄，但是心作，十二緣分，是皆依心」；《維摩詰所說經》卷上「佛國品」（大 14, 538c）：「若菩薩欲得淨土，當淨其心，隨其心淨，則佛土淨。」其餘如般若諸經、華嚴諸經、《大集經》、《楞伽經》等大乘諸經典中，隨處皆有敘述到一切「由心」。（**參原書 p. 312**）

12 *Dhammapada*, 71.《法句經》「愚闇品」：
Na hi pāpaṁ kataṁ kammaṁ sajju-khīraṁ va mucchati
ḍahantaṁ bālam anveti bhasmacchanno va pāvako.

犯下的惡業，不會像牛乳一般，直接就凝固，
而是如同覆蓋著灰塵的火，繼續燃燒著一般，跟隨著愚者。

同經 121、122 偈云：[13]

惡不即時，如搆牛乳，罪在陰伺，如灰覆火。（案：了參法師譯：「猶如搆牛乳，醍醐非速成。愚人造惡業，不即感惡果，業力隨其後，如死灰覆火。」同書 p. 60）（**參原書 p. 312**）

13 *Dhammapada*, 121, 122《法句經》「惡行品」：

Māppanmaññetha pāpassa 'na man taṁ āgamissati',
udabindunipātena udakumbho pi pūrati,
bālo pūrati pāpassa thokathokam pi ācinaṁ.
莫輕小惡，以爲無殃，水滴雖微，漸盈大器，
凡罪充滿，從小積成。（案：了參法師譯：莫輕於小惡！謂「我不招報」，須知滴水落，亦可滿水瓶，愚夫盈其惡，少許少許積。同書 p. 82）
Māppanmaññetha puññassa 'na man taṁ āgamissati',
udabindunipātena udakumbho pi pūrati,
dhīro pūrati puññassa thokathokam pi ācinaṁ.
莫輕小善，以爲無福，水滴雖微，漸盈大器，
凡福充滿，從纖纖積。（案：了參法師譯：「莫輕於小善！謂「我不招報」，須知滴水落，亦可滿水瓶，智夫盈其善，少許少許積。」同書 p. 83）（**參原書 p. 313**）

不應認為「那不會對我產生果報」，就輕視惡。
水一點一滴地落下，水瓶也會被裝滿。[309]
雖然微小，但是持續地累積，愚者也會充滿了惡。

不應認為「那不會對我產生果報」，就輕視善。
水一點一滴地落下，水瓶也會被裝滿。
雖然微小，但是持續地累積，賢者也會充滿了善。

巴利《長部大般涅槃經》云：[14]

布施者福增大，抑制者（持戒者）無有積怨。
善者捨惡後，彼斷貪瞋痴故寂滅。

巴利《相應部》云：[15]

---

14 *Dīgha*, ii, p. 136; *Udāna*, p. 85.《長阿含》2《遊行經》，大 1, 14b 等。
Dadato puññaṁ pavaḍḍhati,
saṁyamato veraṁcīyati,
kusalo ca jahāti pāpakaṁ,
rāgadosamohakkhayā sa nibbuto.
及以堂閣施，其福日夜增，戒具清淨者，彼必到善方。(**參原書 p. 313**)

15 *Saṁyutta*, i. p. 33.《雜阿含》卷 36（997 經），大 2, 261b 等。
Ārāmaropā vanaropā ye janā setukārakā,

於園林植樹、造橋之人，

彼等之福，日夜常增長。

彼等住法而具足戒，是〔來世〕生天之人。

這些經文，後來成爲無表等業力相續的經典根據。[16] 又於梵文《天譬喻》等中，[17] 亦有如下之偈：

縱令經百劫，業終不失壞，

眾緣會遇時，必當受果報。

---

papañ ca udapānañ ca ye dadanti upassayaṁ,

tesaṁ divā ca ratto ca sadā puññaṁ pavaḍḍhati,

dhammaṭṭhā sīlasampannā, te janā saggagāmino.

種植園果故，林樹蔭清涼，橋船以濟度，造作福德舍。

穿井供渴乏，客舍給行旅，如此之功德，日夜常增長。（**參原書 p. 313-314**）

16 前偈也於《成實論》卷 7，大 32, 290a 被引用，作爲此論無作（無表）潛在力主張之根據。

17 *Divyāvadāna*, p.54, 131 etc.《說一切有部毘奈耶藥事》卷 4, 大 24, 16c 等。

Na pranaśyanti karmāṇi kalpakoṭiśatair api,

sāmagrīṁ prāpya kālaṁ ca phalanti khalu dehinām.

縱令經百劫，所作業不亡，因緣會遇時，果報還自受。（**參原書 p. 314**）

常被用來作爲業相續的經典根據，表示業勢力的「不失壞」一詞，我想可能是取自此偈。[18] 如上述經文之例，原始聖典中到處可見，而由此業相續的思想，產生了部派佛教以後的種種潛在力或潛在識之說。

【其餘的心識說、惡德煩惱與修行德目】 在原始聖典中，對於我們受流轉輪迴之苦的原因——煩惱惡德，以及脫離三界輪迴，向理想境界發展的修行過程，及其間於心生起的善德無漏之心的狀態等，[310]也有各種十分詳細的說明。

關於惡德煩惱，依數字列舉，有：三毒、三結、三漏、四暴流、四縛、四取、四顛倒、五蓋、五慳、五濁、五下分結、五上分結、七結、八邪行、九結、九慢、九愛本、十不善業道、二十一穢、六十二見等等，及至後來部派時代的阿毘達磨，將之整理爲煩惱隨眠論，包括種種不善、煩惱、隨煩惱等。

趨向理想的修行德目，依數字列舉，有：三學、三解脫門、三無漏根、四念處、四神足、四正勤、四無量心、五根、五力、七覺支、八正道、八解脫、十念、十慧、十善業道、十無學法等，之後在阿毘達磨，也將之整理爲善淨等心所。這些不善煩

---

[18] 同偈也被《大乘成業論》，大 31, 783b、《顯識論》，大 31, 880c 所引用，作爲主張潛在力不失壞的經典根據。

(《成業》) 業雖經百劫，而終無失壞，遇眾緣合時，要當酬彼果。

(《顯識》)諸業不失，無數劫中，至聚集時，與眾生報。(**參原書 p. 314**)

惱或修行德目等，存在我們內心時，有時會在我們的表面心生起而成爲善惡業，有時也會繼續保持在意識下，成爲善惡業的潛在力，這是毋庸贅言的。所謂「潛在力」，部派佛教稱之爲「無表」或「種子」，將述於下。

二、部派佛教的心識說

（一）原始佛教與部派佛教的差異

[314]在原始佛教，結集佛陀說法的經典（尼柯耶、阿含），以及敘述出家僧團戒律規定的律藏，成爲原始佛教的聖典。因爲佛陀的說法，是視對方的智慧根機而做最適時的演教，所以從任何一種說法來看，並不是說明教理的全部，而多是片斷的。即使是說相同的教理，有從高深的立場來說的，也有從平易的通俗譬喻性來說的，並沒有一定。這也就是爲何經典中對於四諦的教理或緣起說，記載有若干種說法的原因。

[315]及至部派佛教，對於佛陀這些片斷的各種說法，加以編集整理，組織出統一的教理，並對各經說加以說明解釋，也就是進行所謂阿毘達磨式的研究。這種傾向從佛陀在世時開始，就已存在於有名的佛弟子們之間。佛滅之後，此意義的研究逐漸興盛，在部派時代，阿毘達磨的研究，變成如同從經典獨立產生出個別的文學作品一樣，開始有阿毘達磨論書，也就是論藏。阿毘達磨的研究，在部派中尤以採取彩式主義的上座部系最爲興盛。現今所傳之阿毘達磨皆是上座部系所出。

根據阿毘達磨的研究法，對於經典所說的教理或術語等的定義，常會用固定的形式來說明，從某個看法的立場，使所有的學說統一起來。此立場並不是最高深意義的第一義諦，而是世俗性的較平易的階段。因此，其定義說明雖然比聖典更爲明確，但是四諦、緣起等主要教理，皆是從世俗性的較平易立場而說明，所以已喪失了第一義諦較高深的意義。

又，在原始佛教中，修行證果的實踐修道面最受重視，但是，在部派時代的阿毘達磨，其重心反而不是在於實踐修道的看法，而是對原始聖典的教理加以組織統一、解釋研究，以知性的、學術性的興趣爲重心。甚至因而著重於與實踐修道無關的，純粹爲理論而理論之事。

原始佛教將一切存在說爲五蘊、十二處、十八界，但是，這並不是從存在論的意義來說的，如前所述，這都是爲修道所做的分類。在部派的阿毘達磨，則是從學術性的存在論立場整理諸法。因此，在網羅一切存在時，原始佛教以來的五蘊、十二處、十八界等分類，變成不夠完整，於是又另外重新研究出與之不同的五位分類，即：色法、心法、心所法、心不相應法、無爲法。存在完全被含攝於此五位中。

（二）心、心所思想的產生成立

[316]五位之中，與心識有關的有心法與心所法兩個。其中，「心法」是心的主體，「心所法」是指心部分的作用、狀態、

性質等屬性。主體之心，一定伴隨著作為屬性的若干心所，此稱為「心、心所相應」(saṁprayoga, sampayoga)。對於主體的心，在原始佛教也用心 citta、意 manas、識 viññāṇa 等語來敘述；而對於屬性的心所，「心所」(caitasika, caitta, cetasika) 這個名稱及概念，在原始佛教是看不到的。在阿毘達磨中，被算是心所的受、想、思、觸等幾乎所有的心理作用，以及煩惱、修行德目等，雖然原始聖典中有出現，但是，並未將之看成心的屬性。

原始佛教對於五蘊的說明是像這樣：「受」是苦樂等的感受作用、「想」是把握心像的表象作用、「行」是思，也就是意志作用、「識」是認識判斷作用；受、想、思、識皆是指獨立而單獨的心理作用，並沒有說識是心的主體，受、想、思是心部分的屬性，從屬於識。但是，阿毘達磨則將識比喻為「心王」，將之置於主體性的王位；受、想、思等居於從屬的臣位。在原始佛教，受、想、思和識的地位是相同的，皆是單獨的心理作用，在此心理作用以外，沒有心的主體。心絕不是存在於作用過程之外。停滯而固定的心之主體，是被佛教所否定的。

在十二緣起中，從「觸—受—愛—取」的緣起來看，各支是單獨的存在，因為觸、受、愛、取是一個個各別的心理作用，所以就是心的本身，並沒有考慮到與此作用同時的心之主體的存在。[19]

---

19 根據《中阿含》201、《嗏帝經》、*Majjhima* 38, *Mahā-taṇhāsaṅkhaya*-s. 嗏

及至部派的阿毘達磨，受、想、思等，不是單獨生起，而是必定跟隨著作爲心主體的心法（識），[317]而且根據有部的說法，一個心法至少一定有作意、觸、心所受、想、思、欲、勝解、念、定、慧等十個心所相應俱起，一個心法有二、三十個以上的心所伴隨，是普通的情況。根據南方上座部的說法，一個心法最少也有七個心所伴隨著，並具體說明各各剎那的心，與幾種的心所相應俱起。[20]

而在部派中，也有部派——例如經部認爲，所有的教理學說，皆應遵從阿含的經說，因此否定心所法的存在，主張受、想、思等，就是心的本身，只不過是心的分位差別（具有特殊心理作用的心），假名爲心所而已。[21]

帝比丘將十二緣起說理解爲：固定的識，跨越三世，輪迴相續。因爲他將此場合的識之相續，想成與外道所說自我或靈魂的輪迴相同，所以釋尊呵責他：這是錯誤的見解。就重新爲他教示正確意義的無我之緣起說。（**參原書 p. 319**）

20 巴利佛教的七心所，稱爲「共一切心」（sabbacitta-sādhāraṇa）之心所，是指：觸、受、想、思、一境性（定）、命根、作意。關於心、心所具體的相應，在《法集論》*Dhamma-saṅgaṇi*、《清淨道論》*Visuddhi-magga*、《攝阿毘達磨義論》*Abhidhammattha-saṅgaha* 等中有敘述。（**參原書 p. 320**）

21 關於各部派心心所思想的產生及異說等，參照拙稿「有部、經部等對於心、心所的論爭」（《宗教研究》新第 9 卷第 3 號）、「心、心所思想的產生過程」（《日本佛教學協會年報》第 14 號，收錄於本選集第二總之，各部派阿毘達磨的心識說極爲詳細而複雜，主體的識體被區分爲六種、十五種、二十種等，南方上座部的巴利佛教，則將心分類成八十九種、一百二十一種，依此設立一切有情於一切剎那的心之類型。對於作爲屬性的心所法，有部將之區分爲六類四十六種，巴利佛教則立七類五十二種心所。[22] 詳細說明這些識體與心所法相應俱起的狀態，甚至對此心心所相應的具體之心，在認識作用、思惟作用、禪定作用、修道作用等狀態時，有著如何的心理過程，也分別做研究考察。[23]

（三）表面心與潛在心

像這樣的心心所說等的心識論，在部派佛教十分發達，但是主要還是只局限於探討表面的心。[24] 根據阿毘達磨，我們的

冊）。

22 有部的六類四十六種心所法之分類，成立於《俱舍論》之後；巴利佛教七類五十二種心所分類，完成於十二世紀的《攝阿毘達磨義論》。承襲有部等說的瑜伽行派，在最後提出眾所周知的，六類五十一種心所的說法。

23 詳細的說明，主要是在巴利佛教。巴利佛教的註釋書類（*Atthasālinī, Visuddhi-magga*）及之後的文獻 *Abhidhammavātāra, Abhidhammattha-saṅgaha* etc 有詳細說明。

24 如後所述，巴利佛教，提出有分識 bhavaṅga ，作爲意識流動過程中，無意識或識閾（*意識作用發生和消失的界限）的心理過程。雖然它被看成是潛在心，但是巴利佛教並未使用「潛在心」一詞。它與唯識法

心——心所群所伴隨的識體——是不斷的一類相續（一個心理過程之存續），即使只從今世來看，從我們出生到死亡之間，它一瞬間也不會斷絕。不過，若依有部之說，有所謂的「五位無心」——在極重睡眠、極悶絕、無想定、滅盡定、無想果五個情況下，心理過程會斷絕。

[318]那麼，在斷絕的期間，我們以往的記憶或經驗等，如何被保持呢？甚至進一步說，我們表面起善心或惡心，或者睡眠或喪失意識時，其表面心與非表面的心情或習慣性的性格等等，是否存在我們的內心深處？我們時時刻刻的經驗，是否殘留在經驗性的心中？如同第一節所引用的原始聖典之文，善惡業的影響力，之後會殘留下來，在招感果報以前，勢力會持續的存在；那麼它是以何種形式殘留下來的呢？用現今的用語來說，作爲過去經驗的記憶或智能、性格等素質，是如何存在的？它與心識是否無關？

在阿毘達磨的心識論中，因爲過於著重形式說，所以只探討表面心，對於我們內心深處所累積的過去經驗，並未將之列爲心識說而討論。但是，另一方面，因爲有必要具體說明業報關係，所以，必須說明善惡業的勢力如何存續的問題。於是在

相學中，將潛在心的阿賴耶識等稱爲現行心（表面心），而不看成是潛在心相似。不過，實際上，有分識與阿賴耶識等，從現今的學術來看，應該是潛在心。（參原書 p. 319）

部派時代，有許多部派，雖然沒有讓它與心識說直接有所關連，但是，有提出某種形式的潛在力或潛在心之說。

此意義的業的潛在勢力，有的是以個別部分性的潛在力來說，也有的是以全體的潛在心來說。這些潛在勢力的思想，被加以整理改善，開展爲後來的唯識思想。在唯識思想中，種子說可看成是部派時代個別的部分性潛在力的發展；阿賴耶識則可看成是全體潛在心的開展。因此，從下一節開始，對於部派潛在勢力，我想大致區分成部分性的潛在力，以及全體性的潛在心來做考察。屬於前者的是，第三節所介紹的各部派的無表、增長、不失壞、隨眠、種子等；屬於後者的是第四節所敘述的二心俱起說、有分識、細心、一味蘊、窮生死蘊、非即非離蘊我等。

三、種子思想的先驅——潛在力

（一）潛在力與唯識說的種子

[320]唯識說種子思想的先驅——潛在力，如前所述，包括各部派所說的無表、增長、不失壞、隨眠、種子等。唯識說中的種子思想，比各部派的這些潛在力思想，更爲進步、改善，所以不能將種子思想與他說列爲平行的地位。而且不能就這樣將在此以前的各部派之潛在力，全部都看成是唯識說的種子，從歷史的角度來看，在各部派的潛在力中，也有完全與唯識說的種子無關者。因此，若將各部派的潛在力，看成是唯識說種

子思想的先驅，會容易造成誤解，以爲這是從實際歷史的開展來看的，所以，在此不從實際歷史的開展來看，而是從內容上思想的關連性來看。[25]

在此意義下，以下就依序考察各部派的潛在力。

（二）無表與潛在力

【無表之意義】　所謂「無表」（avijñapti），即「沒有表（vijñapti），沒有表示出來使他人知道」。「表」，是指身業或語業，即表現於外在的行動或聲音，從表面上能夠看得到的。「無表」，是指沒有像這樣表現於外在者，一般在身、語表業之後，其行爲經驗被看成是保存在我們的身體中，此潛勢力即稱爲無表。[26] 例如，當我們發誓受戒時，立誓的行爲只是在當時而已，

---

[25] 關於唯識說的潛在力——種子或阿賴耶識，它們與部派時代其先驅思想的關係，參見拙稿「阿賴耶識思想之產生」（《宗教研究》新第 9 卷第 6 號）。又，在結城令聞《從心意識論看唯識思想史》（昭和 10 年）中，是站在唯識法相學的立場，敘述作爲其先驅思想的各部派之先驅思想。比筆者自由的立場還要來得局限，相對於筆者從思想來看其發展，結城先生是針對歷史性發展來探討。**（參原書 p. 328）**

[26] 關於無表與業的關係，或關於無表的有部等看法，舟橋一哉《業之研究》（昭和 29 年，法藏館）98 頁以下有詳細的說明。謂「無表」有善與不善（亦包括善惡之處中無表），善又有有漏別解脫律儀、靜慮律儀（定共戒）及無漏律儀（道共戒），其中定共、道共二戒爲隨心轉，隨心識而轉，其餘的無表則不隨心識而轉，是單純的色法。但是，在此

然而，戒的力量仍會持續下去，即使在我們睡覺時、起惡心時，也不會消滅，[321]仍保持防非止惡的力量。雖然從外在看不到，但是，因爲業力會殘存爲潛在力，所以稱爲「無表」。由於無表與表面識無關，是個別的存在，所以若只將心識局限於表面心，就不能把無表加進心識中了。根據有部等，認爲它是保存在身體中的一種習慣力，所以視之色法（物質）。說無表爲色法的部派，有「說一切有部」[27]、「法藏部」的《舍利弗阿毘曇論》。[28]

所討論的並沒有必要做如此的分類區別，所以一切皆不想提及。（**參原書 p. 328**）

27 在有部論書中，最早敘述無表色的是《集異門足論》卷 3，大正 26, 379b，卷 20、452c 以下、《法蘊足論》卷 6，大正 26, 481c 等，於彼處是以正語、正業、正命等爲無表。（**參原書 p. 328**）

28 在《舍利弗阿毘曇論》卷 1，大 28, 526c、529a 等中，將無表譯爲「無教」，屬於無表者列舉：身口非戒無教、有漏身口戒無教、有漏身進 kāya-vīrya，有漏身除 kāya-praśrabdhi、正語、正業、正命、正身進、正身除。又同論卷 7，581a 中，以意業爲無教業，但是，此場合的無教（無表），「表」是指消極的「沒有」之意，可能不是指潛在力。如此之例，在《成實論》卷 8、大 32, 304a 中也有。但是，在《成實論》中，或許是指隨心轉的無表，也可能是指從意業而生的潛在力。

又，說無表的部派，除了前述有部、《舍利弗毘曇》之外，又例如，在被認爲屬於正量部的《正法念處經》卷 4，大 17, 23b 中，對無表（無表）做如下的說明：它是色法，是在無意識等時，亦常相續的潛在力又，根據巴利阿毘達磨的《論事》，化地部、正量部、大眾部，雖然將八正道中的正語、正業、正命三者說爲色法，[29] 但是，因爲正語、正業、正命這三者是屬於身語業，所以它包括了身語的表業，以及作爲表業潛勢力的無表業；尤其這三者屬於戒學，戒在有部等認爲是無表。[30] 因此，把正語等視爲色法的主張，和把無表看成色法之說法是相通的。

又根據《論事》，大眾部縱然主張戒爲非心所，[31] 心不隨轉

——「是色所攝，一切法中與色相應。若人受戒，一發戒已，若睡若悶，失心癲狂，如是善法，相續轉行……」即作爲防非止惡力的律儀戒。

又，根據《成唯識論述記》卷 2 本，大 43, 275a，謂大眾部與法密部（法藏部）成立身勇、身精進之無表色，又說上座部所講的「胸中色物」亦爲無表。身勇、身精進，類似於《舍利弗毘曇》的身進、身除等。在巴利佛教，身輕安（kāya-passaddhi）等是心所法所攝。上座部所說的「胸中色物」，我想可能是指巴利佛教所說的 hadaya-vatthu（心基），但是，它是意識之依所——心臟，巴利佛教認爲它是色法，完全與無表沒有關係。**（參原書 p. 328-329）**

[29] *Kathā-vatthu*, 10, 2; 20, 5.

[30] 認爲戒是無表，這是很普通的看法。在被認爲可能是有部說的《四諦論》卷 4，大 32, 395b 以下，對於正語、正業、正命之無表，有做種種的論述。**（參原書 p. 329）**

[31] Kathā-vatthu, 10, 7.

[32]、隨增者 [33]，但仍然把戒看成是潛在的無表，可能與前面一樣，將它看成是色法。在《論事》中，又提到案達羅派及正量部的主張，認爲業的集積與業不同，是心不相應、無記、無所緣者，[34] 把作爲業的集積的潛在力，視爲與心識無關，我想它仍與前面是相同的主張。把戒和非戒等善惡業的潛在力，認爲是色法，這不只是因爲認爲善惡的身語業本身是色法之故，也因爲其潛在力被保存在我們身體中，所以將它視爲物質。

然而在部派中，也有不立無表者，以及雖說無表，但是不將它視爲色法者。在這些部派中，甚至對於主要的善惡身語業本身，也不認爲是色法。有關善惡行爲者，皆認爲只屬於思（意志）；不具有意志的物質，絕對不能成爲善惡業。因此，從這立場來看，物質只是與善惡無關的無記而已，與善惡有關的，只是意志等心識。巴利佛教或經部等即是站在如此的立場。

[322]其中，巴利佛教完全不立無表。那麼它對於業的潛在力，如何做說明？雖然沒有特別提出作爲潛在力者，但是，在作爲表面識的心心所中，似乎可看出也包括潛在力。如後面將會說到的，巴利佛教將一種潛在心成立爲「有分識」（bhavaṅga），又與此有分識爲同一個心的，在善惡行爲之後，

---

[32] 出處同上，10, 8.

[33] 出處同上，10, 9.

[34] 出處同上，15, 11.

即生起爲「彼所緣心」tadārammaṇa，它保持善惡行爲的經驗，因爲其經驗被承繼於有分識，所以，有分心或彼所緣心被看成是善惡業勢力的保持者。於是有分識包含了作爲我們人格基礎的智能性格等素質。巴利佛教雖然將有分心說爲表面識，但是它十分具有潛在識的性格。

其次，經部及經部系的《成實論》，雖然有說無表，但是並不將它視爲色法，而是心不相應的假法。此場合的「心不相應」，並不是有部等所謂「心不相應法」citta-viprayukta-dharma 之特別實體，反而從消極的意義，將之解釋成：與心不相應的，與心識無關的較爲妥當。因此，在經部系中，不承認心不相應行的實在性。[35] 總之，由於經部系以心不相應行爲假法，所以對於無表，不承認其爲實體。[36]

---

[35] 關於此意義的心不相應，參照拙稿「心不相應法」(《駒澤大學研究紀要》通卷第 14 號，收錄於本選集第 2 冊)。

[36] 譬喻者的無表說，《大毘婆沙論》卷 122，大 27, 634b 云：

> 譬喻者，說無表業，無實體性。所以者何？若表業是實，可得依之令無表有；然表業無實，云何能發無表令有？且表業尚無，無表云何有？

在同樣被認爲是初期經部說的《成實論》卷 7，大 32, 290a 中，將無表譯爲「無作」，如下所述：

> 因心生罪福，睡眠悶等，是時常生，是名無作・如經中說，若種樹園林，造井橋樑等，是人所爲福，晝夜常增長。

【無表與業的相續】 但是，若像有部這樣，以無表爲色法的話，因爲它的存在最長僅局於一期（一生），所以對於生生世世的業之相續，就無法說明了。那麼，有部等對於身語意三業，在感得異熟果報前，生生世世之間，認爲它到底是以何等形式存續呢？關於這點並沒有具體的說明。如前所述，巴利佛

同《成實論》卷 8，304a 中，云：

身口所造業名作，因作所集，罪福常隨，是心不相應法，名爲無作。

作爲此種發展程度的經部之無表說者，在《四諦論》卷 4，大 32, 396a 中，雖然沒有使用無表之名，但是，在其前後，有談論到無教（無表），表示無表思想：

> 經部師說，如汝受用施主施物，由受者功德，被利益故，施主雖在異心，由前施作意熏修，相續次第轉勝，由此勝故，能生未來隨多少報，依此相續，說施主功德生長。

其次，作爲已發展的經部之無表說者，在《俱舍論》卷 13, 大 29, 68c、69b、c 等中有列舉。

> 68c：起思差別，名爲無表。
>
> 69b：前緣施思所熏習，微細相續，漸漸轉變差別而生，由此當來能感多果；亦由數習，緣彼思故，乃至夢中亦恆隨轉；亦由數習緣彼境思故，說恆時相續增長。
>
> 69c：此微細相續轉變差別，名爲業道……然許業道是心種類，表業既無，寧有無表等。

詳細說明俱舍之此說者，有《俱舍論寶疏》卷 13, 41,631c。**（參原書 p. 329-330）**

教成立有分識，作爲一切的業或經驗的保持者，此有分識在死亡剎那爲死心 cuti-citta、結生至下生爲剎那結生心 paṭisandhi-citta，進而作爲下一生的有分識，皆是一類相續的；[37] 但是，有部不論是在心識或其它的部分，皆未明確說出維持業者，這是有部說的不周之處。

有部雖然將無表說成如同業的保持者，但是由於它被視爲色法，所以無法跨越生生世世，[323]只能把它看成是單純的行爲之習慣力，於是喪失了使善惡業及其果報連繫的業之保持力的本來角色。[38] 因此，有部不用說，繼承有部無表說的唯識法相學，也是使無表與業報無關，將它與作爲業的潛在力的種子，完全視爲不同的兩個東西。但是，從無表被成立的本來意義來看，它應該與作爲業的潛在力的種子沒有不同才對。瑜伽行派的《大乘五蘊論》，在說無表時提到「名爲善律儀、不善律儀等，亦名業，亦名種子」，此無表與種子被視爲相同，[39] 可說是說明了無表本來的意義。

又，經部主張無表是業的相續，是心不相應，認爲它是由

---

[37] 巴利佛教在初期阿毘達磨時代，並沒有有分識的思想。最先出現是在後期阿毘達磨的《發趣論》、《彌蘭陀問經》（*Milinda-pañha*, p. 299）、巴利註釋書及之後的綱要書類，在這些書中對於有分識，有做詳細的正式說明。

[38] 關於這點，參照舟橋《業之研究》102 頁以下。

[39] 《大乘廣五蘊論》，大 31, 851b。

思而生起的潛在力，這與主張無表爲表面之心心所是不同的。後面將會敘述到的，作爲經部潛在識的細心，之所以與無表會沒有關係，是因爲此細心思想是在經部本身所產生的，而無表的想法，則是繼承自有部所認爲無表是色法的說法，所以此二者的關係就無法接連起來。而且無表是個別的潛在力，而細心是指全體的潛在識，所以這點二者也是完全不同的。

（三）增長、不失壞與潛在力

【增長】 其次，在表示類似於無表的潛在力方面，有「不失壞」、「增長」等語詞。根據世親的《大乘成業論》，認爲善不善的身語二業在造作之後，在我們五蘊相續（身心）中，會生成心不相應的實法作爲其勢力，有人稱之爲「增長」，有人稱爲「不失壞」。[40] 根據藏譯註釋書對這點的解釋是：說增長 upacaya 的是大眾部，說不失壞 avipranāśa 的是正量部。[41] 其中，增長的思想，是承繼自前面所列舉的，阿含經施等福業勢力日夜增

---

40 《大乘成業論》，大 31, 783b：「善不善身語二業，蘊相續中，引別法起，其體實有，心不相應行蘊所攝，有說此去名爲增長，有說此法名不失壞。由此法故，能得當來愛非愛果，意業亦應許有此法。」參照結城《從心意識論看唯識思想史》39 頁以下。**（參原書 p. 330）**

41 參照舟橋《業之研究》118 頁。在德慧的《隨相論》，大 32, 161c 中，亦說正量部稱潛在力爲「無失法」（不失壞），《顯識論》，大 31, 880c 中，亦說正量部說「無失」。參照註 42、43。（日文原本之註 20、21）。**（參原書 p. 330）**

長的經說，此經說在《成實論》中，被用來作爲無表（無作）說的經典根據。[42] 從這點來看，大眾部的增長，與有部或經部等的無表是相同的內容。

【不失壞】 [324]「不失壞」avipranāśa 一詞，是前面所列舉的梵文《天譬喻》或《大乘成業論》等中的「業雖經百劫，而終無失壞」(na vipranaśyati) 一偈中摘錄出來的，[43] 因爲它也是指業力在受果報之前不會失去，所以可說與無表性質相同。它與德慧 Guṇamati 在《隨相論》中所提到的：「正量部說『無失法』，它使業力在產生果報之前繼續保存下去，它與心是不相應的。」當中所說的「無失法」是同一個。[44] 關於正量部的不失壞，在《顯識論》、《中論》等中，是用「無失」或「不失法」等名稱。[45]

在眾賢的《順正理論》中，舉出隨界、熏習、功能、不失、增長等，作爲潛在力的異名，[46] 由此可知在各部派種種的名稱

---

[42] 卷 7，大 32, 290a，參照前方註 34（日文原本之註 12）之第二引用。

[43] 參照註 17。(日文原本之第一節的註 17)。

[44] 大 32, 161c 以下。

[45] 《顯識論》，大 31, 880c「正量部，名爲無失，譬如券約」。《中論》卷 4，大 30, 22b：「不失法如券，業如負財物，此性則無記，分別有四種。見諦所不斷，但思惟所斷，以是不失法，諸業有果報」。**(參原書 p. 331)**

[46] 《順正理論》卷 12，大 29, 398b：「復有諸師，於此種子，處處隨義，建立別名，或名隨界，或名熏習，或名功能，或名不失，或名增長。」

之下，說明保持業力的潛在力。

（四）隨眠與潛在力

【隨眠的意義】　無表是善惡行爲潛在習慣力，而習慣力也包括與善惡無關的知識、記憶或日常習慣性行爲。但是，在這裡所說的「隨眠」（anuśaya, anusaya），是指不善煩惱的潛在力之意。不過，各部派之間對於隨眠有異說。在說一切有部或巴利佛教，隨眠被視爲等同煩惱，是與表面識相應的煩惱心所，完全沒有潛在力的意義。[47]

但是，因爲隨眠在阿羅漢最高的證悟之前，不能被完全斷除，所以即使是成爲聖者，在阿羅漢以前，隨眠惡德仍然存在著。他們實際上或許並不會生起不善煩惱的心，但是可看得出來殘存著其可能性，或者過去煩惱惡德習慣力的殘滓（vāsanā

其中，不失與增長已經敘述過了，但是關於其他異名的「隨界」、「熏習」、「功能」，其他文獻並沒有特別的記載，所以在此省略。「熏習」vāsanā、「功能」 samartha 之語詞，被普遍地使用，尤其是在經部，也用來作爲種子異名。「隨界」anudhātu 可能是指比隨眠 anuśaya 更爲廣義的潛在力。此外，有部的「同隨得」也是一種潛在力，雖然有部的「得」prāpti 或「非得」aprāpti，即是一種如此的力量，但是我想它是指不相應法的形式上的存在，並不具有各個具體潛在力的意義。（**參原書 p. 331**）

47 但是，巴利佛教，在近世的緬甸，也有主張隨眠是不與心相應的潛在性者。*Yamaka*, ii（Appendix），p. 278ff. （**參原書 p. 331**）

習氣），[48] 此作爲可能性或習氣的煩惱，稱爲「隨眠」。又，不是聖者的人，即使是在睡眠，或者思善、行善時，作爲煩惱惡德之習慣力的隨眠，也不會斷絕而持續存在。

所謂「隨眠」，是指由長時間的習慣所產生的惡德煩惱。在有部或巴利佛教，[325]並未將此潛在力的隨眠與表面作用的不善煩惱做區別，但是實際上如前所述，二者是不同的。因此，許多部派稱表面的不善煩惱爲「纏」paryavasthāna，稱其習慣力爲「隨眠」，將二者做區別。纏是與心相應的心所，隨眠則與心不相應。

【主張隨眠爲潛在力的各部派】 根據《異部宗輪論》，大眾、一說、說出世、雞胤四宗，主張隨眠與纏不同，纏是心相應，而隨眠是心不相應。[49] 化地部的本宗也是同樣的主張。[50]《大毘婆沙論》，則提到分別論者之說，也主張隨眠是纏的種子，是

---

[48] 在聖者之中，有見道的聖者、修道的聖者及無學聖者，無學聖者的阿羅漢，是斷除一切煩惱的最高聖者，所以，他們沒有作爲潛在力的煩惱。但是見道或修道的聖者，煩惱尚未完全斷除，他們的表面識雖然不會現起不善煩惱，但是由於仍可看到其可能性，或者過去習慣之煩惱力的殘滓，所以他們仍然有煩惱的潛在力，也就是隨眠。（**參原書 p. 331**）

[49] 《異部宗輪論》，大 49, 15c，又參照《俱舍論光記》卷 19，大 41, 292a。

[50] 同上，大 49, 16c。

心不相應。[51]

其次，在巴利的《論事》中，謂大眾、正量二部主張隨眠是無記無因，是心不相應，[52] 同樣地，南方大眾部的案達羅派（Andhaka）也主張隨眠與纏不同，是心不相應的無意識，[53] 又，案達羅派與北道派（Uttarāpathaka）主張隨眠沒有所緣對象，[54] 表示隨眠與認識對象的表面心無關。

又《大毘婆沙論》提到犢子部之說，謂隨眠於補特伽羅（pudgala）隨增，[55] 以及隨眠是心不相應，[56] 來敘述隨眠的潛在性。由此可知，把隨眠看成是心不相應之潛在力的部派，有大眾部系的大眾部、一說部、說出世部、雞胤部、分別說部、案達羅四派、北道派等，[57] 以及上座部系的化地部、正量部、

---

51 《大毘婆沙論》卷 60, 大 27, 313a，又參照《順正理論》卷 45，大 29, 598c。

52 Kathā-vatthu, 11, 1.

53 出處同上，14, 5; 14, 6.

54 出處同上，9, 4.

55 《大毘婆沙論》卷 22, 大 27, 110b。

56 《大毘婆沙論》卷 2, 大 27, 8b，《順正理論》卷 45，大 29, 599b。

57 北道派可算是錫蘭五派之一，其存在地及所屬部派不明，似乎是流布於錫蘭或南印度的大眾部系的一派。案達羅派是位於南印度的案達羅地方的大眾部四派，也就是王山派 Rājagirika、義成派 Siddhatthika、東山住部 Pubbaseliya、西山住部 Aparaseliya 的總稱。分別說部 Vibhajyavādin 之名，並不是某個固定的部派名，此名被用來指巴利佛

犢子部等。

【經部與隨眠】 又根據《俱舍論》，經部謂隨眠之體，既是心相應，也是心不相應，以跟隨欲貪而眠之位，假名隨眠，在表面識的欲貪以外，並非另有隨眠。[58] 但是在煩惱睡眠之後，以無作用之位為隨眠，此時不是隨逐為表面心，而是隨逐為種子，由於有此意義，可知即使是經部，也仍將隨眠作為潛在力。又，在《大毘婆沙論》中，提到經部系的譬喻者之說，謂隨眠於所緣不隨增，亦不隨增於相應法，[59] 隨眠與對象無關，亦與心、心所沒有直接的關係，因此它是潛在的存在。

[326]附帶說明，雖然這不是隨眠，不過，在《論事》提到東山住部之說，也有主張智是心不相應者，[60] 此場合的智不是在表面心作用者，而似乎是意指作為潛在力種子存在的智。因此，此情況表示善心也有潛在力。

教等種種的部派，但是，在這裡是被看成大眾部的一派。(參原書 p. 332)

58 《俱舍論》卷 19, 大 29, 99a，又參照《順正理論》卷 45, 大 29, 598c、《俱舍論光記》卷 19, 大 41, 292b 以下等。

59 《大毘婆沙論》卷 22, 大 27, 110a，又，在《成實論》卷 9, 大 32, 309a 中，謂隨眠有表面心與潛在心兩種。

60 Kathā-vatthu, 11, 3.

（五）種子與潛在力

【種子的用法】　作爲潛在力而對唯識法相學產生影響的，即是種子 bīja。最初把種子一詞用作潛在力的，似乎是經部。當然，它是從作爲發芽、開花結果的原動力的，植物種子的譬喻而命名的。在此意義下，種子一詞有如下所示的之例。如《成實論》云：[61]

> 識為種子，業行為田，貪愛為水，無明覆蔽。以此因緣，則受後有。

《入大乘論》云：[62]

> 識是種子義，遊行六處，若見諸塵空，有芽則斷滅。

《中論》云：[63]

> 如芽等相續，皆由種子生，
> 從是而生果，離種無相續。

---

[61] 卷 11, 大 32, 325b。

[62] 大 32, 42a。

[63] 卷 3, 大 30, 22a。

從種有相續，從相續有果，
先〔有〕種後有果，不斷亦不常。
如是從初心，心法相續生，
從是而有果，離心無相續。
從心有相續，從相續有果，
先〔有〕業後有果，不斷亦不常。

此三個場合皆是將種子比喻爲識，因爲它是造作善惡業的識，所以是表面心，而非潛在力。作爲潛在力的，是相當於前述《中論》中的「相續」。在此意義下，前三例中的種子一詞，並不是現在所討論的作爲潛在力的種子。同樣的，[327]《大智度論》云：[64]

過去的善種，是現在、未來善法之因；過去、現在的善種，是未來善法之因。不善與無記亦如是。如是一切法，各有自種之因。

此場合的種，是指善惡業本身，而不是其潛在力之意。

---

[64] 卷 32, 大 25, 296c。原論文爲：「過去善種，現在、未來善法因；過去、現在善種，未來善法因。不善無記亦如是。如是一切法，各有自種因。」

在《大毘婆沙論》中，列舉譬喻者之說云：[65]

由以煩惱業為種子，故生死難斷、難破、難滅。

此場合的種子看起來也和前舉諸例相同，但是，因爲這裡也含有煩惱業作爲潛在力而相續之意，所以，我想它具有作爲潛在力的種子之意。尤其由於譬喻者是屬於首先提倡種子說的經部師的古師之一，所以使我更有如此的看法。

【經部的種子】　列舉經部的種子說者，有《俱舍論》、《順正理論》等，例如根據《俱舍論》，經部似乎成立煩惱種子或念種子等。[66] 所謂「煩惱種子」，我認爲與其他部派的作爲煩惱潛在力的隨眠相同；「念種子」可能是指我們的記憶被保存爲潛在力。總之，〔*爲了說明〕我們善惡業等經驗，將其影響以潛在力的形式，繼續保存下去，而感得其果報，而有種子之說。[67] 此種子有相續 santati、轉變 pariṇāma、差別 viśeṣa 三項特

---

[65] 卷 47, 大 27, 244b。

[66] 《俱舍論》卷 19, 大 29, 99a。又，在《俱舍論》卷 5, 25c、《大乘成業論》，大 31, 783c 中，提到先軌範師世親 pūrvācārya Vasubandhu 及經部師世友 Vasumitra 之說，有色心互熏說，謂心識與有根身（色法）之種子，互相熏習，色心不斷相續。但是這可能只是經部中某一派的主張而已。（**參原書 p. 332**）

[67] 《俱舍論》卷 4, 大 29, 22c。卷 13, 69b、c。

徵。所謂「相續」，是種子同類相續，相當於唯識法相學的「種子生種子」;「轉變」，是在相續中，前後異性；「差別」，是指具有無間生果的功能，所以，由於轉變與差別，而有「種子生現行」的作用。這裡雖然十分接近於唯識說，但是，離唯識說的種子六義仍相距甚遠。因此，對於此種子究竟是與初業具有相同的善惡之性？還是與業的善惡無關之無記？或者種子應該被看成是異熟，在經部說中並不太做考察。

【潛在力與種子】　如是，經部提倡種子說，在它成爲一般的通說後，也將其他部派所說的潛在力或潛在識，[328]稱爲種子。如前所舉，《大乘廣五蘊論》稱無表爲種子，經部將其它部派的隨眠稱爲種子。又根據《顯識論》，列舉正量部的無失（不失壞）、大眾部的攝識、有部的同隨得、上座部的有分識，

22c：所依中，唯有種子，未拔未損，增長自在。於如是位，立成就名，無有別物。此中何法，名爲種子？謂名與色於生自果，所有展轉鄰近功能，此由相續轉變差別。

69b：於後，施主心雖異緣，而前緣施思所熏習，微細相續，漸漸轉變差別而生，由此當來能感多果。故密意說，恆時相續，福業漸增，福業續起。

《順正理論》卷 12, 大 29, 397b：

前心俱生思差別故，後心功能差別而起，即後心功能差別，說爲種子。（**參原書 p. 333**）

作爲種子的異名。[68] 但在這種場合，於種子名稱之下，不是只有個別的潛在力，而也意味著潛在的識體，所以不只相當於唯識法相學的種子，也包括了阿賴耶識。

四、作爲阿賴耶識先驅思想的潛在識

（一）二心俱起說與潛在識

[333]【各部派所說的潛在識】 阿賴耶識在法相唯識學中，與前六識是相同的表面識，末那識也是如此。這是因爲八識皆被說成是在表面上作用而爲現行之故。但是從現在心理學，或者從佛教心識說中，阿賴耶識思想的產生過程來看，阿賴耶識本來是意味著潛在識。第一，「阿賴耶」ālaya 一詞是「隱藏而橫臥」，不表現於表面；又將它作爲「執著」義，所謂「執著」，即內心深處的執持，此即有潛在的意義。而與各部派所說的潛在識有關的，如前所述，有二心俱起說、有分識、細心、根本蘊（一味蘊）、窮生死蘊、非即非離蘊我等。以下就依序做考察。

【二心俱起說】 [334]首先，二心俱起說，即是成立潛在心者。[69] 雖然說是「二心俱起」，但是，兩個表面心同時生起，

---

68 《顯識論》，大 31, 880c。

69 《大乘成業論》，大 31, 985b：「一身應有二識，俱時而轉，謂異熟識及餘轉識。」

也可稱爲二心俱起，在這種情況下，就有許多部派主張：因爲一個有情一時只有一個表面心在作用，若是兩個表面心同時生起，那麼就不是一個有情，而是兩個有情了。[70] 因爲意識之流必定只生起一條，一個有情不應同時有兩條以上的意識流。但是，唯識法相說中，也有八識同時俱起，所以，根據如此的說法，不只是阿賴耶識，連眼等五官作用也同時生起，在這情況下，八識同時在一個有情起作用，生起八個意識流。這是唯識學獨特的說法，各部派並不認同。

部派佛教所謂的「二心俱起說」，主要是說表面心與潛在心同時俱起。此意義的二心俱起說也有若干種類，其中一種即有部《識身足論》中，舉出沙門目犍連之說，謂：[71]

> 一補特伽羅，非前非後，二心和合。一者學心，二者纏心。

可看出這是指有學聖者同時具有隨眠煩惱心，前節所說的潛在力的隨眠煩惱，其立場亦相同。

其次再介紹另一種「二心俱起說」，這是在《大毘婆沙論》中，大眾部的主張。它只簡單的說：「一補特伽羅，有二心俱生，

---

70 如有部、經部、巴利佛教等。

71 《識身足論》卷 1, 大 26, 535c。

如大眾部」，[72] 並沒有再做詳細的說明，不過，這可能是說表面心與潛在心的二心俱起。這或許和《異部宗輪論》中，被列為大眾、一說、說出世、雞胤之大眾四部末宗主張的二心俱起說相同。論中提到此二心俱起說是：「道與煩惱容俱現前，業與異熟有俱時轉」。[73] 因此，此場合的此二心俱起，是指(1)聖者有與無漏道共存之煩惱潛在力的隨眠，以及(2)善惡業的表面心與業的集積俱起，或者與作為結果的潛在性異熟心俱起，由此兩個理由，而說二心俱起，前者和前面所舉的《法蘊足論》之[335]目犍連說被視為相同。

其次，它雖然不是以「二心俱起說」為名，但是，根據巴利的《論事》，大眾部系的案達羅派主張有分識整天都持續著，[74] 所以，若被看成是潛在識的有分識之流，在整天都持續著，那麼在此期間，表面心的作用也應該會生起，因此，可認為潛在識與表面心的二心俱起。我認為這其實才是正確的，但是，因為巴利佛教主張二心不俱起說，所以如後所述，提出有分識與表面心交互生起，是一條心之流的說法。

（二）有分識與潛在識

【有分識】 其次，被認為是潛在心的，即是有分識。所

---

[72] 《大毘婆沙論》卷 10, 大 27, 47b。

[73] 《異部宗輪論》，大 49, 16a。

[74] *Kathā-vatthu*, 2, 7.

謂「有分識」(bhavaṅga)，是指作爲輪迴性存在（bhava）部分（aṅga）的識，這是南方上座部的巴利佛教所說的。根據自古漢譯的介紹，有分識是赤銅鍱部 Tāmraparṇīya, Tambapaṇṇiya [75]，或他毘梨部 Sthaviravādin, Theravādin [76] 所說。[77] 這裡所謂的「赤銅鍱部」，因爲稱錫蘭爲赤銅鍱 Tambapaṇṇī，所以就是指錫蘭上座部。所謂「他毘梨」，即上座部，這裡可看出是指南方錫蘭的上座部。由此可知，此二者皆是指南方上座部的巴利佛教之意。

關於有分識，巴利論藏最後的《發趣論》(*Paṭṭhāna*, i, p. 163ff.) 各處皆有提到，在此以前的六論則完全沒有出現此名稱，其實初期論書以來所說的八十九心中，作爲三界諸有情的基礎心的十九心，即是作爲有分識而存續。關於這點，在論藏

---

75 《大乘成業論》，大 31, 785a：赤銅鍱部經中，建立有分識名。

76 《顯識論》，大 31, 881a：「若他毘梨部，名有分識。有分者生處，即是生因生緣。此有分識體，是果報法，決是自性無記也。六識起三業，所攝持六識自謝滅，由有分識，攝持力用在。」(**參原書 p. 340**)

77 在下列各書中，以「聖者上座部、上座部、分別部」等名，介紹南方上座部的有分識。《攝大乘論無性釋》卷 2，大 31, 386b、《成唯識論樞要》下本，大 43, 635b 以下、《成唯識論述記》四本，大 43, 354b，其中，在《樞要》中，以九心輪說明有分識等作用。又，在與巴利佛教有關的《解脫道論》卷 10，大 32, 449b 中，也有說明有分識。(**參原書 p. 341**)

的註釋書或綱要書等中，有詳細的說明，[78] 但是，在此只想從其潛在識的立場簡單做介紹。巴利的有分識，即是作爲過去善不善行爲結果的異熟識，由前世一切行爲的結果，而規定有情的下一生，決定其投生的命運。也就是，有情在結束前生時，依據前生的善惡業，投生到其對應的世界，前生的[336]最後死心 cuti-citta，以及接續往下一生的結生心 paṭisandhi-citta，都是前生善惡業的果報、異熟。而投生到下一生的最初剎那之結生心，是此有情一生的基礎心，此基礎心稱爲「有分識」。因此，在有分識中，過去世所有的經驗，都被保持成爲潛在力。此有分識因每個人過去不同的經驗，而有其個別性，在其一生中，雖然它作爲基礎心而不會被改變，但是，實際上隨著出生後善惡業的經驗，多少一定會有所變化。我們每做完善惡行爲，此經驗就被善惡心之後生起的彼所緣心 tadārammaṇa 保持著，這是因爲它要被送到之後相繼生起的有分識的緣故。

要言之，巴利的有分識，在有情出生時，生成結生心，在之後無意識的剎那，則被繼續維持成有分識，在表面心的善惡

---

[78] 在巴利文獻中，說明有分識的部分如下所示：*Atthasālinī*, pp. 266, 269ff, 279ff.; *Visuddhi-magga* p. 475 ff.; *Compendium of philosophy*, p. 26 ff. 又，《大寶積經》卷 73，大 11, 418a 所說：「前識既滅，生分識生，生分相續，心種類不絕⋯⋯」的「生分識」，可能是有分識，但是，無法判斷這是否爲南方上座部之說。**（參原書 p. 341）**

等經驗之後，成爲保持經驗的彼所緣心而作用，作用終了後，再潛在爲有分心。此場合，巴利佛教與有部等相同，主張意識之流只有一條，所以，有分心之時，表面心不生起；表面心作用時，有分心斷絕。但是，實際上不論表面識如何，保持過去全部經驗的有分識，應該都是一類相續的，若非如此，作爲過去經驗的智能、性格等素質，或者記憶等，在表面心生起時，會一時喪失，表面心消失後，又再生起，這是不合理且不可能的事。儘管如此，因爲主張二心不俱起說，所以提出潛在識會斷絕的說法，這點比唯識法相學所主張的，阿賴耶識不論諸六識如何，總是一類相續的合理說，略遜一籌。

（三）細心、一味蘊、窮生死蘊與潛在識

【細心思想】　所謂「細心思想」，即主張：縱使在無想定、滅盡定等心識不存在的狀態下，微細的心仍持續存在。有部於二無心定成立「無心說」，主張完全沒有心識；相對於此，從有部分裂出來的[337]經部系譬喻者，以及同系統的訶梨跋摩的《成實論》成立「細心說」，而分別論亦做相同的主張。也就是，首先，根據《大毘婆沙論》所述，譬喻者與分別論，共同主張在無想定與滅盡定，細心持續存在，心沒有滅。[79] 又根據《舊

---

[79] 《大毘婆沙論》卷 151，大 27, 772c：「譬喻者，分別論師執，無想定細心不滅。」

同，卷 152, 774a：「譬喻者，分別論師執，滅盡定細心不滅。彼說無

婆沙》，有部的覺天 Buddhadeva 似乎主張細心不滅。[80] 覺天是在有部當中所主張的種種觀點最接近譬喻者的論師。極爲接近譬喻者之說的《成實論》也說到，滅盡定或無想定，雖然看起來很像是無心，但是，其實是有極微細而難以辨識的心持續存在，由於難以察覺，所以，只不過是在世俗上，稱爲無想或無心而已。[81]

從細心的持續存在來看，經部進一步成立名爲「一味蘊」或「根本蘊」的一類相續之心識，說明表面心不存在的場合下，它也不會斷絕而恆常存續。也就是，例如《異部宗輪論》所提出的經部說：「諸蘊有從前世轉至後世」，或者「有一味蘊」等等。[82] 此一味蘊被認爲是作爲有情之業相續的主體，它跨越生

有有情而無色者，亦無有定而無心者，若定無心者，命根應斷，便名爲死，非謂在定。」

同上， 775a：「此定（滅盡定）有心，唯滅想受。」（**參原書 p. 341**）

80 《阿毘曇毘婆沙論》卷 44，大 28,331c：「尊者佛陀提婆……滅定有心，無有無色眾生無心之定。」此段文在《大毘婆沙論》中找不到。

81 《成實論》卷 2，大 32, 251a：「入滅定者，雖無現識，識得在。」
同，卷 7, 289b：「無想定者……是心心數法，微細難覺，故名無想。」
同，卷 13, 344b：「無想定中，心不應滅。」
同，344c：「是故無能滅心因緣，但以定力，細想現前，心不覺故，自謂無想……隨世俗故，說名無想。」（**參原書 p. 341**）

82 《異部宗輪論》，大 49, 17b。

生世世，作爲業或經驗的保持者，而展轉持續。所以提出這所謂「展轉心」說法的經部，又被稱爲「說轉部」Saṁkrāntika。[83] 我認爲此一味蘊相當於前述的細心。

【窮生死蘊等】 經部的一味蘊是指：從前世跨越至後世，負載業的集積，一味相續的潛在性細心；化地部則稱之爲「窮生死蘊」，[84] 大眾部稱之爲「根本識」[85] 或「攝識」[86]。所謂「攝識」，意即攝持著過去的業或經驗的識，也就是潛在識。

（四）非即非離蘊我與潛在識

以上的潛在識，跨越三世而恆常相續，而被稱爲「蘊」或「識」，犢子部將業相續的主體當成「我」」，既不能將它作爲蘊的本身，但是離開蘊也沒有另外存在，由於有此意義，[338] 所以被稱爲「非即非離蘊我」。

《異部宗輪論》提到犢子部之說，謂：「補特伽羅，非即蘊

---

83 在巴利佛教，認爲說轉部 Saṅkāntika 與經部關係很接切，但是並不被視爲等同於經部。（**參原書 p. 341**）

84 《大乘成業論》，大 31, 785a：「大眾部，名根本識；化地部，說窮生死蘊。」《攝大乘論無性釋》卷 2, 大 31, 386a：「大眾部……根本識；化地部等者，於彼部中，有三種蘊，一者，一念頃蘊，謂一剎那有生滅法；二者，一期生蘊，謂乃至死，恆隨轉法；三者，窮生死蘊，謂乃至金剛喻定，恆隨轉法。」（**參原書 p. 341**）

85 同前註。

86 《顯識論》，大 31, 880c：「摩訶僧祇柯部，名爲攝識。」

離蘊，依蘊處界，施設假名……諸法若離補特伽羅，無從前世轉至後世。」[87] 又在《大毘婆沙論》中提到，犢子部說明補特伽羅（我）的理由是：如果沒有我的話，我們的記憶就無法延續到以後。所以是從記憶的保持者來說我的。[88] 不過，我認爲，說「我」的根本目的，並不只是單純爲了保持記憶，而是更廣泛的進一步爲了作爲經驗或業的保持者。

又在《識身足論》中，沒有明確指出主張者的部派，只是用補特伽羅論者（有我論者）之名，說其主張實我的存在。[89] 與這幾乎完全相同的主張，在巴利《論事》中也有列舉出來，[90] 謂其主張者爲犢子部及正量部。

這裡所提到的，犢子部等所說的「我」（pudgala, puggala 補特伽羅），其主張者本身成立它以作爲業或經驗的保持者，這與其他部派所說的潛在識是相同的成立目的。但是，其他部派卻認爲犢子部所主張的我，與外道所說的我 ātman 相同，甚至認

87　《異部宗輪論》，大 49, 16c。

88　《大毘婆沙論》卷 11，大 27, 55a：「謂或有執，補特伽羅自體實有，如犢子部。彼作是說，我許有我，可能憶念，本所作事，先自領納今自憶故，若無我者，何緣能憶本所作事？」

89　《識身足論》卷 2，大 26, 537b：「補特伽羅論者，作如是說，諦義勝義補特伽羅，可得可證，現有等有，是故定有補特伽羅。」

90　*Kathā-vatthu*, 1,1. puggalo upalabbhati saccikaṭṭha-paramaṭṭena. 補特伽羅是真實義，依第一義而可得。

爲此我與說無我的佛教相反，而極端的稱犢子部爲「依附佛法的外道」。但是，犢子部等的非即非離蘊我，與外道所說的，常一主宰的形而上的自我完全不同，它是依經驗而恆常變化，並持續存在的，所以本質上與其他部派的有分識、一味蘊、窮生死蘊等，是沒有不同的。

《中阿含》的《嗏帝經》嗏帝 Sāti 比丘主張緣起是識從前世存續到後世，而被釋尊呵責，重新教導佛教正確的無我之緣起說，[91] 嗏帝比丘所認爲的識之存續，是站在主張我的外道立場，不應將之與稱緣起之業相續的主體爲「識」或「我」pudgala 視爲相同。（意譯：佛教把緣起之業相續的主體，稱爲「識」或「我」pudgala，與此外道的立場不同，不應將二者視爲相同。）

（五）心相說與心性說

[339]以上對於潛在力或潛在識，已考察各部派的主張，可知各部派的潛在力，發展爲唯識法相學的種子；潛在識則發展爲阿賴耶識。從歷史發展的實際來看，可能是讓有部或者尤其是經部之說，得以批評性的改良發展；從思想發展的理論來看，可說是使前述各部派的主張得以進展完成。集大成的唯識法相學說，無論是種子說或阿賴耶識說，與各部派的潛在力或潛在識的想法即使有很大的不同，或者可直接看成沒有關連，但是，若考量佛教通俗性緣起說的業報說，實際上，從原始佛

---

[91] 《中阿含》201《嗏帝經》，*Majjhima*, 38, *Mahā-taṇhāsaṅkhaya-s.*

教的緣起說以來，就站在一貫的想法上，只不過是隨著時代的進步，加以詳細的考察而已。

集大成的唯識法相學說，其種子說或阿賴耶識說、七轉識說等，皆脫離了原始佛教以來觀念論的領域，爲了作爲具體性的存在，於是就與本來的業報說乃至緣起的唯識說不同，因此，也與前述諸部派的潛在力或潛在識不同，這也是不得已的事情。但是另一方面，在唯識學中，從原始佛教的無我說，承襲大乘的空論，敘述三性三無性說，說明空無我的第一義緣起說，這是部派佛教所沒有的。而八識思想與三性三無性說形成了唯識學的中心教理。因此，若是正確理解唯識說，它便是集當時佛教大成的偉大學說者；但是，若將唯識說理解成形而上學的唯心說，則可說已經脫離了本來的唯識說。

在心識論中，也有前面所沒有討論到的層面。前面是討論有關心識論的開展，不論是心心所說、表面識，乃至潛在識，都是不斷生滅變化現象的心識。佛教稱現象心爲「相心」，稱現象界爲「法相」。因此，前面所討論的，皆是與相心有關者，[340]只處理法相的部分。唯識學之所以被稱爲「法相學」，即是因爲它是只以現象的心識爲問題之學問。

但是，心識也有與心的本性有關的層面。若以法相爲具體的現象，那麼法性可說是形式上的本性。因此，心的本性是形式上的，超越生滅變化。它是心的形式性、可能性、理想性的存在者。我們能追求證悟的理想，即是以此心性爲基礎。在部派時代，大眾部即以此心性爲問題，提倡心性本淨說。說明我們能夠追求理想，成爲佛陀，是因爲心性本來清淨無垢之故。當然，此清淨無垢，並不是現實上具體的存在，而是可能性的理想存在。如同承襲上座部系的心相說，而發展爲大乘唯識思想一樣；承襲大眾部系的心性說，則發展爲大乘如來藏思想。[92]也就是，從心性本淨說，發展爲如來藏清淨說，以及淨樂常我的真如佛性說，成爲極爲詳細的哲學說。乃至後來有統合融和法相說與法性說者，更進一步的則有道元禪師的佛性說，不將佛性作爲形式上的存在，而是性相融和的具體存在。

---

[92] 相心又稱爲事心，性心又稱爲理心。

佛教的色（物質）之概念

一

[343]在尼柯耶、阿含，「色」（rūpa）一語被使用的用例中，有五蘊中色蘊的色、十二緣起中的名色支的色，以及作爲眼根之境的色等。其中，前二者是指廣義的色——物質，眼根之境的色，則是物質中所謂「顏色」、「形狀」的狹義之色。在此所要討論的色，當然是廣義的色。屬於廣義的色者，根據後面的色法說，除了表示色蘊、名色等的「色」一語之外，也包括地水火風四大種、眼耳鼻舌身五根，以及色聲香味觸五境，這些諸法在尼柯耶、阿含中已被隨處提及。

但是，在尼柯耶、阿含中，這些色、四大種、五根及五境，並不是作爲色法本身而被客觀的討論，而是以主觀的看法爲中心問題，探討它們對我們具有如何的意義。也就是，在尼柯耶、阿含中，我們對色法應如何對待處理？抱持如何的心態，就會從色產生苦患，採取如何的態度，才能不被色所繫縛而能自由的驅使它？諸如此類的問題。

[344]然而從尼柯耶、阿含時代的後期，及至阿毘達磨時代，色法變成以客觀的色法本身被考察。在此時代，出現了將尼柯耶、阿含所說的一切法，詳細分別解釋、分類整理，即所

謂阿毘達磨式研究法。所以對於色法，也是綜合觀察尼柯耶、阿含所散說的色之語詞，以及色所攝的諸法。

如是，研究何謂色法，色法有那些種類的所謂「色法論」，是從阿毘達磨所產生的，在色法論尚未產生的釋尊在世時代，以及尼柯耶、阿含時代，如何解釋色？在五蘊經或緣起經，色蘊或名色之詞語被使用的場合中，聽眾對此並沒有經過特別說明，就能直接理解色蘊或名色的意義，是否「色」的用語即是當時印度人一般所使用、所理解的常識性意義？

又，在說明解釋「色」時，是說：所謂色，是地水火風四大種，以及四大種合成的所造色；對此場合的「四大種」或「四大種所造色」之詞，並沒有做說明註釋。由此可推測，這就是爲當時人們所能理解的一般性通俗概念。

但是，若將考察的重點重新放在「何謂色」，問題就沒有那麼簡單了。從佛教各經論對色法所做的種種討論，即足以證明此事。對於色法的說明解釋或概念規定，可看出隨著時代及部派學派，而有相當大的變化發展。佛教經論等所說的 rūpa 一語，在歐語有 form, shape, matter, material quality ; Form, Bild, Gestalt, Körperlichkeit, Materie ; matière 等種種翻譯，說明了色的概念具有多樣性。我想，這一方面是由於經論本身對色的概念有所不同，另一方面則是由於譯者本身對色的看法不同所致。例如，對於現在尼柯耶、阿含所說色蘊或名色的色之概念，東西方諸學者有種種的解釋。如：A 是從古印度一般思想來解釋，B 是從尼柯耶、阿含的說明中，發現其意義，[345]C 是依之後阿毘達磨的定義而說，D 則從現代哲學思想來理解。

因為對色的說明解釋，有各別獨自的立場，所以不能一概論定孰是孰非。因此，現在只想根據文獻，忠實考察：佛教經論所出現的色法之概念，隨著時代有如何的變化，以及因部派而有如何的不同。

二

首先，在尼柯耶、阿含中，如前所述，色法尚未以色法本身而被考察，所以色法的概念規定並不明確。在五蘊經或緣起經的註釋經中，只說明到：「色是四大種（cattāri mahābhūtāni）及四大種所造色（catunnaṁ mahābhūtānaṁ upādāya rūpaṁ）」，[1] 此說明也為之後的阿毘達磨所直接採用。[2]

所謂「四大種」，即地界（paṭhavī-dhātu）、水界（āpo-dhātu）、火界（tejo-dhātu）、風界（vāyo-dhātu），此地水火風的說明，在尼柯耶、阿含中已出現。例如，在漢巴《中阿含》的《大象跡

---

1 *M.* i, 220 ; *S.* ii, 3f.; iii, 59, 62 ; *A.* iv, 348.《中阿含》卷 7，29 經（大 1, 463c）、《雜阿含》卷 2, 42 經、43 經（大 2, 9b,10a）、卷 3，61 經（15c）、卷 12, 298 經（85b）、《增一阿含》卷 42、卷 46（大 2, 778c、794a、c）、《放牛經》（大 2, 546b、c）。

2 *Dhamma-saṅgaṇi*, p. 124.《集異門足論》卷 11（大 26, 412a）、《品類足論》卷 1（大 26, 492b）、《舍利弗阿毘曇論》卷 3（大 28, 543a）。

喻經》[3] 中，將地界區分爲「內地界」與「外地界」。「內地界」是身體內的堅硬狀態或堅硬的性質，又，髮毛爪齒等亦屬於內地界。根據此經說，地界是指(1)物質的堅硬性質或狀態，以及(2)髮毛等堅硬物質。因爲物的性質與物本身完全不同，所以在各經說中，像這樣包含二者的地界說明，是其不徹底之處。以上是巴利佛教及有部系上座部系的阿含說。

在屬於大眾部系的《增一阿含》中，也是將地界區分爲內外，內地界只說髮毛爪齒等，完全沒有說到堅性。[4] 大眾部系與上座部系對於地界之說，爲何會有如此的差異？我想，本來上座部系也是和大眾部系一樣，將地界具體說爲髮毛等。可能是由於採取阿毘達磨的考察，所以，增加了物之堅性或狀態這個新的解釋，[346]再加上古來常識性的解釋，而說成如前述《大象跡喻經》之說。水界、火界、風界也是如此。也就是，在《增一阿含》中，內水界是涎唾淚尿等，內火界是消化熱等，內風界是出入息風等；相對於此，《大象跡喻經》不僅如《增一阿含》那樣說明具體的水界等，也進一步說水界是濕潤的性質狀態，火界是熱煖的性質狀態，風界是風動的性質狀態。

上座部系的漢巴《中阿含》，對四大種所作的「堅濕煖動的

---

3 *M*, i, 185.《中阿含》卷 7, 30 經（大 1, 464c），又參照 *M*, iii, 240.《中阿含》卷 42, 162 經（大 1, 690c）。

4 《增一阿含》卷 20（大 2, 652a）。

性質，及具備如此性質的物質」之解釋，也爲上座部系的阿毘達磨所繼承。例如巴利的《分別論》或有部的《法蘊足論》，對四大種的說明即是如此，《舍利弗阿毘曇論》之說亦同。[5] 但是，這些說明是如前所述的二元論，有不徹底之處。爲了去除此不徹底，及至《大毘婆沙論》，就只說地界爲堅性而已。雖然有說到髮毛爪齒等，但是說明：髮毛爪齒並不是地界，而是髮毛爪齒中的堅性爲地界。[6] 水界亦同。如同有部註釋書《大毘婆沙論》使四大種的說明純粹化，同樣地，在巴利佛教的註釋書中，也是只以物質的性質狀態，作爲四大種。[7]

由以上可知，佛教對於四大種有二種看法：一者是將它看成具體的地水等物質，另一者是看成存在於物質中的堅濕等性質狀態。其中，前者是四大種原始而通俗的意義，後者是阿毘達磨的解釋。通俗性解釋四大種爲具體的地水等物質者，例如，在前舉漢巴《中阿含》《大象跡喻經》中所說：「因水災而滅外地界」、「因火災而滅外水界」等場合，所謂的外地界、外水界，並不是堅性、濕性，而是指例如外界的草木土石、池泉河海之水等具體性物質。此具體性物質之地、水等，它有形體，我們

---

5 *Vibhaṅga*, p. 82 ff. 《法蘊足論》卷 10（大 26, 502c 以下）、《舍利弗阿毘曇論》卷 7（大 28, 578b 以下）。

6 《大毘婆沙論》卷 75（大 27, 387c）。

7 *Visuddhi-magga*, p. 351 ; p. 365.

用眼睛可以看得見。然而，上座部等所解釋的地界、水界等，因爲只是指物質的堅性、濕性等性質狀態，所以它沒有形體，我們無法用眼睛看見。因此，根據阿毘達磨說，地水等四大種是不可見有對，[347]只被以身根所認識的觸處所攝。這是因爲物的堅、熱、動等，只由觸覺而被認識之故。於是，在有部或《舍利弗毘曇》，地水火風四大種爲觸處所攝，在巴利佛教，地火風三大種爲觸處所攝。[8]

三

[348] 前面已敘述何謂「四大種」；其次，何謂「四大種所造色」？在尼柯耶、阿含中，並沒有做任何說明。只有在有部所屬的漢譯《雜阿含》中，有一些與此相關的經典。也就是解釋十二處者，根據此解釋，謂眼耳鼻舌身本處（五根），是四大所造之淨色，不可見有對；色處（色境）是四大所造，可見有對；聲香味三處是四大所造，不可見有對；觸處是四大與四大所造，不可見有對。[9] 根據此說，在五根、五境十色處中，除了觸處之外，其餘九處皆是四大所造色，只有觸處是四大及四

---

8 《法蘊足論》卷 10（大 26, 500c）《舍利弗阿毘曇論》卷 3（大 28, 543a）、*Dhamma-saṅgaṇi*, p. 145. 因爲在巴利佛教，觸處（phoṭṭhabbāyatana）是地、火、風三界，所以後世在色法作爲二十八種的場合，因爲也有地、火、風三界，爲避免重複，所以將觸處刪除。**（參原書 p. 347）**

9 《雜阿含》卷 13, 322 經（大 2, 91c）。

大所造色。從前述經文沒有相當之巴利文來看，可能是部派分裂後，被有部所附加添入的。總之，觸處是四大及四大所造色之說法，完全與有部阿毘達磨說一致，而與巴利阿毘達磨或《舍利弗阿毘曇論》之說不同。因為在巴利佛教，說觸處只有地火風三大種，水界及所造色不是觸處所攝；而《舍利弗毘曇》則只說觸處為四大種，不主張觸處有所造色。

但是，除觸處之外，其餘九色處為四大所造，這點巴利佛教或《舍利弗毘曇》與有部說是相同的。如是，根據有部說，九色處及觸處的一部分，可說是四大造色；但是，到了後期阿毘達磨時代，有部又增加無表色（avijñapti-rūpa）作為四大所造色。[10] 稱無表色為「法處所攝色」，不歸屬於五根五境之十色處，而是歸屬於法處，相對於十色處為有對色，主張無表色為無對色。主張無見無對之法處所攝的無表色，這點《舍利弗毘曇》與有部是相同的。[11] 而在巴利佛教，並沒有說到無表色。取而

---

[10] 有部之中，最初說無表色者，是《品類足論》卷 1（大 26, 692b），在此以前諸論書皆未提及。但是，《集異門論》卷 4（大 26, 379b）中，謂一切色有有見有對、無見有對、無見無對三種，根據有部說，無見無對色必定是無表色，所以，我認為無表色思想，在《集異門論》時代可能就已存在。（**參原書 p. 351**）

[11] 根據《舍利弗毘曇》卷 3（大 28, 543a），無表（無教）如下所示：
無表：
1. 律儀：

代之的是，成立女根（itthindriya）、男根（purisindriya）、命根（jīvitindriya）、段食（kabaliṅkārāhāra）、虛空界（ākāsa-dhātu）、身表（kāya-viññatti）、語表（vacī-viññatti）、[349]色輕快性（rūpa-salahutā）、色柔軟性（~mudutā）、色適業性（~kammaññatā）、色積集（~upacaya）、色相續（~santati）、色老性（~jaratā）、色無常性（~aniccatā）、心基（hadaya-vatthu）等，作為法處色，這些是有部或《舍利弗毘曇》所沒有提到的。12

以上是有部、《舍利弗毘曇》、巴利佛教等所說的所造色之概要。其次，四大與所造色的關係如何？「四大所造色」，依照其語義來解釋，即是由四大種所造之色。若以四大種作為物質的組成要素，四大所造色即是這些要素的合成物。「所造色」本

---

(1)　有漏：有漏身口戒無教，有漏身進，有漏身除（身輕安）

(2)　無漏：正語、正業、正命、正身進（正身精進）、正身除（正身輕安）

2.　不律儀：身口非戒無教

3.　處中：（有漏身進）（**參原書 p. 351**）

12　除了心基之外，其餘的法處色皆已於 *Dhamma-saṅgaṇi*, p. 134 f. 提及，心基的思想，雖然在 *Mahāniddesa*, p. 276；*Tikapaṭṭhāna*, p. 163 等中也可見到，但是卻沒有「心基」一語。「心基」一語是到了註釋時代才出現的。*Tikapaṭṭhāna*, 473, 486, 510, 514；*Milindap.* p. 281；*Visuddhim.* ii, p. 447.（**參原書 p. 351**）

來的意義，可能是像這樣，指地水火風四大所合成而產生的物質。在將地水火風四大，以通俗的意義解釋爲具體物質的時代，對於所造色可能也同樣用如此通俗的意義來解釋。所謂「所造色」，並不是像四大一樣，以地水火風各別、單純的狀態而存在著，而皆是指混合的物質，我想普通所存在的許多物質，大多並不是四大的本身，而是其所造色。

到了阿毘達磨時代，四大種的概念產生如前所述的變化。「四大種」不是具體的物質，而是物質中的堅濕煖動等性質狀態。隨著四大種概念的變化，所造的概念當然也產生變化。但是，實際上，所造色的概念似乎並沒有如此的變化。至少，「所造色」一詞的意義，與從前沒有不同。也就是，在阿毘達磨時代，所造色是指由四大的合成而產生之物質，或者與如此的物質有關者。例如，「眼處」是指由四大的合成而產生的物質性力用，即實行視覺作用者；眼處的所緣——色處，也是指四大合成物中青黃等色澤，或長短等形狀。

「所造色」一詞，在尼柯耶、阿含時代，以及阿毘達磨時代，似乎沒有變化，但是，所造色所攝的諸法——五根五境等概念，則有很大的變化。例如，在尼柯耶、阿含時代所意指的**[350]**眼耳等，即我們普通所認爲的，常識性的眼耳等，頂多意指視覺、聽覺等感覺器官，沒有再做詳細的考察。但是到了阿毘達磨時代，所謂眼根，除了指從外面可看見的眼球之肉團（有部稱爲「扶塵根」）外，也意指眼球中所含有的不可見之視覺能力（有部稱爲「勝義根」）。根據阿毘達磨的說明，此能力也是一種微細清淨的物質，稱爲「淨色」（pasāda-rūpa, prasāda-rūpa）。耳鼻舌身根也同樣各自有其感覺能力，是四大所造之淨色。前面曾介紹過的，在《雜阿含》十二處註釋經中，說眼處等是四大所造之淨色，爲不可見有對，這已經脫離了原始的通俗性意義，而依照如前的阿毘達磨的解釋。

如同眼等五色根被解釋爲不是普通的物質，而是存在於物質的某種能力；同樣地，色聲香味觸五境，若依阿毘達磨的解釋，則不是物質本身，而是意指存在於物質的性質或屬性。色香味觸等，不是物質，而是物質的屬性，這在勝論等中，也是將它們歸於德句義所攝，而非實句義所攝，由此可知這或許是印度一般的想法。

又，從阿毘達磨時代開始，於四大所造色中所增加的法處所攝色，也不是指物質，而是指存在於物質的能力或性質。例如，有部等的無表色，是一種被認爲保存於物質內的潛在勢力；又，巴利佛教的女根、男根、命根，以及色輕快性、色柔軟性等，也不是指物質本身，而是指存在於物質的某種力用或性質。也就是，女根、男根不是指男女性之生殖器，而是指女性、男性的性之力用；命根是指維持生命的物質性能力；色輕快性等是指物質的輕快等性質；段食不是指食物本身，而是指食物中營養素之培育能力；虛空界意指物質的空虛狀態。

從以上的考察，可知阿毘達磨所解釋的色法，並不是指物質本身，[351]而只是意指如物質的性質、狀態、能力等的屬性。也就是，四大種是物質堅濕煖動的性質狀態；眼等五色根是物質中的特殊感覺能力；色聲等境色，也是物質的屬性。此外，如無表色、女男根等的法處色，也不過只是物質的力用性質。這是佛教的色法論與說物質為實體的印度一般物質論的不同之處。

四

經過阿毘達磨時代，到了註釋書時代，巴利佛教與有部皆產生色法論的「色聚（kalāpa）說」。[352]此色聚說中的色法概念，仍然是承襲阿毘達磨時代的概念。

根據現存文獻，色聚說為巴利佛教及有部所主張，而瑜伽行派多少也有實行的痕跡，這是承襲有部之說者。[13] 在巴利佛教與有部，色聚說的根本思想並非完全相同，由於二者的色法論多少有些差異，所以細節部分並不一致。所謂色聚說的根本思想，是指一切具體存在之色法，不是由單一的色法所構成，而是必須由若干種色法合聚而成。

根據巴利佛教，謂具體存在的外界之色法，至少是由地水火風四大種，及色、香、味、食素（oja = 段食）八色所組成，

---

[13] 參照《瑜伽師地論》卷 54（大 30, 597 以下）、《決定藏論》卷下（大 30, 1032a 以下）、《大智度論》卷 18（大 25, 194c）。

有情的肉體則是此八色再加上命根，由九色構成；在肉體中，眼根所存在的眼球，是前述九色再加上眼根，由十色所構成。同樣地，耳根、鼻根、舌根、身根所存在的部分，也是九色再加上耳根等，由十色所成；男女之性的部分，是九色再各加上女根、男根，由十色所成。

由八種色所構成的外界一般性物質的色聚，稱爲「純八法」（suddhaṭṭhika）或「食素第八」（ojaṭṭhamaka）；加上命根的肉體之部分色聚，稱爲「命九法」（jīvita-navaka）；分別加上根眼、耳根、鼻根、舌根、身根者，稱爲「眼十法」（cakkhu-dasaka）、「耳十法」（sota-d.）、「鼻十法」（ghāna-d.）、「舌十法」（jivhā-d.）、「身十法」（kāya-d.）；於命九法再加上男女根者，總稱爲「性十法」（bhāva-dasaka），別稱爲「女性十法」（itthibhāva-d.）、「男性十法」（purisa-bhāva-d.）。

若外界物質發出聲音時，是純八法再加上聲，而爲「聲九法」（sadda-navaka）；身體部分發出聲音時，是命九法再加上聲，而成「聲十法」（sadda-dasaka）之色聚。此外，身表、語表、色輕快性等，也只是實存爲色聚。在這些色聚說中，有的被認爲是在巴利佛教內所發展而成的，與論書多少有些不同，[14] 在

---

[14] 巴利的色聚說，於諸註釋書 *Visuddhi-magga*, p. 552f., p. 560, p. 588, p. 614 ff., p. 624f., *Atthasālinī*, p. 316, p. 340ff.; *Sammoha-vinodanī*, p. 161f. 等各處所說，在 *Abhidhammattha-saṅgaha*, p. 29 (*JPTS*. 1884)中，也整

此並不是以介紹色聚說爲目的，所以不再詳細討論。

[353]其次，有部的色聚說，也被認爲隨著時代而多少有些變化發展，[15] 在此僅略述其概要。根據有部，謂外界的具體物質，至少是地水火風四大，與色味香觸四法的「八事合成」（aṣṭa-dravyaka）。此八事合成的色聚，類似於巴利的純八法。但是，此八法中，巴利的第八是食素；相對於此，有部則是觸。根據巴利佛教，觸不外是地火風三大種，地火風既然已列爲八法之中，所以沒有必要再列舉觸。而有部在四大種以外，也說所造色的觸，因此，八事中列舉四大，同時也列舉觸，若將此觸解釋爲所造色，就不與四大種重複了。

其次，屬於身體的一般部分，是在前述八事，加上身根，而爲「九事合成」（nava-dravyaka）。眼耳鼻舌四部分再各別加

理列舉出比註釋書之說更爲發展之說者。又，無畏山寺派所傳之漢譯《解脫道論》卷 10（大 32, 446b 以下），雖然有比較詳細的色聚說，但是，它與巴利文者有很大的不同。參照《解脫道論》卷 8（大 32, 439b）。又，在巴利佛教二十八種色法中，色積集、色相續、色老性、色無常性、虛空界等五種，並不是色聚的形成要素。因爲這些是指色法的生住異滅之狀態，以及色法的空無狀態。**（參原書 p. 355）**

15 有部的色聚說在《大毘婆沙論》中尚未出現，在《阿毘曇心論》卷 1（大 28, 811b）中才初次出現，其後爲《阿毘曇心論經》卷 1（大 28, 837c）、《雜阿毘曇心論》卷 2（大 28, 882b）、《俱舍論》卷 4（大 29, 18b 以下）、《順正理論》卷 10（大 29, 383c）等所討論。**（參原書 p. 355）**

上眼根、耳根、鼻根、舌根，而爲「十事合成」(daśa-dravyaka)。九事合成雖然類似於巴利的命九法，十事合成類似於巴利的眼十法等，但是，巴利的命九法的第九是命根，相對於此，有部的九事合成，則是〔*在八事合成上，〕再增加身根作爲第九項。這點是由於有部與巴利教理不同所致。也就是，巴利說命根爲色法，有部則說命根爲心不相應法所攝。[16]

又，在巴利，具觸覺作用的身根部分，是由命九法與身根，共十法所構成的身十法；在有部，身根部分則由九法所構成，眼根等部分是由此九法，再加上眼根等，共十法所成。在巴利，眼十法等不包括身根。而內外諸色法在發出聲音時，是前舉八事、九事、十事之色聚，再加上聲，而合成爲九事、十事、十一事，這點則與巴利之說類似。前述的有部說，是有關欲界的色聚者，色界的色聚則是各自減去味、觸二項，不過，在此沒有必要提到這些。

總之，巴利佛教或有部，在說色聚時，認爲具體存在的物質，必須由八種以上的色法所合成。至於形成此場合的色聚之個別色法是什麼樣子？它並非如前所詳述的物質，而是指物質

16 在有部，命根是心不相應法所攝，但是，在沒有成立心不相應法的巴利佛教，將命根區分爲色法的色命根，以及心所法的非色命根。有情在無色場合是非色命根作用，無心的場合則是色命根作用，有情藉此存續生命。（**參原書 p. 355**）

的性質能力等屬性。因此，這些個別的色法所合成的色聚，[354] 也不是物質本身，而是物質屬性的聚合。所以，任何物質至少由八種色法所合成，這並非意指其物質是由八種質量因——量的要素所構成，而是指是由八種屬性——質的要素所構成。換言之，任何物質至少由四大及色香味等合成，這表示任何物質皆有堅濕煖動的性質，或色香味等屬性。有部等說，即使看起來像是沒有香味或濕性的物質，實際上必然也含有少許〔的香味或濕性〕。又例如，普通的水，看起來好像只有濕潤的性質，沒有堅性等，但是，那是因爲濕性特別強，其餘的性質微弱之故。木石等堅性顯著，其餘性質微弱，亦可推知。

附帶說明，有部或巴利佛教的色聚說之思想，與其心、心所說之思想同出一轍。根據有部的心、心所說，具體的心，必定與若干種——有部爲十種以上，巴利爲七種以上——的心所法相應俱起，心或心所絕非單獨存在；而色聚說之思想則是：具體的物質，必定由八種以上的色法合成，個別的色法絕非單獨存在，所以二者是類似的。

作爲物質的合成要素之諸色法，並非物質之量的要素，而只是質的要素——屬性，物質本身絕不能成爲考察的對象；同樣地，具體心之合成要素的諸心所法，並非形成心的量之要素，而只是質要素的心之屬性，實體的心絕不能成爲考察的對象。

根據有部或巴利佛教，如是心或物的本體自身，根本不是所要探討的問題所在，而是只考察物心現象部分的屬性而已。

這可能是因爲(1)佛教無我思想的出現，以及(2)因爲我們所認識、與我們有關的，只局限在物與心的現象部分，佛教只以此現象部分作爲所要探討的問題的緣故。這點是佛教與談論物與心本體的外道不同處的重要事項之一。

五

[355]如上所述，巴利佛教或有部的色法或色聚，皆不是探討物質的本體，而是只考察物質方面的屬性。尤其是在巴利佛教的色法論，此思想更是徹底。有部的色法論，不僅只做如前的解釋，另一方面，也有說物質自體的情況，此即極微之說。所謂「極微」(paramāṇu)，是將物質分割之後，作爲極限的微粒子，所以[356]這是從量方面看物質的大小。因此，極微的思想完全與只考察物質之質方面的阿毘達磨佛教之色法論不同。極微說也爲佛教以外的順世派、耆那教、數論、勝論等所說，我認爲其說反而是起源於這些外道，在其影響下，爲佛教所採用。

在佛教文獻中，最初說極微的，是屬於註釋書時代的《大毘婆沙論》，在〔*原始佛教的〕尼柯耶、阿含不用說，各部派的根本阿毘達磨，也完全沒有極微思想。在《大毘婆沙論》以後，才爲有部的各論書、龍樹的《大智度論》、經部及瑜伽行派各論書等所說。關於極微的性質或假實等，在佛教各派中也有種種異論，因爲與現在所討論的無關，所以略而不談。根據有部等說，極微有「事極微」與「聚極微」二種，[17]「事極微」是指眼根等十色處個別而單獨的極微；「聚極微」是指事極微的聚合，事極微不單獨存在，具體存在的物質單位是聚極微。[18] 這與前節所舉的色聚說——所謂具體的色法必須存在為色聚，個別的色法不單獨存在——類似。不僅是類似，在《俱舍論》、《順正理論》等中，聚極微與色聚被視為相同，個別的色法被解釋成極微。在這些論書中，色聚等說被敘述為極微說。[19]

但是，色聚說與極微說被視為相同是否妥當？若將極微當成是物質大小的最小極限，則極微是物質的「量」。而佛教的色法及色聚是作為物質屬性的「質」，所以，極微聚與色聚立場應有所不同。若不將極微作為「量」的微粒子，而視為物質的「質」之要素的單位，此意義的極微說就不會與佛教的色法矛盾了。然而有部等的極微，並未被視為物的「質」要素之單位，反而是如印度一般的用法，是「量」的微粒子之意。例如討論到極微的方分、接觸的有無，即可證明〔*是指量的微粒子之意〕，又提到諸根極微的形狀，也因為是將極微[357]視為物體自體之故。[20] 若有部的極微是如此的微粒子之意，則此極微說可說

17 《雜阿毘曇心論》卷 2（大 28, 882b）。

18 《瑜伽師地論》卷 54（大 30, 597c）。

19 《俱舍論》卷 4（大 29, 18b）、《順正理論》卷 10（大 29, 383c）。

20 《大毘婆沙論》卷 13（大 27, 63a 以下）、《俱舍論》卷 2（大 29, 12a）

是十分曖昧而不徹底的。

根據有部等，十色處是極微，但是，十色處在本來的阿毘達磨說中，並非物質的量之存在，而是質的存在，因此，應該不能將此視爲量之微粒子的極微。例如，眼根乃至身根五色根，是視覺能力乃至觸覺能力的感覺能力，並不是物質，所以，不能將它看成是微粒子。又，色聲香味觸五處也不是物質，而是存在於物質的性質屬性，因此，將如此的性質量化而看其大小，是不可能的。把眼根乃至男女根等諸根，說成是有形狀的極微，又於青黃赤白、長短方圓等色處，施設個別的極微，從純理論性來看，這必須說完全是不妥當的。把眼根等說成有形的極微，可能是譬喻說的，或者通俗的意義。如此不合理的極微說之產生，我想可能是因爲，對於本來與佛教色法論立場完全不同的外道之極微說，不加簡擇批判，就採用於佛教中，將之應用於色法論之故。

本來在勝論等外道，極微只存在於地水火風四大種；屬於色香味聲之德句義者，並非由極微所成。因爲阿毘達磨佛教的十色處是物質的屬性，所以，應該將它比作是勝論的德句義。因此，即使從外道的立場來看，有部等以十色處爲極微之說法也是不妥當的。外道謂四大種由極微所成者，四大種是指實句義所攝，所謂地水火風之物質，是物質形成之量的原素，所以，

等。

將之作爲量的微粒子之極微，在外道的立場來看，是當然之事。然而，佛教所解釋的四大種，並非物質的量之原素，而是質的要素，所以此四大種也不能成爲極微。從這些觀點來看，有部等將量的微粒子之極微思想，導入色法說中，可說於第一義是不妥當的。

因爲《俱舍論》、《順正理論》等論書，將色聚說與極微說視爲相同，所以在中國、日本，原來色聚說之[358]意義已完全喪失，只將色聚說成是物質的量之聚合，這真是很大的誤解。[21] 又，與極微說有關連的，在中國、日本，說到極微與極微聚之關係時，謂七個極微集合形成一個微（aṇu），此說是十分曖昧的。因爲所謂七個極微形成一個微，並不清楚究竟是七個極微的容積，成爲一個微的容積？還是一個極微長度的七倍，變成一微的長度？我想在中國、日本，可能是指容積之意。但是在佛教諸文獻中，有極微、微塵、銅塵、水塵、兔毫塵、羊毛塵、向遊塵、蟣、蝨、穬麥、指節等，各七倍進展之說，[22] 這

---

[21] 在日本所著《俱舍論法義》卷 4（大 64, 79b）、《俱舍論頌疏抄》卷 4（大 64, 511b）中，色聚說被量化而做極詳細的討論；在中國也爲道倫等著作所探討。

[22] 《大毘婆沙論》卷 136（大 27, 702a）、《俱舍論》卷 12（大 29, 62b）、《有部毘奈耶》卷 21（大 23, 739a）、*Divyāvadāna*, p. 645; *Lalitavistara*（Lefmann）, p. 149, 《方廣大莊嚴經》卷 4（大 3, 563b）、《佛本行集經》卷 12（大 3, 710a）、*Sammohavinodanī*, p. 343 等。

絕不是意指容積，而是表示長度的單位。因此，七個極微的容積，成爲一個微塵的容積，也與前面佛教諸文獻的說法相反，而且可說沒有將佛教的色法論做正確的理解，是完全沒有經典根據之說法。

六

[359]以上主要是以巴利佛教、有部、《舍利弗毘曇》等上座部系的阿毘達磨說之色法概念爲中心而討論，至於佛說者，以及初期尼柯耶、阿含對色法的看法，是否只有指如前所說的物質的屬性之意，並不清楚。我想佛教初期可能是如前述，依當時印度一般的世俗概念，將色法籠統地解釋爲物質本身之意。《增一阿含》所看到的四大種之說明即是如此，又在上座部系尼柯耶、阿含的四大說明中，也有世俗性的意義，關於這點，前面已提過了。大眾部系不主張作爲物質屬性的四大，而只將四大種以世俗之意義來解釋，這點不僅可從《增一阿含》的說明得知，也可由《論事》六之八中，大眾部系的案達羅派之說，所謂「地界爲有見」之主張得知。它並不像上座部，把地界視爲不可見之堅性，而是解釋爲世俗性的土地木石等，用眼睛就可以看得見。

又將四大種做世俗性的解釋者，有經部系的《成實論》。根據《成實論》，四大不是物質的屬性，而是世俗常識性的地水火風之個別物體之自身。因此，在地大、水大、火大等中，存在著色香味觸，風大存在香觸等。四大可說只不過是色香味觸等要素所形成的假法。[23] 有部等謂四大所造色之色香味觸，在《成實論》則是第一次元性存在的實法，四大是由色香味觸所形成的第二次元性存在之假法。而眼等諸根，是從地水火風所產生的第三次元性存在，所以當然也是假法。又，聲是從諸色之相觸而產生，所以是第三、第四次元性的存在。[24] 根據此《成實論》之說，地水火風四大的概念，當然與有部等不同，而眼等根的概念，也是大爲不同。在《成實論》中，眼等根也與四大一樣，被解釋爲世俗的意義。《成實論》的地水火風、眼根等，[360]可看成相當於有部或巴利佛教所說的色聚。因爲有部等謂世俗性的地界，是由色聚之四大或色香味觸所合成；而《成實論》所謂的地界，也是指色香味觸等合成，尤以堅性爲大。又，有部等謂世俗的眼根，也就是眼球，是地水火風色香味觸，以及身根、眼根之十事和合的色聚；《成實論》亦謂眼根是色香味觸及四大等合成。《成實論》中色法的概念，反而更類似於勝論或數論等外道的色法概念。以下試著就色香味觸、地水火風、諸根的合成關係，說明《成實論》與數論、勝論等說法。

下表是指從色香味觸形成地的情況。形成水、火、風的情況可知亦同。

---

23 《成實論》卷 3（大 32, 261b）。

24 同上，（大 32, 261a）。

《成實論》[25]

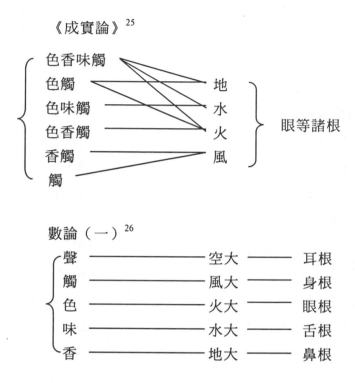

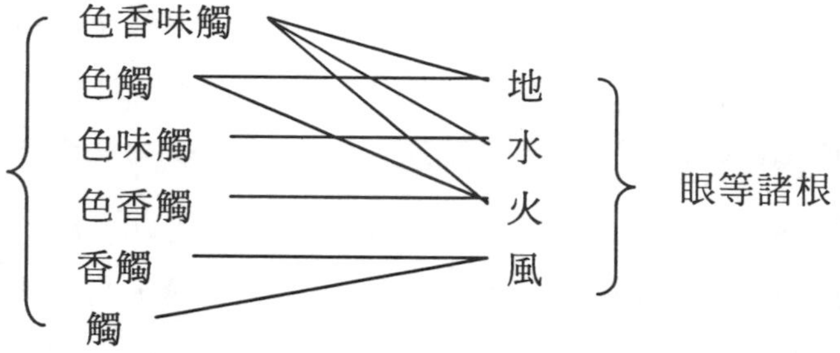

數論（一）[26]

聲	空大	耳根
觸	風大	身根
色	火大	眼根
味	水大	舌根
香	地大	鼻根

[361]數論（二）[27]

---

25 同上，（大 32, 265a、261a）。

26 根據木村泰賢《印度六派哲學》170 頁、宇井伯壽《印度哲學史》131 頁、203 頁以下，數論說的原始者並非如此表所示，而是以五大爲根源，由此而生五境。

聲	空大
聲觸	風大
聲觸風	火大
聲觸色味	水大
聲觸風色味	地大

勝論[28]

色味香觸	地	鼻根
色味香	水	舌根
色觸	火	眼根
觸	風	觸官

由前表可知，從地水火風等，而生眼根等之《成實論》的說法，類似於有部等的色聚說，與數論、勝論各根產生一大之說則有很大的不同；關於色香味觸等，與地水火風等的關係，雖然數論也與《成實論》有很大的不同，但是，勝論之說則與《成實論》十分雷同，只是《成實論》之說是詳細的說法。而四大或諸根的概念，以及從色香味觸等產生四大，從四大生諸根的根本思想，《成實論》之說可說與勝論等完全相等。

《成實論》之說如此類似於外道之說，我認為與其說是受

27　同上註。

28　《印度六派哲學》326 頁以下、《印度哲學史》180 頁以下。

外道之說的影響，不如說是《成實論》作爲經部系而排斥阿毘達磨說，希望以尼柯耶、阿含之經說爲依據之故。關於這點，也可從《成實論》的心所否定及心心所相應否定說而推知。有部成立心心所相應說，主張具體的心，必定與作意、觸、受、想、思等許多心所法相應俱起，心以及心所法不是單獨的存在，這點在前面已大略提過了。然而，成實論師等的經部師，[362]不承認與心相應的心所。根據尼柯耶、阿含，作意、觸、受、想、思等是單獨生起的，絕沒有說與其餘的心或諸心所俱起。因此，受、想、思等是各自獨立的心作用，離開此心作用，不會另有心的存在。經典中所說的如：觸→受→想→思之心作用的相繼生起，與心→心→心→心是相同的。因爲有觸作用之時，除了心與根境接觸——所謂的觸作用以外，並沒有另有一個心；受、想、思等生起時，也是除了領納（受）、取像（想）、造作（思）等作用之外，並沒有心。乃至心與作意、觸、受、想、思等諸作用同時俱存就更是不可能了。如果二種以上的心作用同時生起，那麼就不是一個有情，而一定是多個有情。即使看起來像是一時有許多心作用俱起，那也只不過是一個一個的心作用極爲迅速的相繼生起而已，絕不是同時俱起。以上即是經部系《成實論》的心心所相應否定說，這是由於有部與經部對受、想等看法不同所致。

有部所說的受、想等心所法，其實並非就是《成實論》（經部）所意指的受、想等。有部謂受、想等不是單獨生起，必須與其餘許多心心所相應俱起；經部則說受、想等只是單獨的生起。經部所意指的受、想等，其實是相當於有部所說的具體的心，也就是心心所相應者。只不過在此心心所相應中，對於受、想作用特別強的情況，尼柯耶、阿含或經部系僅稱之爲受、想而已。根據有部，它並非只是受、想，而是在此當中也與其餘的作意、觸、思等心所相應俱起的心心所聚集成束之心。換言之，對於經部系所說的心或受、想，有部將之解釋成具體的心心所聚之意，可知有部將心或受、想，解釋爲構成心心所聚的一部分。正如同《成實論》所意指的地水火風或眼根等，是指具體的色聚；而有部所解釋的地水火風或眼根等，是指作爲色聚構成部分的單獨色法，情況是一樣的。

總之，《成實論》所說的心、受、想等，或地水火風、眼根等，[363]是用通俗的意義，只將它解釋爲具體的心或物；反之，有部等阿毘達磨，則不將它作爲具體的心或物本身，而是以作爲心或物之屬性的心所法、色法而討論。但是，經部系認爲，有部等心所說或色法論，是不以釋尊的說法爲根據的阿毘達磨說，所以不能算是正確的佛說，應當以佛說的尼柯耶、阿含之經典說爲依據，如前所述，主張通俗的心識說或色法論才對。尼柯耶、阿含所說的物或心之意義，可能是如經部所主張者。但是，有部等阿毘達磨的心心所法論或色法論，也有著佛教獨特而徹底的無我思想，若將尼柯耶、阿含的經說，在理論上繼續追究下去，也有可能成爲前述之阿毘達磨說。在此意義下，經部說與有部等說立場不同，不能說孰是孰非。

總之，可知佛教所解釋的色的概念，有兩種意義：一者是指質本身，另一者是指不是物質本身，而只是物質的屬性。前者是印度一般通俗意義的色，尼柯耶、阿含等初期佛教，以及大眾部、經部系採用此說；後者則爲佛教所特有的，巴利佛教、有部、《舍利佛毘曇》等上座部系的阿毘達磨所採用。

心不相應法

一

[365]唐初的玄奘、慈恩以來一千三百年間，中國或日本的唯識學、俱舍學，爲佛教各宗之人士所研究，成爲佛教的基礎學問；但是，此傾向現今已略趨衰微。這並不是因爲唯識或俱舍的學問已沒有必要作爲今後的佛教哲學的緣故。從其根本立場來看，俱舍或唯識之說，作爲基礎佛教哲學極爲重要，只要佛教繼續存在，其價值就不會喪失。但是，若從其表現形式或組織方法等來看，並不能與西方哲學直接有所關連，而且也與近代哲學的思考形式不一致。當然，這並非意味唯識或俱舍的哲學，不如西方哲學，其中也有比西方或近代哲學更爲殊勝而獨特之處；但是在理解表現方面，仍然必須藉由近代的形式，這是俱舍或唯識學被認爲用以往的形式是行不通的原因。因此，爲了使俱舍或唯識學符合近代的一般知性，有必要改善其表現形式或組織方法。在俱舍或唯識學中，從現今哲學或常識的立場來看，[366]最難以理解的其中之一者，即是現在要討論的心不相應法。

所謂「心不相應」，是俱舍或唯識哲學，將一切法（所有的存在者）分類爲色法、心法、心所法、心不相應法、無爲法的五位之一。其中，無為法是沒有變化，常住的存在，不屬於時間空間的非現象法。其餘四位之法皆是生滅變化的有為法（現象界）。在此有為法中，色法是物質，心法是指心的主體，心所法是指心的屬性，也就是心的部分之性質、狀態、作用等之意，所以這些概念能容易的被現今的我們所掌握。但是，心不相應法是生滅變化的有為法，既不屬於心，也不屬於物的存在，如此的存在用現今的常識有點難以想像，而且一般的科學或哲學也不太提及。不只是現代，即使在從前可能也是難以理解的。以往對於色法、心、心所法，雖然做過種種的討論，[1] 但是，對於心不相應法，尤其將之作為問題而探討，不論是在明治以前的舊研究，或明治以後的新研究，幾乎都沒有。[2] 這不只是因為心不相應的概念不像色法或心、心所法那麼清楚，也因為它不如色法或心、心所法那麼重要，所以自然就被忽視了。但是，

---

[1] 關於色法、心、心所法，對於其一部分的探討，古來的論著做過種種的討論。綜合討論者，參照拙稿「佛教的色（物質）之概念」（收錄於宇井博士紀念論文集《印度學與佛教學之諸問題》，昭和 26 年）、「心心所思想的產生過程」（《日本佛教學協會年報》第 14 卷，昭和 16 年度）（收錄於本選集第二冊）。

[2] 只討論心不相應法者並沒有，但是在討論有部等教理中，論及心不相應法者，例如：Th. Stcherbatsky, *The Central Conception of Buddhism*, 1923（市川白弦譯《Stcherbatsky 佛教哲學概論》52 頁以下等）、宇井伯壽《佛教泛論》上 143 頁等。

正因為其概念不清楚，所以，為了使比俱舍或唯識學更容易理解，或將之做近代的新表現與組織，深感有必要做徹底的研究。

因此，首先就具體說明何謂「心不相應法」。在俱舍學的五位七十五法中，心不相應法為十四種；唯識學的五位百法中，則列舉二十四種心不相應法。俱舍學的十四種心不相應法是：

1.得（prāpti），2.非得（aprāpti），3.命根（jīvita = jīvitendriya），4.眾同分（nikāyasabhāgatā），5.無想定（asaṁjña-samāpatti），6.無想事（āsaṁjñika 無想果），7.滅盡定（nirodha-samāpatti），8.生[367]（jāti），9.住（sthiti），10.異（anyathātva = jarā 老），11.滅（anityatā 無常性），12.名身（nāma-kāya），13.句身（pada-kāya），14.文身（vyaṁjana-kāya）。

唯識學的二十四種心不相應法是：

1.得，2.命根，3.眾同分，4.異生性（pṛthag-janatā = 非得），5.無想定，6.滅盡定，7.無想事，8.名身，9.句身，10.文身，11.生，12.老，13.住，14.無常，15.流轉（pravṛtti），16.定異（pratiniyama），17.相應（yoga），18.勢速（java），19.次第（anukrama），20.方（deśa），21.時（kāla），22.數（saṁkhyā），23.和合（sāmagrī），24.不和合（anyathātva

或 bheda）。

其中，最初的十四項與俱舍的十四種相同，在這之上再增加十種。在有部《俱舍論》以前，也有成立十四種以外的心不相應法者，[3] 又於唯識學派，也有不是二十四種的情況。[4]

---

[3] 在有部的論書中，整理心不相應法的有：

《品類足論》卷 1（大 26, 692c、694a 以下）、《眾事分阿毘曇論》卷 1（大 26, 627a 以下）、《薩婆多宗五事論》（大 28, 997c 以下）、《阿毘曇心論》卷 4（大 28, 830c 以下）、《阿毘曇心論經》卷 6（大 28, 866a 以下）、《雜阿毘曇心論》卷 9（大 28, 942c 以下）、《入阿毘達磨論》卷上（大 28, 982a）、卷下（986a 以下）、《俱舍論》卷 4-5（大 29, 22a-29c）、《俱舍論釋》卷 3-4（大 29, 180c-188a）、《順正理論》卷 12-14（大 29, 396c-416a）、《顯宗論》卷 6-8（大 29, 803b-813b）等。

其中，《品類足論》、《眾事分論》、《五事論》列舉十六種心不相應法，它是缺少前列十四種中的非得，另加依得、事得、處得三項。在其餘的《阿毘曇心論》以下之諸論書，皆敘述十四種心不相應法。此為有部說的最終發達者。

附帶一提，在從有部分裂的經部系之《成實論》卷 7（大 32, 289a 以下），大致承襲有部說，但是缺少有部十四種中的眾同分，另外增加滅、死、凡夫法三項，而成為十六種。關於此點，待後說明。又，在中國、日本的成實宗，立五位八十四法，心不相應法為十七種，是前列十六種再加上無作（無表）。在《成實論》中，此無作在所列舉的心不相應法名稱中並沒有被提到，在後面（290b）可能因為無作是心不相應，屬於行蘊，所以也被加入心不相應法中。關於此點，待後說明。（參

二

[369]在被列爲心不相應法的諸法中，雖然有的在尼柯耶、阿含等原始聖典中被提到，但是，也有的是在佛說中完全沒有出現的。「心不相應法」（citta-viprayukta, citta-vippayutta）的名稱或概念，在原始聖典中完全無法得知，是到了部派佛教之後才產生的。而在部派佛教中，也有不說心不相應法者。由此可知，心不相應法的概念，只不過是在佛滅度後之部派佛教時代，爲佛教的某些部派所成立的。那麼，如此的概念是如何產生的？

原書 p. 367-368）

4 在瑜伽行派的論書，整理心不相應法者之中，《瑜伽師地論》卷 3、52、56（大 30, 293c、585c 以下、607a 以下）、《顯揚聖教論》卷 2（大 31, 484a 以下）、《大乘百法明門論》（大 31, 855c）等，列舉二十四種心不相應法；《大乘阿毘達磨集論》卷 1（大 31, 665b 以下）、《大乘阿毘達磨雜集論》卷 2（大 31, 700a 以下）則扣除二十四種中的最後一項不和合，而說二十三種心不相應法；《大乘五蘊論》（大 31, 849c）、《大乘廣五蘊論》（大 31, 854a 以下）與有部相同，列舉十四種心不相應法。其他，根據《翻譯名義大集》（*Mahāvyutpatti* 104），列舉三十一種心不相應法，但是，那是在唯識的二十四種之外，再加上 evaṁbhāgīyā（如是等類）、bheda（破）、prabandha（相續）、prabandhoparama（間斷）、vyaṁjana（文）、akṣara（字）、varṇa（音），似乎有所重覆。**（參原書 p. 368）**

釋尊的佛教，本來的目的是以除去人生的不安苦惱，使世間成爲淨樂的理想國。因此，當時佛教外的哲學家們所討論的問題，如:「宇宙、人生有什麼？」、「什麼是它的根本原理？」等形而上的問題，是爲釋尊所堅決禁止的。形而上的存在，是沒有生滅變化的常住者，像這種超越現象的常住存在，與人生生死苦惱的現象界並沒有關連，因此，以解決生死苦樂爲目的的佛教，認爲是沒有必要的。佛教所關注的是，生滅變化的社會人生之苦樂命運，爲了開拓、改變此命運，有必要了解「世間是如何而有的？」、「應如何做？」，而不是「世間有什麼（何者爲實有）？」的形而上學。因此而說四諦、緣起及因果業報。所以，佛教原始聖典所說的一切教理學說，沒有一個是討論形而上的實在存在論者。

就原始聖典中，敘述存在一切的五蘊、十二處、十八界等來看，它們絕對沒有實在論的意義。例如就五蘊來看，所謂「五蘊」，[370]本來是指由肉體、精神所組成的我們的個體。在此場合中，色是指物質性的肉體，受、想、行、識是指精神性的心之作用。雖然後來五蘊不只指個體，也擴大指內外的現象世界，但是在此場合，色也是指內外的物質，其餘四蘊則是精神性的一切。並且說這些物質性、精神性者，皆是無常、苦、無我，爲了使充滿現實苦惱的身心，趨向無苦惱的狀態，所以敘述五蘊說。對於五蘊中的任何一者，並沒有特別加以說明，因爲這是當時人們都能夠直接理解的常識，絕不是哲學性、形而上學的。在原始聖典中，並不太有關於五蘊的說明，因爲它是常識性的意義，所以沒有必要多加說明。

同樣的，原始聖典中所出現的十二處、十八界，其常識性的意義，是指我們認識成立場合中的主觀（六根）、客觀（六境），以及認識作用（六識），是爲了說明它們都是無常、苦、無我。其他如十二緣起，也是相同的立場，完全沒有形而上的哲學說之意義。這是釋尊原始佛教的立場，爲原始聖典所說。

但是佛滅度後，爲了開演佛說而註釋、解說原始聖典，於是產生了阿毘達磨的研究法。將原始聖典各處所說的片斷、個別的教說，統一整理，分別定義說明教理的用語術語。在此場合的定義說明中，逐漸產生一定的標準，在此標準下，對一切法做定義，此稱爲「諸門分別」。根據諸門分別而徹底考察一切法，明確定立其概念。對於原始聖典中多意義、多內含的用語，使之成爲單一意義而平面化，這是它的缺點所在，但是，使概念明確化則是阿毘達磨的功績。

諸門分別的標準，根據現存各部派的阿毘達磨論書來看，部派間多少有些不同，即使同樣的部派，在有部的論書中，有的也因時代而有所不同，[5] [371]不過，大致上有許多是共通

[5] 在巴利佛教的論書中，三法二十二門、二法百門，共計一百二十二門的諸門分別是固定的。《舍利弗阿毘曇論》採用四十三種標準；在有部諸論書，視情況而略有變化，但是，在《品類足論》中，十二處是以

於各部派的共同標準。對於分類考察諸法，主要有各根據三種標準而判別者，如：

善、不善、無記三法，善惡業、報、非二之三法，過去、現在、未來三法，欲、色、無色三界，學、無學、非二學之三法，有見有對、無見有對、無見無對之三法等。

也有根據二種標準而判別者，如：

有為、無為二法，有漏（世間）、無漏（出世間）二法，色、非色二法，心、非心二法，心相應、非心相應二法，心所、非心所二法等。

依此標準，各別判定五蘊、十二處、十八界、四諦、十二緣起時，一切諸法的定義、界限就變得極為清楚。因為其標準包含存在的所有分野，所以在存在論的意義方面，比原始佛教更為殊勝。由於原始佛教並不是以存在論的意義來說明五蘊、十二處等，因此，從阿毘達磨諸門分別的存在論見地來看，五蘊、十二處等被用來表示存在論的諸法是不適當的。為了分類存在之所有分野的諸法，於是就採用未曾見過的色法、心法、心所法、心不相應法、無為法等五位新的分類法。

但是，此五位說完全成立，諸法得以依此五位而分類者，就有部的七論來說，是在七論中最後期成立的《品類足論》；在

三十一種標準而被分別，又另外有二法百八種，三法三十一種等者。（參原書 p. 372）

巴利佛教或《舍利弗阿毘曇論》中，此分類法並沒有被採用。但是，在初期的阿毘達磨，五位分類的基準已經形成，在初期論書諸門分別中，心所法、心不相應法的名稱或概念已出現，色法、心法、無爲法就更不用說了。

五位之中，色、心（意、識）、無爲之語詞，已在原始聖典中出現。不過，在原始聖典和阿毘達磨中，其用語雖然是同一個，但是所指的概念內容卻十分不同。例如，[372]在原始聖典中，「色」是指肉體或物質，屬常識性的物質。因此，作爲色之內容的地、水、火、風，在原始聖典中，地是指如：土地木石等具體的存在物，水是指河海湖沼等的水，火意謂燈火、太陽等具體的火熱，風是我們日常經驗的普通之風。如此的地、水、火、風，是我們用眼睛能夠看到的。但是，到了阿毘達磨，地、水、火、風並不是我們用眼睛所能看到的具體常識性存在，而是以存在於此具體存在中的地、水、火、風的特質，作爲地、水、火、風。因此，地是物的堅硬性質，水是濕潤的性質，火是熱煖的性質，風是動搖的性質，它們無法被接觸到，也無法用眼睛看到。同樣地，在眼、耳、鼻等方面也是如此，從阿毘達磨立場來看，眼根、耳根、鼻根並不是指外在看得到的眼、耳、鼻，而是指具有眼等功能的視覺能力、聽覺能力、嗅覺能力者，因此產生了不同於原始佛教常識性的立場。[6] 其餘如心

[6] 關於原始聖典與阿毘達磨的色法概念之變化，參照拙稿「「佛教的色（物

（識）、受、想、無爲也是相同，阿含等原始聖典所意指者，與阿毘達磨所意指者，有相當大的不同之處。

而五位中的心所法與心不相應法，甚至連名稱在原始聖典中也從未出現過。其名稱或概念，都是阿毘達磨以後才產生的。[7] 在這當中，我們現在所要探討的心不相應法的名稱或概念，是如何產生的呢？

三

[373]心不相應的名稱或概念，與心相應（心所法）的名稱或概念相同，是從上一節所說的諸門分別而來的。依照諸門分別的標準而考察諸法，在其標準所列舉的範圍中，發現存在的一切。在存在中，有無變化者（無爲 asaṁskṛta, asaṅkhata）及變化者（有爲 saṁskṛta, saṅkhata）；有爲的現象法中有物質、精神；精神又區分爲心的主體（心法）與心的屬性（心所法），這點已如前述。也有部派只將存在分類爲前述四種：無爲、物質（色 rūpa）、心（citta）、心所（caitasika or caitta, cetasika）。巴利佛教即是如此。[8] 但是，部派中也有將不屬於物、心的現象性

質）之概念」（註 1）。

[7] 關於部派佛教的心、心所法概念的成立發展過程，參照拙稿「心心所思想的發生過程」（註 1）。

[8] 巴利佛教並不太用色法、心法、心所法等新的組織來分類諸法，反而是將重點放在修道論等實際問題。因此，巴利佛教開始採用色、心、

存在另外成立者，此即稱爲「心不相應法」。例如說一切有部等，成立心不相應法之獨立存在。它有什麼樣的意義存在呢？它是在物質或精神以外，作爲驅動物質或精神的一種力量。如此的存在，是在做諸門分別時被發現的，其端倪之一，是在二十二根的諸門分別中，命根的定位。

眾所周知，二十二根是指被區別爲六類的各種能力：

（一） 眼根、耳根、鼻根、舌根、身根、意根——認識能力之六根，

（二） 憂根、喜根、苦根、樂根、捨根——感覺感情支配力之五根，

（三） 信根、精進根、念根、定根、慧根——趨向理想原動力之五根，

（四） 未知當知根、已知根、具知根——令得無漏聖位（見道、修道、無學果）之能力的三無漏根，

（五） [374]男根、女根——作爲性能力的二性根，

（六） 命根——生命壽量的保持能力，

若依據諸門分別將此二十二根分類，則（一）中的意根是心法，其餘眼等五根，及（五）之二性根共七種是色法。（二）之五受根、（三）之信等五根、（四）三無漏共十三種屬心所法。

心所、無爲四分法，是在十一、二世紀左右的阿奴樓馱《攝阿毘達磨義論》。（參原書 p. 378）

[9] 只有剩餘的（六）命根，是既不屬於色法，亦不屬於心心所法，是心不相應法。[10] 但是，後面將會敘述到的，不承認心不相應法的巴利佛教，主張命根同屬色法及心所法二種領域。

以上二十二根，在原始聖典中並未被整理爲二十二根，但是，在阿含經典各處可發現有所提及。因此，原始佛教的根（indriya）之思想，是如何產生的呢？所謂「根」，是指「自由的支配力」、「自在力」之意，在佛教以前的吠陀時代以來即已存在。從婆羅門時代至奧義書時代，後來在僧佉學派（梵

---

[9] 在有部諸論書中，對於三無漏根等，並沒有詳細的諸門分別，但是，根據法藏部所屬之《舍利弗阿毘曇論》卷 8（大 28, 561a, 563a），謂信等五根中的精進根及三無漏根等四種，不只屬於心所法，而且也屬於色法。精進根中的色法，指身體的精進，精神性的精進屬於心所法。三無漏根中的色法者，是指無漏的正語、正業、正命、正身除（正身輕安）。因爲若根據《舍利弗阿毘曇》，正語等是色法之故。此點有部亦同，但是，在有部，三無漏根中，是否包含正語等並不清楚。在巴利佛教，正語等皆是心所法，色法與善惡等業報完全無關，色法皆是無記，善惡業報只局限屬於心、心所法。**（參原書 p. 378）**

[10] 根據《論事》8、10，有「命根非色法，亦非心心所法，是非物質之獨立存在」之主張，但是根據註書，此爲東山住部及正量部之說。巴利佛教反對此說，主張命根屬於色法及心所法，可知東山住部、正量部與有部及《舍利弗毘曇》相同，主張命根爲心不相應法。**（參原書 p. 378）**

Sāṃkhya，數論學派）[11] 中，被採用的十一根思想也已存在，佛教可能是在直接間接的影響之下，產生二十二根說。但是，由於佛教與婆羅門教等，其根本立場不同，所以二者雖然說相同的根，但是意義並不相同。

如前所述，原始佛教完全不談「有什麼（什麼是實有）？」、「現象的根本原因為何？」的問題。因此，作為驅動宇宙人生的根本原因或根本原理的，所謂「梵」或「我」的本體，佛教不曾提及；雖然如此，其根本原因的衍生性、部分性動力的根之思想，可能是採取當時一般通俗性的意義。

正統派所說的十一根，有三類：

（一）眼、耳、鼻、口、皮膚等五知根

（二）[375]手、足、語、大小便道等五作根

（三）意根

其教說與佛教之說有很大的不同，佛教之說是合理性、觀念性者。婆羅門的十一根，從僧佉學派之說可知，是從根本原因衍生出部分之力量，因此，其力量來自根本原因（pradhāna 或 prakṛti 自性）。但是，佛教二十二根的根之力量，究竟是自己本身，還來自其他，或者是受業力所左右，因為這不在原始佛教的論題之中，所以完全沒有考察。

---

[11] 案：二世紀左右，出現於印度婆羅門教系中六種哲學學派之一。從純粹精神與根本原質二原理之關係，來說明現實世界。（《佛光》p. 1278）

在原始佛教，大致說來，人生的活動是依於善惡業及其果報。在十二緣起說中，根本原因爲無明或渴愛，又說作爲無明原因的非理作意，或說從流轉緣起，使向上逆轉爲還滅緣起的「明」，提出作爲明之原因的如理作意；總之，說明了作爲流轉輪迴原動力的業報之力，以及作爲還滅修道原動力的信等五根或三無漏根。若要進一步追溯其根源，當然這在原始佛教是沒有提到的，結果就成爲部派佛教的大眾部所說的清淨心性，或大乘佛教的佛性、如來藏。從某個觀點來看，可能也與正統婆羅門的梵或我之說有相通之處。

總之，原始佛教的二十二根，作爲通俗意義的諸現象之原動力乃是事實，而且似乎也有想到依於業而有根的作用。[12] 但

---

[12] 根據《成實論》，部派佛教亦承續原始佛教之說，謂命根等二十二根皆是由業而生起作用。此主張亦爲瑜伽行派所採用。在《成實論》中，命根之說明如下所述。

- 《成實論》卷 2（大 32, 251b）：以因業故，六入六識，得相續生，是命中業，名爲命根，是業從諸受生……佛以生死往來還滅垢淨故，說二十二根。
- 卷 4（265b）：從業因緣，四大成眼等根。
- 卷 7（289b）以業因緣故，五陰相續名命，是命以業爲根，故說命根。
- 卷 11（326c）：因六根生六識，是中有男女根，是諸法相續不斷故，名爲命。是命以何爲根？所謂業也。是業因於煩惱，煩惱依受故，以五受爲根，如是展轉生死相續，依信等根，能斷相續，

是到了部派佛教時代，尤其是部派佛教中，使形式化的阿毘達磨發展的上座部系統，將原始佛教的教理學說做形式化、機械化的分類整理。此即阿毘達磨式的作法，而諸門分別也是其中之一。此形式化、機械化的論究方法，與正統婆羅門的轉變說——將存在從根本原因開展爲有機生命——完全不同；反倒較類似於非正統派的積聚說——將存在做橫向要素的分析，做形式化、機械化的考察。[376]上座部的阿毘達磨學說，可能是在非正統派學說的影響之下發展出來的。心不相應思想的產生，可能也是承襲非正統派的想法。非正統派的思想，爲今日所知者，即釋尊時代六師外道之一的末伽梨拘舍梨（Makkhali Gosāla，宿命論之自然論者）之說，以及耆那教祖摩訶毘羅（Mahāvīra，*意譯爲大雄）之說；承襲此等說，於之後成立的正統六派中的衛世師學派（Vaiśeṣika 勝論派）等，也是相同的傾向。因此，想試著考察心不相應的概念，與此等外道學說有何類似之處？

首先，外道之一的末伽梨拘舍梨（宿命論之自然論者），成立地、水、火、風、空、苦、樂、生、死、得、失、靈魂等十二種實體，作爲宇宙人生的構成要素，其中地、水、火、風是物質，靈魂是精神。空是容納物質的空間，佛教也認爲是色法（巴利佛教），或者不生不滅的常住無爲法（有部、瑜伽行派

如是二十二根，往來生死。（**參原書 p. 378**）

等）。苦、樂在部派以後認爲是心所法，生、死、得、失四種，相當於現在所要討論的非心非物之心不相應法。生、死、得、失，是引發社會人生中生、死、得、失的一種力量，此被視爲實在，是不生不滅的永恆實體。佛教則認爲心不相應法是生滅變化的有爲法，這是不同之處，但是，若從其功能或作用的角度來看，二者極爲類似。[13]

其次，耆那教似乎與末伽梨拘舍梨關係密切。因爲末伽梨最初與摩訶毘羅共同修行數年，後來因意見不合而決裂。而二者的學說也有不少類似點。耆那教成立靈魂與非靈魂，作爲實體性要素；又於非靈魂成立四種實體：（一）運動的條件（dharma 法），，（二）靜止的條件（adharma 非法），（三）物質（pudgala 物質性要素），（四）空間，共五種實體，再加上時間，共爲六實體。其中，靈魂、物質、空間與末伽梨的情況相同，法、非法二種則爲耆那教的獨特之處。但是，因爲它是使物或心運動或靜止的原因或條件，所以，仍然與末伽梨的生、死、得、失，或者佛教的心不相應法性質類似。[377]從以上諸點來看，我認爲佛教心不相應的概念，可能是在佛教以前這些非正統派的

---

[13] 雖然佛教說一切有部等所主張的，心不相應法是生滅變化、現象性的有爲法，此乃與外道之說的不同處，但是，如後所述，有部的有爲法，其諸法之體，也是三世恆存的實有，所以，從這點來看，可知也與外道的不生不滅說十分相近。（**參原書 p. 379**）

學說，直接間接的影響下產生的。

又，部派佛教以後成立的勝論派，可能也是受耆那教或部派佛教的影響，而採用機械論的積聚說。勝論成立實、德、業、同、異、和合六句義，作爲存在的要素。第一、實句義，由地、水、火、風、空、時、方、我、意九種組成，其中時、方，唯識說不主張其爲實體，而是職掌時間、方位的假法之心不相應法。第二、德句義，是指實體的形狀、位置、狀態等，靜止的屬性，舉出色、香、味、觸、數、量、別體、合、離、彼體、此體、覺、樂、〔*苦〕、欲、瞋、勤勇等十七種，再加上重體、液體、潤、聲、法、非法、行等七種，共爲二十四種。其中，被部派佛教列爲色法的，有色、香、味、觸、重體、液體、潤、聲等，被佛教列爲心所法的有覺、樂、〔*苦〕、欲、瞋、勤勇、（法、非法）等，其餘的數、量、別體、合、離、彼體、此體，可看成相當於佛教的心不相應法。[14]

第三、業句義，是指實體運動作用等活動的屬性，有取、捨、屈、伸、行等五種。佛教雖然沒有提到它，但是，若它相

---

14 勝論的「行」(saṁskāra)，與十二緣起的「行」，多少有些相近之處，它被視爲行爲經驗反覆的潛在性習慣力。從這點來看，也相當於有部等的無表，另一方面也相當於煩惱的潛在力——隨眠，或一般的潛在力——種子。無表在有部等認爲是色法，《成實論》則如後所述，認爲是心不相應法。對於隨眠，有的部派主張其爲心所法，也有主張其爲心不相應者。(**參原書 p. 379**)

當於身體動作的身表業或四威儀，則在有部等認為是色法。第四、同句義、第五、異句義，意謂存在的上位概念與下位概念，所以可看成類似於有部等的眾同分。但是，如後所說，有部等的眾同分，只局限於有情的上位下位概念，所以，比包含存在概念全部的勝論之同異句義[15]範圍狹隘，而且二者未必相同。第六、和合句義，表示實體等的結合關係，或時間空間性的因果關係等，從某個觀點來看，也可看成相當於部派佛教或瑜伽行派的心不相應法。

從以上看起來，勝論派的學說，其分類基準或學說的根本立場，雖然與佛教之說十分不同，但是，將存在分類成種種要素（*句義），其要素機械式的合離集散，且要素中[378]存在著不屬物或心，而是在心物之外，職掌合離集散的運動、性質、狀態者，從這點來看，與佛教所成立的，非心非物法的心不相應非常類似。

四

[379]根據以上的考察，可推察佛教心不相應法概念的成立，受到非正統派的學說何等的影響。但是，對於部派佛教如此心不相應法的發生過程，今想從文獻做具體的考察。首先看原始聖典，完全沒有心不相應之語詞及概念，這點前面已敘述

---

15 案：日文原本為「同意句義」，應為「同異句義」之誤寫。

過了。在說心不相應法的部派中，以五蘊來說，是屬於行蘊。若嘗試看原始聖典中對五蘊的定義說明：漢巴的阿含，謂色蘊乃四大種及四大所造色；想蘊爲六受之後相繼生起的六想；識蘊是眼識乃至意識六識。至於現在所要討論的行蘊，根據漢譯《雜阿含》云：

> 云何行如實知？謂六思身，眼觸生思，耳鼻舌身意觸生思，是名為行。[16]

或

> [380]云何行受陰？謂六思身，謂眼觸生思，乃至意觸生思，是名行受陰。[17]

同樣的在巴利相應部，亦云：

> Katame ca bhikkhave saṅkhārā？Cha-y-ime bhikkhave cetanā-kāyā ; rūpasañcetanā…pe…dhammasañcetanā, ime vuccati bhikkhave saṅkhārā.(復次，諸比丘啊！何謂「行」？

---

16 《雜阿含》卷 2（大 2, 10b）。

17 同上卷 3（大 2, 15c 以下）。

諸比丘！此等六思身，即色思乃至法思。諸比丘！此等是謂「行」。）[18]

可知行是思（cetanā），也就是意志作用。

自前述定義以後的時代，在說明五蘊時，識蘊被作爲心之主體的識體，受蘊與想蘊是感受作用與想念作用，因爲是有所局限的一部分心之作用，所以，除此以外的心作用皆屬行蘊所攝。因此，行蘊中，如阿含所說明的，不只是思之意志作用，也列舉其他的心作用，此出現於各部派阿毘達磨論書。在巴利的論書中，承襲阿含之說，對於行蘊的定義說明，只說思而已，[19] 在其他場所，只將行蘊作爲心相應（即心所法）的一種。[20] 但是，其中不只是思，也應包含巴利佛教所說的受想以外的一切心所，故可知在巴利論書中，行蘊也包括許多心所法。儘管如此，即使到了阿毘達磨，巴利佛教也只將行蘊作爲心所法，而非心不相應法所攝。因此，巴利佛教不說心不相應法。

在說一切有部的論書，及法藏部所屬之《舍利弗阿毘曇論》[21]，皆成立心不相應法，因爲它屬於行蘊所攝，所以在行蘊的

---

18 *Saṁyutta*, 22. 57 （vol. iii, p. 63）.

19 *Vibhaṅga*, p. 7f.

20 *Vibhaṅga*, p. 40 : Ekavidhena saṅkhārakkhandho ; cittasaṁyutto.

21 關於《舍利弗阿毘曇論》三十卷之所屬部派，是犢子部或正量部。龍

定義說明中，有敘述心相應行（心所）與心不相應行二者。首先，根據有部的《法蘊足論》[22]，云：

> 云何行蘊？謂行蘊有二種，一、心相應行蘊，二、心不相應行蘊。
>
> 云何心相應行蘊？謂思、觸、作意，廣說乃至諸所有智見現觀。復有所餘如是類法，與心相應，是名心相應行蘊。[381]
>
> 云何心不相應行蘊？謂得無想定，廣說乃至文身，復有所餘如是類法，不與心相應，是名心不相應行蘊。

《舍利弗阿毘曇論》[23] 云：

> 云何行陰？除受陰、想陰、識陰，餘法非色有為，是名

樹《大智度論》卷 2（大 25, 70a）云：「犢子道人等，讀誦乃至今名為舍利弗阿毘曇」，《瑜伽論記》卷 2 上（大 42, 348a）、《瑜伽師地論略纂》卷 3（大 43, 38b）、《大乘法苑義林章》卷 4（大 45, 1222b 以下）等，提到《舍利弗阿毘曇》是敘述正量部之義。但是，從各種觀點來想，本書如於「關於《舍利弗阿毘曇》」（收錄於本選集第一冊）論文中所述，確實是屬於法藏部。**（參原書 p. 384-385）**

22 《法蘊足論》卷 10（大 26, 501b）。

23 《舍利弗阿毘曇論》卷 3（大 28, 545b）。

行陰。

云何行陰？思、觸、思惟、覺、觀、見、慧、解脫、無貪、無恚、無痴、順信、悔、不悔、悅喜、心進、心除、信、欲、不放逸、念、定、心捨、疑、怖、煩惱使、生、老、死、命、結、無想定、得果、滅盡定，是名行陰。

雖然沒有做心相應與心不相應的區別，但是，從本論其他場所各處可知，前列引文中，只有最後的「生、老、死、命、結、無想定、得果、滅盡定」八種，是心不相應。又從如前所述，在二十二根之諸門分別中，命根是心不相應之事亦可得知。

本來在《舍利弗阿毘曇論》中，並未明確提出心不相應法之獨立的存在法，且「心不相應法」之名稱亦未確立，可推知只是考慮到在概念上，與心法、心所法及色法不同的心不相應法之別種存在。在諸門分別二十二根中，命根之定義亦可得見，命根既不是色法——非色，[24]，也不是心——非心，[25] 不是心相應，而是非心相應，[26] 不是心所法（心數），而是非心所。[27] 同樣地，前舉「生乃至滅盡定」八種，雖未明確說此八種爲心不

---

[24] 同上卷 5（561a）。

[25] 同上（562c）。

[26] 同上（562c）。

[27] 同上（563a）。

相應法，但是，例如在五蘊的諸門分別中，謂此八法不是色法、[28] 不是心法、[29] 不是心相應、[30] 不是心所（心數），[31] 可知有不屬於色法、心法、心所法的非心相應之別種存在。由此可知，在《舍利弗阿毘曇論》中，雖未明確表示，但是在概念上已有心不相應思想的存在。

其次，前面曾提過在巴利阿毘達磨中，並未成立心不相應法，但是在諸門分別中，則有心相應、[382]心不相應標準的存在。此場合的心不相應，多指其他部派所謂的心不相應法，而在不立心不相應法的巴利佛教，其意義爲何？根據巴利《法集論》，對心不相應法做如下的定義說明。

> Katame dhammā citta-vippayuttā? Sabbañ ca rūpaṁ asaṅkhatā ca dhātu: ime dhammā citta-vippayuttā.（何謂「心

---

[28] 同上卷 3（545c）。

[29] 同上（547b）。

[30] 同上（547b）：五陰幾心相應？幾非心相應？二心相應，一非心相應，一不說心相應非心相應，一二分或心相應或非心相應……云何一二分或心相應或非心相應？行陰是名一二分或心相應或非心相應。云何行陰心相應？行陰若心數思乃煩惱使，是名行陰心相應。云何行陰非心相應？行陰若非心數，生乃至滅盡定，是名行陰非心相應。**（參原書 p. 385）**

[31] 同上（547b）。

不相應法」？一切色與無為界，此等法為心不相應。）[32]

或

> Katame dhammā citta-vippayuttā? Rūpañ ca nibbānañ ca, ime dhammā citta-vippayuttā. Cittaṁ na vattabbaṁ cittena sampayuttan ti pi cittena vippayuttan ti pi.（何謂「心不相應法」？色、涅槃，此等法即心不相應。心既不能說與心相應，亦不能說與心不相應。）[33]

由此可知，巴利佛教所謂的「心不相應法」，只是單純意謂與心不相應者，就是指與心不相應的色法，或無爲法之涅槃，並未承認在此等以外獨立存在的心不相應法。在巴利的《論事》諸部派之說，如：「纏是心不相應」[34]、「智是心不相應」[35]、「業的集積是心不相應」[36]、「正語、正業、正命是心不相應，所以，只有其餘五支是道」[37] 等場合中的心不相應，仍然也只是單純

---

32 *Dhamma-saṅgaṇi*, p. 209 f.

33 出處同上，p. 254.

34 *Kathā-vatthu*, 11, 1; 14, 6.

35 出處同上，11, 3.

36 出處同上，15, 11.

37 出處同上，20, 5.

指與心不相應的消極之意，並未說心不相應之積極獨立的存在。

由以上可判斷，巴利阿毘達磨不承認心不相應法的獨立存在。那麼，巴利佛教對於其他部派所成立的心不相應法，是看成如何的存在呢？關於這點，前面已大略提過，其他部派所說的心不相應，在巴利佛教認爲是色法或心所法，或者完全不說。這是因爲巴利佛教認爲，驅動物或心者，其性質就在物或心的本身，所以[383]沒有必要在色法或心、心所法之外，另外設立心不相應法。

關於驅動物或心者，例如就色法而言，在巴利佛教所說的二十八種色法中，有色積集（rūpassa upacaya）、色相續（rūpassa santati）、色老性（rūpassa jaratā）、色無常性（rūpassa aniccatā）等四種相色，相當於有部心不相應法中的生、住、異、滅四有爲相。只是，相對於有部的四有爲相遍及色心等一切，巴利的四相色只表示色法的有爲相，故巴利之說範圍較狹隘。其他巴利二十八種色中之身表（kāya-viññatti）、語表（vaci-viññatti）二表色，若解釋爲身體、言語的動作，或引起動作的力量，則也可看成是其他部派的心不相應法。

進而再看心所法，不只巴利佛教，心法的概念皆是指心的作用、狀態、性質，乃心的現象性變化之意，所以若將之解釋爲引起心的現象變化之力量，則仍然可看成是心不相應法。只是在此場合，因爲是與心相應俱起，而且又引起心的作用狀態等者，所以不應該說是心不相應法。此場合是心本身具備令心變化者，等同於前面巴利佛教在色法中所成立的，物質中令物質變化的相色或表色。此想法與機械論要素說的心不相應思想不同，總之，巴利佛教在驅動色法或心法方面，並未在色法或心、心所法以外，成立驅動色法或心、心所法的心不相應法，此想法可說有其一貫性。

有部在心所法中，承認驅動心所者；又在色法中，例如說地、水、火、風，是如前所述堅、濕、煖、動的性質；眼根等爲視覺能力等，所以色法不只純粹是物質本身，也包括物質的性質、狀態、能力等，與現象變化有關者。而且在色法、心、心所法以外，另外成立心不相應法，作爲支配此現象變化的一種力量。從這點來看，[384]成立心不相應法的有部等，其想法似乎沒有一貫性，我認爲還是像巴利佛教那樣，就在心、心所或色法本身中，成立使現象變化產生者，在理論上較爲徹底。

有部等成立心不相應法之個別存在，如前所述，可能是受到外道機械論式的積聚說之影響。[38] 但是，在外道，例如從勝論來看，其理論的建立方式與佛教不同，是在井然有序的教理組織下，成立存在爲：(1)實體本身（實），(2)作爲實體靜止現象的性質狀態（德），(3)作爲實體運動現象的作用（業），(4)實體與實體的概念關係（同、異），(5)實體等結合關係，或時間、空

---

[38] 此事在《成實論》卷 7（大 32, 289c）中也已提到：「有諸論師，習外典故，造阿毘曇，說別有凡夫法等」。

間性關係（和合）；有部等一方面從佛教的立場說色法、心法、心所法、無爲法等，這是與外道不同立場的分類；但是，另一方面則受外道的影響，成立在形式上看起來類似的心不相應法之個別存在，因此當然就不徹底了。

由於心不相應法是不統一的不徹底存在，所以佛教諸派中，有不說者，也有說者；而即使是說的部派，成立何等的心不相應也有異說，在心不相應法的性格上，有的部派視爲實法，有的則說爲假法，佛教內部並不一致。因此，下一節將討論有關心不相應法的這些異說。

五

[386]現今所知部派中不說心不相應法者，如前所述爲巴利佛教；說心不相應的則有有部、《舍利弗阿毘曇》、經量部等，另外東山住部或正量部也承認命根爲獨立之心不相應法。[39]

不過，在作爲諸部派根本阿毘達磨的《品類足論》或《舍利弗阿毘曇論》中，只列舉心不相應法的存在及其名稱，並未對心不相應法做進一步詳細的考察。因此，我認爲有關心不相應的種種研究考察，是過了根本阿毘達磨，在註釋時代或綱要書時代以後。

首先是根本阿毘達磨，在《舍利弗阿毘曇論》中，如前所

---

[39] 參照《論事》8，10 及其註。

述，敘述生、老、死、命、結[40]、無想定、得果（無想果）、滅盡定八種心不相應法，但是並沒有做各別的說明。其次，在有部的《品類足論》中，列舉得、無想定、滅定、無想事、命根、眾同分、依得、事得、處得、生、老、住、無常性、名身、句身、文身十六種心不相應法，[41] 並進一步各別做簡單的定義說明，[42] 謂：

> 一、得云何？謂得諸法。二、無想定云何？謂已離遍淨染，未離上染，出離想作意為先，心心所滅。三、滅定云何？謂已離無所有處染，止息作意為先，心心所滅。四、無想事云何？謂生無想有情天中，心心所滅。五、命根云何？謂三界壽。六、眾同分云何？謂有情同類性。七、依得云何？謂得所依處。八、事得云何？謂得諸蘊。

---

40 所謂命結，我認爲是指命與結。「命」是命根，「結」是三結等煩惱（潛在而與心相應等的隨眠）。**（參原書 p. 390）**

41 《品類足論》卷 1（大 26, 692c）、《眾事分阿毘曇論》卷 1（大 26, 627a）、《薩婆多宗五事論》（大 28, 997c 以下）也有。這裡雖然列舉十六結（應爲十六「種」之誤寫?）爲心不相應，但是，在後世確定的俱舍學中，心不相應法爲十四種。即除去依得、事得、處得三種，加上不得。**（參原書 p. 390）**

42 《品類足論》卷 1（大 26, 694a 以下）、《眾事分阿毘曇論》卷 1（大 26, 628c）中也有。

九、處得云何？謂得內外處。十、生云何？謂令諸蘊起，十一、老云何？謂諸蘊熟，十二、住云何？謂令已生諸行不壞，十三、無常云何？謂令已生諸行滅壞，十四、名身云何？謂增語，十五、句身云何？謂字滿，十六、文身[387]云何？謂字眾。

對心不相應法的性格等，則沒有提到。

及至註釋書的《大毘婆沙論》、綱要書的《成實論》、《俱舍論》、《順正理論》等，對心不相應法每一法有詳細的考察，對心不相應法的概念或性格等，也有種種的討論。所以，我想根據前述諸論書，從全體的立場考察心不相應法，並考察各派對其性格的異說。在此場合所要討論的是說一切有部與經部系。在說一切有部，諸論師之間有異說，經部系中也有根本經部師的譬喻者（Dārṣṭāntika 譬喻師）[43]、與之幾乎同立場的訶梨跋摩

[43] 所謂「譬喻師」，《俱舍光記》卷 5（大 41, 100b）說是鳩摩羅多（Kumāralāta）的門徒，《成唯識論了義燈》卷 2（大 43, 707c）說是經部本師，稱友的《俱舍釋》（Yaśomitra, *Abhidharma-kośa-vyākhyā*, p. 392, Dārṣṭāntikāḥ Sautrāṁtikāḥ；p. 400. Dārṣṭāṁtikāḥ Sautrāṁtikaviśeṣā iti arthaḥ）則說譬喻師是經部師或經部異師，多羅那他（Tāranātha）的《印度佛教史》（寺本譯 371 頁）中，說是從紅衣部分裂的經部師。不論根據何種說法，譬喻師是經部師的一種，尤其是指經部之祖的鳩摩羅多一派，亦即主要是指初期的經部說。**（參原書 p. 390）**

（Harivarman）的《成實論》[44]，以及之後的經部諸師等[45]，雖然大體的傾向是一致的，但是之間多少可看出有些差異。關於心不相應法，部分的分別論者（Vibhajyavādin）[46] 此外也有其

---

[44] 《成實論》古來多依經部師說。根據《三論玄義》，真諦三藏謂《成實論》用經部義說，嘉祥大師本身則說同於曇無德（法藏）部說及譬喻者，但是這似乎也是舉當時之說。賢首大師於《五教章》等中，說「成實論等經部別師」，慈恩大師亦於《法華玄贊》一本中，以成實爲經部說。實際上，若將《成實論》的主張，與《大毘婆沙論》的譬喻者說做比較，二者幾乎一致。從成實的作者訶梨跋摩，是經部祖師鳩摩羅多之徒來看，可知他是屬於譬喻者。參照拙稿「譬喻師與成實論」（《駒澤大學佛教學會年報》第一輯。收錄於本選集第二冊）。**（參原書 p. 391）**

[45] 後世的經部師，有《順正理論》各處出現的羅摩（Rāma）、師利邏多（Śrīlāta）等。後來經部說也似乎發達了，但是，漢譯《順正理論》以後者沒有提到，藏譯中則有所述。cf. Wassiljew, *Der Buddhismus*. **（參原書 p. 391）**

[46] 有關分別論者（Vibhajyavādin），有種種異說。巴利佛教將自己的立場當作分別論者（Vibhajjavādin），又自古在中國，例如根據《成唯識了義燈》卷 3（大 43, 719c），謂分別論者有四種類別。（一）《攝大乘論》所說的分別論者，是指化地部。（二）《大毘婆沙論》的分別論者，是正量部。（三）《成唯識論》的分別論者，是指說假部。（四）指大眾、一說、說出世、雞胤之大眾四部。可知分別論者並沒有固定的部派。在這裡是指《婆沙論》的分別論者。關於這點，近代學者在大正 14 年左右，有赤沼智善（《宗教研究》）、舟橋水哉（《密宗學報》）、木村

他的主張。也有受到有部說與經部說的影響，進一步將之改善爲大乘的瑜伽行派的立場。

首先考察有部立場的心不相應法之概念。有部對於事物的存在，成立實有與假有。所謂「假有」(prajñapti)，又稱爲「假法」或「施設」，是沒有實質根據、只有概念之存在。「實有」則不只是概念性的存在，也是有實質根據的存在。有部的五位七十五法，皆是三世實有，有部的七十五法皆表示是實法。但是，若認爲跨越過去、現在、未來三世的諸法爲實有的話，該如何決定諸法三世之區別？關於這點，有部內部也有法救、妙音、覺天、世友四論師之異說，其中世友（Vasumitra）之說被認爲是最正確而有權威者。根據其說，三世之別是依於位（avasthā）之別——法若來到現在之位，則稱爲現在；在未來之位稱爲未來；謝落到過去之位，稱爲過去。[47] 其意義爲何？例如，就心而言，心的作用現在在運作之位，是現在；**[388]** 作用終了者爲過去之心；其作用將來會生起而尚未出現者，是未來的心。心本身，也就是心的法體（dharma-svabhāva），存在於三世；其作用，也就是法相（dharma-lakṣaṇa）則依有無去來，

泰賢（《宗教研究》）等諸位先生，在此前後，也有相關的論文。**（參原書 p. 391）**

[47] 《大毘婆沙論》卷 77（大 27, 396a 以下）、《俱舍論》卷 2（大 29, 104c）、《順正理論》卷 52（大 29, 631a 以下）、

而有三世之別。因此，有爲的諸法——以五位七十五法來說，是除無爲法三種外之七十二種——其法體皆是恆存三世的實有者，依於法之作用的有無，而有三世的區別。現在之法不只是法體，其作用現存；過去或未來之法，則只有法體，作用不現存。

由以上的說明，可清楚明白有部所說心不相應法爲實有之意義。有部所說的心不相應法，與色法（物質）、心、心所法（精神性存在）相同，其法體及作用，是具體、實際的存在。因此，所謂生、住、滅者，並非只有概念，而是具體的存在。但是，對於其具體的現象性存在的狀態、場所及數量，則未及多談。那麼對於心不相應法，是否也可以如此說明？

由於有如此的困難點，所以從有部分裂的經部系，雖然承認心不相應法，卻不像有部主張它是實法，而主張它是無實體的，只是概念性存在的假法。原本經部（或經量部）對於說一切有部太過傾向於形式化的阿毘達磨，視阿毘達磨說較原始聖典說更有價值，而走向極端的情形，就抱持著反感的看法，認爲應該以佛陀本身所說的經典之說爲標準，而不是以阿毘達磨說爲標準，於是以經量部（以經說爲標準的主張）之名，採用合理說，從有部分裂。因此，反對有部「將諸法做形式化、機械化的分類，而謂一切皆爲實法」，而說心所法或心不相應法皆是假法。

就心所法來說，有部謂受、想、思、觸等爲心之屬性，如此多的心所法，同時與作爲心之主體的心法，相應俱起。經部則依阿含經典之說，謂受、想、思、觸等是各別單獨的心作用，[389]而且它們並不是與心或其他心所同時俱起，只是一時間內一法一法如此的相繼生起：受→想→思；之所以看起來好像是同時生起，只不過因爲其相繼生起極爲迅速，所以誤以爲是同時生起罷了，其實是一法一法的相繼生起。受、想、思等的心作用本身即是心。雖然說是心所法，只不過是心的分位差別而已，並不是在心以外獨立的另外一法。因此，所謂心所法的受、想、思等，皆只是心之分位的假法。

同樣的，心不相應法之諸法，並非獨立的存在，而是指五蘊等色心的一種狀態、能力，所以，仍然只是在色心等分位差別所取名的假法。例如，對於有部所作爲獨立實法的生、住、滅等心不相應法，經部則說，在五蘊的生、住、滅位或狀態，假名爲生、住、滅，離開五蘊，並不存在實法的生、住、滅。又有部謂生、住、異、滅四有爲相同時存在；經部則說，此四相是異時而一法一法的出現。爲什麼會有如此不同的說法？那是因爲兩派對於存在的看法，有根本上的差異之故。

如前所述，對於說一切有部主張三世實有，經部則主張現在有體，過未無體說，謂現在的五蘊等諸法雖然是實有，但是，過去或未來的存在，在五蘊等中則非實有。有部於諸法成立法體，說其爲三世存在，這是站在一種觀念論的立場；而經部則從通俗性、常識性的立場，謂只有現在經驗作用者爲實有。可以說，像有部所說現在之法的作用現存者，是經部的實有，所以經部不得不主張現在有體、過未無體。經部的有體之「體」（lakṣaṇa），與有部法體恆有的「體」（svabhāva 自性），意義並不相同。

由於有部與經部根本立場的不同，因此，有部主張在法體之上的生、住、異、滅四有爲相的法體，同時俱存；經部則說，在其具體作用之上的生、住、異、滅四相，不是同時俱存，[390]而是在一個時間內，一法一法的生起。如前所述，有關兩派對於受、想、思等心所法的俱起、相繼生起之異說，也可以從相同的根據來說明。

關於心不相應的概念，有部與經部之間有上述的不同。雖然世親在《俱舍論》中，大致採用有部之說，但是，因爲經部說是合理的，所以有時也說經部說較爲殊勝。受有部與經部二者影響的瑜伽行派，對於心不相應法，在概念方面，贊成經部說，謂心不相應法爲假法而無實體。在之後的瑜伽行派，唯識說超越了觀念論的領域，而被視爲形而上學，因此，從這立場來看，對於心不相應的看法也有所改變，關於這點在此不提。

六

[392]以上是從全體的立場考察〔*心〕不相應的概念，其次考察各部派對於各別的心不相應法的說明。首先就從有部的十四心不相應法開始。

最初的「得」(prāpti),即有情得諸法;在得諸法時,令能得彼之力起作用,此力量稱爲「得」之心不相應。在此場合,得之主體必須是有情,所得對象的諸法包括:(一)有爲之諸法,以及無爲法中的(二)擇滅無爲、(三)非擇滅無爲。[48] 在得的剎那,有三法必須存在:(一)作爲對象之法,(二)心不相應的「得」,(三)使獲得此得的另外之心不相應的「得得」。[49] 這是因爲使獲得一般諸法的是「得」,所以又成立使獲得此「得」(「本得」)的「得得」(「隨得」)之故。反之,使獲得此「得得」者,是最初的「得」。我認爲,這些是煩瑣哲學式議論,對於生住異滅四相,也是同樣的議論。「得」由時間性位置,而有「獲」(pratilambha)、「成就」(samanvāgata)二種,「獲」是未得或已失者今獲得,「成就」是指已得。[50] 又於「得」有「法前得」、「法後得」、「法俱得」等種種說法,爲恐繁瑣,今省略之。

以上是有部對於得之說法,有部謂其爲實法,但是,經部系則不承認得之實有,而以其爲概念性之假法。《大毘婆沙論》舉譬喻者之說云:

---

48 《大毘婆沙論》卷 158(大 27, 801a)、《俱舍論》卷 4(大 29, 22a)等。

49 《大毘婆沙論》同前。

50 《順正理論》卷 12(大 29, 396c)。

> 成就非實有，諸有情類，不離彼法，說名成就。此無實體，但是觀待分別假立。[51]

又得非實有，猶如拳離開手指，不會另外有實在的拳一樣。猶如合起五指名爲拳，離指而無拳之實物的存在；同樣的，離開五蘊等，不會另外有所謂「得」之實體的存在。[393]得之假法，在同樣是經部系的《成實論》中，有如下之敘述：

> 得者諸法成就，為眾生故有得，眾生成就現在世五蘊名為得。又過去世中善不善業，未受果報，眾生成就此法……無別有心不相應名為得。[52]

在這裡說到，作爲得之對象的，有現在之五蘊諸法，以及在過去世善不善業中，尚未受果報的業力。

所謂「非得」(aprāpti)，是得的相反，是使有情不能得到諸法的力量之存在。在瑜伽行派等中，不說「非得」，而是說「異生性」(pṛthagjanatā 凡夫性)，「非得」普通被視爲等同於凡夫性。但是，嚴格說起來，非得較廣，異生性較狹隘，是非得的一部分。因爲異生性是指不能得到聖法之力。因此，《大毘婆沙

---

51 《大毘婆沙論》卷 157（大 27, 796b）。

52 《成實論》卷 7（大 32, 289a 以下）。

論》提到，異生性是指聖法不成就性，因爲它是非得的一部分，所以如果說了非得，就沒有必要再成立異生性，因而反對餘師成立異生性爲獨立心不相應。[53]

又《婆沙論》也提到有人主張成就（得）爲實有，不成就（非得）非實有，但是並未舉出主張者之名。[54] 經部系則認爲得與非得皆非實有，[55] 而且在《成實論》中，除了不得（非得）之外，也另外成立凡夫法（異生性）爲心不相應行。前面《婆沙》「異生性不別在」的否定說，或許就是針對如此經部系的主張。因爲經部系將非得、異生性成立爲假法，所以即使二者爲個別成立，並不會像在有部有著重大的意義。

所謂「命根」(jīvita or jīvitendriya)，如前所述，巴利佛教將之區別爲色法與心所法，而不說心不相應法，根據《大毘婆沙論》，謂分別論者（Vibhajya-vādin）主張命根隨心轉。[56] 所謂「隨心轉」，即隨心而轉的心所法，與作爲巴利心所法的命根說一致。根據有部，謂命根乃由過去的善惡業報而得，是指作爲

---

[53] 《大毘婆沙論》卷 45（大 27, 235a）、《俱舍論》卷 4（大 29, 23b）等。又在《大毘婆沙論》卷 45（大 27, 231c-235a）中，有介紹有關異生性諸論師之說。

[54] 《大毘婆沙論》卷 157（大 27, 796c）。

[55] 《大毘婆沙論》卷 45、卷 157（大 27, 231b、796）。《成實論》卷 7（大 32, 289a）。

[56] 《大毘婆沙論》卷 151（大 27, 770c）。

異熟的三界之四生、五趣等身心相續的壽命，[394]它是煖（體溫）與識（意識）的保持者。[57]

然而在經部系，雖說命根爲不相應法，但是它並不是獨立的實法，而只不過是對五蘊相續的別名而已。《成實論》云：

命根者，以業因緣故，五陰相續名命，是命以業為根，故說命根。[58]

以因業故，六入六識，得相續生，是命中業，名為命根。[59]

是說命根離開五蘊、六入六識，不另外存在。世親亦於《俱舍論》中，如下贊成經部之立場：

今亦不言全無壽體，但說壽體非別實物，謂三界業所引同分住時勢分，說為壽體。由三界業所引同分住時勢分

---

57 《雜阿毘曇心論》卷 9（大 28, 943 以下）、《入阿毘達磨論》卷下（大 28, 987a）、《俱舍論》卷 5（大 29, 26a）。

58 《成實論》卷 7（大 32, 289b）。

59 《成實論》卷 2（大 32, 251b）。

相續，決定隨應住時，爾所時住故，此勢分說為壽體。[60]

所謂「眾同分」(nikāyasabhāgatā)，如《品類足論》對於「有情同類性」[61] 之定義，是指使同一類有情成爲同類之力量的實在。《雜阿毘曇心論》將之區別爲六種：[62]

種類（眾同分）者，眾生身、諸根、支節、事業、飲食同似，彼種類有六種：

一、界種類：如欲界、色無色界之有情。

二、趣種類：如地獄、畜生、人、天等有情。

三、生種類：卵生、胎生、濕生、化生之有情。

四、處所種類：如無間地獄有情、第一有之有情。

五、自身種類：例如鳥類內之鳩類、烏類、雀類。

六、性種類：如男性、女性。

用如此的標準來表示有情的同類，稱爲眾同分。爲了使人明白有情的凡聖、階級、男女等差別，所以必須有眾同分的存

---

60 《俱舍論》卷 5（大 29, 26b）。

61 《品類足論》卷 1（大 26, 694a）。

62 《雜阿毘曇心論》卷 9（大 28, 943a）。

在。在《入阿毘達磨論》[63] 中，[395]對此設立無差別與有差別，無差別相當於共通有情全體的上位概念（*總相），有差別是指有情中的界、地、趣、生等區別，可將之視爲相當於下位概念（*別相）。在這點，此二者與勝論派的同句義、異句義多少有類似之處。

又於《俱舍論》等中，也有將眾同分分成「有情同分」（sattva-sabhāgatā）與「法同分」（dharma-sabhāgatā）來說。「有情同分」是如前述有情上位下位概念的同分，「法同分」是就有情所依之蘊處界等，成立蘊同分、處同分、界同分等。但是，此場合應當注意的是，此眾同分只局限於有情，並不是像勝論的同句義、異句義，除了表示有情之外，也表示其他一切的存在的上位概念、下位概念之關係。附帶一提，經部系的譬喻者、《成實論》，對於眾同分皆隻字未提，所以，經部並未成立眾同分，將之放在心不相應法的假法中。

「無想定」（asaṁjña-samāpatti），是指外道爲了得到無心無想的禪定之樂，在進入第四禪無想定的入定期間，停止心、心所的作用，使無心無想的狀態持續的力量，有部主張它是屬於不相應行蘊的實法。如《俱舍論》所云：

有法能令心心所滅，名為無想。如是復有別法能令心心

---

63 《入阿毘達磨論》卷下（大 28, 987b）、《俱舍論》卷 5（大 29, 24a）。

所滅，名無想定。[64]

經部系認爲，無想定的場合，心作用並未全滅，仍有細心繼續存在。《大毘婆沙論》謂不只是譬喻者，分別論師亦作是說。「譬喻者、分別論師執，無想定細心不滅」。[65] 他們認爲，若無想定完全無心，則命根應斷，便名爲死，不可說在定。《成實論》也說，雖然成立無想定爲心不相應法，但是，它只不過是細心的狀態，並非有獨立之別法。即所謂：

無想定者，無此定法。所以者何？凡夫不能滅心心數法……是心心數法，微細難覺，故名無想。[66]

[396]「無想事」（āsaṁjñika）是使無想有情天的有情心、心所止滅的力量。謂此世習熟無想定的外道，其果報爲來世生於無想有情天。如《入阿毘達磨論》云：

若生無想有情天中，有法能令心心所滅，名無想事。是

---

64 《俱舍論》卷 5（大 29, 24c）。

65 《大毘婆沙論》卷 151（大 27, 772c）。

66 《成實論》卷 7（大 32, 289b）。

實有物，是無想定異熟故，名異熟生。[67]

經部系則以之爲假法，認爲無想有情也有細心，與前之無想定相同。

「滅盡定」（nirodha-samāpatti），詳說爲「想受滅定」（saṁjñā-vedayita-nirodha-samāpatti），是指佛教聖者爲了得到禪定之樂，在得到非想非非想處定之後，又再度進入的極爲寂靜的禪定。於此，受想等心、心所完全止滅，只有無心無想的狀態。所以，在入定期間，有使心心所止滅的力量，此即所謂滅盡定之獨立心不相應法。根據《入阿毘達磨論》的定義云：

滅盡定者，謂已離無所有處染，有頂心心所法滅，有不相應法，能令大種平等相續，故名為滅定，是有頂地加行善攝。[68]

有部認爲聖者無漏法沒有異熟果，所以滅盡定不是異熟，而是依於加行的善。

經部系及分別論者則與有部不同，主張滅定細心不滅。彼等之說謂：

67　《入阿毘達磨論》卷下（大 28, 987a）。

68　同上。

> 無有有情而無心者，亦無有定而無念者，若定無心，命根應斷，便名為死，非謂在定。[69]

譬喻者主張，滅盡定亦有心，唯滅想、受而已。[70]《成實論》亦做同樣的說法，謂：

> 滅盡定者，心滅無行，故名滅定，無有別法，猶如泥洹。[71]

因爲於滅定細心繼續存在，假名爲滅定，所以，主張滅定之心不相應法爲假法。

[397]「生」(jāti)，「住」(sthiti)，「異」(jarā)，「滅」(anityatā) 是有爲之四相，支配五蘊等諸法的生、住、老、滅之各種力量是實在的，所以是心不相應法。根據《大毘婆沙論》，對於四相的定義說明，有部內諸論師雖然似乎也有種種異說，[72] 但是，將它作爲實法的心不相應，這點則是一致的。又，如前所述，

---

69 《大毘婆沙論》卷 152（大 27, 774a）。

70 同上（775a）。

71 《成實論》卷 7（大 32, 289b）。詳細參照卷 13（345b）。

72 《大毘婆沙論》卷 39（大 27, 203b）。

在有部，四相是觀念性存在，因爲其法體恆時存在，所以有爲法發生變化時，四相同時俱存。又成立生生、住住、異異、滅滅四隨相，作爲令此四相（四本相）生住異滅者；而令此四隨相生住異滅者則爲四本相。[73]

經部則主張四有爲相不同時存在，而是各別作用，只有一一個別的存在，而且此四有爲相與五蘊等並非不同的兩個東西，只不過是因爲以五蘊等的生、住、異、滅狀態爲四相，所以，以五蘊等分位，而名爲假法。《大毘婆沙論》舉譬喻者之說云：

> 諸有為相是不相應行蘊所攝，不相應行蘊無有實體，故諸有為相，非有實體。[74]

> 諸有為相是不相應行，行蘊所攝，諸不相應行，皆無實體。[75]

又舉經部師之說云：

---

73 《俱舍論》卷 5（大 29, 27b）、《順正理論》卷 13（大 29, 406a）等。

74 《大毘婆沙論》卷 38（大 27, 198a）。

75 同上卷 195（997b）。

色等五蘊出胎時名生，相續時名住，衰變時名異，命終時名滅。[76]

異時四相。[77]

《成實論》亦同，云：

五陰在現在世名生，捨現在世名滅，相續故住。是住變故，名為住異，非別有法，名生住滅。[78]

又於《成實論》中，在此生、住、異、滅之外，又別立死與老，云：

[398]五陰退沒名死，諸陰衰壞名老，無別有老死法。[79]

因爲作爲假法的看法都相同，所以四有爲相與老死未必是質上的區別，只是爲了說明四有爲相並不是像有部所謂的一時

76 同上卷 38（198b）。

77 同上（198c）。

78 《成實論》卷 7（大 32, 289b）。

79 同上。

存在，故將四有爲相的說明在前面提出。世親的內心是贊成經部說的。[80]

對於有爲相，其他部派之間似乎也有異說，根據《大毘婆沙論》，分別論者主張諸有爲相皆非有爲，而是無爲法。如云：

> 若有為相是有為者，其力羸劣，何能生他，乃至令滅？以是無為故，便能生法乃至滅法。[81]

> 若有為相體是有為，性羸劣故，則應不能生法、住法、異法、滅法，以有為相體是無為，性強盛故，便能生法乃至滅法。[82]

法密部（Dharma-guptaka 法藏部）主張，四有爲相中，生、住、異三者是有爲法，只有滅是無爲法。[83] 其理由是：

> 若無常相體是有為，性羸劣故，不能滅法，以是無為，

---

[80] 《俱舍論》卷 5（大 29, 27c-28c）。

[81] 《大毘婆沙論》卷 38（大 27, 198a）。

[82] 同上卷 195（997b）。

[83] 同上。

性強盛故，便能滅法。[84]

又有相似相續沙門，主張四有為相是色法，否定其為心不相應。[85] 可見此與巴利佛教之說相同。也有人主張有為相是相應法，也就是心所法。[86]

由以上可知，各部派對於有為相有種種的異說。

又，在《大毘婆沙論》有討論到，諸法生滅變化時，是有為相的力量強，還是業力強。結論是業力比無常力強。[87] 其理由是：

一、業能滅三世行，無常唯滅現在行故，

二、業力能引五趣眾同分，無常唯能滅現在行故，

三、業力強，非無常力。所以者何？和合事難別離易故，

四、業力能感一切果法，無常唯能滅起法故。

[399]此場合中所謂的「無常力」(有為相)，當然是指與業力相同的，在現在起作用的具體力者，並不是指法體三世恆

---

84 同上卷 38（參照 198a、198c）。

85 同上（198a)：「色法生住老無常，體還是色，乃至識法生老住無常，體還是識。」同上卷 195（997b)：「復有說，色法生住老無常，體即是色，餘亦如是。」

86 同上卷 195（997b)：「復有說，諸有為相是相應法。」

87 同上卷 38（199b 以下）。

存的觀念性之有爲相。

「名身」（nāma-kāya）、「句身」（pada-kāya）、「文身」（vyaṁjana-kāya）:「名身」是指山、川、人等名詞，「句身」意指由集合此名詞所形成的文章句節，「文身」是阿、伊、卡、薩、他等字母。當然這些並不是紙上所寫的文字章句，而是觀念性的實在者。可說名、句、文身是集合了傳達思想概念等的力量者，因此，言語等也是存在的。經部則認爲這些並非實在，只不過是概念的假法，這點與其他心不相應一般的情況相同。[88]

又，外道的聲論者（śabda-vādin），也就是文法家，不主張名、句、文身是心不相應法，而主張其自性是聲。[89] 佛教則謂聲是色法，所以，名、句、文身也是色法，而有部主張此三者是與聲不同的觀念性之獨立存在者。又《成實論》中亦舉出有人與聲論者類似相通的主張。

> 有人言，名句字眾，是心不相應，此事不然，是法名聲性，法入所攝。[90]

也就是主張聲是法入所攝的聲。並不清楚此主張是教內或

---

[88] 同上卷 14（70a）：名句文身，非實有法。

[89] 同上：名句文身，聲爲自性。

[90] 《成實論》卷 7（大 32, 289c）。

教外者，不過，其說與巴利佛教主張，由聲而生起的語表爲法處所攝色之說，有相通之處。

有關有部所說的十四心不相應法，以上大致介紹完畢。如前所述，《成實論》在列舉心不相應的場所，雖只說前述諸法，但是在後面談論無作（無表 avijñapti）時，則謂無作是心不相應，行蘊所攝。因此，中國、日本的成實宗，將無作歸於心不相應法。關於無作，《成實論》將有部與成實立場，以問答體的方式列出，對於有部以無作爲色法，成實論主則以無作爲非心非色之心不相應法，無作包括從意業而生者，[91] 它是後世種子說的起源之一。

[400]附記　以上已考察完畢對於心不相應成立獨立項目的部派之心不相應法，這些部派皆將心不相應法與心所法一起包括在行蘊中。可能因爲稱爲「心不相應行」，所以就將它放在行蘊中吧！但是，心不相應行的「行」，與行蘊的「行」，雖然是同一語 saṅkhāra, saṁskāra，但是卻是完全不同的。前者的「行」是諸行無常的行，是生滅變化的現象之意，後者的「行」則是

---

[91] 同上（290b）：（有部）有無作法，非心，今爲是色。（成實師）是行陰所攝，色是惱壞相，非作起相。（有部）經中說六思眾名行陰，不說色不相應行。（成實師）是事先已明，謂有心不相應罪福……色聲香味觸五法，非罪福性故，不以色性爲無作……又或但從意生無作，是無作云何名色性？又無色中有無作，是無作云何當有色耶？

將精神作用分成受蘊（感受、感覺）、想蘊（想念表象）、行蘊（意志等）、識蘊（認識判斷）四類的其中之一，包含受、想、識以外的一切精神作用。即使行蘊的行，已包含精神作用的廣泛範圍，但是心不相應法的行，一般被用於物質、精神的現象，因此所包含的範圍比行蘊更廣。心不相應行是不與心相應的行，並不屬於精神作用。將非精神作用者，放在作爲精神作用一部分的行蘊中，是非常不合理的。

七

[402]部派佛教心不相應法之各別法，大致如前；承襲有部或經部之說，而從大乘立場採用它（*它=有部或經部之說）的瑜伽行派之心不相應，若從全體來看，其立場可說接近於經部說。而其各別法的心不相應法的說明，雖有多處承襲有部或經部，但是瑜伽行派又增加部派佛教所沒有的種子說或[403]阿賴耶識說，由此立場而說明諸法，對於心不相應，也增加了部派佛教所沒有的定義說明。例如，對於最初的「得」，瑜伽行派成立種子成就、自在成就、現行成就的區別；[92] 又對於「無想定」或滅盡定，承襲經部系的細心不滅之說，瑜伽行派以細心爲阿賴耶識，謂於此二定，作爲粗心之轉識雖滅，但是作爲

---

92 參照《瑜伽師地論》卷 52（大 30, 587a）、《大乘阿毘達磨集論》卷 3（大 31, 673c）等。

細心的阿賴耶識不滅。[93] 關於這些，爲恐煩瑣，故省略不談。

不過，到了瑜伽行派，在有部的十四心不相應法以外，新增了十種心不相應行，我想對此稍加敘述。在瑜伽行派諸論書中，《五蘊論》等只列舉十四心不相應法，《阿毘達磨集論》等則除去最後的不和合，而說二十三種心不相應法，其餘雖然列舉二十四種，但是從現存最早的論書《瑜伽師地論》來看，卷三及卷五六雖然列舉二十四種，但是在加以詳細說明的卷五二中，只列出十八種。它是從前十四種當中，除去二無心定（*無想定、滅盡定）與無想果三項，從後十種除去方、和合、不和合三項〔*而成爲十八種。〕尤其不和合是前述《集論》等中所沒有提到的，從這點來看，確定爲二十四者，最多始於無著或世親（或者在此之後），《瑜伽師地論》在後來《瑜伽論》所採用現行本時，才將原本並未確定的心不相應法之數目，在卷三、卷五、卷六等記載確定的二十四種。

《翻譯名義集》（*Mahāvyutpatti*），列出三十一種心不相應法的名稱，[94] 雖然其中也包括瑜伽行派的二十四種，但二十四後面的部分未必是連續的，而是在中間插入其它的名稱。由此可知，瑜伽行派後面部分的名稱，未必是確定的，其他名稱的心不相應法，也在佛教中被提及。《翻譯名義集》對於瑜伽行派二

---

93 《瑜伽師地論》卷 53（大 30, 592c 以下）。

94 參照第一節註 3。

十四心不相應以外之法，取自何處？現存的漢譯藏經中，並沒有其他說這些項目者，所以無法得知。不過，在藏譯藏經中，或者是類似的文獻中，可能會有。總之，可知心不相應法的項目數，未必是確定的。[404]在心所法的項目數方面也是如此。

因為想將瑜伽行派的心不相應法，作為附論來敘述，所以，只對有部等所未討論的十種，做簡單的介紹。此十種即：流轉、定異、相應、勢速、次第、時、方、數、和合、不和合。

其中，所謂「流轉」（pravṛtti），是說現象諸法因果相續而無斷絕的狀態，此不斷相續的分位，假名為流轉。因此，它與其餘的心不相應法同樣是假法。[95]

其次，「定異」（pratiniyama），是說諸法因果相續法則決定，無論佛出世或不出世，善因善果、惡因惡果，法爾而不雜亂。如此因果差別相的分位，假名為定異。

「相應」（yoga），是說諸法因與果彼此適當相應、相稱。其因果相稱的分位，假名為相應。

「勢速」（java），是說諸行因果相續，迅速流轉。依其迅速流轉分位，而立名為勢速之心不相應法。

「次第」（anukrama），是說諸行因果相續，依順序前後次

---

[95] 關於以下諸法的定義說明，參照《瑜伽師地論》卷 52、卷 56（大 30, 587c 以下、607c 以下）、《大乘阿毘達磨雜集論》卷 2（大 31, 700c 以下）等。

第不亂。其順序一一流轉之分位，假名爲次第。

「時」(kāla)，是指由太陽出沒而決定的諸行相續之時間經過，以及造成過去、現在、未來三世之差別者；將諸行相續之分位，假名爲時。普通佛教不承認有所謂時間的存在，而是以諸法的經過表現爲時。因此，「時」的原語普通是用 adhvan（經過）之語，不過，現在是用一般的 kāla 一語。

「方」（deśa）是表示物質存在的位置，它有東西南北四維上下的因果差別。[405]由物質位置之分位，假名爲方。

「數」(saṁkhyā)，是表示由諸法的某單位，而計算數量的差別。由諸法的單位，而表示出的分位，即名爲數。

「和合」(sāmagrī)，諸法因果相續時，由於眾緣集會，其現象才生起。此眾緣的集會，假名爲和合。

「不和合」則與和合相反，即眾緣不和合。不和合的原語是 anyathātva（異樣性)，但是，因爲它就是十四心不相應中的異（老)，所以 bheda（破）也可能相當於是它。

無爲法

一

[407]在以說一切有部爲代表的部派佛教，以及承襲有部的瑜伽行派，將一切法分類爲色法、心法、心所法、心不相應法、無爲法五位。此分類在原始佛教是完全找不到的，直至部派時代的阿毘達磨才開始出現。而且在阿毘達磨初期時代，五位並不明確。若從說一切有部的阿毘達磨來看，五位分類被明確的表示，是在七論中，屬於最後發展階段的《品類足論》。在巴利佛教的七論或註釋書中，亦無此分類，在後世的綱要書中才初次出現；又《舍利弗阿毘曇論》也沒有清楚的分類爲五位。但是五位的要素，各部派從初期或中期的阿毘達磨時代以後，就被部分地列舉出來。

回溯自原始佛教，五位中的一部分，例如，心所法、心不相應法等名稱，幾乎完全沒有出現，而色、心、無爲等語詞，雖然曾出現在阿含經中，但是它與阿毘達磨所說的，作爲五位法的色法、心法、無爲法，在概念內容上則十分不同。也就是，阿毘達磨承襲原始佛教的阿含經之說，由此發展而逐漸遠離原本的立場，及至後期的阿毘達磨，用語的概念內容，與阿含經所說的，有很大的不同。這是什麼原因造成的呢？

原本在以釋尊爲首的原始佛教，主要是以到達人生的理想爲課題；並考察人生的狀態爲何；現實的不滿或苦惱如何生起，所以只是與實踐修道有關的事情而已。說五蘊、十二處、十八界等，是爲了如實觀察它們是無常、苦、無我的，由此脫離現實的苦惱，並不是爲了將五蘊等作爲事實的存在，而做客觀的考察。原始佛教的哲學理論，並不是爲了純理論，而是爲了有助於實踐，作爲實踐修道的根據。

然而，及至阿毘達磨，逐漸偏離實踐面，從純知性理論之興趣而發展研究，對於諸法的存在，從全體、時間、空間各層面做考察。現在變成與原始佛教不同，與實踐未必有關，而是客觀討論存在的本身。因此，原始佛教雖然提到作爲一切法的五蘊、十二處、十八界，但是到了後期的阿毘達磨，由於五蘊等分類，無法網羅存在的一切法，又由於此分類法，無法充分對客觀的存在做合理的分類，於是就用以前所完全沒有的色、心、心所、心不相應、無爲的新五位分類法來做考察。在這五位中，關於心、心所法、色法、心不相應法，筆者已在前面討論過了，[1] 所以，現在想考察無爲法。

---

1 「心心所思想的產生過程」(《日本佛教學協會年報》14 號，昭和 16 年度)。「佛教的色（物質）之概念」(宇井博士還曆紀念《佛教與印度學之諸問題》岩波書店，昭和 26 年)。「心不相應法」(《駒澤大學研究紀要》14，昭和 31 年)。皆收錄於本選集第二冊。

二

[409]「無爲」一語，常被原始佛教的阿含經所用，及至部派時代的阿毘達磨，對無爲的考察更爲詳細。但是阿含所用的無爲之概念，與阿毘達磨所考察的無爲概念，二者未必相同。因此，首先想討論阿含經所出現的無爲之語詞。

在巴利《相應部》「無爲相應」Asaṅkhata-saṁyutta 一章[2]，收錄四十四篇經典，看起來都是十分形式化的簡單經典。首先說到何謂無爲，以及到達無爲之道爲何：無爲之道是念身、止、觀、有尋有伺等三三昧、空、無相、無願三三昧、四念處、四正勤、四神足、五根、五力、七覺支、八正道，這些各有一經。而對於無爲，各經皆做同樣的定義：

> 比丘等啊！那麼何謂無為？比丘等啊！貪欲的滅盡、瞋恚的滅盡、愚痴的滅盡，比丘等啊！此等即所謂無為。
>
> Katamañ ca bhikkhave asaṅkhatam. Yo bhikkhave rāgakkhayo dosakkhayo mohakkhayo, idaṁ vuccati bhikkhave asaṅkhataṁ.[3]

---

[2] *Saṁyutta*, iv, pp. 359-373.《南傳》16 上，77-98 頁。

[3] *Saṁyutta*, iv, p. 359. 關於無爲的相同定義，漢譯《雜阿含》是在卷 31（890 經）（大 2, 224b）、《增一阿含》卷 49（大 2, 816c）等。又，在大乘的般若經中也有同樣的定義。例如，《大般若經》卷 46（大 5, 262c）

前述之定義，與阿含經常出現的涅槃之定義完全相同。可知無爲與涅槃是指相同的內容。[4]

在「無爲相應」中，與所說的無爲定義，以及無爲之道相同者，在後面對於終極 anta、無漏 anāsava、真諦 sacca、彼岸 pāra、微妙 nipuṇa、極難見 sududdasa、不老 ajara、堅牢 dhuva、不壞 apalokina、無譬 anidassana、無戲論 nippapañca、寂靜 santa、不死 amata、勝妙 paṇīta、安泰 siva、安穩 khema、愛盡 taṇhakkhaya、[410]希有 acchariya、未曾有 abbhuta、無災 anītika、無災法 anītikadhamma、涅槃 nibbāna、無惱害 avyāpajjha、離貪 virāga、清淨 suddhi、解脫 mutti、無執著 anālaya、洲渚 dīpa、避難所 leṇa、庇護所 tāṇa、歸依所 saraṇa、所趣所 parāyana，同樣說明其定義及其道。其定義雖被省略，但是皆與無爲的定義是相同的內容。由此可知，前述「終極」乃至「所趣所」，雖然其中也有涅槃，但是皆是無爲或涅槃的同義語。又，於此章第一品末云「涅槃相應第一品」，正好說明了「無爲相應」又稱爲

云：「云何無爲法？佛告善現，若法無生無住無異無滅可得，所謂貪盡、瞋盡、痴盡、真如、法界、法性、性住、法定、不虛妄性、不變異性、離生性、平等性、實際、善現，此等名無爲法。」（**參原書 p. 411**）

4 例如：*Saṁyutta*, iv, p. 251; p. 261. Yo kho āvuso rāgakkhayo dosakkhayo mohakkhayo, idaṁ vuccati nibbānaṁ.

「涅槃相應」。

附帶說明，在漢譯《雜阿含》中，相當於巴利的「無爲相應」的，只有卷 31 的一經（899）。[5] 該經的無爲定義與巴利語相同，其無爲之道則只列舉八正道。無爲的同義語則舉出難見、不動、不屈、不死、無漏、覆蔭、洲渚、濟度、依止、擁護、不流轉、離熾焰、離燒燃、流通、清涼、微妙、安穩、無病、無所有、涅槃。二者大致相同，不過對於修行道，漢譯較爲簡單。

由以上可知，阿含中的無爲，即是依三十七菩提分等修行所到達的涅槃，這是滅除三毒等一切煩惱，無執著、清淨解脫的境地，是不老不死而堅牢不壞、無苦安穩的究竟理想境界。那麼，爲何稱爲「無爲」？

參考《自說經》或《如是語經》，與無爲一詞共同使用的有不生 ajāta、不成 abhūta、不作 akata 等語。[6] 這說明了所謂「無爲」，並不是依於因緣等而發生，非作爲，是與因緣等無關者。亦可知與無爲相反的「有爲」，是指依於因緣而產生的現象法。但是在原始佛教，並沒有將無爲看成是與有爲之現象相反者，也就是永遠存在的本體，這是絕對沒有提到的。本體存在被釋尊認爲是「我」（attan, ātman）而予以否定。那麼，該如何解釋

---

[5] 大 2, 224a 以下。

[6] *Udāna*, p. 80f., *Itivuttaka*, p.37.

無爲呢？

[411]所謂「無爲」asaṅkhata, asaṁskṛta，可能是指脫離依於行 saṅkhāra, saṁskāra 的作爲之意。此場合中的「行」，也有種種廣狹之意義，但是這裡是與十二緣起第二支的「行」相同，可將它看成是作爲善惡行爲及其餘勢力，而引發輪迴的原動力。因此，行與善惡業或輪迴業報有關；而脫離依於行之作爲的無爲，可說即是與因果業報無關者。不過，由於善惡業或輪迴之場所是三界世間，所以無爲被看成是屬於超離三界世間的出世間。

雖然說是超離世間，但是它並不是在三界之外，而是雖處於世間，但是超越了世間業或輪迴的解脫狀態，此稱爲無爲。也就是，無爲並不是存在狀態，而是指證悟的狀態、覺者的態度。總之，它與涅槃相同。其境界之說明於阿含經隨處可見，如下之例所示：

> 唯苦起而生，滅而滅，不惑不疑，不依於他，於彼唯有智。[7]

> 眼生時，無有來處，滅時無有去處，如是眼不實而生，

---

[7] *Saṁyutta*, ii, p. 17.《南傳》13，24 頁。

生已盡滅，有業報而無作者。[8]

我不欣於死，亦不欣於生，正知正念，捨此身而去。[9]

三

[412]阿含所說的用語或概念，在阿毘達磨中被形式化固定下來，使本來是階段性的、立體的內容，被平面的、單一性的做解釋。在阿含中，無爲的概念被放在不同於有爲世間的次元；但是在阿毘達磨，無爲則是無變化的存在，被放在與變化存在的有爲相同之次元。而無爲的解釋及內容，在部派間產生了差異，以現在流傳的文獻來看，即可知各部派對無爲的主張有很大的不同。與阿含時代不同的是，無爲被當成一種存在之法而考察，這是各部派的共通之處。因此，以下想討論漢巴等文獻所列舉的各部派的無爲說。

首先，巴利佛教與原始佛教相同，認爲無爲即是涅槃，而沒有再成立其他的無爲。例如，《分別論》云：

何謂無為界？貪欲的滅盡、瞋恚的滅盡、愚痴的滅盡，

---

8 《雜阿含》卷 13（335 經）（大 2, 92c）、《增一阿含》卷 30（大 2, 713c）。

9 *Theragāthā*, 1002。

此即所謂無為界。[10]

《法集論》云：

何等法為無為？涅槃。此法即無為。[11]

可知此說明與阿含完全相同，這在後世也是如此。但是在巴利文獻[413]的《彌蘭陀問經》中，除了提到涅槃是無爲之外，[12] 另外也有兩次述及：虛空、涅槃二者不業生 akammaja、不因生 ahetuja、不時節生 anutuja。[13] 不業生、不因生、不時節生者，即是「不是依於種種因緣而生者」之意，是指阿毘達磨式的無爲。由此可知，在這裡虛空也被認爲是無爲，從這點來看，可說《彌蘭陀問經》(是前述漢譯《那先比丘經》所沒有的後本成立部分）的立場與南方上座部多少有些不同。

只將無爲作爲涅槃的部派，除了巴利佛教外，根據稱友的梵文《俱舍釋》，也列舉犢子部。[14] 如後所述，《舍利弗阿毘曇

---

10 *Vibhaṅga*, p. 89.

11 *Dhamma-saṅgaṇi*, p.244.

12 *Milinda-pañha*, p. 270.

13 出處同上，pp. 268, 271.

14 Yaśomitra, *Abhidharmakośa-vyākhyā*, p. 15. Santi hi kecid ekam evaśaṁskṛtaṁ nirvāṇam ity āhur yathā Vātsīputrīyāḥ.

論》雖然被認爲是法藏部的論書，但是其中有說到九無爲，所以與前一無爲說完全不同。

其次，說一切有部成立「虛空」ākāśa、「擇滅」pratisaṅkhyā-nirodha、「非擇滅」apratisaṅkhyā-nirodha 三種無爲法。這在有部初期阿毘達磨的《法蘊足論》中已經出現，[15] 其次就說明《品類足論》中，對三無爲的定義說明。[16]

此三無爲說亦爲《正法念處經》所採用，[17] 龍樹也在《大智度論》中列舉三無爲。[18]

---

15 《法蘊足論》卷 11（大 26, 505a）。

16 《品類足論》卷 1（大 26, 694a 以下）：「虛空云何？謂體空虛，寬廣無礙，不障色行。非擇滅云何？謂滅非離繫。擇滅云何？謂滅是離繫。」參照《眾事分阿毘曇論》1（大 26, 628c）。**（參原書 p. 414）**

17 《正法念處經》卷 4（大 17, 21a）。本經含有相當多的阿毘達磨式之教相，與說一切有部有十分類似之處，也有不同處，所以，可能是屬於接近於有部的某部派。**（參原書 p. 414）**

18 《大智度論》卷 12（大 25, 171b）。此三無爲說可能是採用有部說，所以，找不到本身的大乘說。因爲龍樹在《智度論》各處敘述無爲，它與原始佛教的場合相同，將無爲作爲實踐的意義。例如，同論卷 31（大 25, 289a）云：「有爲法實相即是無爲，無爲相則非有爲……無爲相者，不生不滅不住不異，是入佛法之初門……若不集則不作，若不作則不滅，是名無爲法實相。若得是諸法實相，則不復墮生滅住異相中，是時不見有爲法與無爲法，合不見無爲法與有爲法，合於有爲法無爲法不取相，是爲無爲法……若斷諸憶想分別滅諸緣，以無緣實但是所謂「虛空」，即是空間；空間與其中的物質生滅變化無關，是常恆不變的，從這點來看它是無爲法。將虛空作爲無爲，如後所述，許多部派皆如此主張。《論事》即舉出北道派、大眾部的虛空無爲之說。[19]

「擇滅」是擇力所得之滅，以簡擇的智慧力，使煩惱永遠消滅，這是從不生的觀點而說無爲。原始佛教將三毒煩惱之滅稱爲涅槃，我認爲擇滅則是對涅槃的改稱。巴利佛教與原始佛教相同，將煩惱滅盡作爲無爲涅槃，有部則詳細討論煩惱：八十八使見惑、八十一品修惑等，在見道、修道聖道位時，一部分一部分的被滅盡，各聖道位分別斷除各種煩惱，成爲不生的狀態，此稱爲擇滅；所以，在各聖位得到聖果，也可稱爲擇滅，[414]而不限於只指最後漏盡阿羅漢所得的涅槃位者。因此，由於不能將擇滅視爲等同涅槃，所以不用涅槃，而改以擇滅成立爲無爲。

「非擇滅」，是指不是藉由擇力，只是欠缺生起之緣而不生起，永遠失去生起的機會，稱爲「非擇滅無爲」。有不少部派將擇滅、非擇滅說成無爲。可是令人深深感到，非擇滅和虛空或其它的法一樣，只是爲了議論所做的形式上之設立而已。

智，不墮生數中，則得安穩常樂涅槃。」（**參原書 p. 414**）

19　*Kathā-vatthu*, 6, 6. ākāso asaṅkhato.

四

[415]其次，《舍利弗阿毘曇論》提出九無爲或七無爲的名稱，[20] 但是並未列出各別的內容。不過，在法入（法處）的說明中，最後舉出智緣盡、非智緣盡、決定、法住、緣、空處智、識處智、不用處智、非想非非想處智，可知是九無爲。其中，「智緣盡」是指擇滅，「非智緣盡」是指非擇滅，最後「空處智」以下四項，是指四無色定智的苦樂之滅。根據《論事》，東山住部亦將四無色界作爲無爲，[21] 《宗輪論》則提到大眾四派說四無色之無爲。[22] 其次，「決定」(niyama 或 niyata)，可能是指正性決定、邪性決定的決定，因爲此決定是指不許改變者。《論事》提到南方大眾部的案達派將決定說成無爲。[23] 其次，所謂「法住」，因爲緣起智稱爲「法住智」，所以法界法住的緣起道理即是法住。接下來的「緣」，似乎與此緣起重覆，不過，「緣」可能是指本論所說的，十緣的道理不變者。附帶一提，以緣起作爲無爲者，《論事》謂東山住部、化地部，[24]《宗輪論》謂大眾

---

[20] 九無爲一語，在《舍利弗毘曇》卷 1（大 28, 529b、c）；七無爲一語，在同論（530b、c）等。

[21] *Kathā-vatthu*, 6, 4. cattāro āruppā asaṅkhatā.

[22] 參照註 27。

[23] *Kathā-vatthu*, 6, 1. niyāmo asṅkhato.

[24] 出處同上，6, 2. paṭiccasamuppādo asṅkhato.

四派的緣起支性、化地部的緣起真如，[25]《大毘婆沙論》謂分別論者主張緣起之無為。[26]

另外，根據《異部宗輪論》，大眾部、一說部、說出世部、雞胤部之大眾四部本宗同義，列舉擇滅、非擇滅、虛空、四無色、緣起支性、聖道支性等九無為。[27] 其中，前八種在其他部派也可看到，最後的「聖道支性」，是以八聖道各支為永遠的真理，而成立為無為。[416]它被認為與後述《宗輪論》謂化地部的道支真如、《婆沙論》謂分別論者主張道為無為，是相同的。[28]

又於《宗輪論》提到化地部本宗之說，列舉九無為，[29] 即：擇滅、非擇滅、虛空、不動、善法真如、不善法真如、無記法

---

[25] 參照註 27、29。

[26] 《大毘婆沙論》卷 23（大 27, 116c）:「或復有執，緣起是無為，如分別論者。」

[27] 《異部宗輪論》(大 49, 15c) :「無為法有九種，一、擇滅，二、非擇滅，三、虛空，四、空無邊處，五、識無邊處，六、無所有處，七、非想非非想處，八、緣起支性，九、聖道支性。」

[28] 《大毘婆沙論》卷 93（大 27, 479c）:「有餘復執，道是無為，如分別論者……聖道是無為。」

[29] 《異部宗輪論》(大 49, 17c) :「無為法有九種，一、擇滅，二、非擇滅，三、虛空，四、不動，五、善法真如，六、不善法真如，七、無記法真如，八、道支真如，九、緣起真如。」**（參原書 p. 417）**

真如、道支真如、緣起真如。其中，其餘諸說所未出現者，有不動、善法乃至無記法真如。「不動」其實就是四無色定，因爲於彼只有捨受，苦樂止滅不動。因此，若將之開演爲四無色定，除去剩下的三真如，則成爲九種，此即與前面大眾四派的九無爲完全相同。但是這裡又說到三性的真如，即善法、不善法、無記法，由於其性決定，所以將它作爲真如而立爲無爲；之後的瑜伽行派也以三性爲真如無爲。又，《論事》提到北道派之說，謂一切法之真如是無爲，[30] 這也是成立真如無爲者。

以上大致介紹完部派所整理的無爲說，而在《論事》、《大毘婆沙論》等中，也列舉各別的無爲說。除了列舉各別之說作爲參考之外，例如，《論事》提到東山住部之說，謂四諦爲無爲，[31] 沙門果爲無爲，[32] 又對於四諦，許多部派只以滅諦爲無爲，其餘三諦爲有爲。但是，從四諦道理的觀點來看，四諦和緣起一樣都可以是無爲。對於沙門果，《婆沙論》提到分別論者，[33]《順正理論》提到譬喻者，認爲沙門果是無爲。[34] 根據說一切有部，沙門果包括有爲與無爲，只有其中的擇滅（離繫果）是無爲，

---

30 *Kathā-vatthu*, 19, 5. sabbadhammānaṁ tathatā asaṅkhatā.

31 出處同上，6, 3. cattāri saccāni asaṅkhatāni.

32 出處同上，19, 3. sāmaññaphalaṁ asaṅkhatāni.

33 《大毘婆沙論》卷 65（大 27, 336c）:「或有說，四沙門果唯是無爲，如分別論者。」

34 《順正理論》卷 67（大 29, 706c）:「譬喻者說，沙門果體，唯是無爲。」

住於四果的心理作用等是有爲，反對將沙門果全體作爲無爲。[35]

又《論事》提到案達派、北道派所說的滅盡定之無爲。[36] 因爲在滅盡定，受、想被滅盡，所以等同於四無色定中，苦樂之滅不動，而主張是無爲。附帶一提，瑜伽行派亦主張滅定無爲。而《論事》也提到東山住部之說，主張「得」patti, prāpti 是無爲。[37] 「得」是使得到聖果等之力能性質，許多部派主張其爲心不相應法。將屬於心不相應法者說成無爲者，另外還有分別論者。根據《婆沙論》，分別論者主張生、住、異、滅諸有爲相，皆是無爲。[38] [417]法藏部則主張生、住、異三相是有爲，只有滅是無爲。[39] 有部則由於全部都是心不相應，所以當然是有爲。

不過，根據說一切有部，認爲不只是有爲相，一切有爲法，從其法性法體來說，皆是跨越三世、不變恆有者，所以一切法若從法體來看，皆是無爲。把有爲相等看成無爲的想法，被加以擴大，如是一切有爲法，從法體的觀點來看，即成了無爲，於是有爲、無爲的看法就變得十分含糊了。

---

35 《大毘婆沙論》卷 65（大 27, 337a 以下）。

36 *Kathā-vatthu*, 6, 5. nirodha-samāpatti asaṅkhatā.

37 出處同上，19. 4. patti asaṅkhatā.

38 《大毘婆沙論》卷 38（大 27, 198a）:「或復有執，諸有爲相皆是無爲，如分別論者。」

39 同上:「或復有執，三相是有爲，滅相是無爲，如法密部。」

五

[418]以上，對於部派佛教所說的無爲，大致列舉完畢；其次，是大乘佛教所採用的無爲說。首先，在《華嚴經》，列舉虛空、涅槃、數緣滅（擇滅）、非數緣滅（非擇滅）、十二緣起（緣起性）、法界（法性）六種無爲法。[40] 如此的六無爲之說，雖然在現知的部派說中，並沒有相對應者，但可能是受到某些部派的影響，或者採用各部派之說。各別的項目，除了法界之外，其餘皆爲某些部派所說。

其次，瑜伽行派對於無爲說，受到有部或經部等影響，在加以批判之後，改善成大乘化；此派對於其他一般教理的情況也是如此。在「五位百法」的最終分類，瑜伽行派（法相宗）雖然成立六無爲，[41] 但是在此以前則多是八無爲說。[42] 所謂「六無爲」，即：虛空、擇滅、非擇滅、不動、想受滅、真如；「八無爲」是將真如分成善法真如、不善法真如、無記法真如三項。六無爲中的虛空、擇滅、非擇滅三項，承襲自有部說；不動、想受滅是四無色定的苦樂受之滅不動，以及滅盡定的想、受之

---

40 《六十華嚴》卷 12（大 9, 476a）、《八十華嚴》卷 21（大 10, 112b）。

41 《百法明門論》（大 31, 855c）、《成唯識論》卷 2（大 31, 6b 以下）。

42 《瑜伽師地論》卷 3（大 30, 293c）、《顯揚聖教論》卷 1（大 31, 484b 以下）、《大乘阿毘達磨集論》卷 1（大 31, 666a 以下）、《大乘阿毘達磨雜集論》卷 2（大 31, 762b 以下）。

滅，這也是採用其它部派之說。對於三性真如，皆已如前所述，[419]其他部派也有提到。因此，在項目方面，瑜伽行派的無爲說，是採用自各部派之說者，可說絲毫沒有特別不同之處。

但是瑜伽行派的無爲說，其學說之立場比部派佛教更爲確定；六無爲等的名稱，雖然與部派之說相同，但是在內容的說明解釋上，則與部派的情況不同。例如，根據《成唯識論》，[43] 無爲法有二種情況：一、依於識變而假施設無爲者，二、依於法性而假施設無爲者。皆不主張二種情況的無爲是實法，從假法的觀點來看，可能承襲後述經部之說法。在前面二種情況中，前者可看成是唯識說之本識內容的無爲，後者可看成是真正意義的無爲。所謂「法性」，即空無我所顯之真如，不可說有、無、俱非等，言亡慮絕，與一切法非一非異。真如無爲即是如此。而虛空、擇滅、非擇滅、不動、想受滅五項，也是依於真如而假立者。

其中，「虛空」是指離諸障礙的法性；「擇滅」是指依於簡擇力，滅諸雜染，究竟證會之法性；「非擇滅」指不是依於擇力，而是本性清淨的法性，或緣缺不生的法性；「不動」是四無色定中，苦樂受滅後之法性；「想受滅」是滅盡定中，想受滅之後，成爲無作用之法性。[44]

---

[43] 《成唯識論》卷 2（大 31, 6c）。

[44] 關於大小乘諸派之無爲，在《成唯識論述記》卷 2 末（大 43, 291c 以

從部派佛教及至瑜伽行派的無爲，皆與原始佛教或般若經等的無爲不同。原始佛教或龍樹等所說的無爲，只是指究竟地的涅槃理想境。但是部派佛教乃至瑜伽行派的無爲，是指沒有生滅變化的種種存在。例如瑜伽行派的法性，與空無我的實踐沒有直接的關係，不過是純理論的存在而已。此與原始佛教本來的無爲，以及阿毘達磨的無爲法不同。

不論是何種意義的無爲，對於無爲的性格、假實，部派佛教或大乘佛教，皆有種種的討論。對於無爲法的假實，許多部派主張無爲法與色、心同樣的實在，但是[420]譬喻師或成實師等經部系者，則不承認無爲法的實在，而主張其爲假法。

例如《成實論》謂一切無爲法非實有，[45]《俱舍論》提到經部師之說，謂一切無爲皆非實有。[46] 同樣的，在《四諦論》中，也介紹諸經師之說，謂無爲非實有。[47] 又根據《婆沙論》，譬喻師謂擇滅、非擇滅等非實有，[48] 而主張虛空非實有者，《雜

下）有介紹。

45 《成實論》卷 2（大 32, 255a）:「有說如是等諸無爲法亦應是有，而此實無。」卷 7（289c）:「有餘論師說，別有如法性、真際、因緣等諸無爲法故，應深思此理，勿隨文字。」這是破他派者。

46 《俱舍論》卷 6（大 29, 34a）:「經部師說，一切無爲皆非實有，如色受等別有實物，此所無故。」

47 《四諦論》卷 3（大 32, 391b）:「諸經師說，一切無爲非是物有……。」

48 《大毘婆沙論》卷 31（大 27, 161a）:「或有執，擇滅、非擇滅、無常

阿毘曇心論》[49]、安慧的《中觀釋論》等說是譬喻師之主張；[50]《般若燈論釋》則介紹是經部師之說。[51]

此外，經部系由於主張心不相應法是假有，所以，對於「得」或「有爲相」，雖然其他部派主張是無爲，但是經部皆不承認其爲實有。經部系亦不承認滅盡定、四無色定（不動）的無爲實有，這就更不必說了。

經部系如此的無爲假法說，被瑜伽行派所採用。如前所介紹的，瑜伽行派的無爲，不論是依於識變或依於法性，皆是假立的。《成唯識論》也站在同樣的立場，敘述如下：

> 諸無為法，離色心等，決定實有理不可得……故不可執無為定有……不應執為離色心等實無為性。[52]

滅，非實有體，如譬喻者。」又，否定非擇滅實有之譬喻師之說，同卷 186（931b）亦云：「止譬喻者不許有非擇滅法，故作是說」。又，《四諦論》卷 3（大 32, 391b）中，列舉經部師擇滅實有否定之說。

49 《雜阿毘曇心論》卷 9（大 28, 944a）：「譬喻者說，虛空非色亦非非色，言虛空者，隨順世間故說。」

50 《大乘中觀釋論》卷 4（大 30, 145b）：「如譬喻者言，有礙無體無物礙處，是名虛空。」

51 《般若燈論釋》卷 4（大 30, 72a）：「復次經部人言，如我立義，實礙無處，說爲虛空。虛空無體，唯是假名，我義如此。」

52 《成唯識論》卷 2（大 31, 6b）。

在原始佛教或初期大乘經中，本來意義的無爲，就其性質來看，可說是如前之引文所述，離開有爲而沒有無爲，因此，無爲絕非實體。如《思益梵天所問經》云：

> 有為法無為法，文字言說有差別耳。所以者何？以文字言說，言是有為是無為；若求有為無為實相，則無差別，以實相無差別故。一切法平等無有差別，是諸法實相義。實相義者，不如文字所說，諸佛雖以文字有所言說，而於實相無所增減。[53]

《智度論》除了前面註解 [54] 之文以外，也有如下之文：

> 因有為故有無為。如經中說，離有為無為不可得……無為法無分別故無相，若說常相，不得言無相……[421]是有為無為性皆不合不散一相，所謂無相。佛以世諦故說是事，非第一義……觀是有為無為法平等，亦不著一相，菩薩於第一義中，不動而利益眾生，方便力故，種

53 《思益梵天所問經》卷 3（大 15, 52a 以下）。

54 參照註 18。

種因緣為眾生說法也。[55]

[422]附記　以上大致介紹完各部派或大乘佛教所說的無爲法，爲使明瞭起見，整理如下表。

A 部派的無爲及其數目

一種	1.涅槃	巴利佛教
二種	1.緣起（K6,2）、2.虛空（K6,3）	大眾部（K=*Kathā-vatthu*，《論事》）
三種	(a)1.滅定（K6,5）、2.虛空（K6,6）、3.真如（K19,5）	北道派（Uttarāpathaka）
	(b)1.擇滅、2.非擇滅、3.虛空	說一切有部
四種	1.決定（K6,2）、2.滅定（K6,5）、3.法住（K11,7）、4.無常性（K11,8）	案達派(Andhaka)
五種	1.緣起（K6,2）、2.四諦（K6,3）、3.四無色定（K6,4）、4.沙門果（K19,3）、5.得（K19,4）	東山住部
九種	(a)1.智緣盡（擇滅）、2.非智緣盡、3.決定、4.法性、5.緣、6-9.四無色定 （如前項，若以四無色定爲一種，則爲六無爲。）	法藏部《舍利弗阿毘曇論》卷 1、2
	(b)1.擇滅、2.非擇滅、3.虛空、4.道支、5.緣起、6.	化地部

---

[55] 《大智度論》卷 95（大 25, 728a 以下）。

	不動、7-9.真如（善、不善、無記） （若以真如爲一種，則爲七無爲。）	《異部宗輪論》
	(c)1.擇滅、2.非擇滅、3.虛空、4-7.四無色、8.緣起支性、9.聖道支性	大眾、一說、說出世、雞胤四部《異部宗輪論》

[423]B 大乘佛教的無爲及其數目

六種	(a)1.虛空、2.涅槃、3.數緣滅（擇滅）、4.非數緣滅、5.十二緣起、6.法界	《華嚴經》
	(b)1.擇滅、2.非擇滅、3.虛空、4.不動、5.想受滅、6.真如（善、不善、無記） （也有以真如爲三分，而說八無爲）	唯識法相宗

前表並未列出《成實論》的無爲法。在中國或日本，謂成實宗的無爲法與俱舍宗同樣都是擇滅、非擇滅、虛空三無爲，但是《成實論》本身根本沒有將非擇滅或虛空當作無爲，而是說擇滅之涅槃（泥洹）爲無爲性（卷 16, 大 32, 368c）。另外，因爲將作爲緣起智之法住智，與前面的泥洹智，一起作爲智者之所知，（雖然不能說是體驗智）所以，也可以被加入無爲法。但是成實師甚至對於涅槃也不主張是實法之存在。

附帶一提，根據《舍利弗阿毘曇論》，此論所說的九無爲中，除 1. 智緣盡（擇滅）及 3. 決定二項之外的七無爲，是與實踐無關的理論性存在，與聖者所體證的聖之擇滅（涅槃）或（正性）決定等不相同。尤其暗示無學（阿羅漢）或佛陀所修證的涅槃，爲最高真實的無爲。

本來在原始佛教，無爲一詞只是涅槃之意。無爲一詞常爲漢巴阿含經所說，皆是指涅槃，而不是理法上的無爲。例如，在巴利《相應部》中，有「無爲相應」篇（*S*. 43. *Asaṅkhata-s.* = *S*. iv, pp. 359-373），包含同型之四十四經，對於無爲皆云：「貪欲之滅盡、瞋恚之滅盡、愚痴之滅盡即是無爲。」此即意指涅槃。在與之對應的漢譯《雜阿含》892 經（卷 31, 大 2, 224b）中，對於無爲，有謂：「貪欲永盡、瞋恚、愚痴永盡，一切煩惱永盡，是無爲法。」[424]與巴利乃同旨趣的說明。

我認爲由於在原始佛教，無爲是涅槃之意，所以之後的巴利佛教也說無爲法只是涅槃。而《成實論》只將涅槃說成無爲法；《舍利弗毘曇》（法藏部）將智緣盡（擇滅無爲）說成實踐性的無漏者，也是承襲原始佛教之說。

施設

一

[425]施設（paññatti, Skt. prajñapti）一語，被一般佛教界所使用，甚至也被轉用於日常的日本語。在註釋時代以後的巴利佛教，此施設一詞被用來作爲表示「名稱」或「概念」之意的特別術語。因爲施設一詞本來含有「設定」、「制定」之意，所以它被解釋成「被設定爲名稱或概念」。不過，在被確定爲巴利佛教獨特術語以前的巴利文獻或其他佛教各派，是以何種意義使用此施設一語？

首先，就巴利的尼柯耶考察，尼柯耶中，施設一語的用法似乎也未必一定。但是，在這裡的施設當然也是「被設定施設者」之意。

在《中部經》中，paññatti 與 samañña（名稱、稱呼）之語併用，[1] 在《相應部經》則與 saṅkhā（稱、名稱）、samaññā 之語一起使用，並以 paññatti-patha（施設路）而與 nirutti-patha（詞路）、adhivacana-patha（增語路）同時使用。[2] 在《長部經》則

---

1 *Majjhima*, iii, p. 68.

2 *Saṁyutta*, iii, p. 71.

與 samaññā, nirutti, vohāra（通稱）等語共用。[3] [426]由此可知，paññatti 與這些場合中的 samaññā（名稱、稱呼）、adhivacana（增語、同義語）、saṅkhā（稱、名稱）、nirutti（詞、言詞）、vohāra（通稱、慣用語）有密切的關係。阿毘達磨承襲此尼柯耶的用法並加以發展，在其先驅《義釋》中，列舉一連串詞語：

> saṅkhā samaññā paññatti vohāra nāma nāmakamma nāmadheyya nirutti vyañjana abhilāpa（稱、名稱、施設、通稱、名、名業、命名、詞、文、稱呼）[4]

此列舉亦直接被阿毘達磨所沿用。例如，在《法集論》，經之論母（suttanta-mātikā）四十二門中，有 adhivacanā dhammā, adhivacanapathā dhammā（增語法、增語路法）、nirutti dhammā, niruttipathā dhammā（詞法、詞路法）、paññatti dhammā, paññattipathā dhammā（施設法、施設路法）等三門，[5] 其中，對增語、詞、施設之語的定義說明，皆列舉前引義釋文中的「稱、名稱、施設、通稱、名、名業、命名、詞、文、稱呼」之語。[6] 由

---

3 *Dīgha*, i, p. 202.

4 *Mahā-niddesa*（Siamese ed.）p. 124.

5 *Dhamma-saṅgaṇi*, p. 7.

6 同上，p. 226. 附帶說明，在說一切有部《法蘊足論》卷 10（大 26, 498c）

此可知，不但增語、詞、施設是同樣的意義，而且稱、名稱、施設、通稱、名、名業、命名、詞、文、稱呼等語也是類似語。尼柯耶以來，施設一語被判定爲「名稱」、「稱呼」之意。根據《法集論註》，說明施設謂 ñāpanato paññatti nāma（使知故云施設），[7] 這可能是「爲使知道之名稱」之意。

其次，《長部經》中有使用 āyatana-paññatti（處施設）[8]、puggala-paññatti（人施設）[9] 之語，但是，此場合的施設並非「名稱」之意，而是「設定教示」之意。巴利七論中的 *Puggala-paññatti*（《人施設論》）或許也可解釋爲「有關人的設定論說者」之意。關於這點，也可以從《人施設論註》中，施設之定義得知，即：

> paññāpanā dassanā pakāsanā ṭhapanā nikkhepanā（施設、顯示、說明、確立、概說）[10]

根據巴利佛教，在此意義的施設中，不只是人施設，也提到[427]蘊施設（khandha-paññatti）、處施設（āyatana-paññatti）、

等中，也有類似的定義說明。並列舉「名號、異語、增語、想、等想、施設、言說」之語。

7 *Atthasālinī*, p. 51.

8 *Dīgha*, iii, p. 102.

9 出處同上，p. 105.

10 *JPTS*. 1914, P. 171.

界施設（dhātu-paññatti）、諦施設（sacca-paññatti）、根施設（indriya-paññatti）五項，連同人施設，共有六施設，[11] 成爲獨立論書的只有《人施設論》，其餘五項則爲《分別論》等所說，所以並未被另外獨立出來。說一切有部的《施設論》（*Prajñapti-śāstra*）也是討論此意義的施設，有部提到世間施設（loka-pr.）、因施設（kāraṇa-pr.）、業施設（karma-pr.）等三種。[12]

其次，《相應部經》有 māra-paññatti（魔施設）、satta-paññatti（有情施設）、dukkha-paññatti（苦施設）、loka-paññatti（世間施設）等語，[13] 意義與前例大致相同。不過，在前面的場合，蘊、處、界、諦、根、人等施設，是佛陀所設定教示的；後者的場合，魔、有情、苦、世間等施設，或許可以解釋成是由世人所設定的世俗概念。

將施設解釋爲世俗的設定、假法之意，不只是在巴利佛教，在佛教一般也是如此解釋。例如大眾部中的一派 Prajñapti-vāda，漢譯爲「說假部」，此部派由於說世間、出世間

---

[11] *Puggala-paññatti*, p. 1 ; *Kathā-vatthu*, p. 315f.; *Atthasālinī*, p.8.

[12] 眾所周知，漢譯《施設論》是不完整的翻譯，只說因施設，世間施設則只列舉其名稱。藏譯《施設論》雖然列舉世間、因、業三施設，但是，有部可能也提到其他的施設。

[13] *Saṁyutta*, iv, p. 38f.

中，有 prajñapti（假法）的存在，故被稱爲說假部。[14] 經部或瑜伽行派，例如在主張心不相應法爲假法時的「假法」，也是 prajñapti。但是，其他部派並不像巴利佛教，將施設一語作爲一種獨特的術語。

又，在各部派的律藏，施設一語亦常被使用，它只是設定、制定，是佛的戒條或犍度規定的制定之意，這可說是施設一語最原始的意義，但是，與現在的論題並無直接的關係。

二

[428]在巴利佛教，及至阿毘達磨時代，施設的語義尚未採用明確的形式；不過，到了註釋時代則逐漸被確定。例如，在《清淨道論》，成爲禪定觀法對象的地遍（paṭhavīkasiṇa），在最明淨的狀態，謂既不屬色法、心、心所法，亦不超越生滅變化的施設（paññatti）。[15] 此場合的施設，可說是假存的概念。又[429]根據《法集論註》，所緣（對象）有小所緣、大所緣、無量所緣、不可說所緣等。其中，所謂「不可說所緣」（na vattabba-ārammaṇa），是指不可說小、大、無量，亦不可說過去、現在、未來的施設之意。[16] 同樣的，《法集論註》列舉六內處、

---

[14] 接近於說假部的「一說部」（Ekavyavahārika），謂諸法只是言說（=施設），實有之法不存在。可說接近於大乘的空說。

[15] *Visuddhi-magga*, p. 125f.

[16] *Attasālinī*, p. 412.

三相、三非色蘊、十五細色、涅槃、施設，作爲意識的所緣，[17] 又在《發趣論註》中，同樣的對於意識的所緣，則列舉欲界、色界、無色界、不繫（出世間）——以上是心、心所法——色法、涅槃、施設，[18] 可知在這些場合中，施設與色、心、心所、涅槃（無爲）等不同。

在佛音（Buddhaghosa）的諸註釋書中，施設之說雖然與前面所說的相同，但是，與佛音同時代的五世紀前半之佛授（Buddhadatta），則對前說加以整理。因爲佛音是以忠實弘傳古來之說爲主，所以在他的註釋書中，幾乎沒有對古說加以批判變更或組織整理者。但是，佛授在律或論方面，致力於將古來註釋書之說，組織整理成爲同一體系。在巴利佛教，註釋書並未對一切法做明確的分類，佛授將則一切法分類成心、心所、色、涅槃四種。[19]

此四種法，唯指實在之法，他又另外列舉施設，作爲假有之法。[20] 此一切法的分類，爲十二世紀的阿奴樓馱（Anuruddha）所繼承，他在《攝阿毘達磨義論》（*Abhidhammattha-saṅgaha*）一開始時說：

---

[17] 出處同上，p. 80.

[18] *Tika-paṭṭhāna*, p. 29f.

[19] Buddhadatta's Manuals, i, p.1.

[20] 出處同上，p. 83f.

> 阿毘達磨義在第一義方面，皆言心、心所、色、涅槃四種。[21]

列舉心等四種法，作爲第一義的存在（實法）；此外，亦成立施設作爲假法。[22]

那麼，何謂「施設」？施設有那些種類？對於這點有做考察的最初現存文獻是《人施設論註》。該論提到三種六施設，[23] 介紹如下：

第一種六施設是：

一、存在施設（vijjamāna-paññatti）

二、[430]不存在施設（avijjamāna-p.）

三、存在不存在施設（vijjamānena avijjamāna-p.）

四、不存在存在施設（avijjamānena vijjamāna-p.）

五、存在存在施設（vijjamānena vijjamāna-p.）

六、不存在不存在施設（avijjamānena avijjamāna-p.）

其中「存在施設」，是第一義存在諸法之施設。此場合的施設是概念或名稱之意。其次，「不存在施設」，是例如四諦以外

---

21 *JPTS.* 1884, p.1.

22 出處同上，p. 39.

23 *JPTS.* 1914, pp. 171-175.

的第五諦，或外道所說的極微、自性、神我等，不實存的概念或名稱，同時也包括龜毛、兔角等。而「存在不存在施設」，是如三明、六通者。「不存在存在施設」，如女色、男色等者。「存在存在施設」，是如眼觸、耳觸等的概念或名稱。「不存在不存在施設」，是如刹帝利子、長者子等，不實在者合起來的名稱。

第二種六施設是：

一、所造施設（upādā-paññatti）

二、比較施設（upanidhā-p.）

三、集合施設（samodhāna-p.）

四、近置施設（upanikkhitta-p.）

五、相當施設（tajja-p.）

六、相續施設（santati-p.）

首先「所造施設」，是指依止實法而存在的第二次元性存在之概念。諸如：依止五蘊而假在的有情，或由部分所組成的車、家等，色法集合而成的瓶、衣服等，日月運行的時間或方位等，依止四大種之相或修習功力而產生的取相（uggaha-nimitta）或似相（paṭibhāga-nimitta）——此[431]取相、似相即地遍等的業處禪定之所緣——等等。

其次「比較施設」即是相對概念，於比較相對之義另外成立以下八種：

（一）彼此觀待比較（tadaññāpekkhūpanidhā），如「第二、第三」等。

（二）持手比較（hatthagatūpanidhā），如持傘之手、持刀之手等。

（三）相應比較（sampayuttūpanidhā），如帶耳環的女人、帶素馨花的女人、帶寶冠的女人等。

（四）內容比較（samāropitūpanidhā），如載穀物的車、盛牛油的甕等。

（五）近接比較（avidūragatūpanidhā），如因陀娑羅（Indasāla）樹窟、piyaṅgu 樹窟、尸利沙（sirīsa）樹講堂等。

（六）相似比較（paṭibhāgūpanidhā），如像善色（黃金）之色、像公牛的母牛等。

（七）類集比較（tabbahulūpanidhā），如蓮池、婆羅門村等。

（八）特色比較（tabbisiṭṭhūpanidhā），如寶珠之腕環、金剛石的腕環等。

其次，「集合施設」，是如三杖、八句、穀聚、花聚等集合概念。「近置施設」，是像「二、三、四」這樣的接續概念。「相當施設」，是相當於其概念之實法存在場合的施設。是指例如地、火、堅性、熱性等，第一次元性實在物的概念。「相續施設」，是例如「八十歲之人、九十歲之人」這樣的相續概念。

最後，第三種六施設如下：

一、作用施設（kicca-paññatti），如論義者、說法師等。

二、形狀施設（saṇṭhāna-p.），如瘦小、肥大、圓形、四角等。

三、 相施設（liṅga-p.），如女、男等，依男女性的施設。

四、 地施設（bhūmi-p.），如欲界、色界、無色界、憍薩羅（Kosala）人、摩頭羅（Madhura）人等。

五、 各別施設（paccatta-p.），如帝沙（Tissa）、那伽（Nāga）、須摩那（Sumanā）等固有人名。[432]

六、 無爲施設（asaṅkhata-p.），如滅、涅槃等無爲的概念。

以上三種六施設，是從各方面考察施設者，在內容上，三種並不是各別不同的東西。第一種是根據其施設，作爲考察是否實存的標準；第二種是從事物的種種關係而考察施設；第三種是依事物的狀態而做觀察分類。這些分類未必合理，也整理得不夠完整。

討論施設者，其次還有佛授的《入阿毘達磨論》（*Abhidhammāvatāra*）。它敘述比前面《人施設論註》更經過整理的施設。[24] 首先，依其意義而分類施設，所謂施設，即：

一、 應使被施設故（paññāpetabbato）。

二、 使施設故（paññāpanato）。

如此定義施設。第一、「應使被施設」，是指世俗性存在或世俗概念，說假法內容。[25] 第二、「使施設」即是名稱。這是最

---

[24] Buddhadatta's Manuals, i, p.83f.

[25] *Atthasālinī*, p. 390. 有謂「paññāpiyyatī ti paññatti.」，與此相同。

初將施設區別成：（一）所施設之假法或概念內容，及（二）能施設的名稱言說二種。

此即《入阿毘達磨論》施設義的根本規定，而又將施設分爲三種詳細討論，並加以說明：

一、相當施設（tajjā-paññatti）

二、所造施設（upādā-p.）

三、比較施設（upanidhā-p.）

此三分相當於《人施設論註》第二種六施設中的第五、第一、第二，是整理《人施設論註》之說者。首先，第一、「相當施設」，是如眼、耳、色、聲、地、火、風等，第一次實在法的概念。其次，「所造施設」，是第二次元性存在的概念，又可分爲二種：

（一）集合施設（samūha-paññatti）[433]

（二）非集合施設（asamūha-p.）

其中「集合施設」，是如熊、獵犬、象、馬、瓶、衣等，由色、非色法集合而生的施設（概念），「非集合施設」，是如方位、虛空、時間、相、非有、滅等，不是集合的，而是第二次元性而生的施設（概念）。

「相當施設」與「所造施設」二者，又可分類成下列六種。此與《人施設論註》的第一種之六種施設相同，是存在施設等六種。若依據本論之說做介紹，則：

（一）存在施設：第一義存在的色等概念。

（二）非存在施設：不實存的男女等概念。或者依言語以外的任何行相亦不能得到的第五諦，或者自性、神我。

（三）存在非存在施設：三明、六神通等。

（四）非存在存在施設：女聲、男聲等。

（五）存在存在施設：眼識、耳識等。

（六）非存在非存在施設：剎帝利童子、婆羅門童子、夜叉童子等。

其次，第三「比較施設」，是例如對長之短，對短之長的相對概念。

以上，是《入阿毘達磨論》的施設論，它比《人施設論註》更爲發達，但是也有不明確之處，而且組織整理也不夠完整。進一步做改善的是阿奴樓陀的《攝阿毘達磨義論》。該論首先承襲《入阿毘達磨論》，[26] 將施設區分爲「使被施設故之施設」（paññāpiyattā paññatti）與「使施設故之施設」（paññāpanato paññatti）二種。

其中，使被施設之施設（所施設——假法）如下所示：（一）由地、水、火、風等四大種之變化狀態所施設的土地、山岳等，（二）由資糧的集合狀態所施設的家、車、貨車等，（三）由五蘊[434]所施設的男、人等，（四）日月等運行所施設的方位、

---

[26] *JPTS.* 1884, p.39f.

時間等，（五）於不觸故所施設的坑、窟等，（六）藉由大種相及特殊修習力所得的地遍之相等。這些施設（所施設），並不是第一義的實存，而是實法的投影，是可作爲心之所緣的假法。

其次，使施設之施設（能施設——名稱言說），有存在施設等六種，此六種的說明，因爲和已介紹過的大同小異，所以省略不談。《攝阿毘達磨義論》的施設分類，比《入阿毘達磨論》更爲簡略，但是，將一切施設加以區別而明確表示爲所施設與能施設，則可視爲進步發展之處。在巴利佛教以外的佛教各部派，施設主要是所施設（假法）之意，作爲能施設的名稱或概念的情形則較少見。

巴利佛教自《攝阿毘達磨義論》以後，在緬甸仍持續有關施設的考察。[27] 謂「使被施設」爲義施設（attha-paññatti 施設內容），「使施設」爲聲施設（sadda-paññatti）或名施設（nāma-paññatti 施設名稱）。但是，此場合的義施設，並不是被解釋成以前所施設的假法之意，而是指對假實諸法的概念之意義（所宣之義）；名施設則是指假實諸法的名稱（能宣之義）。在這點，義施設與以前的所施設（假法）內容上多少有些變化。又義施設被分類成下列十二種：

（一）相當施設（tajja-paññatti）：相當於此施設的第一義存在的概念。

---

27 *Compendium of Philosophy*, p. 4 ff.

（二）所造施設（upādā-p.）：第二次元性存在的概念。

（三）集合施設（samūha-p.）：集合概念。

（四）種類施設（jāti-p.）：一般性的類概念。此多少類似於有部等的眾同分（nikāya-sabhāgatā）。

（五）形狀施設（saṇṭhāna-p.）：形狀概念。[435]

（六）方位施設（disā-p.）：方位概念。

（七）時間施設（kāla-p.）：時間概念。

（八）虛空施設（ākāsa-p.）：空間概念。

（九）相施設（nimitta-p.）：指地遍等的似相（paṭibhāga-nimitta）。

（十）非有施設（natthibhāva-p.）：龜毛、兔角等非存在的概念。

（十一）相續施設（santati-p.）：連續的概念。

（十二）世俗施設（saṅketa-p.）：世俗的概念。

三

[436]巴利佛教，如前所述，將一切諸法區分成心、心所、色、涅槃四種實法，以及假法之施設；又將施設分為所施設、能施設，或義施設、名施設。如此的施設論可說是巴利佛教的獨特之處。但是，對於實與假的標準，依部派及立場，則有很大的不同。例如，有部認為無表色、不相應法是實有；經部或瑜伽行派則將這些看成假法。又，關於諸心所的假實，瑜伽行

派諸論師之間有異說，在第一義上，瑜伽行派主張一切心所法爲假法。又，中觀說等說一切皆空，所有的存在只是空無我的假法。

如是，某法的假實，依部派學派、學者及觀點的不同而未必一定，所以對於諸法的假實不能一概而論。現在將簡單討論有部及世俗〔*諦〕瑜伽行派的假實之說，將之與巴利佛教假實論做一比較。

首先，列舉有部假實等存在論的是《大毘婆沙論》。「說一切有部」這部派名稱的本身，即說明了此部派主張三世諸法實有，其派名早在《婆沙論》成立之前就已存在；彼將一切法分類成色法、心法、心所法、心不相應法、無爲法五位，這也已在《品類足論》中可見；而這五位各別的名稱或思想，在尚未被整理成五位之形以前，也早已出現於《法蘊足論》。因此，有部的存在論，可說當初即是以此部派爲出發點而做探討。但是，這些存在論只有討論實有的存在，對於假法，在根本阿毘達磨（七論）時代，[437]似乎不太被討論；假實之論，可能是從《婆沙論》最初開始的。《大毘婆沙論》在卷九敘述二種有、三種有、五種有等，[28] 即：

有說二種：一、實物有，謂蘊處界等。二、施設有，謂

---

[28] 《大毘婆沙論》卷九（大 27, 42a 以下）。

男女等。

有說三種：一、相待有，謂如是事，待此故有，待彼故無。二、和合有，謂如是事，在此處有，在彼處無。三、時分有，謂如是事，此時分有，彼時分無。

有說五種：一、名有，謂龜毛兔角空華等。二、實有，謂一切法各住自性。三、假有，謂瓶衣車乘林舍等。四、和合有，謂於諸蘊和合施設補特伽羅。五、相待有，謂此彼岸長短事等。

其中，三種有是敘述相對性的存在，所以沒有討論到其它的。二種有與五種有，可看成是對同樣一件事的廣略說明。因爲二種有中的實物有，相當於五種有中的實有；二種有中的施設有，相當於五種有中的其餘四種。其中，「實有」在有部是指承認爲實在法的五位之法，「施設有」是指實法以外的假法，此相當於巴利佛教的施設有。

在前列五種有中，相當於施設有的是名有、假有、和合有、相待有等四種，其中，「名有」是如龜毛、兔角、空華等，是完全不存在，而只有名者，它相當於巴利佛教的非有施設（natthibhāva-paññatti）。其次，「假有」是指瓶、衣、車乘、林、舍等，所以也可相當於巴利的集合施設（samūha-p.）。「和合有」

是由諸蘊和合的補特伽羅等，所以可包含於巴利的所造施設（upādā-p.）中。最後，「相待有」是彼此岸、長短事等，所以可看成相當於巴利的比較施設（upanidhā-p. 相對概念）。因此，前列四有，雖然並未涵蓋巴利佛教施設的全部，但是說明了在有部《婆沙論》時代，對施設已有相當的考察。

不過，在這之後的有部諸論書中，找不到比前述婆沙說更為發展的假法論。可能是因為對這方面[438]不太有興趣的緣故。眾賢的《順正理論》在實有、假有二有說之上，又加入相待有而為三有說，[29] 此分類比婆沙論更為簡略。但是，對其說明也有詳細之處。例如，根據《順正理論》，「實有」可分為唯有體與有作用，有作用法又有有功能與無功能。其次，「假有」有依存於實有的假法，與依存於假有的假法二種。依存於實有的假法，是指由四大等所組成的瓶、衣等第二次元性存在；依存於假有的假法，是由人、樹木等所組成的軍、林等第三次元性存在。此二種假法，相當於《婆沙論》的和合有、假有。其次，「相待有」等同於《婆沙論》的相待有。

《大智度論》也列舉類似於《順正理論》的三有說，即；相待有、假名有、法有。[30] 「相待有」與有部說相同，是指長短、東西等相對性的存在。「假名有」例如酪。它是由色、香、

---

[29] 《順正理論》卷 50（大 29, 621c 以下）。

[30] 《大智度論》卷 12（大 25, 147c）。

味、觸四事和合而生者，所以，不是像色、香等之實有，但是，也不是像龜毛、兔角等的非有，而是假法的存在，因此，可將此假名有視爲相當於《順正理論》的假有。其次，「法有」是作爲實法的存在，所以與有部的實有相同。由此可見，《大智度論》的三有，與《順正理論》的三有具有完全相同的意義。

因爲在這些三有之中，不包含像龜毛、兔角等完全的非有，所以《婆沙論》五有中的名有，並不存在於前述三有中。爲了作爲參考，茲將《婆沙》的五有、《順正理論》及《智度論》的三有做比較，如下表所示：[439]

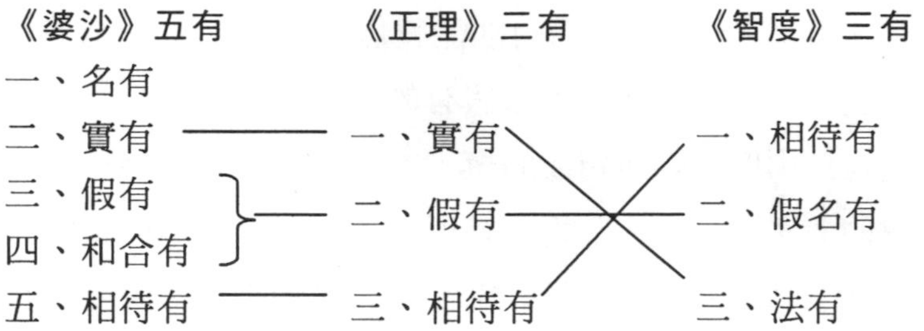

其次，在《瑜伽師地論》中，雖然也有說實有、假有、勝義有，[31] 但是，它與前述三有或五有未必相同。因爲瑜伽行派與有部等對教理的立場不同，所以對假實的標準也就不同。

---

[31] 《瑜伽師地論》卷 100（大 30, 878c 以下）。又，《成實論》卷 6（大 32, 281b）中，有成立過去、未來、名字、相、人五種。**（參原書 p. 442）**

根據《瑜伽師地論》,「實有」是如色、聲等,俗諦實法之存在。「假有」是如墉、室、軍、林、草、木、衣、食等,依存於實法的第二次元或第三次元之存在。「勝義有」是指如真如、實際、空、無我等,第一義實存之法。第一項的實有,與此勝義有比較起來,也只是世俗有而已。前述三有中的「假有」,又可分成下列六種:

(一)聚集假有:如由五蘊假合之有情、補特伽羅。

(二)因假有:未來可生之法。即使現尚未生起,未來也可生起,所以假名爲有。

(三)果假有:擇滅無爲,即離繫果。因爲它是聖道之果,所以不可言無,亦非實有。因爲一切煩惱斷盡,不再生於未來世,所以假名爲有。

(四)所作假有:過去之諸法。它雖然不是實存,但是,是憶念的所緣,所以假名爲有。

(五)分位假有:心不相應行。它是由諸行之分位差別而假立者,所以不是實有之法。[440]

(六)觀待假有:虛空無爲、非擇滅無爲等。它雖然也被稱爲「無爲」,但是,因爲沒有另外真實之體的存在,所以是假有。

此六種假之中,以過去、未來之法,或者心不相應行、擇滅、非擇滅、虛空等爲假有,這點在教理的立場上,與有部說有很大的不同。擇滅等並非現象法,因此,在認識思惟方面,不能將它當成精神現象（概念）而把握，所以，從所把握的概念來說，它只是假法。我認爲，以無爲等爲假法，也有如前所述之意義。

其次，不只瑜伽行派，在大乘佛教，一般成立世諦、第一義諦，依其觀點的不同，可將同一法看成實有或假有，所以，不能直接就將這些場合中的假有，視爲等同巴利佛教的施設。因爲大乘佛教成立各種階段或標準，所以，不能像巴利佛教或說一切有部，將某一法的假實固定一個定義。由於大乘佛教假實的標準並未一定，所以，關於施設的考察並不發達，反而是被論究爲二諦說了。

本來，有關施設或假有的考察，如同在有部或瑜伽行派的存在論所見的，巴利佛教也是從佛教的存在論而出發的。例如，就瑜伽行派等的存在法之種類來說，有四階段：(一)如真如法性的第一義性存在，(二)如五蘊的實法之存在，(三)如有情、補特伽羅、軍、林等的世俗存在，(四)如龜毛兔角等全然的非存在。

佛教假實論的起源，我認爲是以前四種中的第二爲實有，第三爲假有；有部或巴利佛教的假實論即由此出發。之後也討論到第四項空無唯名的非存在。在大乘佛教，也將第一項的勝義有，與第二項區別開來而討論。

在後期的巴利佛教，對施設做特別的考察，在如前所述意義的假實論之外，似乎也採用其他看法。例如，就五蘊而言，色、受等本身雖然是實有法，但是，[441]色、受等概念或名稱，是與色、受等本身不同的假法，此即所謂施設的看法。作爲實法的色、受等，是各別實存的色、受等；概念或名稱的施設，則只是共通表現色、受等的代表性名義。緬甸佛教更進一步發揮，將施設區分成「義施設」（所施設，即概念）與「名施設」（能施設，即名稱），將色、受等從實有、概念、名稱三方面，各別做考察。這點可說是巴利佛教施設論的獨特之處。

不過，其他部派雖然討論名、義，但是似乎沒有考察名、義與實有的關係。例如，在瑜伽行派等所說的名、相、分別、正智、真如五法中，我認爲名與相類似於名施設與義施設，雖然名、相是假法，但是，它未必與巴利佛教的場合相同。又例如，被有部或瑜伽行派認爲是心不相應法的名身（nāma-kāya），與巴利的名施設有類似之處，但是，二者的觀點不同。

又，在《大智度論》中，有說到實名、不實名二種名。[32]《大毘婆沙論》說到功德名、生類名、時分名、隨欲名、業生名、標相名等六種名；以及假想名、隨用名、彼益名、從略名四種名；生名、作名、有相名、無相名、共名、不共名、定名、不定名、詮體名、詮用名之各二種名。[33]《瑜伽師地論》、《顯揚聖教論》等列舉假立名、實事名、同類相應名、異類相應名、

---

32 《大智度論》卷 12（大 25, 147c）。

33 《大毘婆沙論》卷 15（大 27, 73b 以下）。

隨德名、假說名、同所了名、非同所了名、顯名、不顯名、略名、廣名等十二種名。[34] 但是這些只有列出名稱的種種相，並不是將之作爲假有施設而討論，所以，並沒有使它與名、義、體有所關連。

以上各點來看，可知施設的討論或施設之術語，是巴利佛教所特別具有的意義。

---

[34] 《瑜伽師地論》卷 81（大 30, 750a）、《顯揚聖教論》卷 12（大 31, 535c 以下）。又參照《瑜伽師地論》卷 72（大 30, 697b）。

初出一覽

1. 原始佛教的生命觀

《中央學術研究》（1989 年）1-27 頁。

2. 原始佛教的心

《佛教思想九・心》（平樂寺書店，1984 年）109-144 頁。

3. 原始佛教及部派佛教的般若

《駒澤大學佛教學部研究紀要》23（1965 年 3 月）13-42 頁。

4. 原始佛教的證悟

《日本佛教學會年報》31（1966 年 3 月）1-20 頁。

5. 證悟

《駒澤大學佛教學部研究紀要》21（1962 年 10 月）52-82 頁。

6. 業

《日本佛教學會年報》25（1960 年 3 月）301-325 頁。

7. 有關業的若干考察

大谷大學《佛教學講座》20（1974 年 10 月）1-25 頁。

8. 根 Indriya

《印度學佛教學研究》14-2（1966 年 3 月）39-46 頁。

9. 心性本淨之意義

《印度學佛教學研究》20-2（1972 年 3 月）8-16 頁。

10. 無我與空

《宮本正尊教授還曆紀念・印度學佛教學論集》(1954年7月)109-120頁。

11. 心、心所思想的發生過程

《日本佛教學協會年報》14(1942年10月)215-222頁。

12. 有關心、心所的有部、經部等論爭

《宗教研究》9-3(1932年5月)42-54頁。

13. 譬喻師與《成實論》

《駒澤大學佛教學會年報》第一輯(1931年2月)134-156頁。

14. 心識論與唯識說的發展

《佛教的根本真理》(1956年11月)415-454頁。

15. 佛教的色(物質)之概念

《宇井博士還曆紀念論文集・印度哲學與佛教諸問題》(1951年12月)479-502頁。

16. 心不相應法

《駒澤大學研究紀要》通卷14(1956年3月)30-59頁。

17. 無爲法

《印度學佛教學研究》10-1(1962年1月)1-11頁。

18. 施設

《中野教授古稀紀念論文集》(1960年 10月)31-51頁。

按出版年代排序

1931　譬喻師與《成實論》
1932　有關心、心所的有部、經部等論爭
1942　心、心所思想的發生過程
1951　佛教的色（物質）之概念
1954　無我與空
1956　心不相應法
1956　心識論與唯識說的發展
1960　施設
1960　業
1962　無爲法
1962　證悟
1965　原始佛教及部派佛教的般若
1966　原始佛教的證悟
1966　根 Indriya
1972　心性本淨之意義
1974　有關業的若干考察
1984　原始佛教的心
1989　原始佛教的生命觀

索引

中文

※索引中的頁碼是日文原書之對照頁碼，而非中譯本之頁碼。

一劃

二劃

※索引中的頁碼是日文原書之對照頁碼，而非中譯本之頁碼

三劃

※索引中的頁碼是日文原書之對照頁碼，而非中譯本之頁碼

※索引中的頁碼是日文原書之對照頁碼，而非中譯本之頁碼

四劃

※索引中的頁碼是日文原書之對照頁碼，而非中譯本之頁碼

※索引中的頁碼是日文原書之對照頁碼，而非中譯本之頁碼

※索引中的頁碼是日文原書之對照頁碼，而非中譯本之頁碼

五劃

※索引中的頁碼是日文原書之對照頁碼，而非中譯本之頁碼

※索引中的頁碼是日文原書之對照頁碼，而非中譯本之頁碼

※索引中的頁碼是日文原書之對照頁碼，而非中譯本之頁碼

六劃

※索引中的頁碼是日文原書之對照頁碼，而非中譯本之頁碼

※索引中的頁碼是日文原書之對照頁碼，而非中譯本之頁碼

※索引中的頁碼是日文原書之對照頁碼，而非中譯本之頁碼

七劃

※索引中的頁碼是日文原書之對照頁碼，而非中譯本之頁碼

※索引中的頁碼是日文原書之對照頁碼，而非中譯本之頁碼

八劃

※索引中的頁碼是日文原書之對照頁碼，而非中譯本之頁碼

※索引中的頁碼是日文原書之對照頁碼，而非中譯本之頁碼

※索引中的頁碼是日文原書之對照頁碼，而非中譯本之頁碼

※索引中的頁碼是日文原書之對照頁碼，而非中譯本之頁碼

九劃

※索引中的頁碼是日文原書之對照頁碼，而非中譯本之頁碼

十劃

十一劃

※索引中的頁碼是日文原書之對照頁碼，而非中譯本之頁碼

※索引中的頁碼是日文原書之對照頁碼，而非中譯本之頁碼

十二劃

※索引中的頁碼是日文原書之對照頁碼，而非中譯本之頁碼

※索引中的頁碼是日文原書之對照頁碼，而非中譯本之頁碼

※索引中的頁碼是日文原書之對照頁碼，而非中譯本之頁碼

十三劃

※索引中的頁碼是日文原書之對照頁碼，而非中譯本之頁碼

※索引中的頁碼是日文原書之對照頁碼，而非中譯本之頁碼

十四劃

※索引中的頁碼是日文原書之對照頁碼，而非中譯本之頁碼

※索引中的頁碼是日文原書之對照頁碼，而非中譯本之頁碼

十五劃

※索引中的頁碼是日文原書之對照頁碼，而非中譯本之頁碼

十六劃

※索引中的頁碼是日文原書之對照頁碼，而非中譯本之頁碼

十七劃

十八劃

※索引中的頁碼是日文原書之對照頁碼，而非中譯本之頁碼

十九劃

二十劃以上

※索引中的頁碼是日文原書之對照頁碼，而非中譯本之頁碼

※索引中的頁碼是日文原書之對照頁碼，而非中譯本之頁碼

巴利語、梵語

A

※索引中的頁碼是日文原書之對照頁碼，而非中譯本之頁碼

Ā

I

※索引中的頁碼是日文原書之對照頁碼，而非中譯本之頁碼

※索引中的頁碼是日文原書之對照頁碼，而非中譯本之頁碼

Kh

khanti 66, 82 — 83

khayeñāṇa 41

G

Gaṇḍavyūha 130

guṇa 9

Guṇamati 324

gotrabhū 126

gotra-bhūmi 126

C

cakkhu 63, 66, 75, 82

cattāri mahābhūtāni 345

citta 77, 210, 304, 310, 316

Citta (gahapati) 256

citta-pabhassara 231

citta-vippayutta 369

citta-viprayukta-dharma 322

citta-visuddhi 88

cuti-citta 322, 336

Culla-niddesa 228, 256

cetanā 34, 40, 163, 167, 380

cetasika 32, 252, 263, 266, 316, 373

ceto-vimutti 116

caitasika 32, 266, 316, 373

caitta 316, 373

Ch

Chachakka-sutta 37, 44

chanda 40

J

janmanideśā 130 — 131

jarā 367, 397

javana-paññā 69

jāti 366, 397

jīvitindriya 348, 366, 393

jñāna-kāṇḍa 162

jñāna-mīmāṁsā 162

jñāna-yoga 162

Ñ

ñāṇa 63, 65, 69

ñāṇa-dassana 73

※索引中的頁碼是日文原書之對照頁碼，而非中譯本之頁碼

※索引中的頁碼是日文原書之對照頁碼，而非中譯本之頁碼

N

P

※索引中的頁碼是日文原書之對照頁碼，而非中譯本之頁碼

※索引中的頁碼是日文原書之對照頁碼，而非中譯本之頁碼

※索引中的頁碼是日文原書之對照頁碼，而非中譯本之頁碼

※索引中的頁碼是日文原書之對照頁碼，而非中譯本之頁碼

※索引中的頁碼是日文原書之對照頁碼，而非中譯本之頁碼

※索引中的頁碼是日文原書之對照頁碼，而非中譯本之頁碼

其他歐文

※索引中的頁碼是日文原書之對照頁碼，而非中譯本之頁碼

作者簡介

水野弘元

1901 年，生於佐賀縣。1928 年，東京大學文學部印度哲學科畢業。曾任駒澤大學教授、東京大學教授、駒澤大學總長。現任駒澤大學名譽教授、文學博士（東京大學）、印度那爛陀大學名譽文學博士。1967 年，接受紫綬褒章。1979 年，獲得東方學術特別表揚（財團法人東方研究會、印度大使館）。

著有·《巴利語文法》《巴利語佛教讀本》（以上山喜房佛書林）、《巴利佛教爲中心的佛教心識論》《南傳大藏經總索引》（以上PITAKA）、《巴利語辭典》《法句經之研究》《佛教的基礎知識》《佛教要語之基礎知識》（以上春秋社）、《原始佛教》（平樂寺書店）、「釋尊的生涯與思想》（佼成出版社）等書，並翻譯許多巴利語文獻（《南傳大藏經》），著有多篇論文。

國家圖書館出版品預行編目資料

佛教教理研究：水野弘元著作選集. 二 / 水野弘元著；
釋惠敏譯．-- 初版. -- 臺北市：法鼓文化，2000 [民89]
面； 公分. --（中華佛學研究所論叢；23）含索引
ISBN 978-957-598-103-7（平裝）

1. 佛教－哲學，原理

220.1 89005929

中華佛學研究所論叢 23

佛教教理研究

——水野弘元著作選集・二

法鼓文化

著者／水野弘元
譯者／釋惠敏
出版／法鼓文化
總監／釋果賢
總編輯／陳重光
責任編輯／賴月英
封面設計／吳之碩
地址／臺北市北投區公館路186號5樓
電話／(02)2893-4646 傳真／(02)2896-0731
網址／http：//www.ddc.com.tw
E-mail／market@ddc.com.tw
讀者服務專線／(02)2896-1600
初版一刷／2000年7月
初版四刷／2021年8月
建議售價／新臺幣600元
郵撥帳號／50013371
戶名／財團法人法鼓山文教基金會—法鼓文化
北美經銷處／紐約東初禪寺
Chan Meditation Center (New York, USA)
Tel／(718)592-6593
E-mail／chancenter@gmail.com